PUHUA BOOKS

我们一起解决问题

课思培训体系与内容开发系列

培训课程开发与设计
案例集

（第 2 版）

课思课程中心　编著

人 民 邮 电 出 版 社
北　　京

图书在版编目（CIP）数据

培训课程开发与设计案例集 / 课思课程中心编著
. -- 2版. -- 北京 : 人民邮电出版社, 2018.1（2022.7重印）
（课思培训体系与内容开发系列）
ISBN 978-7-115-47307-3

Ⅰ. ①培… Ⅱ. ①课… Ⅲ. ①企业管理－职工培训－案例－汇编 Ⅳ. ①F272.92

中国版本图书馆CIP数据核字(2017)第284437号

内容提要

培训课程开发与设计是企业在规划培训课程时的重要工作，《培训课程开发与设计案例集（第2版）》从分析企业现状和员工需求出发，阐述了课程开发四大工具和六大课程单元的设计，完整梳理了课程开发的详细流程，针对企业六大类岗位提供了实用的设计实例。

全书既有案例分析、工具方法，也有拿来即用的表格模板，为读者提供了培训课程开发与设计的全程指导。

本书既适合企业高层管理人员、人力资源管理人员、培训管理人员、企业大学管理人员阅读，也适合培训师、咨询师以及高校相关专业师生阅读。

◆ 编　　著　课思课程中心
　责任编辑　刘　盈
　责任印制　焦志炜
◆ 人民邮电出版社出版发行　　北京市丰台区成寿寺路11号
　邮编 100164　　电子邮件 315@ptpress.com.cn
　网址 http://www.ptpress.com.cn
　北京天宇星印刷厂印刷
◆ 开本：787×1092　1/16
　印张：20　　2018年1月第2版
　字数：220千字　　2022年7月北京第18次印刷

定　价：75.00元

读者服务热线：（010）81055656　印装质量热线：（010）81055316
反盗版热线：（010）81055315
广告经营许可证：京东市监广登字20170147号

“课思培训体系与内容开发系列”序

弗布克课思课程中心是专业的管理培训课程开发机构，经过10年的实践，本中心在管理课程开发方面积累了大量的开发工具、内容模型和实操案例，建立了完备的课程开发素材数据库，初步形成了以管理课程开发为中心的知识管理体系。我们在培训内容的模块化、案例化、故事化、工具化、情境化、流程化、结构化、实操化、短时化方面建立了一系列标准，并可对培训内容进行测量和评估。

体系构建、内容开发和培训运营是培训管理的三大工作，为了和业界分享课思课程中心在培训体系构建、内容开发以及培训运营方面的经验，我们特推出“课思培训体系与内容开发系列”图书。本系列图书包括《培训运营体系设计全案》《培训课程开发与设计案例集》《培训课程体系设计方案与模板》《培训课程开发模型与工具大全》四本，希望通过这四本书和大家共同探讨知识体系建设和课程化方法。

“课思培训体系与内容开发系列”图书给大家提供了培训体系与内容开发的模型、工具、方法、制度、表单以及全景案例，能够帮助各类组织快速构建有效的培训体系、迅速开发适用的培训内容。具体来说，本系列图书主要有以下三大特色。

1. 全面而实用

涵盖了培训体系的设计、培训课程体系的设计、培训内容的设计与开发等内容，提供了辅助**模型、工具、方法、制度、表单和案例。**

本系列图书通过通俗、简单的模型介绍理论知识，使**复杂的理论简单化**；通过**拿来即用**的制度、表单阐述工具和方法，使**繁杂的事项模板化。**

2. 系统而细化

本系列图书立足于培训体系的构建和培训内容的开发，以严谨的架构、详实的分析展示了培训体系设计和内容开发的具体事项，**既从系统思维的角度告诉读者该“怎么想”，又从实际操作的角度告诉读者该“怎么做”**。

3. 适用、易用、管用

适用是我们进行课程开发和设计的出发点。我们秉持“适用的就是最好的”理念来开发我们的课程内容；易用是我们评估培训课程体系时最重要的准则之一，我们开发的课程体系必须要让学习者能够拿来即用，一学就会；管用就是有效果、有效用，能让受培训者把课程中所学带到工作中，实现工作效能的提升。

随着技术的发展和先进开发方法的不断出现，本系列图书将不断推陈出新，恳请广大读者不吝赐教，以便我们再次改版时能够及时改进。

课思课程中心

2018 年 1 月

前言

当前的市场竞争越来越体现为人才的竞争。为了提升员工素质，培养人才队伍，企业开始有针对性地开展各种形式的培训。企业开展培训主要有两个目的：一是帮助员工提升技能，使员工由单一技能型人才向多重技能型人才转变，以适应不断变化的市场需求；二是通过培训增强员工对企业的认同感，提高员工的忠诚度。

为了实现上述目的，企业必须开发与设计出高质量的培训课程。那么，在培训课程的开发与设计过程中，如何设计明确的课程目标？如何合理划分课程内容模块？如何设计恰当的课程导入？如何正确地评价培训课程的效果呢？

本书通过一系列模板与案例，探讨了培训课程目标表述方法，解决了培训课程内容模块的划分问题，提供了课程导入模式，给出了培训课程评价方法。本书第 1 版上市几年来，帮助众多企业解决了上述几大问题。为了满足企业不断变化的培训需求，本次推出的第 2 版在前一版的基础上做了如下修订。

1. 列出了课程开发的九大标准，为企业人力资源管理者、培训专员开发培训课程提供了参考依据。

2. 针对企业培训课程开发的实际情况，提供了问题分析、内容计量、案例编写和游戏设计四大工具。

3. 明确了课程开发立项与运作的具体流程和注意事项，有利于人力资源管理者和培训专员更顺利地完成课程开发立项工作。

在本书编写的过程中，孙立宏、孙宗坤、刘井学、程富建负责资料的收集和整理，贾月、董连香负责图表的编排，王淑燕、刘伟、王淑敏参与修订了本书的第 1、2 章，孙宗虎参与修订了本书的第 3 章，郭学丽参与修订了本书的第 4 章，赵安香参与修订了本书的第 5 章，冯利伟参与修订了本书的第 6 章，赵红梅参与修订了本书的第 7 章，余雪杰参与修订了本书的第 8 章，程淑丽参与修订了本书的第 9 章，全书由课思课程中心统撰定稿。

目　录

第1章

培训课程开发与设计

1.1 课程开发的九大标准

1.1.1 课程内容的选择标准

一门培训课程不可能包含所有内容，因此课程开发人员在选择课程内容时，应先考虑学员的学习背景和学习需求。课程开发人员在选择培训课程内容时，应遵循以下 4 个标准，具体如图 1-1 所示。

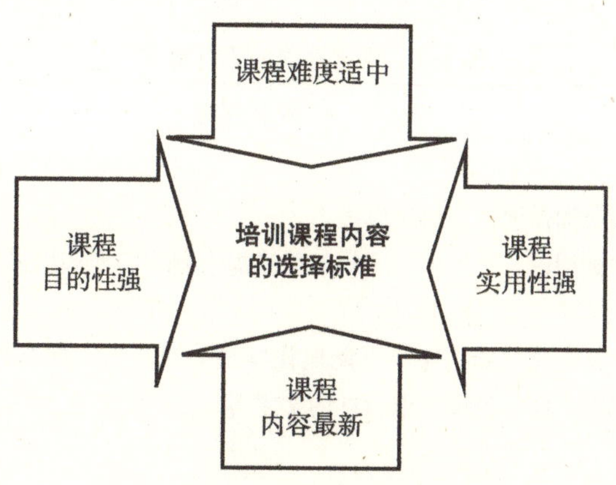
课程难度适中
课程
目的性强
培训课程内容
的选择标准
课程
实用性强
课程
内容最新

图 1-1 培训课程内容的选择标准

1. 课程难度适中

设计课程内容时，课程开发人员应保证课程内容范围不超出培训目标，学习难度不超出学员的接受能力。课程内容也不能过于简单，否则学员会感到厌烦。

2. 课程实用性强

课程内容的实用性要强，要以岗位职责和能力要求为选择依据。培训成果要能应用于工作实践中，适合学员的当前岗位要求与未来发展需要。

3. 课程内容最新

课程内容应充分反映最新的理论和实践成果，提高信息传播和应用的时效性与实用性。

4. 课程目的性强

课程内容与课程目标存在着对应关系，课程内容的选择应当遵循课程目标的具体要求。课程开发人员在选择课程内容时，需要依据课程目标及纲要，选择具体的、详细的、可直接在实践层面操作的内容，涵盖课程大纲中的知识要点、技术与能力要求等。

1.1.2 课程形式的设计标准

课程内容的表现形式包括文字、图片、图形、表格和动画等。培训课程形式的设计标准如表1-1所示。

表1-1 课程形式的设计标准

课程形式	设计标准
文字	◎ 文字的作用是加强记忆、启发思考 ◎ 对于一些关键词语，可以采用字体加粗或加下划线的形式增强视觉效果，从而利于学员加深印象 ◎ 所有的文字及其显示方式应尽可能地让学员一目了然，如在名词及其解释语之间加冒号，用字体大小区分各层级纲目性的文字等
图片	◎ 图片的作用是增加课程的趣味性 ◎ 图片中的场景、人物等内容应与文字表述保持一致
图形	◎ 图形的作用是反映图中各项元素之间的逻辑关系或说明数据，帮助学员理解、记忆 ◎ 设计图形的重点在于清晰地将各项数据或逻辑关系表现出来
表格	◎ 表格的作用是将许多的数据或信息组合在一起，方便学员对数据或信息进行对比、分析 ◎ 根据教学目的，合理选用表格或坐标图
动画	◎ 动画的作用是吸引学员的注意力，增强课程的趣味性 ◎ 动画的制作成本较高，课程开发人员应在合理控制成本的前提下设计精彩的动画课程

1.1.3 课程时长的设计标准

课程开发人员在确定了课程内容和课程形式之后，应根据企业性质或经营特点，确定培训频次，以及具体的课时标准。

合理安排培训时间有助于培训师掌握培训进度，顺利完成培训任务。课程开发人员可以根据培训的目的、场所、师资和培训对象的素质水平、上班时间等因素来确定培训的时间。课程时间设计的合理与否对于培训效果有很大的影响。课程开发者要合理设计课程时间，培训师要使受训者在整个培训期间积极地参与培训活动，提高培训时间利用率。

1.1.4 课程节奏的设计标准

课程节奏的变化就像音乐旋律的起伏，既要考虑不同内容的时间分布，又要结合成人生理和心理的特征，还要考虑到内容的起承转合，使课程有层次感和节奏感。课程节奏的设计标准可以从如图 1-2 所示的三个层面进行说明。

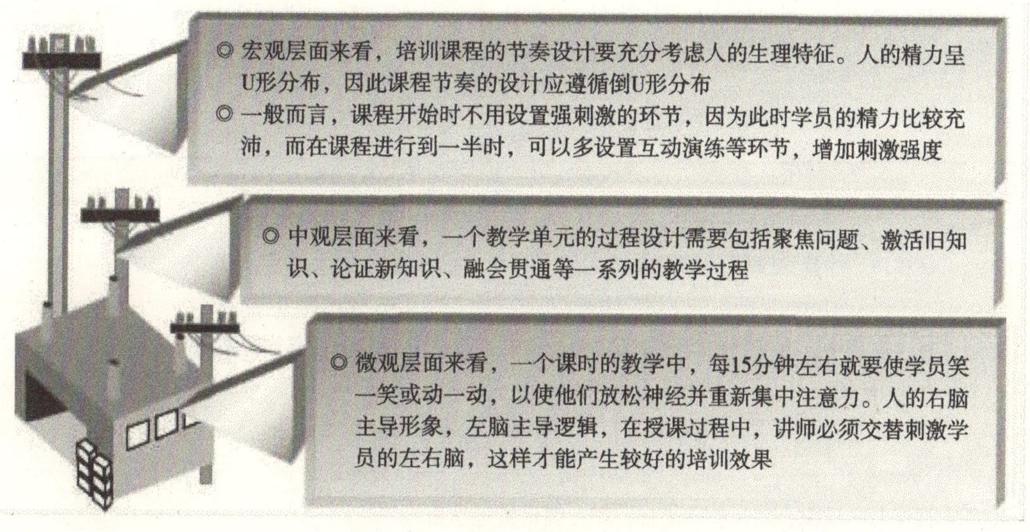
◎ 宏观层面来看，培训课程的节奏设计要充分考虑人的生理特征。人的精力呈U形分布，因此课程节奏的设计应遵循倒U形分布
◎ 一般而言，课程开始时不用设置强刺激的环节，因为此时学员的精力比较充沛，而在课程进行到一半时，可以多设置互动演练等环节，增加刺激强度
◎ 中观层面来看，一个教学单元的过程设计需要包括聚焦问题、激活旧知识、论证新知识、融会贯通等一系列的教学过程
◎ 微观层面来看，一个课时的教学中，每15分钟左右就要使学员笑一笑或动一动，以使他们放松神经并重新集中注意力。人的右脑主导形象，左脑主导逻辑，在授课过程中，讲师必须交替刺激学员的左右脑，这样才能产生较好的培训效果

图 1-2 课程节奏的设计标准

1.1.5 案例使用的标准

案例设计是培训课程规划中非常重要的部分，一个典型的案例可以生动形象地诠释理念，解读技能，展现问题解决策略。在培训课程中，案例使用的标准如图 1-3 所示。

1 必须具有目的性和针对性。在案例选取上要精炼贴切，挑选能与课程内容紧密结合的案例，从而突破培训讲授的重点和难点，取得良好的培训效果

2 必须注重时代性和时效性。培训师要选择学员喜闻乐见的、具有现实意义的案例，从而激起学员学习的兴趣，增强培训效果

3 必须符合学员的认知规律。培训师除了要选择近期发生的、学员熟知的案例之外，还要注意选择身边发生的、贴近工作生活的、符合认知规律的案例，这些案例更容易引起学员的共鸣，从而产生直观、形象的指导作用

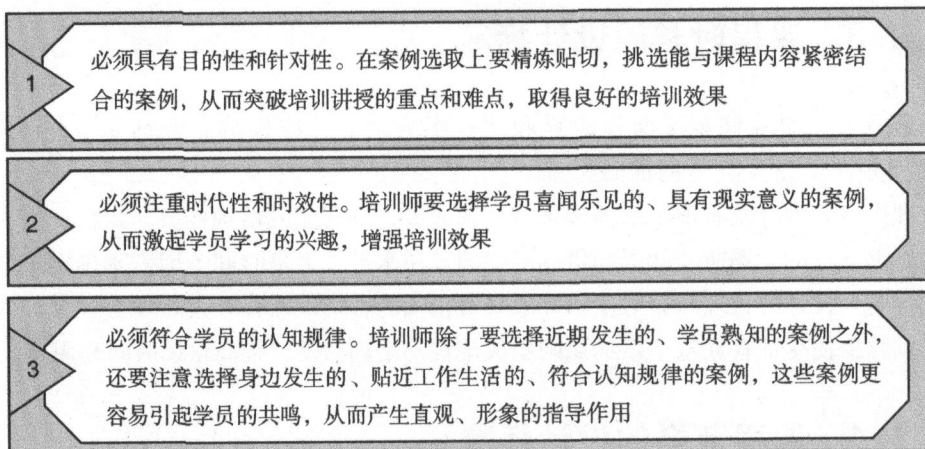

图 1-3 培训课程案例使用的标准

1.1.6 课程表述的标准

在授课过程中，培训师应根据不同的课程内容，运用不同的讲授方法和表述方式。一般而言，培训师应遵循如表 1-2 所示的课程表述标准。

表 1-2 培训课程的表述标准

序号	表述标准
1	表述内容应提纲挈领，不要拖沓冗长
2	授课过程中，讲师要控制自己的音量，保证在场的每一位学员都能听清楚
3	不要“照本宣科”，要与学员保持眼神交流，以观察学员的反应，活跃课堂气氛
4	授课时，应配合使用肢体语言，或者偶尔接近学员
5	课程讲授过程中应穿插着提出一些问题，变换授课方式，吸引学员的注意力
6	语言表述应准确、清晰，不要含糊不清
7	课程讲述应寓教于乐，不能过于枯燥或带有太多的说教色彩，以免使学员感到厌烦

1.1.7 内容计量的标准

培训课程设计与开发的过程也是进行课程内容计量的过程。课程内容计量研究的对象是知识。知识有不同的表现形式，如隐性知识和显性知识。显性知识是能用文字记录的知识，而隐性知识是存在于人脑中的知识。企业的核心知识包括如图 1-4 所示的 4 个层面。

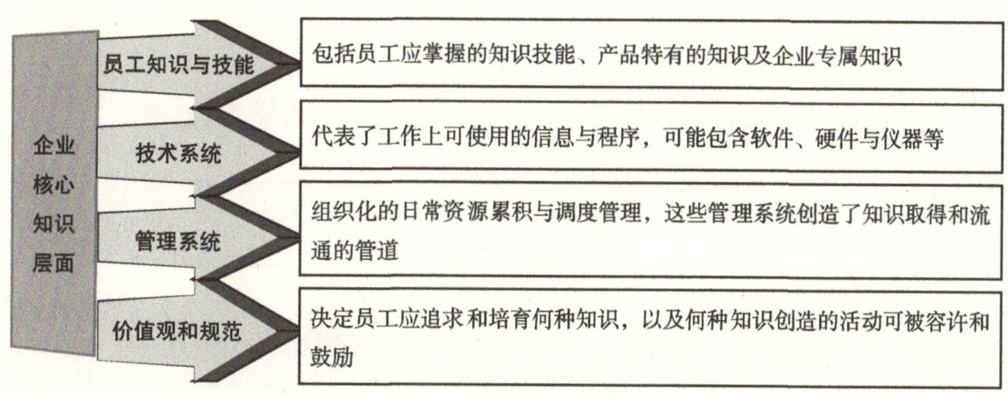
企业核心知识层面
员工知识与技能
包括员工应掌握的知识技能、产品特有的知识及企业专属知识
技术系统
代表了工作上可使用的信息与程序，可能包含软件、硬件与仪器等
管理系统
组织化的日常资源累积与调度管理，这些管理系统创造了知识取得和流通的管道
价值观和规范
决定员工应追求和培育何种知识，以及何种知识创造的活动可被容许和鼓励

图 1-4 企业核心知识层面

以上 4 个层面的内容是企业的核心知识，也是培训课程设计的重点。对于课程内容中知识含量的计量需要遵循如图 1-5 所示的 3 个主要标准。

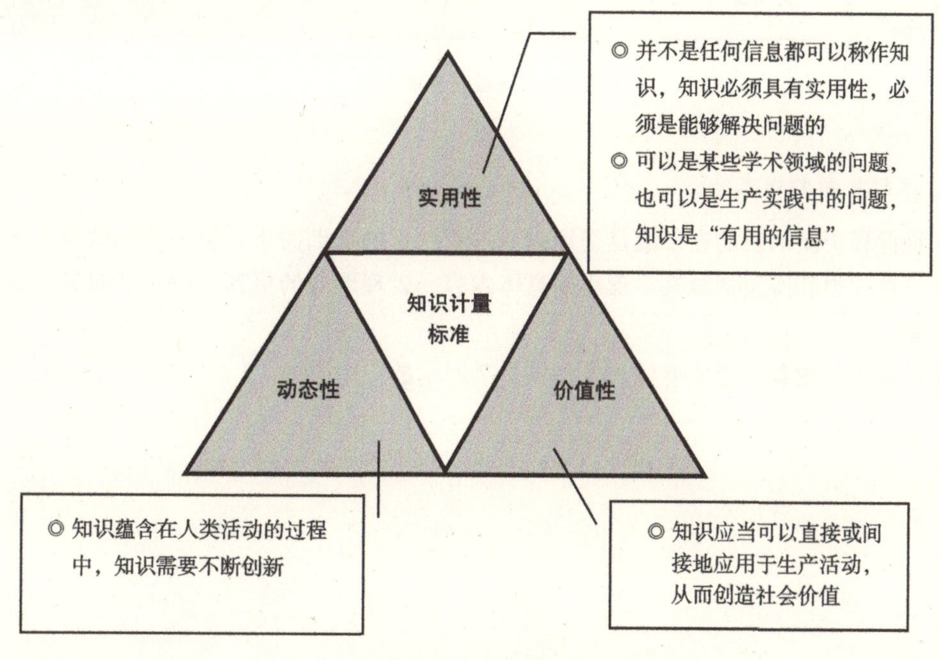
实用性
◎ 并不是任何信息都可以称作知识，知识必须具有实用性，必须是能够解决问题的
◎ 可以是某些学术领域的问题，也可以是生产实践中的问题，知识是“有用的信息”
知识计量标准
动态性
◎ 知识蕴含在人类活动的过程中，知识需要不断创新
价值性
◎ 知识应当可以直接或间接地应用于生产活动，从而创造社会价值

图 1-5 知识计量标准

1.1.8　课程更新的标准

在设计完培训课程之后，课程设计人员应当在培训过程中不断听取学员的反馈意见，并结合培训评估结果及时完善培训课程，同时定期更新培训课程，以满足学员不断变化的培训需求。

1. 课程更新的时机

当出现如图1-6所示的情况时，课程设计人员需要对课程内容进行更新。

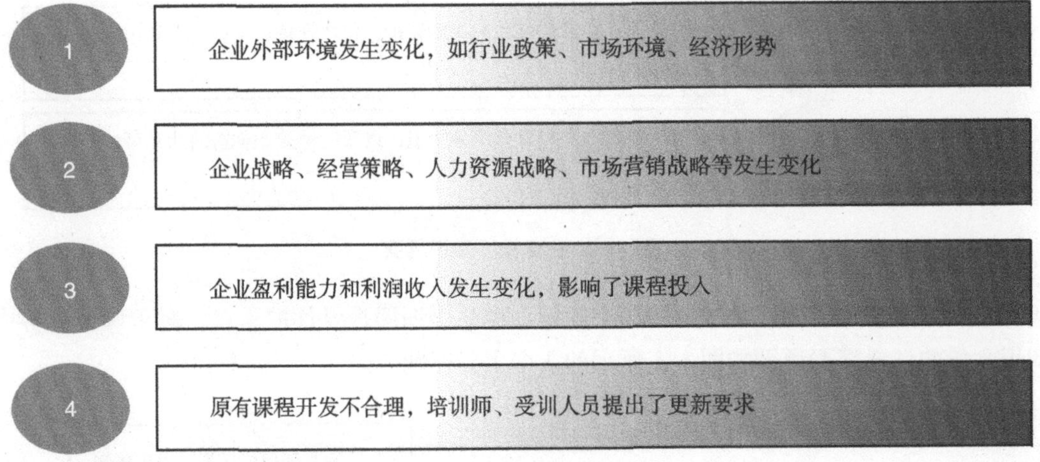
1
企业外部环境发生变化，如行业政策、市场环境、经济形势
2
企业战略、经营策略、人力资源战略、市场营销战略等发生变化
3
企业盈利能力和利润收入发生变化，影响了课程投入
4
原有课程开发不合理，培训师、受训人员提出了更新要求

图1-6　课程更新的时机

2. 课程更新的内容

培训课程更新的目的在于满足受训人员不断变化的培训需求、提高培训效率、降低培训成本。课程更新既包括对某一课程的具体内容、表现形式的更新，也包括对某一课程体系的更新。

培训课程的更新内容主要体现在如图1-7所示的三个方面。

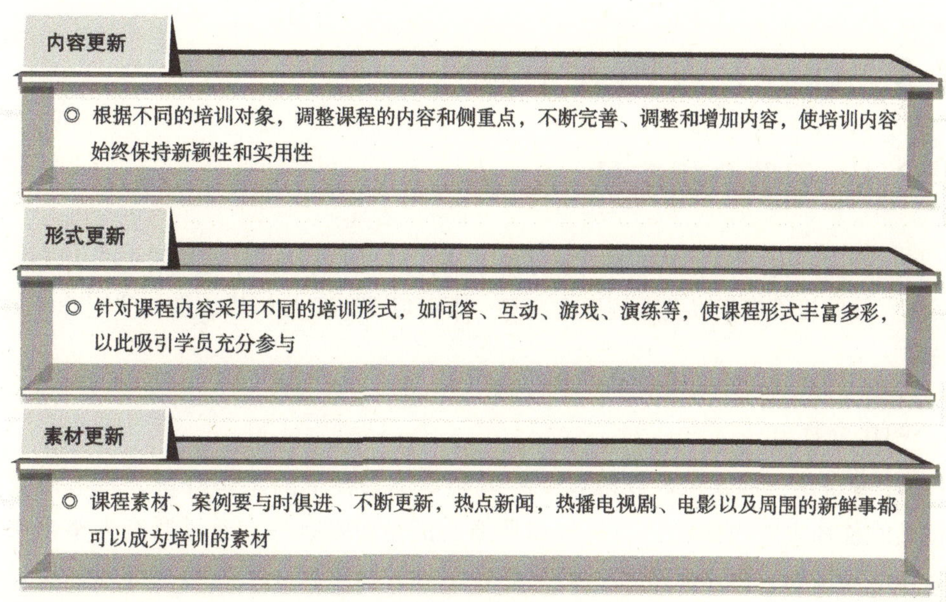
内容更新
◎ 根据不同的培训对象，调整课程的内容和侧重点，不断完善、调整和增加内容，使培训内容始终保持新颖性和实用性
形式更新
◎ 针对课程内容采用不同的培训形式，如问答、互动、游戏、演练等，使课程形式丰富多彩，以此吸引学员充分参与
素材更新
◎ 课程素材、案例要与时俱进、不断更新，热点新闻，热播电视剧、电影以及周围的新鲜事都可以成为培训的素材

图 1-7 培训课程更新的内容

1.1.9 课程风格的标准

培训师的授课风格对培训效果有很大的影响，当学员反馈信息显示授课风格与实际培训需求不符时，培训师应立刻调整自己的授课风格。比较典型的授课风格与适用的课程内容如表 1-3 所示。

表 1-3 授课风格与适用课程

授课风格	特点	适用课程
情绪激烈型	讲师很擅长控制声音、语调、语速，声音能够调动起学员的情绪，使学员受到感染并认可讲师传授的观点和知识	比较适合经验型知识的传授
轻松幽默型	讲师具有丰富的生活阅历，上到国际形势，下到生活琐事，讲师都能够运用风趣的案例轻松讲解知识	具有普遍适用性，适合管理层培训以及基层员工培训
思路启发型	强调培训课程知识体系的完整性、逻辑性，侧重于管理方法的灌输，辅助以大量的案例；讲师在课程中与学员进行思想交流，让学员产生共鸣从而建立主动、持久的学习意识	适合专业化知识的培训，如管理理论培训等

1.2 课程开发四大工具

1.2.1 问题分析工具

在培训课程开发过程中常用的问题分析工具有 SWOT 分析法、是 - 非矩阵模型、鱼骨图分析法、横向思维模型以及系统思考法等，下面以 SWOT 分析法、是 - 非矩阵模型为例进行说明。

1. SWOT 分析法

SWOT 分析法，即基于内外部竞争环境和竞争条件下的态势分析，将与研究对象密切相关的各种主要内部优势、劣势和外部的机会和威胁等，通过调查列举出来，并依照矩阵形式排列，再用系统分析的思想，把各种因素相互匹配起来加以分析，得出相应的结论。

SWOT 分析法是一种系统性的思维方法，其特点在于考虑问题全面，而且可以把问题诊断与解决方案紧密结合起来，条理清楚，便于检验。SWOT 分析法的模型如图 1-8所示。

S（strengths）
优势
W（weaknesses）
劣势
O（opportunities）
机会
T（threats）
威胁

图 1-8 SWOT 分析法模型

通过对问题的调查分析，将各种因素根据轻重缓急或影响程度等排序，构造 SWOT 模型。在此过程中，将那些对问题有直接的、重要的、大量的、迫切的、久远的影响因素优先排列出来，而将那些间接的、次要的、少许的、不急的、短暂的影响因素排列在后面，找出问题的主要因素，从而解决问题。

2. 是 - 非矩阵模型

是 - 非矩阵是由开普勒·特格（Kepner Tregoe）提出的一种管理工具，用于确定从哪里开始查找问题，以及找出问题真正的原因。通过分离一件事情的时间、地点、人和对象来缩小对影响因素的调查范围，从而减少非影响因素，提升解决问题的效率，并找到真正的原因。是－非矩阵的问题分析模型如表 1-4 所示。

表 1-4 是－非矩阵模型

问题陈述	是 （发生了什么）	非 （可能发生而没有发生）	区别 （不同或异常之处）
影响对象是什么			
发生了什么情况			
问题发生的地点 地理位置/物理位置/具体位置 发生的地点重要吗 可能在其他地点发生吗			
问题发生的时间 什么时间？多长时间 什么先发生？什么后发生 与其他事情的关系（之前、期间、之后）			
问题的范围 问题有多少 问题的严重程度有多大 问题是否被限制在了某一范围内			
问题涉及谁 谁有这一问题 谁引发了这一问题 谁第一个注意到这一问题			

1.2.2 内容计量工具

对课程内容计量主要是指对课程中知识价值的计量，知识计量主要分为知识的发现和知识的测量两个方面。

1. 知识的发现

知识隐含在人类活动或大量信息中，因此对知识进行计量首先要发现知识。发现知识的技术方法可以分为如图 1-9 所示的三种。

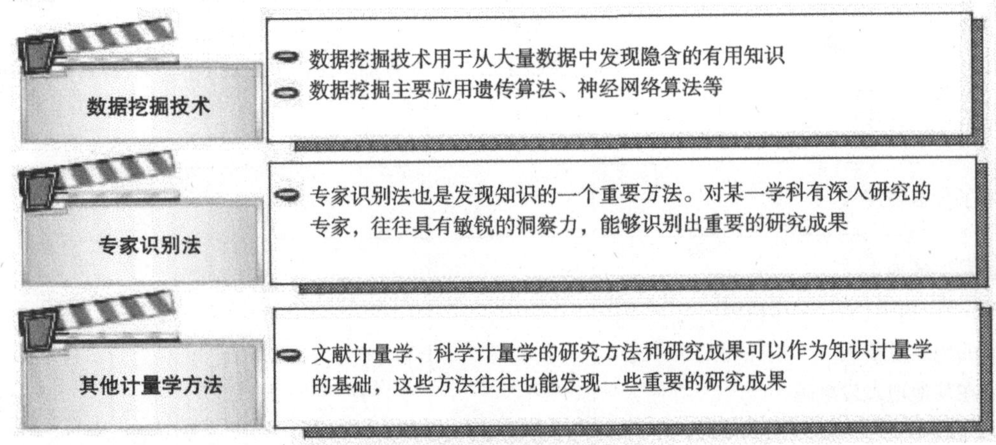
数据挖掘技术
数据挖掘技术用于从大量数据中发现隐含的有用知识
数据挖掘主要应用遗传算法、神经网络算法等
专家识别法
专家识别法也是发现知识的一个重要方法。对某一学科有深入研究的专家，往往具有敏锐的洞察力，能够识别出重要的研究成果
其他计量学方法
文献计量学、科学计量学的研究方法和研究成果可以作为知识计量学的基础，这些方法往往也能发现一些重要的研究成果

图 1-9　发现知识的技术方法

2. 知识的测量

发现知识以后，就要对知识进行有效的测量，可采用定量和定性相结合的方法。知识测量人员不仅要有相关专业知识，还要具备数学、统计学知识和应用能力，同时掌握先进的计算机应用方法。

1.2.3　案例编写工具

案例是对生活中真实事件的描述，不仅包含着疑难问题，而且包含了解决问题的方法。在培训课程中，讲师通过对案例的分析和讨论，帮助学员更好地掌握培训内容，找出解决问题的方法。

一般而言，案例的编写可以参照如图 1-10 所示的结构模式。

案例的描述要能够清楚地说明一个问题、表述一种思想，具体而完整，明确而真实，避免抽象性和概括性描述。

1.2.4　游戏设计工具

在培训课程中，培训游戏易于激发学员的积极性，使学员将学习到的东西与直观、复杂的情景联系起来，理解和记忆更深刻，学到的知识技能也易于吸收和掌握。

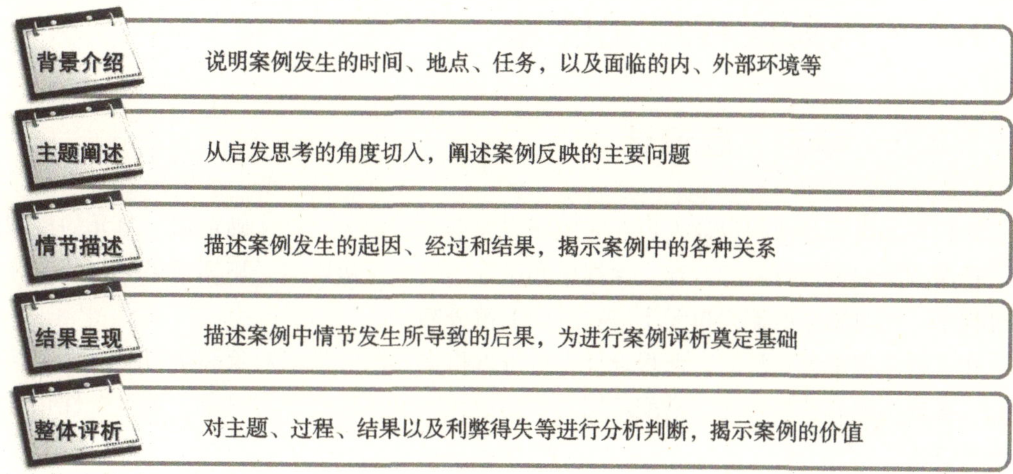
背景介绍
说明案例发生的时间、地点、任务，以及面临的内、外部环境等
主题阐述
从启发思考的角度切入，阐述案例反映的主要问题
情节描述
描述案例发生的起因、经过和结果，揭示案例中的各种关系
结果呈现
描述案例中情节发生所导致的后果，为进行案例评析奠定基础
整体评析
对主题、过程、结果以及利弊得失等进行分析判断，揭示案例的价值

图 1-10 案例编写的一般结构模式

在各类游戏设计方法中，游戏模拟法应用得十分广泛，这个方法在激发学员的学习动机和提高学习的吸引力方面具有明显优势。在培训课程开发与设计中，模拟游戏的形式可以多种多样。

具体而言，培训课程模拟游戏的设计程序如图 1-11 所示。

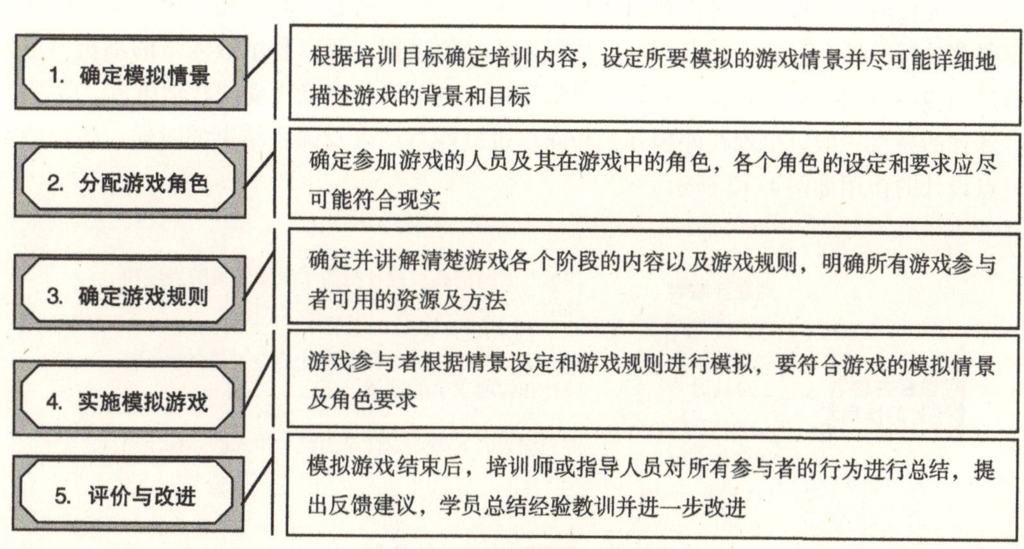
1. 确定模拟情景
根据培训目标确定培训内容，设定所要模拟的游戏情景并尽可能详细地描述游戏的背景和目标
2. 分配游戏角色
确定参加游戏的人员及其在游戏中的角色，各个角色的设定和要求应尽可能符合现实
3. 确定游戏规则
确定并讲解清楚游戏各个阶段的内容以及游戏规则，明确所有游戏参与者可用的资源及方法
4. 实施模拟游戏
游戏参与者根据情景设定和游戏规则进行模拟，要符合游戏的模拟情景及角色要求
5. 评价与改进
模拟游戏结束后，培训师或指导人员对所有参与者的行为进行总结，提出反馈建议，学员总结经验教训并进一步改进

图 1-11 模拟游戏设计程序

1.3 六大课程单元设计

1.3.1 单元主题设计

课程单元设计是课程设计人员在完成课程大纲的基础上，具体确定每一单元的授课内容、授课方法和授课材料的过程。课程单元设计的优劣直接影响了培训效果的好坏。在培训过程中，相对独立的课程单元不应在时间上被分割开。

在进行课程单元设计时，课程设计人员可以根据不同的学习对象和学习需求设定核心单元、必修单元和选修单元，搭配不同的学习单元，形成适合学习对象、满足个性化学习需求的课程。

课程单元主题的确定必须以培训需求为依据，以培训课程目标为中心，选择明确的课程单元主题。单元的主题应具体而不应抽象，宜细化而不宜过大，课程单元内容应围绕单元主题进行设计。

1.3.2 单元亮点设计

一个完整的课程犹如一篇优秀的文章，起承转合间，精彩不时闪现。单元课程设计中一定要有独特的亮点。这个亮点，可以是深入浅出的讲授，可以是细致入微的剖析，可以是激情四溢的鼓励，可以是精妙完美的课堂结构，也可以是准确生动的教学语言，等等。

课程的亮点一般应出现在课程开始和课程阶段性总结以及课程结束的时候，各阶段课程亮点设计的作用如图 1-12 所示。

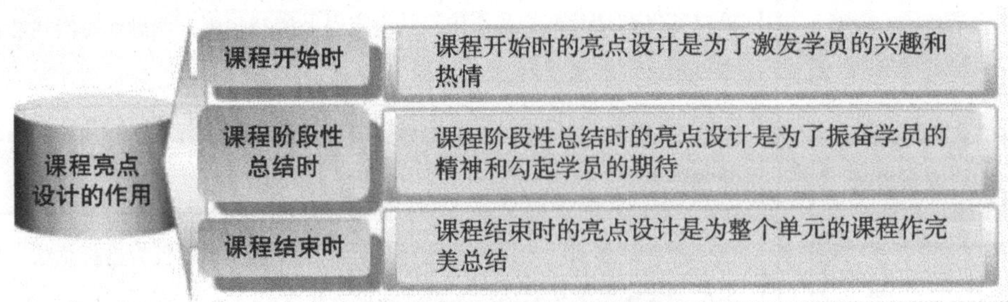
课程亮点设计的作用
课程开始时
课程开始时的亮点设计是为了激发学员的兴趣和热情
课程阶段性总结时
课程阶段性总结时的亮点设计是为了振奋学员的精神和勾起学员的期待
课程结束时
课程结束时的亮点设计是为整个单元的课程作完美总结

图 1-12 课程亮点设计的作用

课程单元亮点的数量应适中，数量过少容易使课程变得枯燥，学员提不起精神；数量过多则容易泛滥，不能突出重点。

1.3.3 单元节奏设计

培训课程单元的设计要引入各种灵活的教学形式和新颖的课程内容，使培训课程有起伏、有互动，充分调动学员的积极性，提升培训的效果。

课程单元的具体内容安排，要区分哪些是学员必须知道的信息，确定讲解的优先顺序以及详略程度；确定哪些内容应做详细讲解，哪些内容适合实验或实践活动，哪些事项可用于最后的总结，各项内容以何种方式来讲解等。

课程单元节奏安排的主要根据是受训人员的学习特点，通常应遵循的原则如图1-13所示。

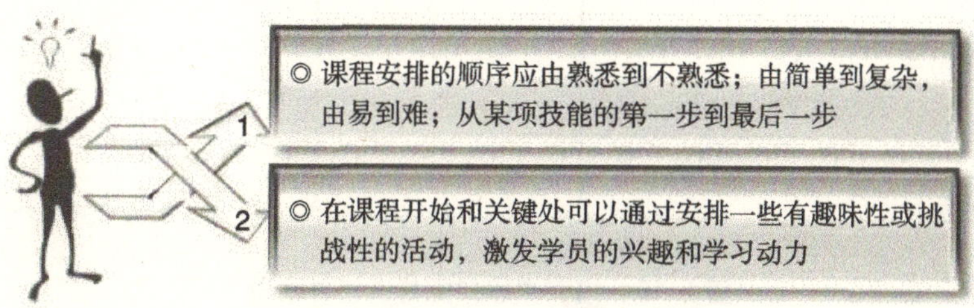
1
◎ 课程安排的顺序应由熟悉到不熟悉；由简单到复杂，由易到难；从某项技能的第一步到最后一步
2
◎ 在课程开始和关键处可以通过安排一些有趣味性或挑战性的活动，激发学员的兴趣和学习动力

图1-13 课程单元节奏安排的原则

1.3.4 单元导图设计

在培训课程单元的设计过程中，可以使用单元导图来展示整个单元的知识架构和内容关系。导图可以迅速、鲜明、生动地传达信息，明确显示各项信息之间的相互关系。课程单元导图的设计应做好如图1-14所示的三项工作。

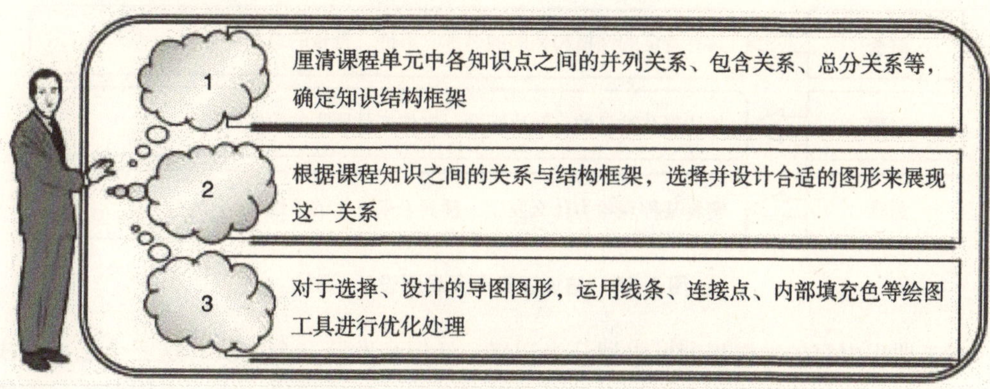
1
厘清课程单元中各知识点之间的并列关系、包含关系、总分关系等，确定知识结构框架
2
根据课程知识之间的关系与结构框架，选择并设计合适的图形来展现这一关系
3
对于选择、设计的导图图形，运用线条、连接点、内部填充色等绘图工具进行优化处理

图1-14 课程单元导图设计的工作内容

例如，职业生涯规划决策培训课程的单元导图设计示例如图 1-15 所示。

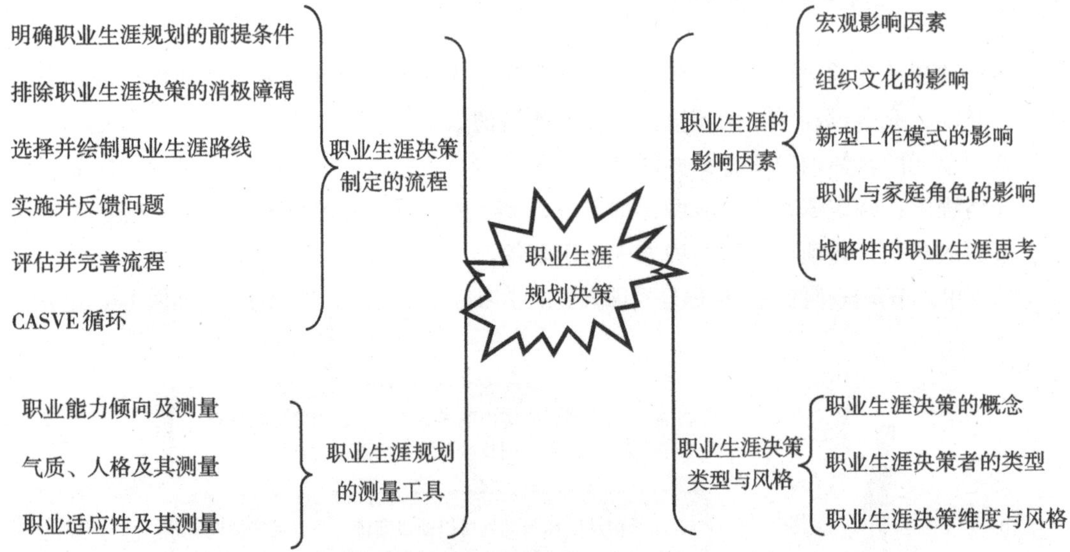
明确职业生涯规划的前提条件
排除职业生涯决策的消极障碍
选择并绘制职业生涯路线
实施并反馈问题
评估并完善流程
CASVE 循环
职业生涯决策制定的流程
职业能力倾向及测量
气质、人格及其测量
职业适应性及其测量
职业生涯规划的测量工具
职业生涯规划决策
职业生涯的影响因素
宏观影响因素
组织文化的影响
新型工作模式的影响
职业与家庭角色的影响
战略性的职业生涯思考
职业生涯决策类型与风格
职业生涯决策的概念
职业生涯决策者的类型
职业生涯决策维度与风格

图 1-15　培训课程单元导图设计示例

1.3.5　单元内容形式设计

培训课程单元的内容可以用事实、概念、步骤、原理等形式展现，这四种内容形式的适用范围具体如图 1-16 所示。

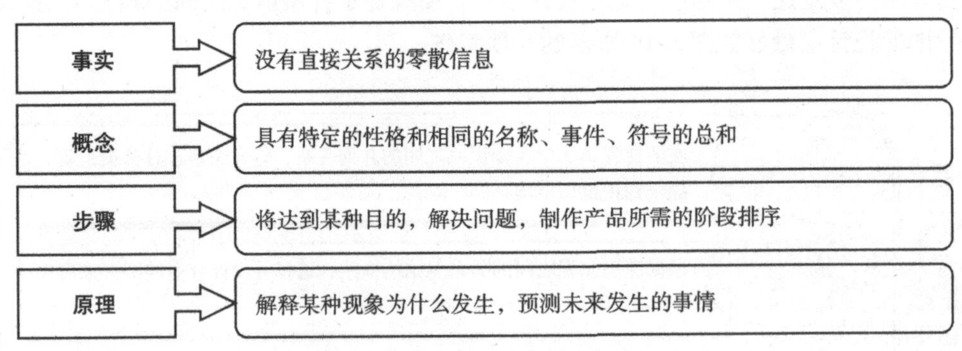
事实
没有直接关系的零散信息
概念
具有特定的性格和相同的名称、事件、符号的总和
步骤
将达到某种目的，解决问题，制作产品所需的阶段排序
原理
解释某种现象为什么发生，预测未来发生的事情

图 1-16　培训课程单元导图设计示例

对于课程内容的掌握程度可以划分为记忆、活用和发散三个层次。这三个层次由浅入深，记忆层次是指能够将储存的信息再生或再现出来，搜索记忆内容；活用层次是指能够将抽象的内容应用到具体事情中；发散层次是指能够推导或创造出新的抽象性内容。

对于以上四种课程单元内容形式的设计可以概括为如图 1-17 所示的模型。

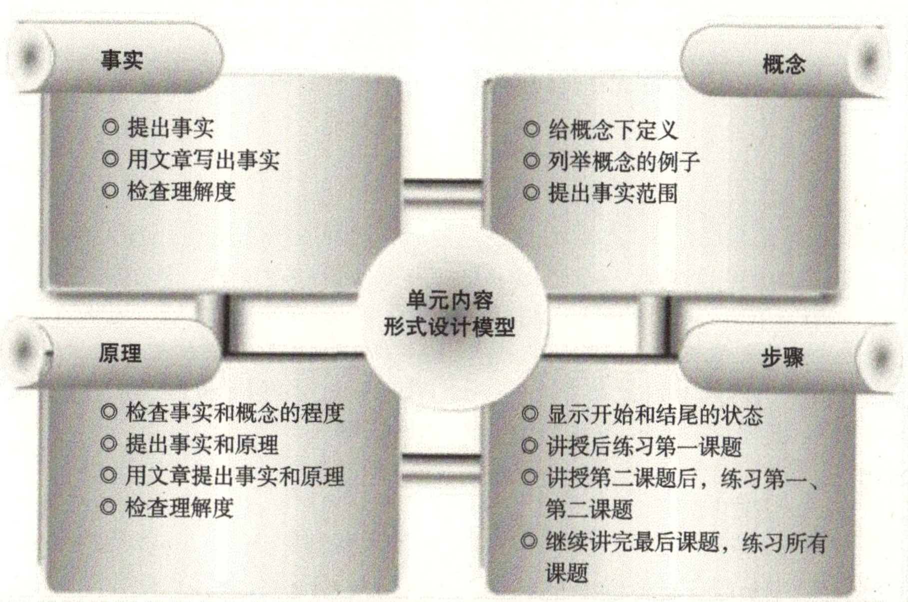

事实
◎ 提出事实
◎ 用文章写出事实
◎ 检查理解度
概念
◎ 给概念下定义
◎ 列举概念的例子
◎ 提出事实范围
单元内容
形式设计模型
原理
◎ 检查事实和概念的程度
◎ 提出事实和原理
◎ 用文章提出事实和原理
◎ 检查理解度
步骤
◎ 显示开始和结尾的状态
◎ 讲授后练习第一课题
◎ 讲授第二课题后，练习第一、第二课题
◎ 继续讲完最后课题，练习所有课题

图 1-17　单元内容形式设计模型

1.3.6　单元内容优化设计

培训课程单元内容的设计目的是按照一定的逻辑关系将课程内容进行组织与合理安排，形成独立的课程。在设计培训课程单元内容时，对于内容的选定需要考虑如图 1-18 所示的五大事项。

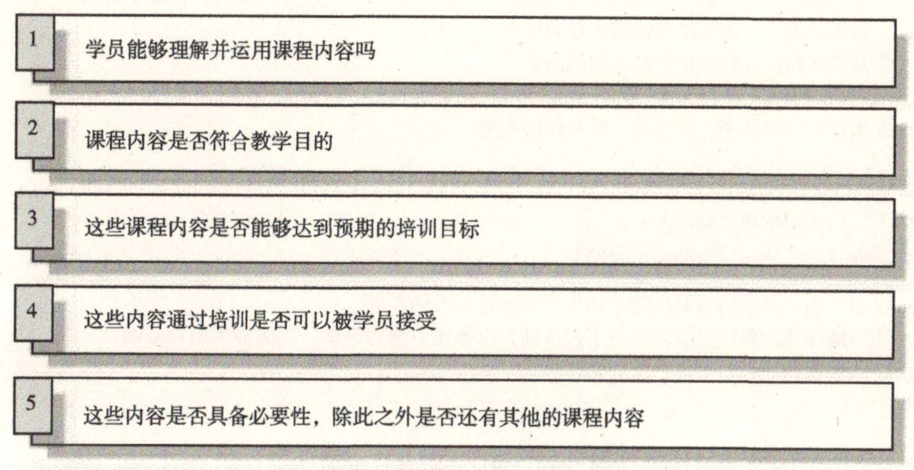

1 学员能够理解并运用课程内容吗
2 课程内容是否符合教学目的
3 这些课程内容是否能够达到预期的培训目标
4 这些内容通过培训是否可以被学员接受
5 这些内容是否具备必要性，除此之外是否还有其他的课程内容

图 1-18　单元内容设计考虑事项

对于课程设计人员来说，选择具有必要性的课程内容是十分重要的，对于可用可不用的内容则可不予选用。

培训课程各个单元内容的优化可以遵循如图 1-19 所示的 4 个思路。

1 将抽象的内容变得生动形象

◎ 培训内容往往比较抽象，为了便于学员理解，培训师可以通过最直接、最精炼、最准确的一句话来表述“内容”；通过寓言、笑话、游戏、模拟表演来传达“内容”；通过对问题、案例的剖析来启发“内容”；通过联想、对比来强化“内容”；通过培训师与学员的对话来激活“内容”；通过数据、图表、实例来证实“内容”

◎ 总之，课程设计要丰富、生动、具体，使学员愿意接受

2 使课程的内容贴近实战

◎ 遵循培训要为企业服务的原则，培训课程必须紧紧围绕企业的需求设计

◎ 培训师应该经常从各种渠道了解企业，时刻把握企业发展的脉搏，了解管理层对培训工作的要求，了解学员目前的心态、知识与能力水平，从实践中收集鲜活的案例

◎ 针对企业目前存在的问题，培训师要结合实践中发生的典型事例向学员讲解相关的理念、原理

◎ 要系统总结实际工作中可能遇到的典型问题、常见问题，并尽量给出解决方法

◎ 尽量多向学员提供面向日常工作的操作流程和评价标准

3 将工作经验提升为理论

◎ 当要推广企业实践中形成的行之有效的工作经验时，培训师必须概括、精炼重要的操作要点，将操作步骤画成直观的流程

◎ 从特殊情况中提炼出普遍适用的内容

◎ 对适用情况、工作环境、操作条件等进行必要的说明

◎ 根据不同的适用对象进行有针对性的调整

4 对重要技能开展操作实训

◎ 对于岗位要求的重要技能，必须开展有针对性的实训

◎ 训练课题的确定要以岗位分工为基础，以操作方法为基础，以故障类型为基础

◎ 按照训练目标，确定具体的操作步骤

图 1-19 单元内容优化思路

1.4 课程开发流程

培训课程开发是指根据培训需求开发和设计一套可操作的培训课程体系或者编制一套培训课程大纲及其配套资料。培训课程开发的流程如图1-20所示。

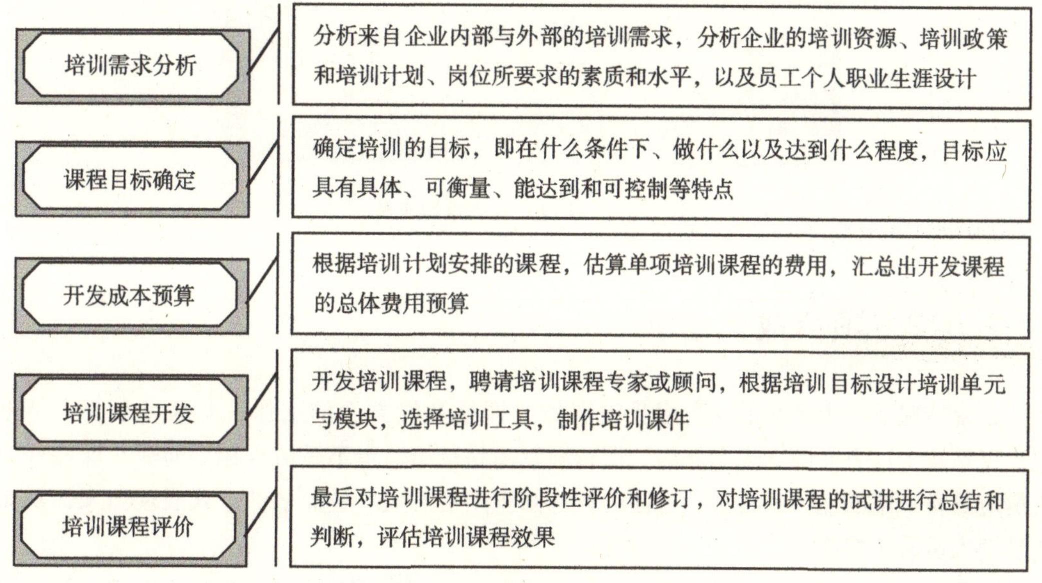
培训需求分析
分析来自企业内部与外部的培训需求，分析企业的培训资源、培训政策和培训计划、岗位所要求的素质和水平，以及员工个人职业生涯设计
课程目标确定
确定培训的目标，即在什么条件下、做什么以及达到什么程度，目标应具有具体、可衡量、能达到和可控制等特点
开发成本预算
根据培训计划安排的课程，估算单项培训课程的费用，汇总出开发课程的总体费用预算
培训课程开发
开发培训课程，聘请培训课程专家或顾问，根据培训目标设计培训单元与模块，选择培训工具，制作培训课件
培训课程评价
最后对培训课程进行阶段性评价和修订，对培训课程的试讲进行总结和判断，评估培训课程效果

图1-20 培训课程开发流程

1.5 课程开发项目立项与运作

1.5.1 项目小组组建

课程开发前涉及企业生产经营等各方面的工作，培训部门的人员是不可能独立完成这项工作的，所以，企业必须选择合适的人员组建课程项目小组。所谓合适，不仅指开发人员应具备权威的专业知识，而且应该具有一定的组织协调能力、写作能力和责任心。

选定主开发人员之后，还需以主开发人为主组建一支开发小组。尤其是一些内容较多的课程，需要一个小组来完成开发工作，小组成员应该是互补型的，具体如图1-21所示。

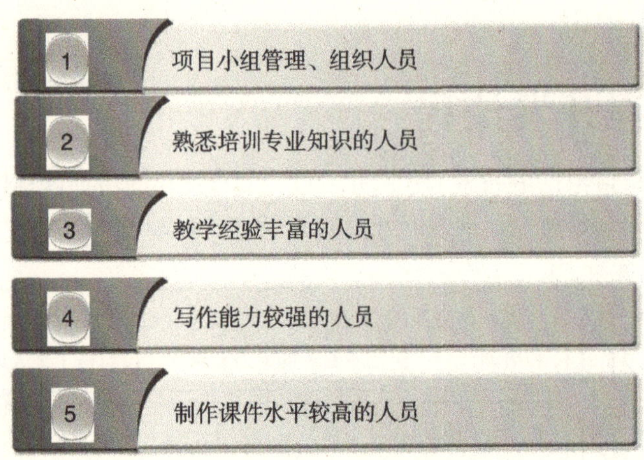
1
项目小组管理、组织人员
2
熟悉培训专业知识的人员
3
教学经验丰富的人员
4
写作能力较强的人员
5
制作课件水平较高的人员

图1-21 项目开发小组的成员

1.5.2 项目成员培训

通常情况下，大多数的项目成员没有做过课程开发方面的工作，尤其对专业人员来说，更是缺少这方面的知识和能力。课程开发不是总结，也不是流程积累而成，课程开发人员应具备一定的能力，将某一方面的核心知识用最有效、最简洁的方式表现出来，从而使受训人员易于接受。

因此，在确立了课程开发项目之后，不能简单地组建开发项目小组并立即进行开发工作，而需要对成员进行相关培训，这是课程项目开发的重要环节。培训要让开发人员明确开发的目的和要求，提升开发人员在材料组织、教材编写等方面的能力，在此基础上再进入开发环节，可以有效提升项目开发的效果。

1.5.3 课程开发职责与分工

企业培训课程的内容繁杂，资源分布在不同的部门和人员中，因此，进行合理的培训课程开发职责分工是确保培训课程质量的前提，表1-5列举了常见的培训课程开发职责分工。

表1-5 培训课程的开发职责分工

部门 课程	人力资源部	业务部
领导力	主导	配合
通用管理技能	主导	配合

（续表）

课程＼部门		人力资源部	业务部
专业技能		配合	主导
新员工入职	应届大学生	主导	配合
	其他人员	平责	平责
职业资格认证		平责	平责
学历提升		主导	配合
备注		平责是指按人员管理权限负责相应人员的培训项目的组织与实施工作	

1.5.4 课程体系评估与标准

课程体系评估的工具主要有柯式四级评估模式和菲利普斯五层评估模式两种，具体内容如表1-6和表1-7所示。

表1-6 柯式四级评估模式

层面	内容	说明
第一层面 反应	重点：受训者满意程度	问题：受训者喜欢该项目吗？课程有用吗？有什么建议
	最低级别，感受和看法	评估时间：当场或课程一结束
第二层面 学习	重点：知识、技能、态度、行为方式方面收获	问题：受训者培训后，对各重点的掌握有多大程度的提高
	评估四方式：书面测试，模拟情境，操作检验，学前、学后比较	评估时间：一般在培训现场或课程结束后进行
第三层面 行为	重点：工作行为的改进	问题：培训后，培训者的行为有无不同？工作中是否使用培训知识
	学习在工作中的转化	评估时间：课程结束后三个月
第四层面 结果	重点：获得的经验业绩	问题：培训是否给企业带来收益
	反映培训的最终结果	评估时间：培训后半年或一年

表1-7 菲利普斯五层评估模式

层次	内容
1. 反应和既定活动	评估学员对评估项目的反应及略述实施的计划
2. 学习活动	评估技能、知识和观念的变化
3. 在工作中的应用	评估工作中行为的变化及对培训知识的确切应用
4. 业务结果	评估课程项目对业务的影响
5. 投资回报率	评估培训结果的货币价值及成本，用百分比进行表示

1.5.5 课程开发项目管理办法实例

以下为某企业有关招聘课程开发管理办法实例，仅供参考。

制度名称	招聘课程开发管理办法	受控状态	
		编　　号	

第1章　总则

第1条　目的

为了解决企业在人员招聘过程中遇到的问题，为企业招聘到合适、优秀的人才，规范招聘课程项目的开发，特制定本办法。

第2条　使用范围

本办法适用于企业一切有关招聘的培训课程开发工作。

第3条　培训课程定位

通过学习本培训课程，确保企业招聘人员能胜任招聘岗位，能完成企业经营过程中基本的员工招聘管理等工作任务，并培养诚信为本、操守为重的人格品质。

第2章　培训课程设计

第4条　培训课程目标设计

培训课程目标设计的具体内容如下表所示。

类型	说明
知识目标	◎ 了解各职能招聘渠道的特点 ◎ 能够列举出各种招聘方法的特点和运用步骤 ◎ 能够列举出各种招聘广告的策划与编写要求 ◎ 了解招聘人员的测试方法，如笔试、面试、情境模拟、心理测试等测试方法 ◎ 掌握各种招聘所需资料的编写技巧
能力目标	◎ 使招聘人员能够根据企业要求选择合适的招聘渠道 ◎ 能够根据具体招聘要求编写招聘广告 ◎ 利用合适的招聘策略制订招聘计划，并组织实施面试 ◎ 具有收集和处理信息的能力、分析与总结能力、书面表达能力、语言表达能力和基本的决策能力 ◎ 学会准备相关文字材料、设计招聘广告、对录用者作背景调查、收集和管理员工信息以及撰写招聘总结等
素质目标	使企业招聘人员成为具有良好的职业操守、专业的职业技能、踏实的工作态度、突出的学习能力的优秀管理人才

（续）

<table>
<tr><td colspan="6">第 5 条　学习项目与任务设计
在企业优秀招聘人员的协助下，人力资源部课程开发人员设计招聘流程、分析招聘需求、制订招聘计划、设计招聘广告、有效筛选简历、实施招聘笔试、实施招聘面试、录用与入职、进行招聘评估和策划模拟招聘会，同时将项目划分为若干个任务。
第 6 条　项目化教学设计
（1）项目与任务的对接模式设计
本次培训课程的 10 个项目与其分解任务是一一对应的关系。
（2）项目类型设计
此次培训课程开发所采用的项目类型为单项项目，即围绕着如何招聘到优秀的人才项目，其作用是使学员掌握该专业的基本知识与技能，并学会如何招聘。
第 7 条　课程实施组织形式设计
（1）项目分组
将所有参加培训的学员分为两个大组，每个大组分为四个小组，分别为策划者、招聘组、招聘二组和招聘三组。策划者主要负责本大组招聘工作的组织策划工作，三个招聘小组各负责完成某一工作岗位的招聘工作。当一大组负责某企业的招聘时，另一组即为应聘组，应聘组成员应在网上注册简历，发到招聘组的招聘邮箱中应聘相关岗位。
学员分组应以“组内异质、组间同质”为原则。组内异质可以为小组成员的互助合作奠定基础，而组间同质则可以为各个小组之间的公平竞争创造条件。项目小组的规模适中，以 3 ~ 5 人为宜，小组成员要配合默契，具有良好的沟通能力，同时各个组员之间需要互补短长，发挥各自的优势。
（2）模拟招聘会
课程学习完成后，组织策划模拟招聘会，并由企业人力资源招聘专员组织执行。
第 3 章　附则
第 8 条　本办法由培训部制定、修订和解释。
第 9 条　本办法自颁布之日起执行。</td></tr>
<tr><td>编制日期</td><td></td><td>审核日期</td><td></td><td>批准日期</td><td></td></tr>
<tr><td>修改标记</td><td></td><td>修改处数</td><td></td><td>修改日期</td><td></td></tr>
</table>

1.5.6 项目节点选取

为了防范企业培训课程开发项目运作过程中可能发生的风险，避免或减少企业损失，企业培训管理人员在课程开发项目运作过程中应做好如图 1-22 所示的项目节点选取。

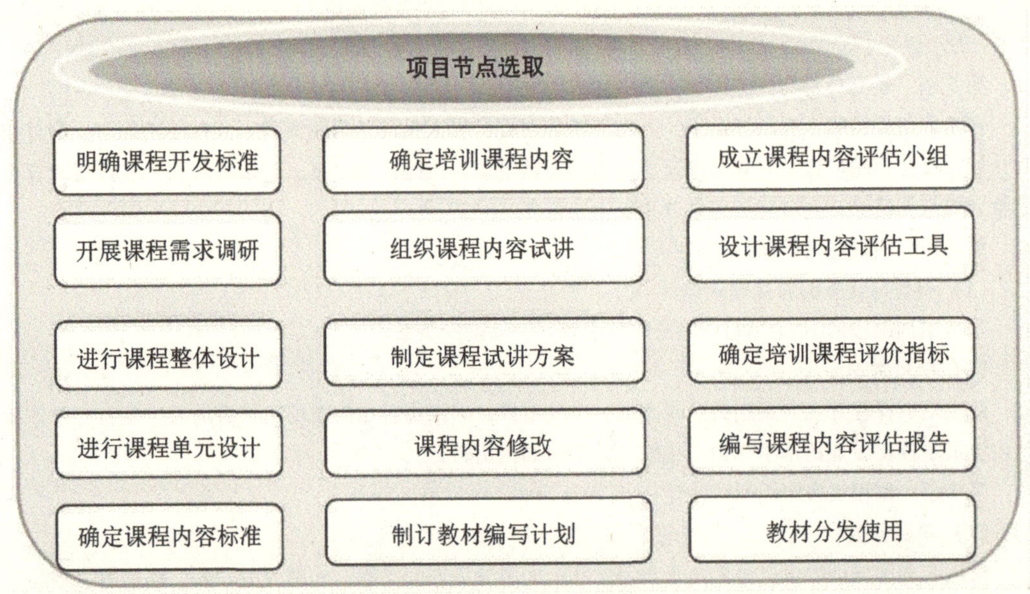
项目节点选取
明确课程开发标准
确定培训课程内容
成立课程内容评估小组
开展课程需求调研
组织课程内容试讲
设计课程内容评估工具
进行课程整体设计
制定课程试讲方案
确定培训课程评价指标
进行课程单元设计
课程内容修改
编写课程内容评估报告
确定课程内容标准
制订教材编写计划
教材分发使用

图 1-22　项目节点选取

1.5.7　项目进度控制

对培训课程开发而言，可将每一个模块和子模块的任务完成视作一个关键点。要对开发过程中的关键点予以控制，特别是上一过程完成的结果直接导入到下一过程的输入时，要对上一个过程的结果进行评估，确保关键点得到控制，进而保证整体效果。

就整个培训开发项目而言，如果子模块过多、参与人较多时，对项目进行有效控制就显得非常重要，要和项目组的每一个成员沟通好各项任务的完成时间，督促项目组成员完成各项任务。特别是在兼职开发的情形下，更要重视对进度的有效管理，协调好本职工作与课程开发之间的冲突。

1.5.8　项目阶段性评估

培训课程项目评估是在课程实施完毕后对课程全过程进行的总结和判断，重点在于确认培训是否达到了预期的目标，以及受训学员对培训效果的满意程度。培训课程评估的具体评估对象如表 1-8 所示。

表 1-8 课程评估对象

评估对象	具体评估内容
课程目标	课程目标是否具有针对性，课程目标是否进行了明确的量化描述，课程方法是否多元化
课程结构	内容结构的完整性和逻辑性、内容的难易度、内容的正确性、内容的实用性、内容的适宜性、内容的针对性
课程版面	版面设计、图表与文字的配合、图表及其配色的变化、课程适用说明是否齐全
课程表达	句子长短是否恰当、语法结构是否合理、语句是否流畅、概念说明是否准确、词汇的难度是否合理

对培训课程的评估可采用柯式四级评估模式，具体内容如图 1-23 所示。

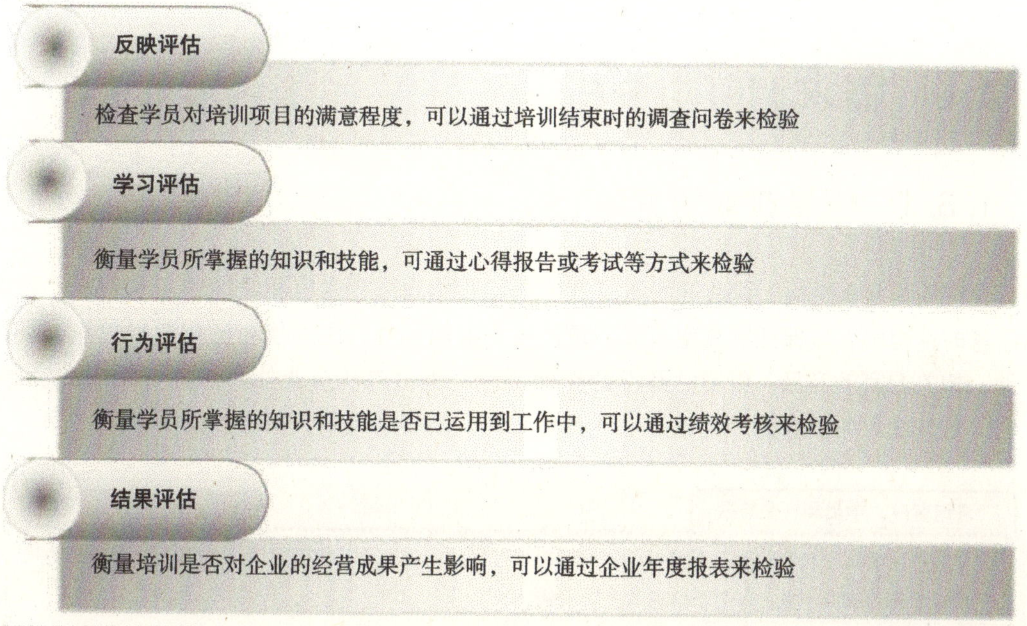

反映评估

检查学员对培训项目的满意程度，可以通过培训结束时的调查问卷来检验

学习评估

衡量学员所掌握的知识和技能，可通过心得报告或考试等方式来检验

行为评估

衡量学员所掌握的知识和技能是否已运用到工作中，可以通过绩效考核来检验

结果评估

衡量培训是否对企业的经营成果产生影响，可以通过企业年度报表来检验

图 1-23 柯式四级评估模式

课程开发人员完成柯式四级评估后应撰写培训评估报告，并依据报告对培训课程进行改善，提高培训效果。

1.5.9 项目成果与建库

完成一个模块或者整体项目后，项目负责人或者文档汇总人员应对整个项目成果进行汇总，并根据之前定义的项目结果要求建库。课程开发建库的类型如图 1-24 所示。

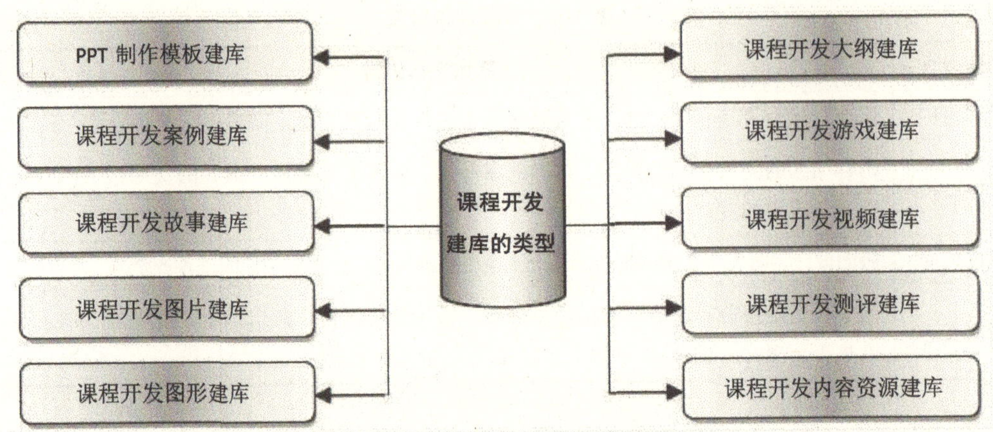
PPT 制作模板建库
课程开发案例建库
课程开发故事建库
课程开发图片建库
课程开发图形建库
课程开发建库的类型
课程开发大纲建库
课程开发游戏建库
课程开发视频建库
课程开发测评建库
课程开发内容资源建库

图 1-24　课程开发建库的类型

1.6　需求调研与分析

1.6.1　信息获取的方法

课程项目立项之后，课程开发人员就应开始收集与课程内容相关的信息和资料。在获取信息的过程中，应保证其真实可靠。可以从企业内部资料中查找自己需要的信息，征求学员、相关专家的意见，借鉴已开发的类似课程；也可以从企业外部挖掘可利用的资源，总之，信息获取的来源越广泛越能保证其真实性。获取信息的具体方法如图 1-25 所示。

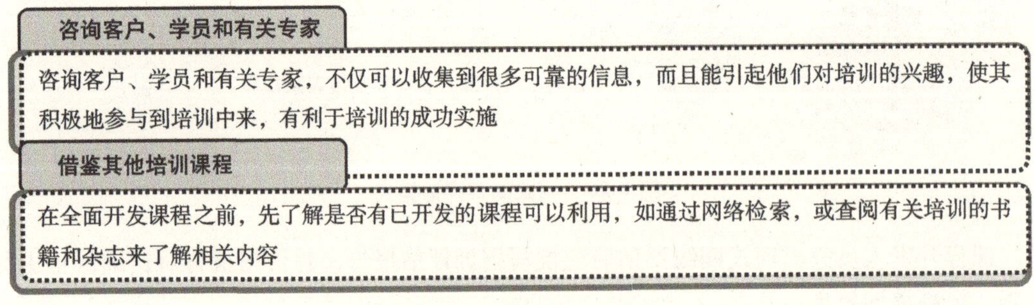
咨询客户、学员和有关专家
咨询客户、学员和有关专家，不仅可以收集到很多可靠的信息，而且能引起他们对培训的兴趣，使其积极地参与到培训中来，有利于培训的成功实施
借鉴其他培训课程
在全面开发课程之前，先了解是否有已开发的课程可以利用，如通过网络检索，或查阅有关培训的书籍和杂志来了解相关内容

图 1-25　获取信息的方法

1.6.2　需求分析调研的方法

课程需求分析是课程设计者进行培训课程开发的首要环节。进行课程需求分析的目的

是满足企业和企业员工的需要。课程分析的具体做法是，从企业环境、个人和职务各个层面进行调查和分析，从而判断企业和个人是否存在需求以及存在哪些需求。

确定培训课程需求应选择合适的调研方法，不同的企业适用的调研方法也不相同。一般来说，确定课程需求可以采用如图 1-26 所示的三种调研方法。

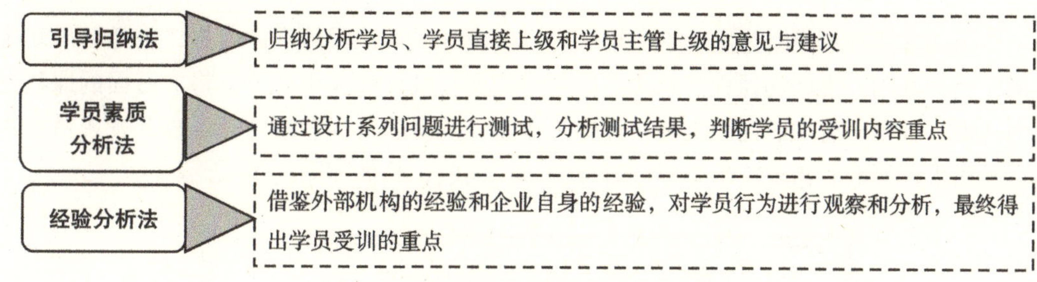
引导归纳法
归纳分析学员、学员直接上级和学员主管上级的意见与建议
学员素质分析法
通过设计系列问题进行测试，分析测试结果，判断学员的受训内容重点
经验分析法
借鉴外部机构的经验和企业自身的经验，对学员行为进行观察和分析，最终得出学员受训的重点

图 1-26　课程需求分析的三种调研方法

确定课程需求的人员包括受训人员的部门经理、内部培训师、培训学员，培训部门主要负责确定课程的具体需求内容。

1.6.3　需求分析的针对性

企业课程开发人员应有目标、有针对性地进行需求分析，具体针对的内容如图 1-27 所示。

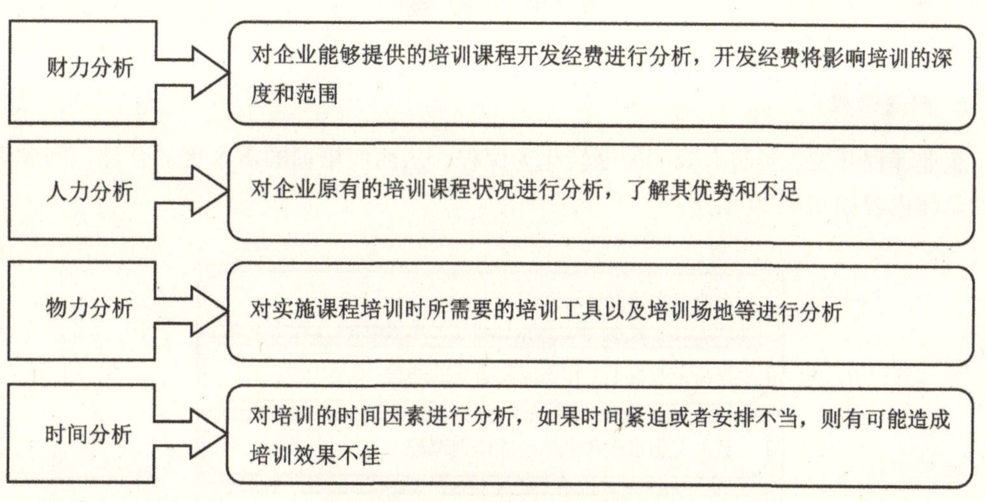
财力分析
对企业能够提供的培训课程开发经费进行分析，开发经费将影响培训的深度和范围
人力分析
对企业原有的培训课程状况进行分析，了解其优势和不足
物力分析
对实施课程培训时所需要的培训工具以及培训场地等进行分析
时间分析
对培训的时间因素进行分析，如果时间紧迫或者安排不当，则有可能造成培训效果不佳

图 1-27　需求分析可针对的内容

1.6.4 需求如何转化为问题

1. 需求问题化

企业课程需求调研既是主动确定培训内容、设计培训课程体系的前提，也是开展培训效果评估的基础，准确的课程需求调研作为培训课程设计的首要环节，将为后面的课程设置与开发、教学与管理、课程实施与评估工作建立明确的目标和准则。课程开发人员在进行课程需求调研时，需要将培训需求转化为相关问题，具体如图 1-28 所示。

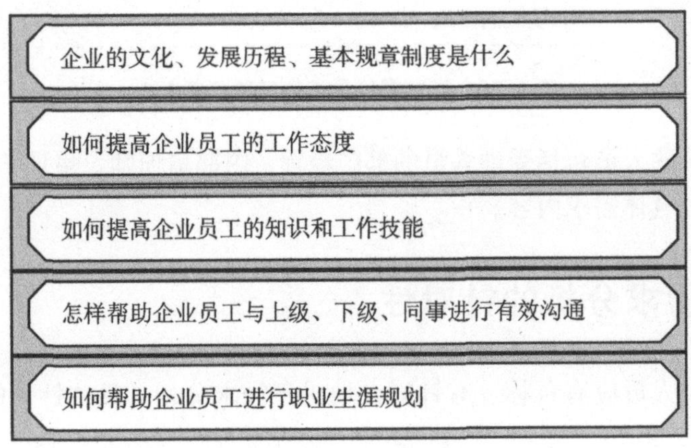
企业的文化、发展历程、基本规章制度是什么
如何提高企业员工的工作态度
如何提高企业员工的知识和工作技能
怎样帮助企业员工与上级、下级、同事进行有效沟通
如何帮助企业员工进行职业生涯规划

图 1-28 需求问题化

2. 问题课程化

企业课程开发人员将有效的问题转化为课程，从而使培训的需求更加合理，问题课程化的具体内容如图 1-29 所示。

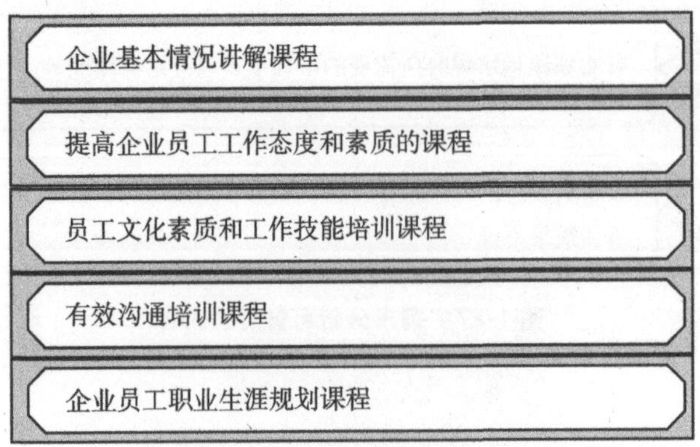
企业基本情况讲解课程
提高企业员工工作态度和素质的课程
员工文化素质和工作技能培训课程
有效沟通培训课程
企业员工职业生涯规划课程

图 1-29 问题课程化

1.6.5 如何有效访谈和提问

在设计访谈提纲时，应掌握访谈成功的关键，了解访谈提纲的基本结构（访谈主体、访谈对象和访谈问题）。

1. 编制访谈提纲的程序

研发人员编写访谈提纲时需遵照一定的程序，具体内容如图 1-30 所示。

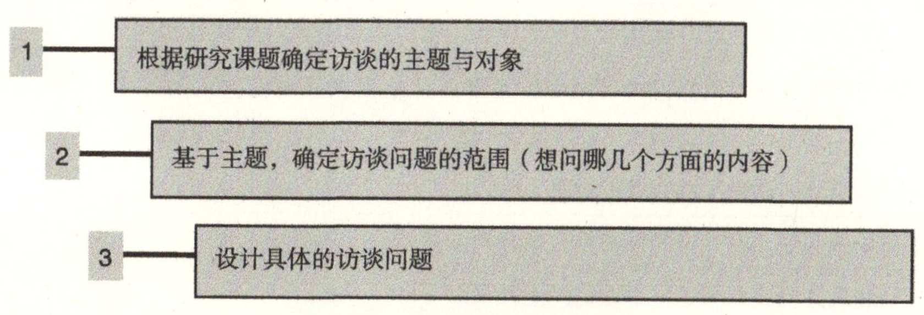
1
根据研究课题确定访谈的主题与对象
2
基于主题，确定访谈问题的范围（想问哪几个方面的内容）
3
设计具体的访谈问题

图 1-30 编制访谈提纲的程序

2. 访谈问题设计的形式

（1）封闭式问题与开放式问题交叉使用。

（2）开放式问题为主，封闭式问题作为补充、用于追问。

3. 具体访谈问题的编制原则

具体访谈问题的编制原则如图 1-31 所示。

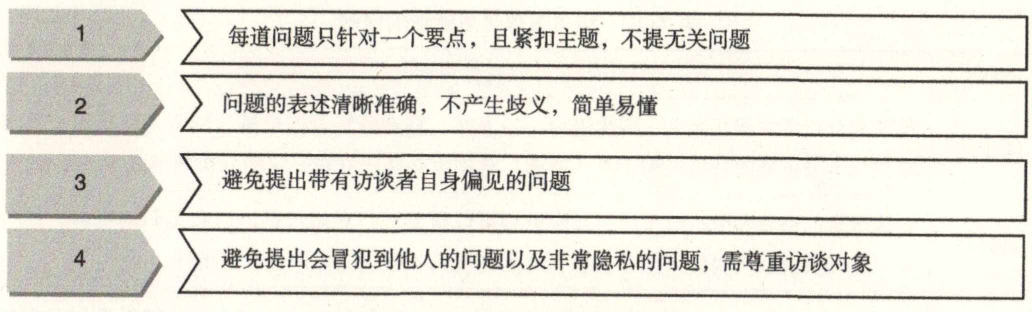
1
每道问题只针对一个要点，且紧扣主题，不提无关问题
2
问题的表述清晰准确，不产生歧义，简单易懂
3
避免提出带有访谈者自身偏见的问题
4
避免提出会冒犯到他人的问题以及非常隐私的问题，需尊重访谈对象

图 1-31 具体访谈问题的编制原则

4. 编排问题顺序的原则

访谈问题的编排次序应合理，遵循循序渐进的提问原则，即一般的事实性问题——设

计情感、态度型问题——比较敏感的问题。

5. 有效提问的8个标准

培训课程开发人员在进行访谈时要做到有效提问，有效提问需要遵循一定的标准，具体包括如表1-9所示的8个标准。

表1-9　有效提问的8个标准

标准	内容
客观性	问题必须符合客观实际，不能超前或落后，否则调查到的信息将失真
必要性	问题需要紧紧围绕着研究的主题来设计，问题数量不宜过多或过少
可能性	在被调查者能力范围内提出问题，超出或低估被调查者能力的问题都不能正确反映实际情况
自愿性	问题设计时需考虑调查者的意愿
针对性	访谈的问题要有一定的针对性，选择对象要恰当
简洁性	问题表述应简单明了，不容易产生歧义
准确性	问题表述表述应准确，避免含有多重含义
逻辑性	访谈问题必须合乎逻辑

6. 访谈有效信息的整理

培训课程调研的有效信息来源于访谈过程中人员对信息的收集和整理，访谈者需要与被访谈者进行有效沟通，并进行信息整理，在整理过程中应注意如表1-10所示的三个原则。

表1-10　访谈有效信息整理的原则

原则	具体内容
同步性	整理和分析常常相互交叉、同步进行，一方面，整理资料看似机械、单调，但实际上其本身便是十分重要的分析过程；另一方面，整理也必然建立在一定的分析基础之上
及时性	访谈信息的整理和分析应及时。及时整理可以帮助调研者系统把握已收集到的资料，并为下一步的资料收集提供方向和依据，从而使资料收集更具方向性和目的性
完整性	整理访谈材料通常要求调研者将访谈内容一字不漏地记录下来，因为在整理时看似不重要的东西可能在分析时会非常有价值。同时，完整地保存原始资料是非常必要的。为便于查找，调研者还可以对备份资料进行编号，在每一份资料的每一页上编好页码

第2章

管理能力提升
培训课程设计案例

2.1 打造高绩效团队

2.1.1 “如何打造团队”课程整体设计

1. 课程基本信息

课程基本信息			
课程代码	040101	课程名称	如何打造团队
课程类别	团队建设类	培训对象	企业管理者
先修课程	管理类基础培训课程	授课时间	9 小时
课程开发人	张 × ×	课程批准人	李 × ×

2. 课程目标

(1) 知识目标

“如何打造团队”课程的知识目标主要有 5 个，具体如图 2-1 所示。

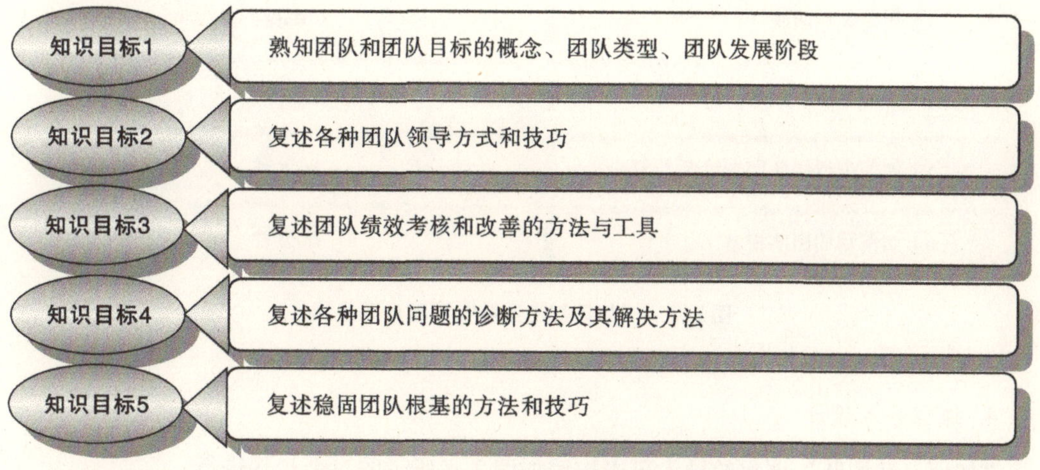
知识目标1
熟知团队和团队目标的概念、团队类型、团队发展阶段
知识目标2
复述各种团队领导方式和技巧
知识目标3
复述团队绩效考核和改善的方法与工具
知识目标4
复述各种团队问题的诊断方法及其解决方法
知识目标5
复述稳固团队根基的方法和技巧

图 2-1 “如何打造团队”课程的知识目标

(2) 能力目标

“如何打造团队”课程的能力目标主要有 5 个，具体如图 2-2 所示。

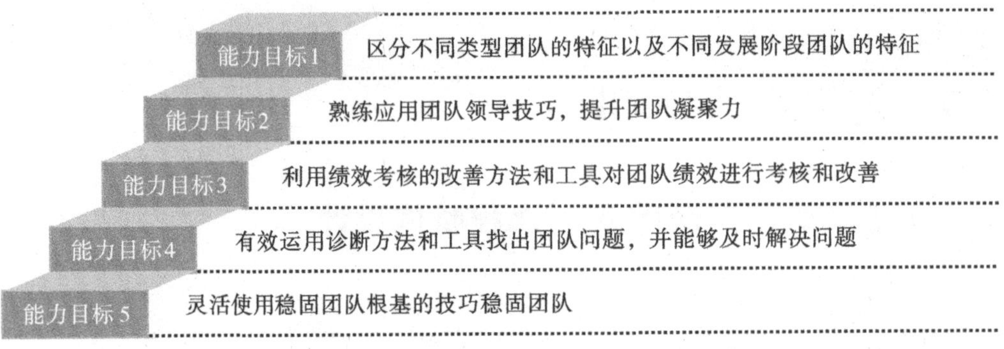
能力目标1
区分不同类型团队的特征以及不同发展阶段团队的特征
能力目标2
熟练应用团队领导技巧，提升团队凝聚力
能力目标3
利用绩效考核的改善方法和工具对团队绩效进行考核和改善
能力目标4
有效运用诊断方法和工具找出团队问题，并能够及时解决问题
能力目标5
灵活使用稳固团队根基的技巧稳固团队

图2-2 “如何打造团队”课程的能力目标

3. 课程内容单元

“如何打造团队”课程内容单元如图2-3所示。

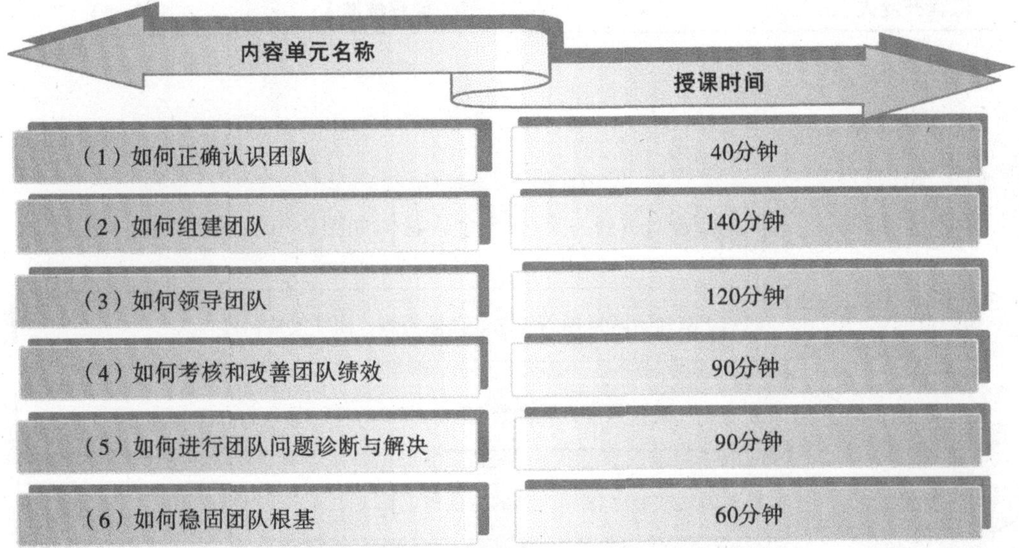
内容单元名称
授课时间
（1）如何正确认识团队
40分钟
（2）如何组建团队
140分钟
（3）如何领导团队
120分钟
（4）如何考核和改善团队绩效
90分钟
（5）如何进行团队问题诊断与解决
90分钟
（6）如何稳固团队根基
60分钟

图2-3 “如何打造团队”课程内容单元

4. 课程导入设计

“如何打造团队”课程的导入可以按照如图2-4所示的三个步骤进行。

课程导入步骤	课程导入步骤说明
划分学习小组	培训师将全部培训对象按照座次划分学习小组，4人一组
组织培训对象做游戏	学习小组划分完成后，培训师组织各个学习小组做数三角形的游戏。培训师向所有培训对象展示一个五边形（五边形中每两个不相邻的顶点用直线连接），让培训对象在2分钟内数出五边形内三角形的数量，并要求他们报出数量。然后，学习小组成员相互交流，共同确定三角形的数量。最后培训师公布正确答案
讲解团队概念	通过游戏总结，培训师引出团队概念，并说明团队的重要性

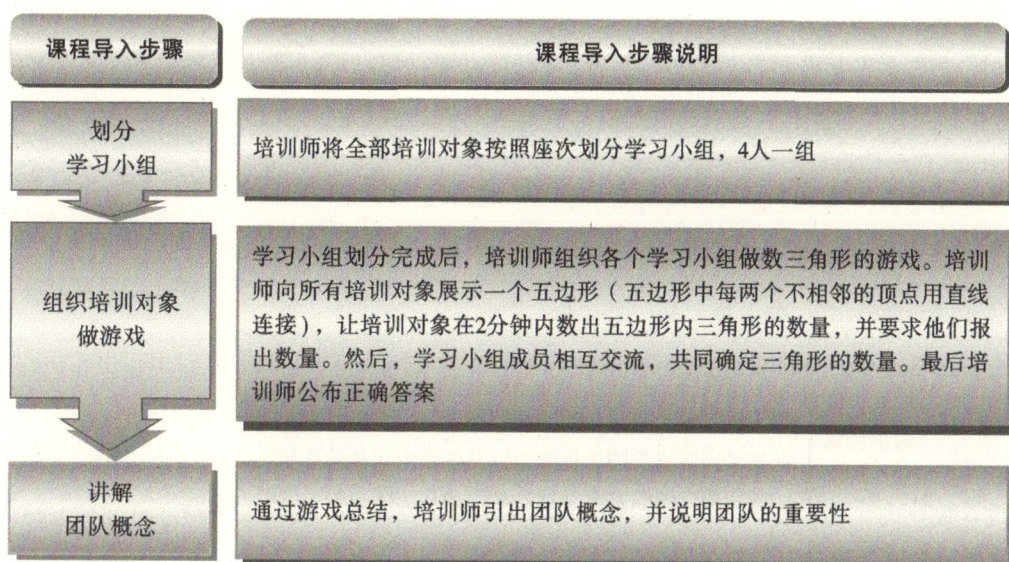

图2-4 “如何打造团队”课程导入步骤

5. 课程评价设计

对“如何打造团队”课程的评价可以采用如图2-5所示的两种方法。

课程评价方法	课程评价方法实施说明
现场评价法	培训课程结束后，人力资源部针对此次培训课程的内容、培训师的讲课技巧和培训的组织工作等对培训对象进行现场问卷调查，并根据调查问卷的填写情况评价本次培训课程
观察比较法	培训课程结束三个月后，人力资源部管理人员或培训对象的直接上级通过观察培训对象的团队打造能力和团队绩效，评价本次培训课程

图2-5 “如何打造团队”课程评价方法

2.1.2 “如何打造团队”单元开发设计

“如何打造团队”的主要培训对象是企业的管理者，如部门经理、部门主管等，本节介绍“如何组建团队”单元的开发设计。

1. 单元基本信息

<table>
<tr><th colspan="3">单元基本信息</th></tr>
<tr><td colspan="2">单元名称</td><td>如何组建团队</td></tr>
<tr><td colspan="2">培训对象</td><td>企业管理者</td></tr>
<tr><td colspan="2">授课时间</td><td>140 分钟</td></tr>
<tr><td rowspan="2">授课目标</td><td>知识目标</td><td>1. 熟知团队目标以及团队目标来源
2. 复述制定团队目标的原则和程序
3. 列举团队成员的角色类型以及各类型角色的作用
4. 复述提升团队协作力的影响因素和团队协作力的提升方法</td></tr>
<tr><td>能力目标</td><td>1. 按照团队目标的制定原则和程序，为团队制定合理的目标
2. 根据团队角色需要搭配合适的团队成员
3. 灵活运用团队协作力的提升方法提升团队的整体协作能力</td></tr>
<tr><td colspan="2">授课方法</td><td>讲授法、研讨法、游戏培训法</td></tr>
<tr><td colspan="2">授课工具</td><td>电脑、投影仪、写字笔、写字板以及活页挂图</td></tr>
<tr><td colspan="2">能力训练任务</td><td>1. 学习小组成员模拟组建团队
2. 每个学习小组设计出一个能够提升团队协作能力的游戏</td></tr>
</table>

2. 单元导入语设计

单元导入语设计
1. 时间：5 分钟。 2. 所需资源：电脑、投影仪。 3. 授课方法：讲授法。 4. 单元导入 **导入语**：在竞争激烈的市场环境下，越来越多的管理者认识到“个人英雄主义”时代已经过去，企业若想经营成功就必须依靠团队的力量。那么，如何成功组建团队呢？本单元将讲述三部分内容，这些内容可以帮你找到成功组建团队的“金钥匙”。

3. 单元主体内容设计

单元主体内容设计

一、选择团队成员

1. 时间：30分钟。

2. 所需资源：电脑、投影仪、写字笔、写字板以及活页挂图。

3. 授课方法：讲授法、研讨法。

4. 授课内容

（1）确定团队各类角色

讲解：所谓团队，不仅是个体的简单组合，还是各个专业能手的互补组合，五个手指握紧了就成了拳头，形成合力才能重拳出击。手指长短不一，每个手指都有自己的独特之处。团队的每个成员也各具特色，在团队中扮演不同的角色，团队中主要有7种角色。请看大屏幕。

团队成员角色一览表

角色	作用	典型特征
队长	发现团队成员，并提高团队成员的合作意识	1. 善于发现团队成员的长处 2. 以目标为准绳，掌控团队全局 3. 擅长鼓舞士气、激发工作热情 4. 了解团队中每个成员的才能和性格特征
评论员	保证团队高效工作的“分析家”	1. 分析方案并找出缺点 2. 是找出团队弱点的“专家” 3. 提出建设性意见，指出改正错误的可行性方法
执行者	推进团队行动并且保证行动得到圆满完成	1. 思维清晰有条理，是团队的“时间表” 2. 具有不怕失败、无所畏惧的坚强性格 3. 能够集中精力，迅速将目标转化为实绩 4. 预见可能发生的拖延情况，并及时提出解决措施
外联负责人	负责团队所有的对外联系事务	1. 值得信赖 2. 及时归纳和总结团队可用的外部资源 3. 能够迅速与人展开交流，是天生的“外交家”
协调者	能将所有成员的工作任务纳入团队计划之中	1. 善于判断事项的轻重缓急 2. 擅长保持团队成员之间的联系 3. 能够在极短的时间内组织和调配各种资源 4. 迅速找到难题的关键所在，善于灵活处理问题

（续）

角色	作用	典型特征
出主意者	团队工作创新的“拥护者”	1. 永不放弃对创意的追求 2. 将问题看作是成功革新的机会 3. 欢迎并尊重他人对自己的观点提出批评或建议
督查	保证高质量完成团队工作	1. 要求团队遵循严格的标准 2. 发现问题立即反馈，绝不拖延 3. 坚持改正错误，铁面无私

（2）搭配团队成员

讲解：要想拥有一支优秀的团队，第一“要务”就是必须选择合适的团队成员。我们作为团队管理者，应该知道搭配团队成员的原则和团队成员应具备的素质。

①搭配团队成员的原则

讲解：团队不是人员的简单聚集，团队管理者在搭配团队成员时，不仅要关注其技能与学识，更重要的是要从团队的整体效能考虑，把搭配团队成员的问题转化成一个优化组合的问题。搭配团队成员时，要遵循五条原则。请看大屏幕。

原则1：成员搭配按角色

团队中扮演每一个角色的成员都很重要，团队管理者要尊重团队成员角色的差异，并根据团队成员各自的角色特点进行合理搭配，通过团队合作弥补个体的不足。

原则2：人才结构应互补

在一个团队中，团队成员要在各个方面形成互补，互补包括才能的互补、性格的互补、知识的互补、年龄的互补、性别的互补……

原则3：不求最好，只求合适

团队需要由不同类型的成员组成，这样才能发挥每个成员的独特优势，才能创造出令人瞩目的业绩，才能应对不断变化的环境。大材小用或者小材大用都不能很好地发挥人的才能，唯有适材专用，才能使人的才能发挥到极致。所以，团队管理者在选择成员时，要遵循“不求最好、只求合适”的原则。

原则4：切实做到“招进请出”

当团队领导者将所谓的“栋梁之才”招进团队后，经过一段时间的考察，却发现他不堪重用，或者此人虽有能力，但不适合本团队的需要，就要想办法把他送走。

原则5：要全面考察“能人贤士”

团队管理者要选用“能人贤士”，既需要眼光，又需要耐心，二者缺一不可。团队管理者必须拥有一双慧眼，从全方位考察，才能判断出“能人贤士”是否是真正的“千里马”。因为，在现实的职场中，难免会有浪得虚名之辈，他们常常穿着名校毕业、高学历及经验丰富的“华丽外衣”，但实际工作表现却名不副实。

搭配团队成员的原则

（续）

②团队成员应具备的素质

讲解：团队要想实现经营目标，管理者需要保证所选成员是团队真正需要的。那么，团队成员应具备什么样的素质呢？请看大屏幕。

合作意识：具有良好合作意识的团队成员才能真正承担起自己的工作职责，切实做好自己的工作

敬业精神：高效的团队需要具备高度敬业精神的成员，具有敬业精神的成员积极进取、乐观开朗，并愿意在工作上花较多的心思，有百折不挠的毅力

求知欲望：在信息"大爆炸"的时代，团队成员需要不断地充实自己，持续学习，力求突破

创新观念：团队的成长和发展源于创新，当今科技发展日新月异，团队竞争如同逆水行舟，不进则退。创新观念能对团队发展产生积极的推动力

职业道德：不论一个人的能力多强、学识多高，倘若他在职业道德方面不能把握分寸，将会给团队造成无法挽回的损失

沟通能力：善于沟通的团队成员能在实现组织目标的过程中做到相互协调、相互配合，不断提高自己的行动绩效

团队成员应具备的素质

（3）课堂讨论

讲解：请大家根据自己的工作实际情况建立一个团队，并列出你的团队需要什么类型的人以及这些人应具备什么样的素质。然后，大家共同讨论一下不同类型的团队需要什么样的团队成员。

二、制定团队目标

1. 时间：40分钟。

2. 所需资源：电脑、投影仪、写字笔、写字板以及活页挂图。

3. 授课方法：讲授法。

4. 授课内容

讲解：团队成员搭配完成后，下一步就需要团队管理者带领全体团队成员制定共同的团队目标，首先让我们看一下，什么是团队目标。

（1）什么是团队目标

讲解：目标是团队这条大船的"航标"，只有在目标的指引下，团队才不会在"汪洋大海"中迷失方向，才会顺利抵达成功的"彼岸"。有人做过一项关于组建团队的调查，得出一个重要结论：70%以上的团队成员需要团队管理者指明团队目标；超过80%的团队管理者需要团队成员朝着目标前

（续）

进。通过这个结论可以看出，团队目标对团队管理者和团队成员而言都很重要。团队管理者要制定团队目标就要先弄清“团队目标从哪里来”“团队目标是什么”。

①团队目标从哪里来

讲解：团队目标从根本上说是源自企业的愿景，具体而言主要来自五个方面。请看大屏幕。

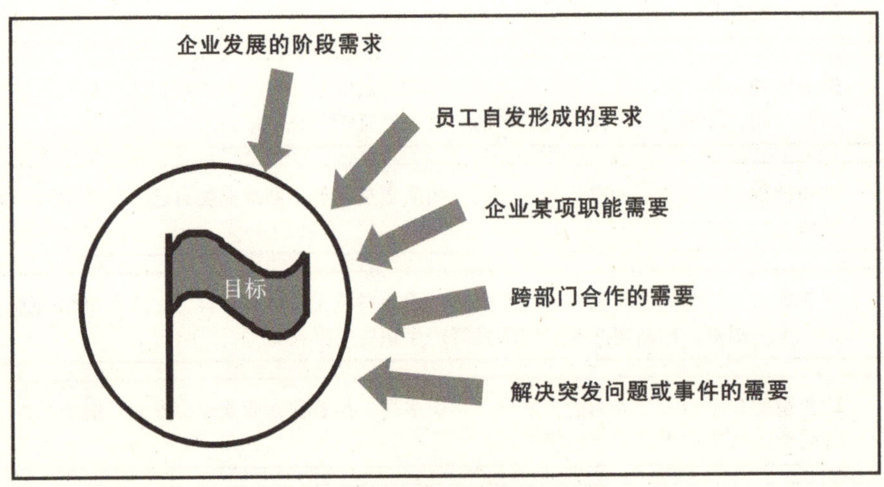
企业发展的阶段需求
员工自发形成的要求
企业某项职能需要
跨部门合作的需要
解决突发问题或事件的需要
目标

团队目标的来源

②团队目标是什么

讲解：目标是团队战斗力之根、创造力之本。没有目标的团队，就像一具没有灵魂的肉体，浑浑噩噩，不知道何去何从。对于企业和团队成员来讲，团队目标是有不同内涵的，请看大屏幕。

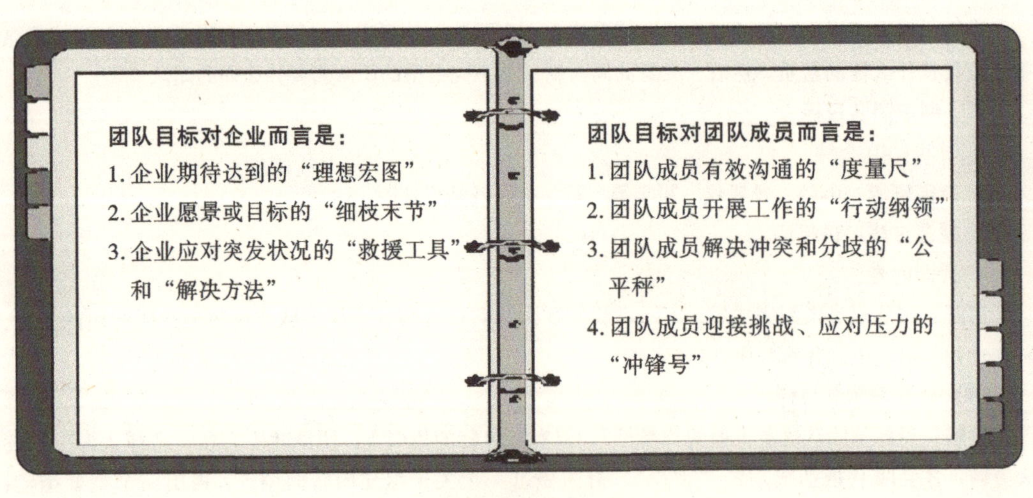
团队目标对企业而言是：
1. 企业期待达到的“理想宏图”
2. 企业愿景或目标的“细枝末节”
3. 企业应对突发状况的“救援工具”和“解决方法”
团队目标对团队成员而言是：
1. 团队成员有效沟通的“度量尺”
2. 团队成员开展工作的“行动纲领”
3. 团队成员解决冲突和分歧的“公平秤”
4. 团队成员迎接挑战、应对压力的“冲锋号”

团队目标的内涵

（续）

讲解：不论团队目标是多么慷慨激昂或高瞻远瞩，最终都要落到实处，也就是要让团队成员在工作中"有据可依""有理可断"。团队管理者要明白团队目标的实质是什么，请看大屏幕。

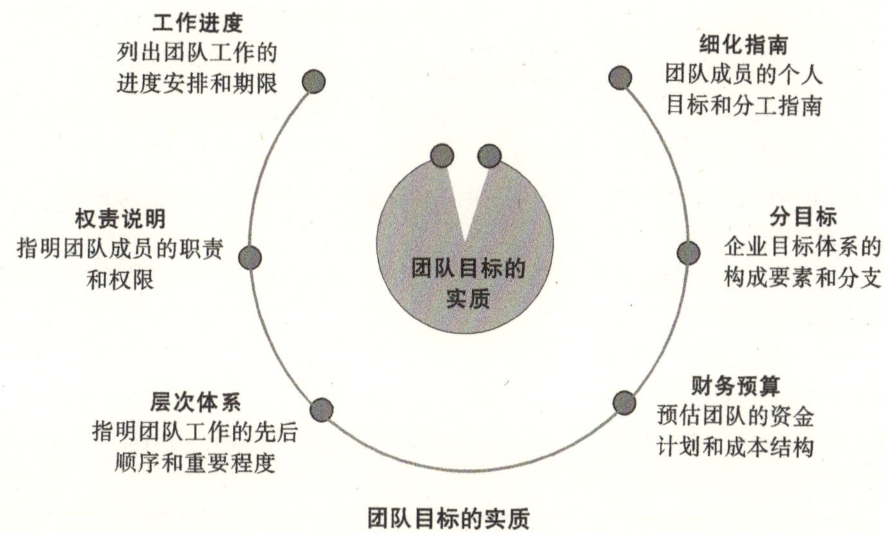
工作进度
列出团队工作的进度安排和期限
细化指南
团队成员的个人目标和分工指南
权责说明
指明团队成员的职责和权限
团队目标的实质
分目标
企业目标体系的构成要素和分支
层次体系
指明团队工作的先后顺序和重要程度
财务预算
预估团队的资金计划和成本结构

团队目标的实质

（2）如何制定团队目标

讲解：在了解了什么是团队目标后，下面我与大家共同学习如何制定团队目标。

①确立团队目标的原则

讲解：行车、走路要看红绿灯，确立团队目标也要讲原则。团队管理者在确立团队目标时通常可以参考SMART原则。请看大屏幕。

制定团队目标的SMART原则

S（Specific）：团队目标是清晰、具体的。也就是说团队目标要便于团队成员理解和管理者进行绩效考核

M（Measurable）：团队目标是可以量化的。也就是说团队目标要便于衡量和控制

A（Attainable）：团队目标是可以实现的。也就是说团队目标不能好高骛远，必须是通过努力可以实现的

R（Relevant）：团队目标要与其他目标及人员相关。也就是说团队目标不能脱离企业目标体系，不能脱离团队成员

T（Time bound）：团队目标要有明确的时限。也就是说团队目标要有时间的约束，不能遥遥无期

（续）

讲解：团队目标不同于其他目标，因此，团队管理者在制定团队目标时除了遵守 SMART 原则外，还要遵循 BDG 原则。请看大屏幕。

制定团队目标的 BDG 原则

B（believable）：团队目标是可信的。也就是说，团队目标要让团队成员觉得可以实现，能够为团队成员带来源源不断的动力

D（definable）：团队目标是能够界定的。也就是说，团队目标可以迅速被团队成员理解，便于在团队沟通中表达

G（growth-facilitating）：团队目标可以促进成长。也就是说，团队目标能够促进团队及其成员的共同成长

②制定团队目标的程序

讲解：虽然每个企业的具体情况不一样，组建团队的目标也不尽相同，但制定团队目标时，都可以按照七个步骤进行，下面请看大屏幕。

1

摸清团队成员的看法

对团队成员的看法进行摸底，主要是向团队成员咨询其对“如何制定团队目标”的建议。这个步骤的目的有以下两个方面：

（1）如果团队成员从一开始就参与了目标的确立，就能达成“这是我们共同的目标”的合作共识；

（2）团队成员的建议一旦被采纳，在达成目标的过程中就能够更加迅速地获取资源，更为有效地开展工作。

制定团队目标的程序（一）说明

讲解：团队管理者在了解了全体成员的看法之后，就要带领全体成员收集内外部的相关资料。那么，收集相关资料对制定团队目标有什么作用呢？请看大屏幕。

2

收集相关资料

团队成员收集内部相关资料有利于团队成员认清自身的优势和不足，从而在确立目标时站好“位置”，制定出既具有前瞻性又具有可操作性的目标。

收集外部相关资料，有利于团队成员对竞争对手进行深入剖析，并对外部资源进行合理调配。

制定团队目标的程序（二）说明

讲解：有了一定的目标共识和内外部的资料支持，接下来就要对各种信息进行深入且细致的“加工”和“消化”。这一程序对制定团队目标具有重要意义，请看大屏幕。

（续）

3

加工、消化信息

进行信息“加工”，可以让团队成员有充分的时间思考，从而避免制定的目标缺乏长远性和全局性。经过信息“消化”，团队成员制定出来的目标通常更加稳妥，执行起来也更有“干劲”。

制定团队目标的程序（三）说明

讲解：有了前期思想上的摸底和对各种信息的“加工”“消化”，团队成员已经渐渐具备必要的“底气”，因此，团队管理者可以带领团队成员确立团队目标。在确立团队目标时，要注意以下问题，请看大屏幕。

确立团队目标

在确立团队目标时，要立足于团队可以掌控的各种资源、团队成员的各种专长、组织的最高目标以及团队成员的共同利益。

确立了团队目标等于树立了一面旗帜，但是随着团队工作的深入和推进，很多具体工作还需要确立分目标。因此，确立团队目标后要对其进行分解，并为各个分目标适当地配置考核指标和执行要求。

4

制定团队目标的程序（四）说明

讲解：确立团队目标后，团队管理者要对团队目标的“投入”和“产出”进行预估，做到心中有数。这里所说的“投入”是指团队为达成目标要投入的各种资源，如团队成员的时间和精力；“产出”是指各项工作预期达到的效果以及团队最终目标的实现，如工作业绩。那么，做好这一步，对确立团队目标有什么作用呢？请看大屏幕。

5

预估“投入”和“产出”

预估“投入”和“产出”，主要有两方面的作用：

（1）可以为团队工作的推进和调整提供依据；

（2）可以为分工合作、绩效考核提供依据。

制定团队目标的程序（五）说明

讲解：确立团队目标后，第二项重要工作就是要着手进行资源的优化配置。不论是实物资源、资金资源还是无形资源，都要从团队目标出发进行优化配置。具体如何配置请看大屏幕。

（续）

优化资源配置

（1）明确缺少或不足的资源从哪里“借”，明确哪里还有潜在的资源可供“开发”；
（2）团队成员是否有什么技术“短板”，立刻用最快、最有效的方法补上“短板”；
（3）为团队工作中可能出现的突发状况做好必要的资源“储备”。

6

制定团队目标的程序（六）说明

讲解：明确了团队目标并不等于完成了团队目标的制定工作，还要说明其时间进度。因为没有时间约束的团队目标是不完整的目标。请看大屏幕。

明确时间进度

虽然目标实现的时间进度越精确，对团队成员越有帮助，但目标制定者还要考虑时间进度的合理性和灵活性。

制定团队目标的程序（七）说明

讲解：对团队成员来说，时间进度是团队目标的“里程碑”。在实际工作中，我们经常用“团队目标达成进度表”来展现其时间进度。大屏幕上给出了一个进度表样例。

<table>
<tr><th colspan="8">团队目标达成进度表</th></tr>
<tr><td colspan="3">团队目标概述</td><td colspan="5"></td></tr>
<tr><td rowspan="8">团队阶段目标分解</td><td rowspan="2">阶段</td><td rowspan="2">阶段要求</td><td colspan="5">具体进度安排</td></tr>
<tr><td>工作内容</td><td>计划进度</td><td>负责人</td><td>实际进度</td><td>总结</td></tr>
<tr><td rowspan="2">1</td><td rowspan="2"></td><td></td><td></td><td></td><td></td><td></td></tr>
<tr><td></td><td></td><td></td><td></td><td></td></tr>
<tr><td rowspan="2">2</td><td rowspan="2"></td><td></td><td></td><td></td><td></td><td></td></tr>
<tr><td></td><td></td><td></td><td></td><td></td></tr>
<tr><td rowspan="2">3</td><td rowspan="2"></td><td></td><td></td><td></td><td></td><td></td></tr>
<tr><td></td><td></td><td></td><td></td><td></td></tr>
<tr><td colspan="3">备　注</td><td colspan="5"></td></tr>
</table>

三、提升团队的协作力

1. 时间：60 分钟。
2. 所需资源：电脑、投影仪、写字笔、写字板以及活页挂图。

（续）

3. 授课方法：讲授法、游戏培训法。

4. 授课内容

讲解：在学习下面的内容之前，我们先做一个小游戏，请大家以学习小组为单位。游戏规则请看大屏幕。

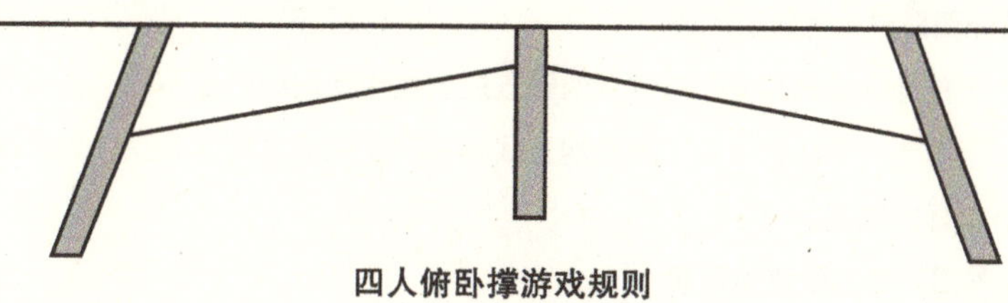
四人俯卧撑游戏规则
1. 各学习小组成员趴在地上，第一名组员将双脚放在第二名组员的背上，第二名组员将双脚放在第三名组员的背上，第三名组员将双脚放在第四名组员的背上，第四名组员将双脚放在第一名组员的背上，构成一个正方形的循环。大家合力做俯卧撑，做得最多的小组获胜。
2. 各小组每位学员除了双手接触地面外，身体的其他任何部位都不能接触地面。

四人俯卧撑游戏规则

讲解：在这个游戏中，我们看到团队成员只有协作好了才能取得成功。接下来我们将要了解影响团队协作力的因素和提升团队协作力的方法。

（1）影响团队协作力的因素

讲解：通过刚才的游戏我们知道，团队协作十分重要。团队管理者要想提升团队的协作力，首先要明确哪些因素会影响团队的协作。主要有五大因素会影响团队协作力。请看大屏幕。

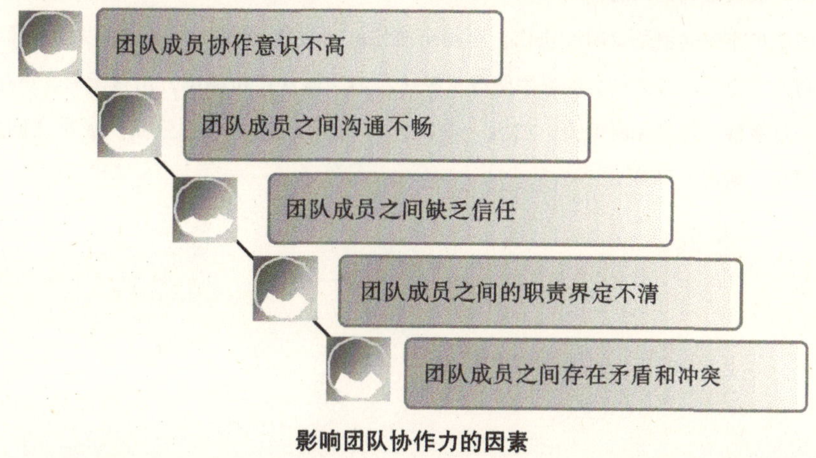
团队成员协作意识不高
团队成员之间沟通不畅
团队成员之间缺乏信任
团队成员之间的职责界定不清
团队成员之间存在矛盾和冲突

影响团队协作力的因素

（续）

（2）提升团队协作力的方法

讲解："众人同心，其利断金"，团结协作是优秀团队的制胜"法宝"。只有充分协作，团队才能不断取得成功，才能不断跨越新的高度。通过五大方法可以提高团队的协作能力。

①强化团队成员的协作意识

讲解：俗话说"孤丝不成线，独木难成林"，一个团队的成功离不开每位团队成员的努力，更离不开团队成员之间的相互协作。强化团队成员的协作意识有三大技巧，请看大屏幕。

强化团队成员协作意识的三大技巧

技巧1：培养团队成员积极主动做事的习惯

团队成员应主动完成自己分内的工作，并积极帮助其他成员，从而赢得他们的信任，提高彼此之间的协作能力。

技巧2：培养团队成员宽容的品质

在团队中，不要过分指责其他团队成员的缺点或者抓住他们的错误不放，而是要以宽容的心态对待其他成员，帮助他们提高自身的工作技能，减少与其他成员之间的摩擦，为团队成员更好地协作营造一种和谐友好的氛围。

技巧3：培养团队成员敬业的品质

团队成员只有具备敬业精神，才能把团队的事情当成自己的事情，才能把其他团队成员的困难当成自己的困难，也才会不遗余力地帮助他们，最终实现团队的目标。

②加强团队成员之间的沟通

讲解：团队最重要的就是要团结协作，而团结协作的前提就是有效沟通，可以说沟通之于团队，就像水之于鱼儿，空气之于人类。如果团队成员缺少沟通，就会产生隔阂，出现矛盾，产生内耗，整个团队就像一盘散沙一样毫无凝聚力，被风一吹就会"烟消云散"。在加强团队成员之间的沟通时，要注意四个要点，请看大屏幕。

（续）

加强团队成员之间沟通的四个要点

要点1：明确沟通主题

一定要明确团队成员之间的沟通主题，这样在沟通过程中才能做到“有的放矢”。

要点2：创造有利的沟通环境

安静、平和的沟通环境能使团队成员处于身心放松的状态。

要点3：学会有效倾听

有效倾听能增加团队成员之间的信任感，在倾听其他成员讲话时要有耐心，不要随意打断他人的讲话。

要点4：积极反馈

团队成员可以用点头、微笑等肢体语言和积极的提问对其他团队成员发表的观点进行反馈。尤其是在倾听过程中，没有听清楚、没有理解或者想确认信息时，应积极进行反馈，以便在沟通中得到更多的信息。

③构建团队信任

讲解：信任是团队管理的重要保障，是实现团队协作的基石。尽管信任对于团队来说具有化腐朽为神奇的力量，但是实际上不少团队都处于一种信任危机中，如团队成员相互猜疑、人心涣散，团队犹如处在一个随时都可能爆发的火山口上。构建团队信任有三大技巧，请看大屏幕。

构建团队信任的三大技巧

技巧1：坦诚对待其他团队成员

团队成员在讨论问题的时候保留自己的观点和想法，事后又批评说“我认为这主意从头到尾都是错的”。这种做法会严重伤害团队成员之间的信任感。

技巧2：保持开放的心态

保持开放的心态，乐于与其他团队成员分享自己掌握的信息。

技巧3：信守承诺

答应其他团队成员的事情就一定要做到，不要开“空头支票”，这样会让自己陷入信任危机之中。

（续）

④界定团队成员职责

讲解：合理界定团队成员的职责，并确定每一项工作的主要负责人。团队管理者在界定团队成员的职责时，请参照大屏幕上的两大原则进行。

界定团队成员职责的两大原则

原则1：保证团队成员理解自己的工作职责。

原则2：团队领导者要帮助团队成员明确界定他们在实现目标过程中的角色。

⑤恰当处理团队成员间的“小团体”问题

讲解：团队创建初期，团队成员刚刚聚到一起，彼此间还没有利益的冲突。但时间一长，在名利的驱使下，团队成员间容易出现“拉帮结伙”的情况。有效处理“小团体”问题有三个要点，请看大屏幕。

处理“小团体”问题的三个要点

要点1：塑造良好的团队“大文化”，以此融化“小团体”的“小文化”。

要点2：建立一套完善的团队绩效考核体系，以消除“小团体”产生的利益驱动力。

要点3：加强团队成员道德教育，如果每个团队成员都把团队当做家一样爱护的话，“小团体”就没有任何生存的空间。

(3) 团队协作能力提升工具

讲解：在团队协作过程中，提升协作能力可以加速团队目标的实现。提升协作能力不仅要靠个人努力，而且要学会借助各种各样的提升工具。

①固定程序

讲解：我们最常用的一个提升团队协作能力的工具就是“固定程序”。因为对一个高效的团队而言，使用一种解决问题或者制定决策的固定程序总比把大量精力花在选择程序上更为科学。固定程序大体上包括五大步骤，请看大屏幕。

（续）

固定程序的五大步骤

步骤1：确定问题

在团队中，不同的成员对问题的理解不同，让每个团队成员轮流解释团队管理者对问题的指示是一个特别有用的方法。这种方法可以使每个团队成员的误解或新的观点引起其他成员的注意。

步骤2：熟悉背景

在这一阶段，每位团队成员都应该充分考虑与问题有关的所有背景信息。在解决问题之前，大部分的背景信息都要在团队内部畅通无阻地传播。这时，尤为重要的是减少解决问题过程中的制约因素，例如，解决问题的方案必须简单明了，便于立即执行。

步骤3：提出思路

一般情况下，采用“头脑风暴法”提出问题的解决思路。

步骤4：归纳意见

这一步最好由团队中的1～2个成员来完成，然后反馈给其他成员。它可以把“头脑风暴法”中收集到的杂乱无章的意见归纳成若干和谐有序、有连续性的成套工作方案。

步骤5：选择方案

在此阶段，团队的任务是从逻辑上理性地评估各种主张，给出所有的背景信息，提议一种或多种实际有效的工作方案，权衡每种方案的利弊。这一过程是个优胜劣汰的过程。

②行动计划

讲解：行动计划有助于团队成员清晰了解团队的目标和达成目标过程中的要求，这有助于团队成员更加出色地解决问题。具体的行动计划应用规则，请看大屏幕。

1	除非获得团队成员的同意，否则不要强迫他们接受一项任务
2	要精确地描述行动计划，使用常见易懂的专业术语
3	团队必须就每一项行动计划达成一致意见

行动计划应用规则

（续）

讲解：行动计划所包含的每项内容都可以通过“行动计划表”展现出来。大屏幕上给出了一个“行动计划表”的样例。

行动计划表

序号	行动名称	负责人	完成日期	所需资源/支持
1				
2				
…				

4. 单元收尾设计

单元收尾设计

1. 时间：5分钟。
2. 所需资源：电脑、投影仪。
3. 授课方法：讲授法。
4. 单元收尾

收尾语：组建团队是打造优秀团队的第一步，也是最重要的一步。今天我们学习了为团队搭配合适成员、制定团队目标和提升团队的协作力。作为团队的管理者，我们要和团队成员一起努力，把团队做大做强。只有这样，才能更快地实现团队目标。谢谢大家的合作，我们下次再见！

2.2 高效执行力

2.2.1 “高效执行力开发与塑造”课程整体设计

1. 课程基本信息

课程基本信息			
课程代码	050101	**课程名称**	高效执行力开发与塑造
课程类别	高效执行类	**培训对象**	企业管理者
先修课程	管理类基础培训课程	**授课时间**	7小时
课程开发人	张××	**课程批准人**	李××

2. 课程目标

(1) 知识目标

“高效执行力开发与塑造”课程的知识目标主要有5个，具体如图2-6所示。

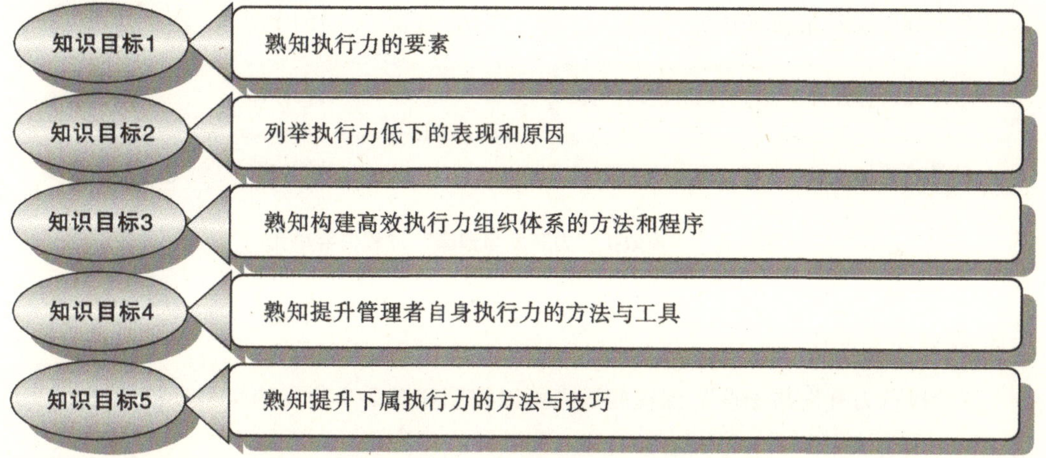
知识目标1
熟知执行力的要素
知识目标2
列举执行力低下的表现和原因
知识目标3
熟知构建高效执行力组织体系的方法和程序
知识目标4
熟知提升管理者自身执行力的方法与工具
知识目标5
熟知提升下属执行力的方法与技巧

图2-6 “高效执行力开发与塑造”课程的知识目标

(2) 能力目标

“高效执行力开发与塑造”课程的能力目标主要有4个，具体如图2-7所示。

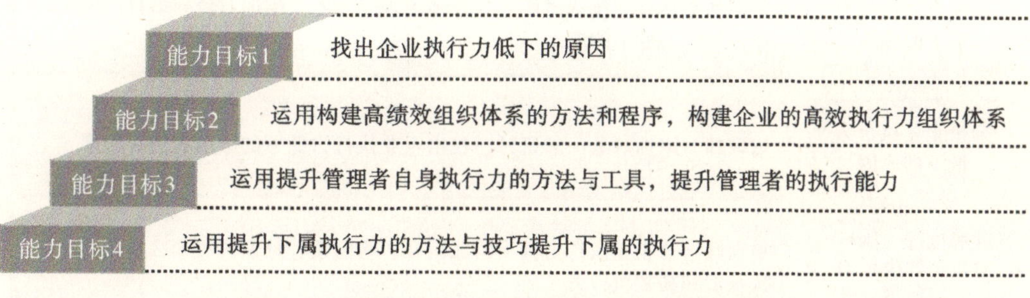
能力目标1
找出企业执行力低下的原因
能力目标2
运用构建高绩效组织体系的方法和程序，构建企业的高效执行力组织体系
能力目标3
运用提升管理者自身执行力的方法与工具，提升管理者的执行能力
能力目标4
运用提升下属执行力的方法与技巧提升下属的执行力

图2-7 “高效执行力开发与塑造”课程的能力目标

3. 课程内容单元

“高效执行力开发与塑造”课程内容单元如图2-8所示。

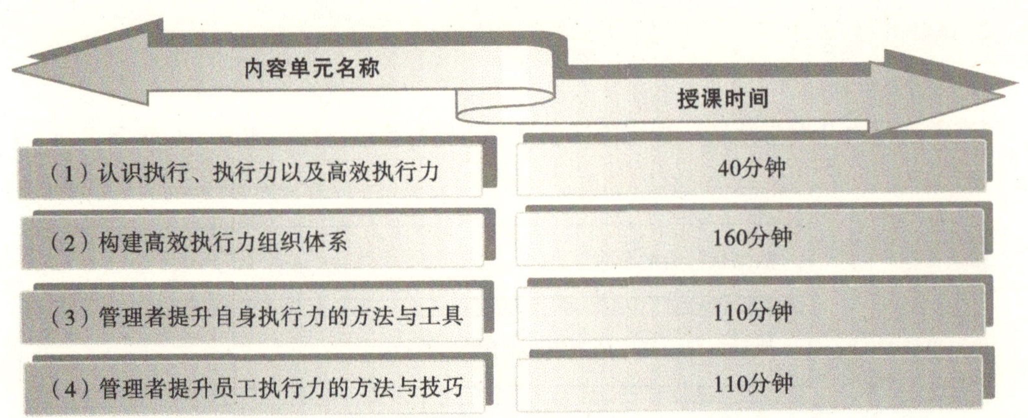
内容单元名称
授课时间
（1）认识执行、执行力以及高效执行力
40分钟
（2）构建高效执行力组织体系
160分钟
（3）管理者提升自身执行力的方法与工具
110分钟
（4）管理者提升员工执行力的方法与技巧
110分钟

图2-8 “高效执行力开发与塑造”课程内容单元

4. 课程导入设计

“高效执行力开发与塑造”课程的导入可以按照如图2-9所示的4个步骤进行。

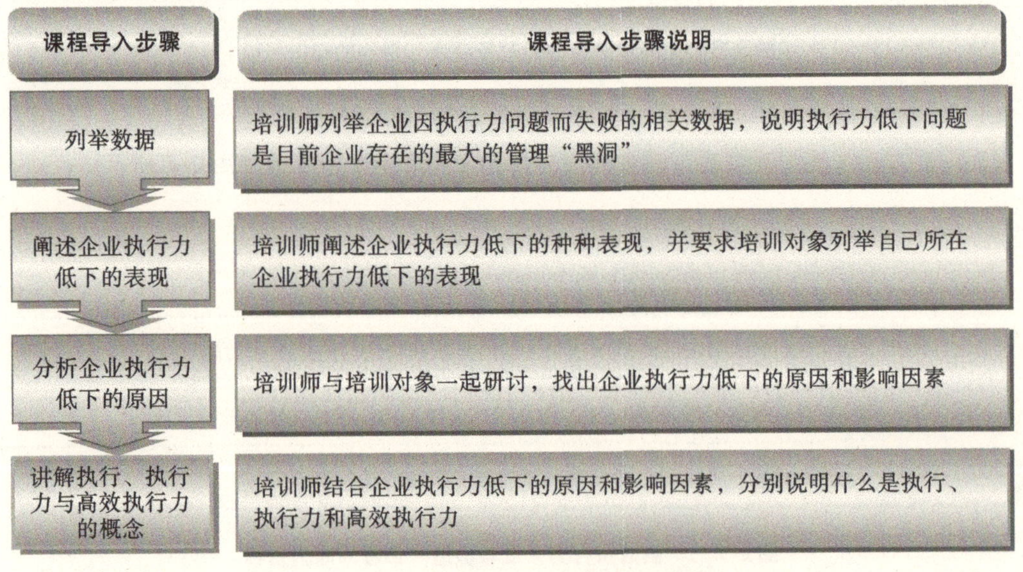
课程导入步骤
课程导入步骤说明
列举数据
培训师列举企业因执行力问题而失败的相关数据，说明执行力低下问题是目前企业存在的最大的管理“黑洞”
阐述企业执行力低下的表现
培训师阐述企业执行力低下的种种表现，并要求培训对象列举自己所在企业执行力低下的表现
分析企业执行力低下的原因
培训师与培训对象一起研讨，找出企业执行力低下的原因和影响因素
讲解执行、执行力与高效执行力的概念
培训师结合企业执行力低下的原因和影响因素，分别说明什么是执行、执行力和高效执行力

图2-9 “高效执行力开发与塑造”课程导入步骤

5. 课程评价设计

对“高效执行力开发与塑造”课程的评价可以采用如图2-10所示的两种方法。

课程评价方法	课程评价方法实施说明
观察比较法	培训课程结束三个月后，人力资源部管理人员或培训对象的直接上级通过观察培训对象自身的执行力及其所带领团队的执行力，并根据执行力提高的幅度评价本次培训课程
收益分析公式	培训结束12个月后，企业人力资源部根据培训收益分析公式计算企业的培训收益，从而评价本次课程

图2-10 “高效执行力开发与塑造”课程评价方法

2.2.2 “高效执行力开发与塑造”单元开发设计

“高效执行力开发与塑造”的主要培训对象是企业管理者，本课程共有四个内容单元，本节介绍“构建高效执行力组织体系”单元的开发设计。

1. 单元基本信息

单元基本信息		
单元名称		构建高效执行力组织体系
培训对象		企业中高层管理者
授课时间		160 分钟
授课目标	知识目标	1. 熟知组织能力素质模型 2. 复述构建高效执行力的步骤
	能力目标	1. 根据组织能力素质模型，构建高效执行力组织体系的框架 2. 根据构建高效执行力的步骤，指导建立高效执行力组织体系
授课方法		讲授法、案例分析法
授课工具		电脑、投影仪、写字笔、写字板以及活页挂图
能力训练任务		根据企业自身的实际情况，构建出企业的高效执行力组织体系

2. 单元导入语设计

单元导入语设计

1. 时间：5 分钟。
2. 所需资源：电脑、投影仪。
3. 授课方法：讲授法。
4. 单元导入

导入语：缺乏执行力是许多企业失败的原因。《财富》杂志认为："70% 的企业失败的原因不是缺乏好的战略，而是缺乏有效的执行。"没有执行或执行不到位，是大部分企业经营失败的根源。本单元我和大家一起学习构建高效执行力组织体系，因为高效执行力的组织体系是高效执行的基础和关键。管理者要想让企业变成快速行驶的"高铁列车"，就必须构建高效执行的"高铁轨道"。

3. 单元主体内容设计

单元主体内容设计

一、构建高效执行力组织体系的框架

1. 时间：30 分钟。
2. 所需资源：电脑、投影仪、写字笔、写字板以及活页挂图。
3. 授课方法：讲授法。
4. 授课内容

（1）构建高效执行力组织体系构架的理论基础

讲解：企业执行的基础在于企业的组织能力，而组织能力的建设需要员工能力、员工管理与员工心态这三方面的协调发展。员工能力需要企业建立测评、选拔、培养机制；员工管理需要企业组织、流程、制度的优化；员工心态需要企业建立目标的牵引和文化的感染。简而言之，企业执行力低下体现在企业管理层面的原因主要是员工管理问题，体现在员工层面的原因主要是员工心态和员工能力问题。我们可以用一个模型表现出来，请看大屏幕。

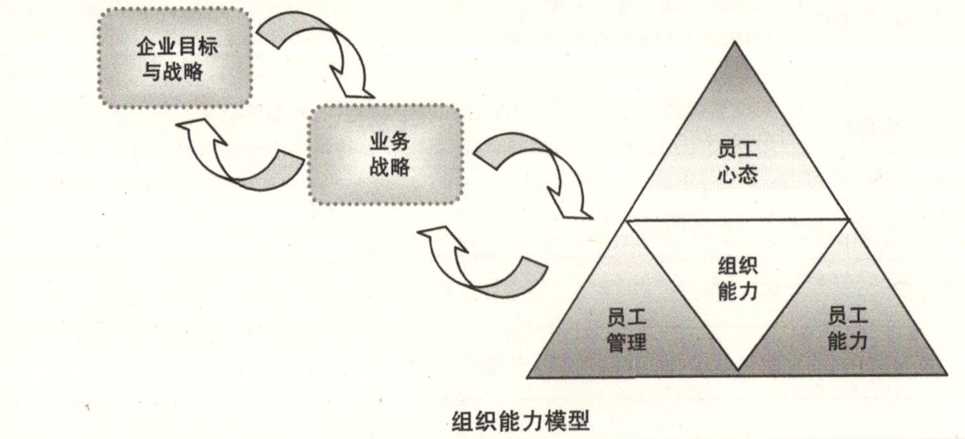
企业目标
与战略
业务
战略
员工
心态
组织
能力
员工
管理
员工
能力

组织能力模型

（续）

（2）构建高效执行力组织体系框架

讲解：根据对组织能力模型的分析，我们可以构建出高效执行力组织体系框架，请看大屏幕。

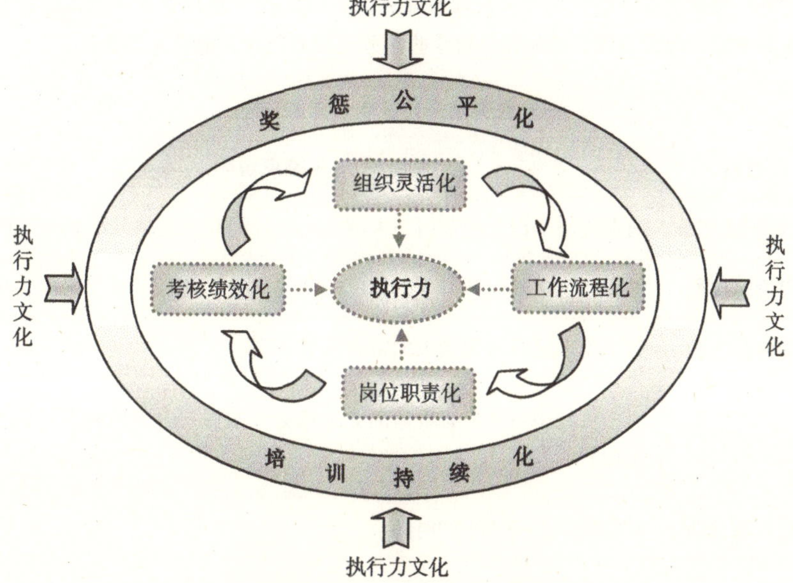
执行力文化
奖惩公平化
组织灵活化
执行力
考核绩效化
工作流程化
岗位职责化
执行力文化
执行力文化
培训持续化
执行力文化

构建高效执行力组织体系的框架

二、构建高效执行力组织体系的实施

1. 时间：120分钟。
2. 所需资源：电脑、投影仪、写字笔、写字板以及活页挂图。
3. 授课方法：讲授法、案例分析法。
4. 授课内容

讲解：构建高效执行力组织体系主要有六大步骤，下面我将为大家一一讲解。

（1）企业组织激活——组织灵活化

讲解：组织灵活化要求企业的组织结构能够根据企业战略和目标的变化迅速做出调整，以便适应企业战略和目标的要求。要做到组织灵活化，我们必须做好三个方面的工作，请看大屏幕。

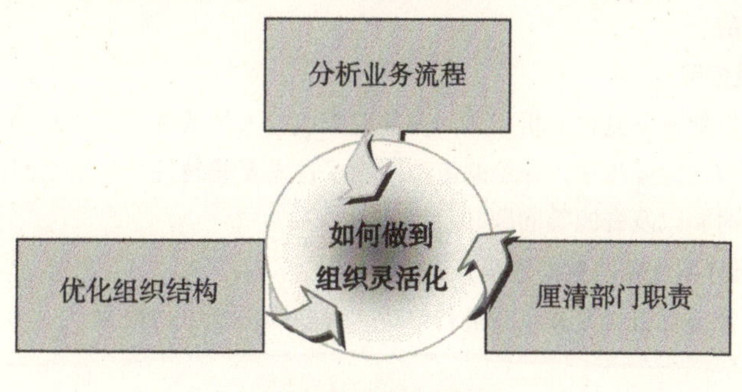
分析业务流程
如何做到组织灵活化
优化组织结构
厘清部门职责

如何做到组织灵活化

（续）

①分析业务流程

讲解：执行之果，生于流程。业务流程是执行的“行动纲领”，也是执行力组织体系的有机组成部分。分析业务流程的主要目的就是在分析现有业务流程的基础上进行业务流程重组（BPR），产生更为合理的业务流程。那么，我们首先要分析哪些业务流程关键点，请看大屏幕。

业务流程关键点一览表

序号	关键点	关键点说明
1	流程重复或冗余	两个或两个以上的部门、人员在同时且相互独立地开展某些工作
2	流程重复次数	流程从一个部门到另一个部门的交接次数（流程转手1次即为交接1次）
3	流程审批次数	整个流程从开始到结束的审批次数
4	流程增值分析	一个流程中对客户有价值的业务数量（对客户有价值即客户认可该企业的工作）
5	流程周期分析	完成整个业务流程的时间
6	流程与子流程的资源评估	测量业务流程与所有子流程所使用的资源，如参与人员数量和工作时间

讲解：熟悉了业务流程关键点后，我们就开始分析业务流程，具体步骤如下所示。

1. 定义流程边界

定义流程边界就是要搞清楚流程从哪里开始，到哪里结束的问题。

2. 弄清楚所分析的业务流程与企业战略的关系

确定了业务流程后，业务流程分析人员就必须弄清楚所分析的业务流程是如何增强企业竞争优势的。

3. 绘制流程图

流程图可以使业务流程分析人员和业务流程执行人员清楚了解流程的边界以及流程涉及的各个环节，但要注意，在绘制流程图时，首先要清楚各个环节之间的关系，每个环节所需要的时间以及资源等问题。

4. 改造原有不合理的业务流程

通过业务流程再造对业务流程进行改进，寻找问题产生的根源。

分析业务流程的步骤

（续）

②优化组织结构

讲解：优化组织结构，就是企业对一些权力的分配、信息的获得途径以及部门的组成做一些改变，以便为业务流程排除障碍。组织结构的优化设计，通常需要考虑企业内部和外部多方面的因素。请看大屏幕。

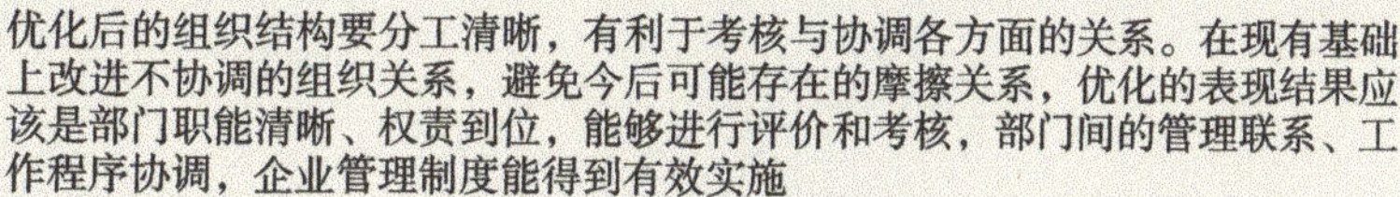

优化后的组织结构必须能够支撑企业的战略发展要求。企业经过了一个阶段的发展和探索后，进行战略转型，将有限的资源投入到适合企业特点的强势产业中去，这时组织结构必须要优化，使其与企业战略发展相适应

组织结构的优化设计必须考虑到所属行业的要求，同时借鉴行业内优秀企业的成功做法

优化后的组织结构要分工清晰，有利于考核与协调各方面的关系。在现有基础上改进不协调的组织关系，避免今后可能存在的摩擦关系，优化的表现结果应该是部门职能清晰、权责到位，能够进行评价和考核，部门间的管理联系、工作程序协调，企业管理制度能得到有效实施

优化后的组织结构其部门、岗位的设置要体现出与培养人才、提供良好发展空间相结合的特征。优化调整部门和岗位时，不能为了照顾人情关系而设立人情部门或岗位；同时要综合考虑现有人员的品行、企业发展所需要的能力和潜力等

优化组织结构时需要考虑的因素

③厘清部门职责

讲解：在企业里，若部门之间的职责不清，将会产生相互推诿、工作迟滞、无人负责的现象，这样不仅降低了企业执行的效率，更会影响企业发展目标的实现。因此，为了避免上述现象的发生，我们要厘清企业各部门之间的职责。通常情况下，厘清部门之间的职责可按照以下10个步骤进行，请看大屏幕。

厘清部门职责的步骤

1. 收集、分析现有资料、文件，发现问题。
2. 访谈部门负责人，了解存在职责不清、交叉的现象，明确资料分析中发现的问题。
3. 下发部门职责模板，各部门负责人梳理本部门职责现状。
4. 分析部门负责人提交的部门职责现状，对资料分析和访谈内容进行核实，记录问题点。
5. 与部门负责人进行沟通，核实资料分析和访谈内容与部门职责现状相异的地方，汇总部门职责不清或交叉的部分。
6. 顾问组对部门职责初稿进行修改和规范，总结规律性问题。
7. 分析部门职责初稿中存在的问题，沟通确认职责不清或交叉的部分，提出修改完善的方法和建议。
8. 根据修改完善方法和建议二次修改及调整部门职责初稿。
9. 顾问组对二次修改的部门职责进行优化、完善和规范处理，协调处理职责界定不清、交叉的问题。
10. 各部门负责人沟通并确认优化完善后的部门职责。

（续）

（2）优化组织流程、完善管理制度——工作流程化

讲解：要实现工作流程优化，可以通过三个途径，下面我们逐一讲述每个途径。

①明确执行流程

讲解：明确执行流程，需要按照八个步骤进行，请看大屏幕。

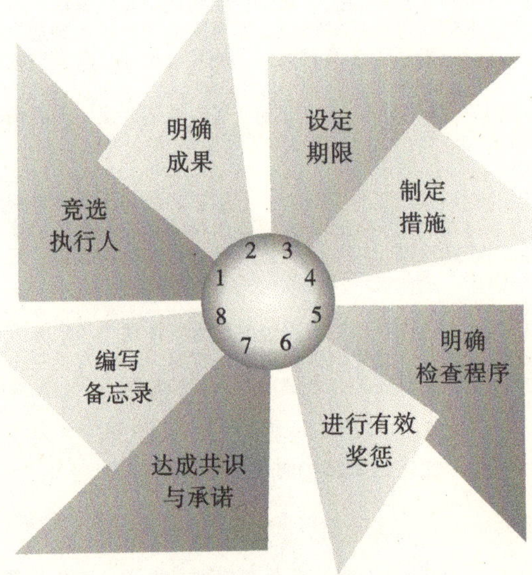
明确
成果
设定
期限
制定
措施
竞选
执行人
1
2
3
4
5
6
7
8
明确
检查程序
编写
备忘录
进行有效
奖惩
达成共识
与承诺

明确执行流程的步骤

②优化业务流程

讲解：业务流程需要以客户为导向，提高企业的核心竞争优势，确保主要业务流程协调一致，从而在时间上达到更高的效率，在成本上增强竞争力，在质量上更为可靠。那么，我们采用什么方法才能实现业务流程的优化呢？请看大屏幕。

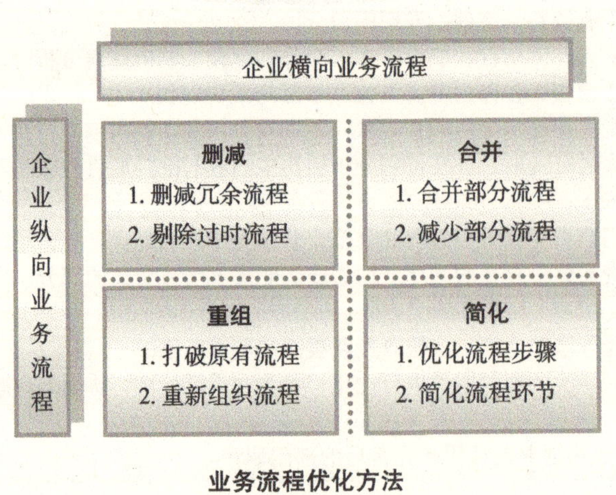
企业横向业务流程
企业纵向业务流程
删减
1. 删减冗余流程
2. 剔除过时流程
合并
1. 合并部分流程
2. 减少部分流程
重组
1. 打破原有流程
2. 重新组织流程
简化
1. 优化流程步骤
2. 简化流程环节

业务流程优化方法

（续）

讲解：下面请大家根据自己所在企业业务流程的实际情况，将自己企业的业务流程进行优化，然后请几位学员说一下他们在优化自己企业的业务流程的过程中采取了哪些方法。

③建立目标责任、结果导向性管理制度

讲解：执行不仅靠管理人员的督促，也要靠制度。那么，我们在设计制度时，应遵循哪些原则呢？请看大屏幕。

制度设计原则

1. 制度不能成摆设，一切规定应保证在具体工作中完全做到并便于检查。
2. 在制度起草前，广泛征求意见是必不可少的环节。
3. 要有纠错机制，发现文件有错应立即修正。
4. 对新文件，要能容忍文件执行初期的一点点乱，要有适应期。
5. 制度要随企业内部情况变化而变化。
6. 制度尽量表单化。
7. 遵循利大于弊的原则。
8. 采用专业术语，提高设计效率。
9. 制度语言表述要规范，不能产生歧义。

（3）合理配置职位、明确岗位职责——岗位责任化

讲解：要想做到岗位责任化就要做好两项工作，即合理配置职位和明确岗位职责。

①合理配置职位

讲解：在企业中，只有合理配置职位，才能带来更高的执行效率。那么，我们该如何配置职位呢？请看大屏幕。

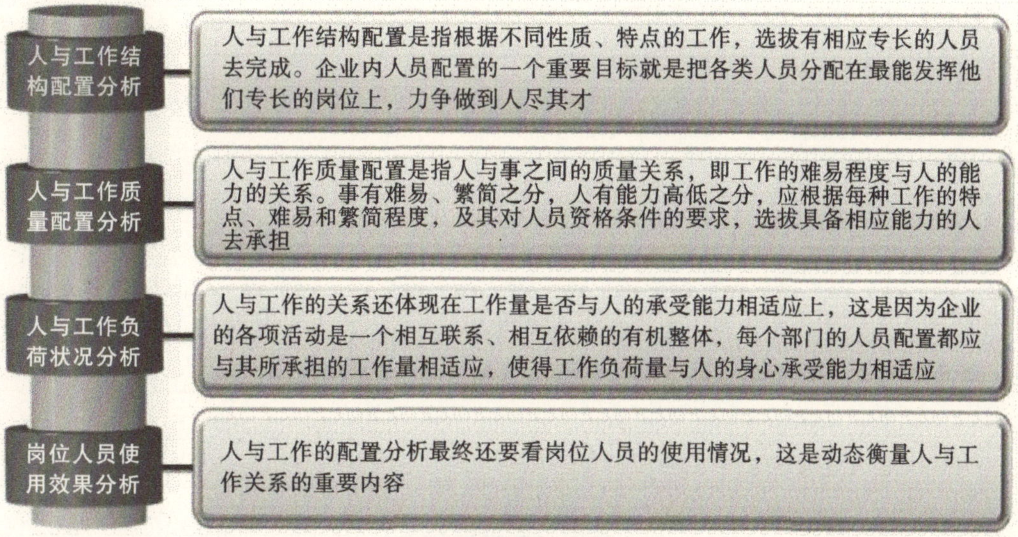

分析项目	内容
人与工作结构配置分析	人与工作结构配置是指根据不同性质、特点的工作，选拔有相应专长的人员去完成。企业内人员配置的一个重要目标就是把各类人员分配在最能发挥他们专长的岗位上，力争做到人尽其才
人与工作质量配置分析	人与工作质量配置是指人与事之间的质量关系，即工作的难易程度与人的能力的关系。事有难易、繁简之分，人有能力高低之分，应根据每种工作的特点、难易和繁简程度，及其对人员资格条件的要求，选拔具备相应能力的人去承担
人与工作负荷状况分析	人与工作的关系还体现在工作量是否与人的承受能力相适应上，这是因为企业的各项活动是一个相互联系、相互依赖的有机整体，每个部门的人员配置都应与其所承担的工作量相适应，使得工作负荷量与人的身心承受能力相适应
岗位人员使用效果分析	人与工作的配置分析最终还要看岗位人员的使用情况，这是动态衡量人与工作关系的重要内容

合理配置职位的分析

（续）

②明确岗位职责

讲解：合理配置职位后，就是明确岗位职责。明确岗位职责的一个方法就是进行岗位描述，最终形成岗位职责说明书。岗位职责说明书通常用表格的形式表现出来，具体形式如大屏幕所示。

岗位职责说明书

<table>
<tr><th colspan="5">基本信息</th></tr>
<tr><td>岗位名称</td><td colspan="2"></td><td>岗位编号</td><td></td></tr>
<tr><td>所属部门</td><td colspan="2"></td><td>管理人数</td><td></td></tr>
<tr><th colspan="5">工作概要</th></tr>
<tr><td colspan="5"></td></tr>
<tr><th colspan="5">职位关系</th></tr>
<tr><td colspan="5">（用图表示）</td></tr>
<tr><th colspan="5">工作职责</th></tr>
<tr><td>序号</td><td>工作职责</td><td>工作职责细化</td><td>工作权限</td><td>工作依据</td></tr>
<tr><td>1</td><td></td><td></td><td></td><td></td></tr>
<tr><td>2</td><td></td><td></td><td></td><td></td></tr>
<tr><td>3</td><td></td><td></td><td></td><td></td></tr>
<tr><td>…</td><td></td><td></td><td></td><td></td></tr>
<tr><th colspan="5">任职资格</th></tr>
<tr><td>序号</td><td>资格要求</td><td colspan="3">资格要求说明</td></tr>
<tr><td>1</td><td>教育</td><td colspan="3"></td></tr>
<tr><td>2</td><td>工作经验</td><td colspan="3"></td></tr>
<tr><td>3</td><td>培训</td><td colspan="3"></td></tr>
<tr><td>4</td><td>技术/能力</td><td colspan="3"></td></tr>
<tr><td>5</td><td>其他</td><td colspan="3"></td></tr>
<tr><th colspan="5">工作条件</th></tr>
<tr><td>序号</td><td>工作条件</td><td colspan="3">工作条件说明</td></tr>
<tr><td>1</td><td>工作时间</td><td colspan="3"></td></tr>
<tr><td>2</td><td>工作环境</td><td colspan="3"></td></tr>
<tr><td>3</td><td>危险性</td><td colspan="3"></td></tr>
</table>

（续）

（4）确保监督检查、建立绩效考核—— 考核绩效化

讲解：企业绩效管理流程一般由四个步骤组成，即达成目标共识——明确个人角色——反馈与指导——定期考核。

①达成目标共识

讲解：如何将部门目标与企业的目标联系在一起是很多管理者较为头疼的问题，下面我们就讲解一下如何将部门目标与企业目标联系在一起，请看大屏幕。

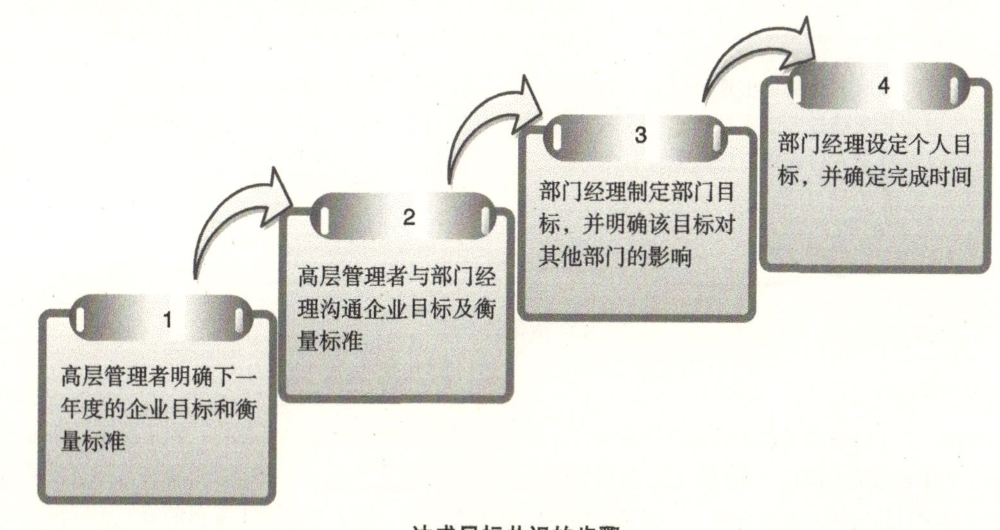
1
高层管理者明确下一年度的企业目标和衡量标准
2
高层管理者与部门经理沟通企业目标及衡量标准
3
部门经理制定部门目标，并明确该目标对其他部门的影响
4
部门经理设定个人目标，并确定完成时间

达成目标共识的步骤

②明确个人角色

讲解：在制定员工个人目标的过程中，部门经理要帮助员工明确其个人的角色，从而更好地完成个人目标。如何明确员工个人的角色，请看大屏幕。

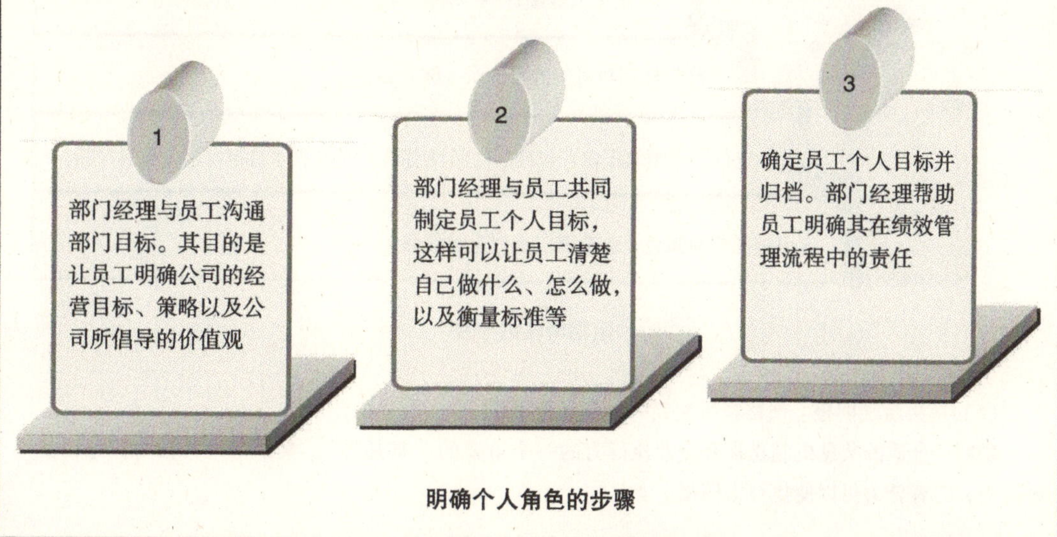
1
部门经理与员工沟通部门目标。其目的是让员工明确公司的经营目标、策略以及公司所倡导的价值观
2
部门经理与员工共同制定员工个人目标，这样可以让员工清楚自己做什么、怎么做，以及衡量标准等
3
确定员工个人目标并归档。部门经理帮助员工明确其在绩效管理流程中的责任

明确个人角色的步骤

（续）

③反馈与指导

讲解：明确了部门内员工的个人角色后，员工需要在部门经理的指导下完成自己的工作目标。部门经理如何进行反馈与指导，请看大屏幕。

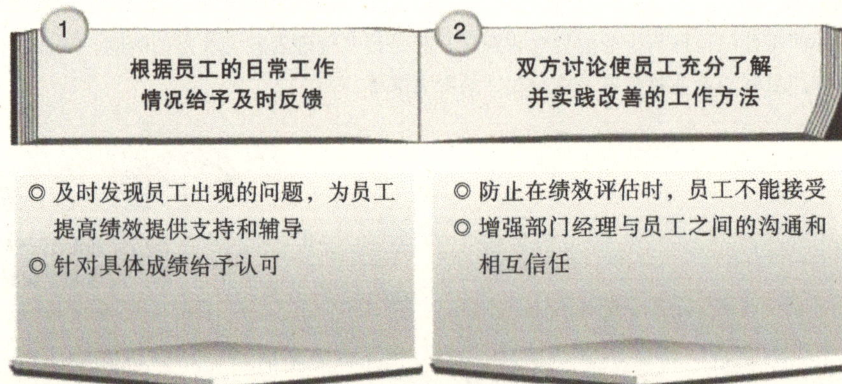
1
根据员工的日常工作情况给予及时反馈
2
双方讨论使员工充分了解并实践改善的工作方法
◎ 及时发现员工出现的问题，为员工提高绩效提供支持和辅导
◎ 针对具体成绩给予认可
◎ 防止在绩效评估时，员工不能接受
◎ 增强部门经理与员工之间的沟通和相互信任

反馈指导的步骤

④定期考核

讲解：为了评估员工个人目标的完成情况，需要对其绩效进行定期的考核。一般情况下，企业会在年中和年末两个时间段内进行考核。年中考核的主要目的有两个：一是评审每个绩效目标及发展目标进度情况，作为年末评估参考；二是确定是否调整年终目标。年末考核的主要目的有三个：一是员工明确自己对部门及公司的贡献，并得到认可；二是员工明确哪些目标未完成以及未完成的原因；三是员工明确自己能力的差距，制订下一年度的发展计划。其具体的考核步骤如下所示。

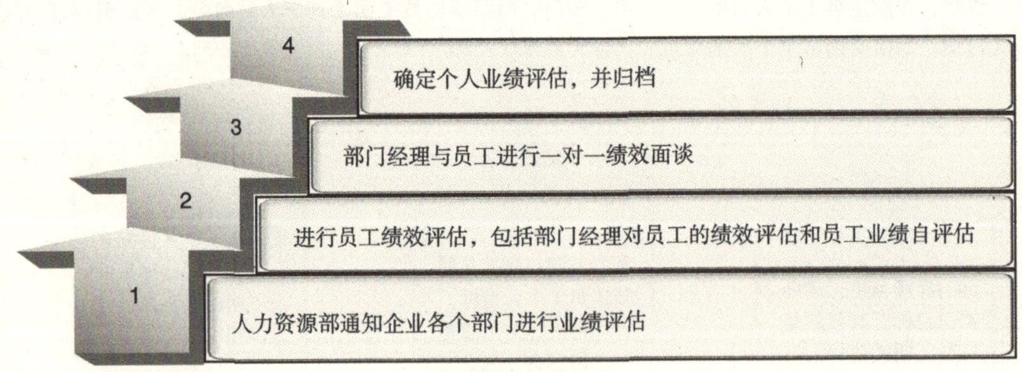
4
确定个人业绩评估，并归档
3
部门经理与员工进行一对一绩效面谈
2
进行员工绩效评估，包括部门经理对员工的绩效评估和员工业绩自评估
1
人力资源部通知企业各个部门进行业绩评估

定期考核的步骤

（5）适当激励回报、严格执行奖罚——奖惩公平化

讲解：合适的奖惩机制是提升企业执行力的一个重要的“加速器”。奖励是一种拉力，惩罚是一种推力，二者合力可以使执行力倍增。

（续）

①奖励机制

讲解：首先，我们了解一下奖励机制的基本构成要素，请看大屏幕。

心态奖励	◎ 对于那些在工作过程中能够保持良好心态的执行者给予奖励，以激励其他执行者在工作过程中遇到困难时不要退缩，确保按时完成工作任务
工具奖励	◎ 主要是对在执行过程中勇于创新、充分发挥创造力的执行者给予奖励，以激发他们持续的创造力
角色奖励	◎ 主要是对在执行过程中充分发挥角色意识，具有大局观、责任感的优秀执行者给予奖励，鼓励他们不断进步，继续发挥角色的重要作用
流程奖励	◎ 对准确掌握流程和不断优化的执行者进行奖励，以确保各层面的执行者避免偏离流程或固守滞后流程的现象
成效奖励	◎ 对执行者取得的成果进行奖励，以鼓励他们保持高效的执行力

奖励机制的基本构成要素

讲解：下面我们来看一个案例，然后我要请一位学员说出他从案例中得到的启示。

有一位表演大师上场前，他的弟子告诉他鞋带松了。大师点头致谢，蹲下来仔细系好。等到弟子转身后，他又蹲下来将鞋带解松。

有个旁观者看到了这一切，不解地问："大师，您为什么又要将鞋带解松呢？"大师回答道："因为我扮演的是一位劳累的旅者，长途跋涉让他的鞋带松开，可以通过这个细节表现他的劳累憔悴。""你为什么不直接告诉你的弟子呢？""他能细心地发现我的鞋带松了，并且热心地告诉我，我一定要保护他的这种热心，及时地给他鼓励，至于为什么要将鞋带解开，将来会有更多的机会教他，可以下一次再说嘛。"

奖励应用案例

讲解：有哪一位学员愿意说一下这个案例给我们的启示呢？……（略）

②惩罚机制

讲解：在员工执行某项工作任务的过程中，团队管理者对员工的优秀表现一定要给予奖励；倘若员工触犯了企业的规定，也一定要处罚。请看下面一个案例。

（续）

康佳是我国著名的彩电生产企业，公司内部有一条规定：不准在工作场合吸烟。这条规定看似简单，执行起来却有很大难度。经过一件事后，康佳的这条规定在员工中得到了认真地贯彻执行。

小王虽然只有20多岁，但是他既有学历又有技术，康佳当时的管理者对小王非常器重，很快就让他担任了一个车间的副主任。小王在走向管理岗位后，更加积极地工作。但他有一个不好的习惯——吸烟。为了遵守在工作场合不准吸烟的规定，他只能在午饭时或者下班后猛吸几口。

一个很偶然的机会，小王发现车间的楼梯拐角处可以作为吸烟的好去处，他个人认为这个地方不能算做工作场合。有一次，他又像往常一样在这个地方点着了香烟，却被公司的副总经理看到了。副总经理当时虽然没说什么，但是很快人力资源部发出了两条通知：第一，免除小王车间副主任的职务；第二，对小王罚款200元。

通知发出后，在整个车间引起了巨大的反响，部分员工认为公司的管理方式太过强硬，惩罚力度过大。但是，在这件事之后，再也没有康佳员工在工作场合吸烟了。

惩罚应用案例

（6）持续培训、建立执行文化——培训持续化

①持续培训

讲解：随着经济水平和信息化的不断发展，知识和信息的更新速度越来越快，企业管理者想要提高员工的执行力，必须对他们进行持续培训。具体的培训内容主要有三个方面，请看大屏幕。

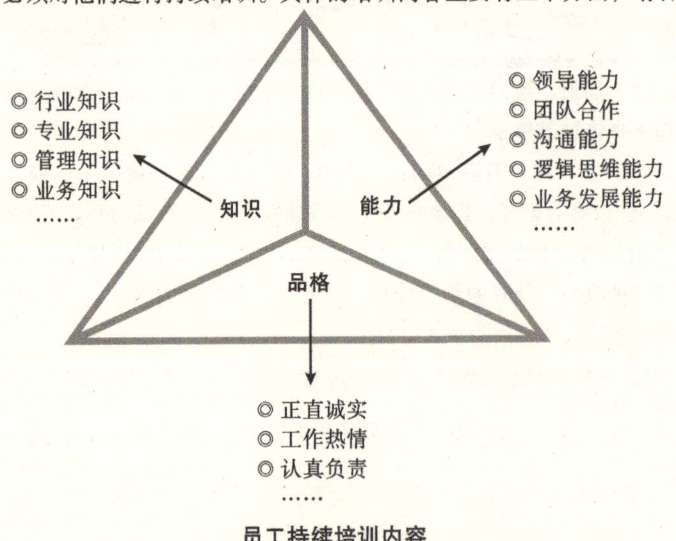
◎ 行业知识
◎ 专业知识
◎ 管理知识
◎ 业务知识
……
知识
能力
◎ 领导能力
◎ 团队合作
◎ 沟通能力
◎ 逻辑思维能力
◎ 业务发展能力
……
品格
◎ 正直诚实
◎ 工作热情
◎ 认真负责
……

员工持续培训内容

讲解：下面大家一起看一下华为对员工进行培训的一种形式——导师制。请看大屏幕。

（续）

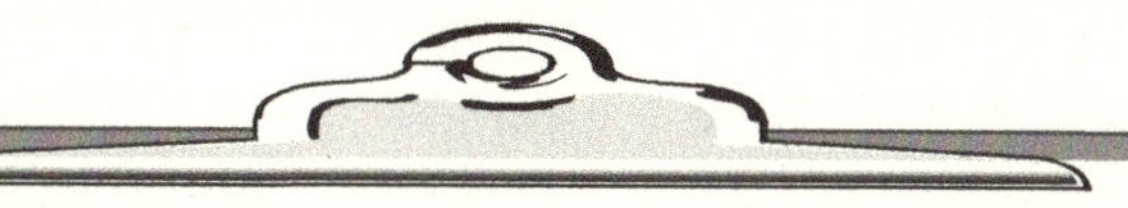

华为认为所有的人都需要指导。新员工随时加入公司，公司内部岗位变动也非常频繁，即使一个在公司工作时间比较久的老员工，若把他调到一个全新的岗位、全新的地点，他又会变成一个新员工了。此时，“导师”的作用是很大的。

华为的“导师”是指“思想导师”。“导师”要经常和“学生”交流思想，这个导师不是新员工的上级，因为上级和下属沟通时，总会有障碍。新员工与其“导师”交流，不容易产生沟通障碍，因为“导师”也就是比“学生”进公司早个一年半载，业务熟点儿罢了，大多数情况下职位和“学生”是一样的。华为的“导师”和“学生”就是两个年纪差不多的人，他们没有身份地位的差距。“思想导师”的存在让新员工迅速融入集体、切入工作。

业务上，“导师”的作用也非常明显。比如，刚到市场部的员工，连发票报销标准以及报销的方式都不清楚，这时身边的“导师”就派上用场了；至于拜访客户、制作配置、提出报价等相关事宜，新员工都有“导师”帮助。

企业员工持续培训案例

讲解：让工作一两年后的员工做“导师”，使“导师”和“学生”都有了上进的动力。“导师”为了做好表率，他一定会更加严格地要求自己，而且他的荣誉感也受到了激发。“学生”也从“导师”身上看到了华为对员工培养的耐心和成果，他不仅看到了华为的希望，也看到了自己的希望。

②建立执行文化

讲解：“文化在天上飘，执行在地上走”是许多企业执行文化不起作用的真实写照。管理者可以使用五大秘诀，让执行文化“落地生根”。

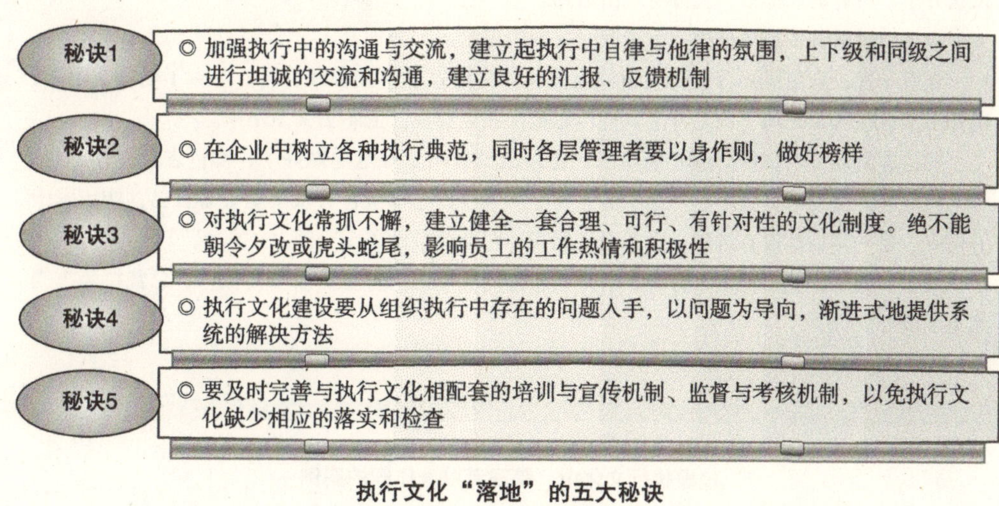
秘诀1
◎ 加强执行中的沟通与交流，建立起执行中自律与他律的氛围，上下级和同级之间进行坦诚的交流和沟通，建立良好的汇报、反馈机制
秘诀2
◎ 在企业中树立各种执行典范，同时各层管理者要以身作则，做好榜样
秘诀3
◎ 对执行文化常抓不懈，建立健全一套合理、可行、有针对性的文化制度。绝不能朝令夕改或虎头蛇尾，影响员工的工作热情和积极性
秘诀4
◎ 执行文化建设要从组织执行中存在的问题入手，以问题为导向，渐进式地提供系统的解决方法
秘诀5
◎ 要及时完善与执行文化相配套的培训与宣传机制、监督与考核机制，以免执行文化缺少相应的落实和检查

执行文化“落地”的五大秘诀

（续）

讲解：在建立企业的执行文化过程中，企业各级管理者（尤其是最高管理者）必须参与到职能部门的具体工作之中，亲力亲为，成为带动整个企业员工的“发动机”。只有这样，他才能对企业现状、项目执行、员工状态进行全面的了解，才能找到执行各阶段的具体情况与预期之间的差距，并对各个方面进行正确而深入的引导。请看大屏幕上的一个案例，这个案例说明了在建立执行文化的过程中，高层管理者以身作则的重要性。

联想集团一向以严格的管理制度和雷厉风行的管理作风著称。在集团内部，有一个延续了十几年的规定，即无论是什么人，如果开会迟到了都要罚站1分钟。

制定这一规定之前，每次会议总有人迟到，开会时间到了仍有许多人忙着手里的事情不予理会。集团总裁柳传志大为恼火，规定“开会如果迟到，就罚站1分钟！”

不久，集团又要开会。上午10：00会议开始，柳传志环视了一下台下齐刷刷坐着的员工，感到很高兴，他心想“想不到罚站这一招还挺奏效的”。他清了清嗓子，刚说完会议的议程，会议室的门开了，一个人抱着一小摞资料站在门口，柳传志望过去，不禁吃了一惊。

站在门口的是自己一直都很尊重的老上级。在推出“迟到罚站”制度后的第一次会议，他居然迟到了。

员工们也看到了这位老员工，先是一愣，继而小声议论起来：“算了吧，会议才刚刚开始呢”“那怎么行？领导迟到了也要罚站才行！”

这事的确让柳传志感到为难了，看着始终勤勤恳恳工作的老上级，他心里极为矛盾。他走到老上级面前，接过手里的资料，说：“您先在这儿站1分钟，今天晚上我到您家里，给您站5分钟。”老领导满脸尴尬。柳传志语气更加坚定了：“现在您必须罚站，不这样，今后的会议就没法开了，所有的人都忙，就都有理由迟到。”

老上级理解柳传志的做法，就走到会议室门口站了1分钟。

还有一次，联想集团召开高层领导人会议。柳传志早早准备好材料，走入了电梯。不巧，电梯突然卡在两层之间不再上升了。柳传志被困在电梯里，上不去又下不来。

柳传志只能等电梯修好后才能出来，着急也没有用。等电梯修好了，柳传志迅速冲上楼，可是当他赶到会场时，会议已开始十多分钟了。看到大家都坐在会议室里等着自己，柳传志十分愧疚。他一句话都没有解释，自觉接受惩罚，在会议室站了1分钟。

开会迟到了，就要罚站1分钟，这是联想集团的规矩，每位员工都要执行，总裁柳传志当然也不例外。

建设执行文化中，管理者以身作则的案例

4. 单元收尾设计

单元收尾设计
1. 时间：5 分钟。 2. 所需资源：电脑、投影仪。 3. 授课方法：讲授法。 4. 单元收尾 **收尾语**：本单元的内容到此为止，谢谢大家能够坚持听我讲完。最后，希望各位学员能够用最短的时间构建出高效执行的“高铁轨道”。我们下次再见。

2.3 问题解决能力提升实训

2.3.1 “问题解决力提升实训”课程整体设计

1. 课程基本信息

课程基本信息			
课程代码	070102	**课程名称**	问题解决力提升实训
课程类别	思维与问题解决类	**培训对象**	企业管理者
先修课程	无	**授课时间**	6 小时
课程开发人	吴 × ×	**课程批准人**	刘 × ×

2. 课程目标

（1）知识目标

“问题解决力提升实训”课程的知识目标主要有 6 个，如图 2-11 所示。

（2）能力目标

“问题解决力提升实训”课程的能力目标主要有 6 个，如图 2-12 所示。

3. 课程内容单元

“问题解决力提升实训”的课程内容单元如图 2-13 所示。

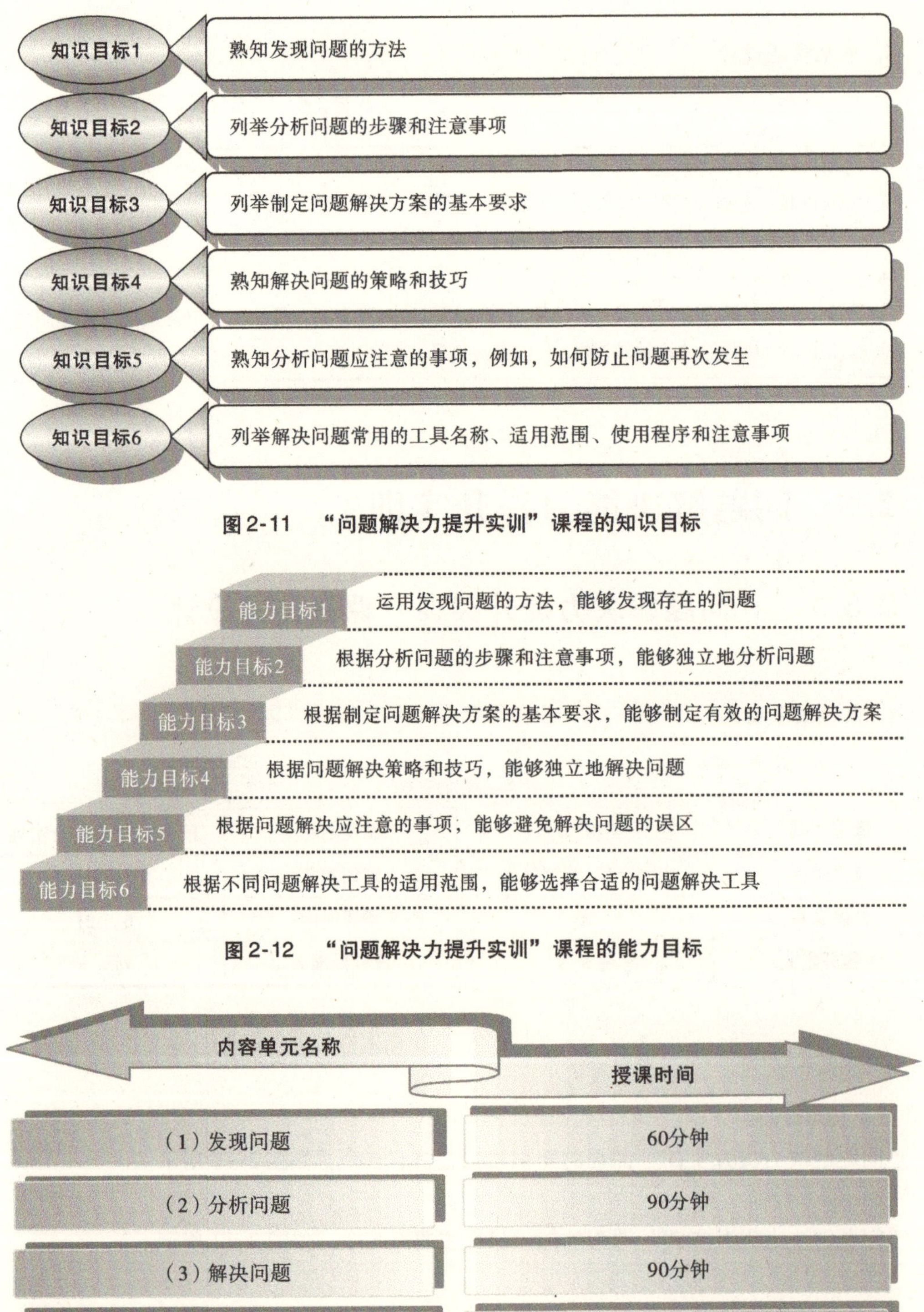
知识目标1
熟知发现问题的方法
知识目标2
列举分析问题的步骤和注意事项
知识目标3
列举制定问题解决方案的基本要求
知识目标4
熟知解决问题的策略和技巧
知识目标5
熟知分析问题应注意的事项，例如，如何防止问题再次发生
知识目标6
列举解决问题常用的工具名称、适用范围、使用程序和注意事项

图2-11 “问题解决力提升实训”课程的知识目标

能力目标1
运用发现问题的方法，能够发现存在的问题
能力目标2
根据分析问题的步骤和注意事项，能够独立地分析问题
能力目标3
根据制定问题解决方案的基本要求，能够制定有效的问题解决方案
能力目标4
根据问题解决策略和技巧，能够独立地解决问题
能力目标5
根据问题解决应注意的事项，能够避免解决问题的误区
能力目标6
根据不同问题解决工具的适用范围，能够选择合适的问题解决工具

图2-12 “问题解决力提升实训”课程的能力目标

内容单元名称
授课时间
（1）发现问题
60分钟
（2）分析问题
90分钟
（3）解决问题
90分钟
（4）解决工具
120分钟

图2-13 “问题解决力提升实训”课程内容单元

4. 课程导入设计

“问题解决力提升实训”课程的导入可以按照如图2-14所示的4个步骤进行。

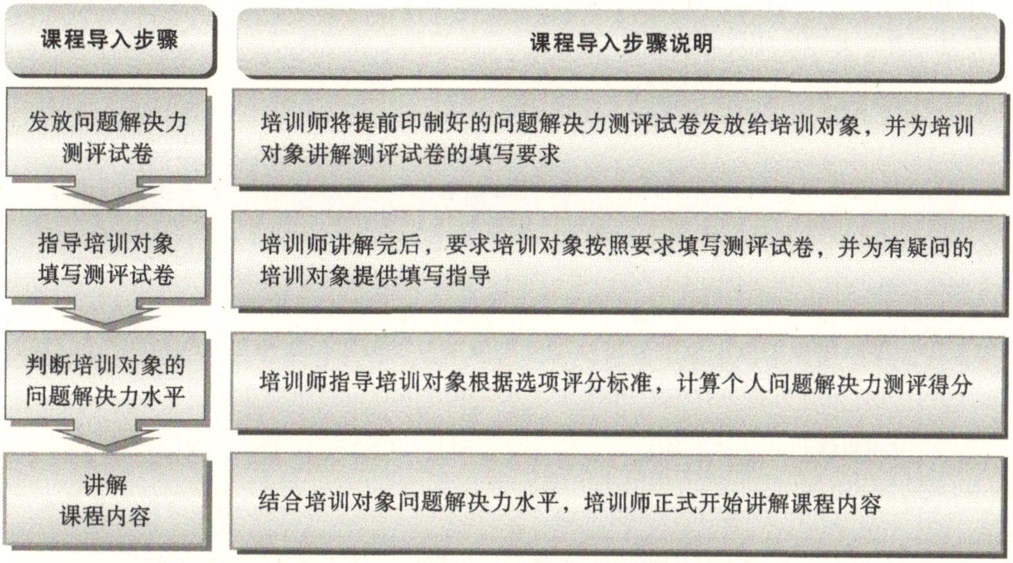

课程导入步骤	课程导入步骤说明
发放问题解决力测评试卷	培训师将提前印制好的问题解决力测评试卷发放给培训对象，并为培训对象讲解测评试卷的填写要求
指导培训对象填写测评试卷	培训师讲解完后，要求培训对象按照要求填写测评试卷，并为有疑问的培训对象提供填写指导
判断培训对象的问题解决力水平	培训师指导培训对象根据选项评分标准，计算个人问题解决力测评得分
讲解课程内容	结合培训对象问题解决力水平，培训师正式开始讲解课程内容

图2-14 “问题解决力提升实训”课程导入步骤

5. 课程评价设计

对“问题解决力提升实训”课程的评价可以采用如图2-15所示的3种方法。

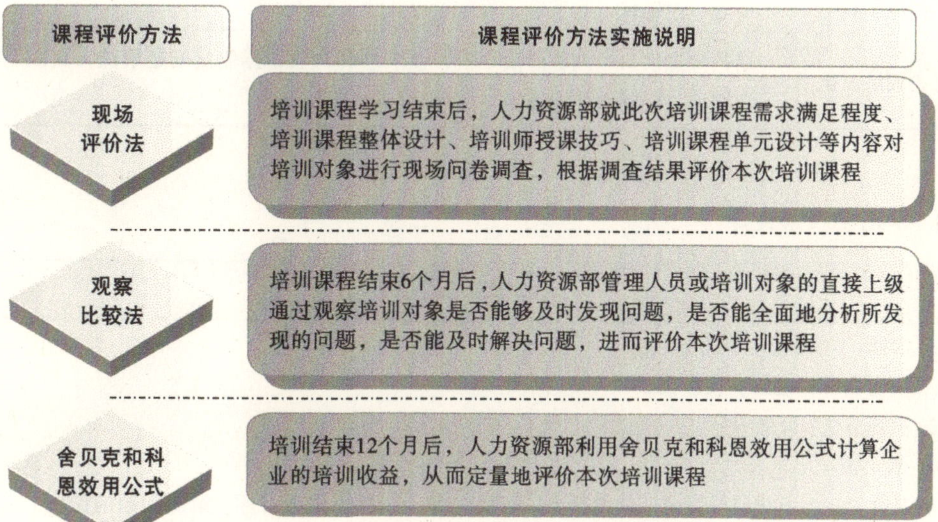

课程评价方法	课程评价方法实施说明
现场评价法	培训课程学习结束后，人力资源部就此次培训课程需求满足程度、培训课程整体设计、培训师授课技巧、培训课程单元设计等内容对培训对象进行现场问卷调查，根据调查结果评价本次培训课程
观察比较法	培训课程结束6个月后，人力资源部管理人员或培训对象的直接上级通过观察培训对象是否能够及时发现问题，是否能全面地分析所发现的问题，是否能及时解决问题，进而评价本次培训课程
舍贝克和科恩效用公式	培训结束12个月后，人力资源部利用舍贝克和科恩效用公式计算企业的培训收益，从而定量地评价本次培训课程

图2-15 “问题解决力提升实训”课程评价方法

2.3.2 “问题解决力提升实训”单元开发设计

“问题解决力提升实训”课程主要由四个内容单元构成，其培训对象为企业管理者。本节介绍“解决问题”单元的开发设计。

1. 单元基本信息

单元基本信息		
单元名称		解决问题
培训对象		企业管理者
授课时间		90 分钟
授课目标	知识目标	1. 熟知解决问题的策略 2. 列举制定解决问题方案的基本要求 3. 列举解决问题应注意的问题 4. 陈述解决问题的技巧
	能力目标	1. 根据每种问题解决策略的适用范围，选择合适的问题解决策略 2. 能够独立制定问题解决方案 3. 根据问题解决应注意的事项，避免陷入问题解决的误区 4. 运用问题解决技巧，能够解决问题
授课方法		讲授法、研讨法
授课工具		电脑、投影仪、写字笔、写字板以及活页挂图
能力训练任务		培训师提供一个问题解决案例，要求培训对象根据制定问题解决方案的基本要求制定一份问题解决方案

2. 单元导入语设计

单元导入语设计
1. 时间：5 分钟。 2. 所需资源：电脑、投影仪。 3. 授课方法：讲授法。 4. 单元导入 **导入语：**在企业我们所做的一切都是为了解决问题，达成组织的目标。解决问题的能力，直接决定了管理者能否胜任工作。因此，管理者一定要学会正确解决问题。接下来我就和大家一起学习一下如何解决问题。

3. 单元主体内容设计

单元主体内容设计

一、问题解决讲策略

1. 时间：20 分钟。

2. 所需资源：电脑、投影仪、写字笔、写字板和活页挂图。

3. 授课方法：讲授法、研讨法。

4. 授课内容

讲解：管理者采用何种问题解决策略，既依赖于问题的性质和内容，又依赖于管理者的知识和经验。经验法和逻辑推断法是有效解决问题的两种策略。经验法依赖于人的经验，省时省力，却不能保证问题解决的有效性。逻辑推断法通过列举解决问题的各种方法，借助公式和思维工具进行操作，从而有效地解决问题，该方法专业性强，虽费时费力，却能保证问题得到成功解决。管理者在工作中需要解决的问题一般可以分为三类，即程序化问题、半程序化问题、非程序化问题，问题类型都有各自的破解策略。具体内容请看大屏幕。

问题解决策略一览表

问题类型	问题解决策略	举例
程序化问题	1. 获取足够的定量数据作为依据和支撑 2. 配备设计可靠性程序或标准的资源 3. 指派专人具体承担执行和监督职责 4. 保持流程相对固定和环境的相对稳定	客户投诉的处理 办公用品的订购 办公文件的收发 公司印章的使用等
半程序化问题	1. 借助半程序化决策方式获得解决方案 2. 通过程序化方式推行解决方案 3. 对组织和个人来说是没有先例的，所以解决方案无章可循	项目进行过程中出现的项目之外的风险和偏差的认定与解决
非程序化问题	1. 借助结构化步骤、方法和工具，分析和解决这类问题，"摸着石头过河" 2. 非程序化问题解决到一定程度和数量后，组织应在可能的情况下尽快将问题的解决方案程序化	企业业务流程和管理流程的重设、企业管理机制的创新

讲解：上面是我们经常使用的一些问题解决策略。下面我给大家 5 分钟的时间，请大家讨论一下，除了这些之外，还有什么样的问题解决策略？

二、问题解决有方案

1. 时间：20 分钟。

2. 所需资源：电脑、投影仪、写字笔、写字板和活页挂图。

（续）

3. 授课方法：讲授法。

4. 授课内容

讲解：列举所有的“点子”，列举完毕后对“点子”进行可行性排序，然后在可行性排序的基础上，综合考虑“点子”的成本、期限等因素，最终选择三个综合排名靠前的“点子”，并据以编写备选方案。我们可以借助大屏幕上所示表格来制定解决问题的行动方案。

问题解决工具表

行动步骤	所需资源	负责人	起止时间	预期效果	应急措施	行动反馈
步骤 1						
步骤 2						
……						

讲解：管理者组织相关人员针对备选方案进行讨论，通过分析每一个备选方案的优点和不足，确定可行性最强、投入最少、效用最大的方案作为最终方案。管理者在确定最终方案后，应确保最终方案符合四大要求，从而保证方案实施的有效性。具体要求请看大屏幕。

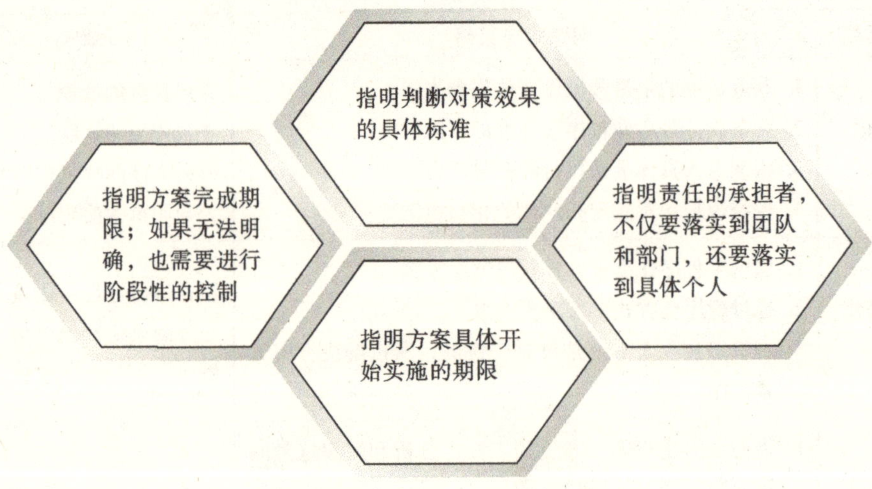
指明判断对策效果的具体标准
指明方案完成期限；如果无法明确，也需要进行阶段性的控制
指明责任的承担者，不仅要落实到团队和部门，还要落实到具体个人
指明方案具体开始实施的期限

问题解决方案应符合的基本要求

三、防止问题再发生

1. 时间：20 分钟。

2. 所需资源：电脑、投影仪、写字笔、写字板和活页挂图。

3. 授课方法：讲授法。

4. 授课内容

讲解：解决一类问题并不难，难的是永远不要再解决这类问题。当问题得到解决后，就需要通过改善流程和系统，防止类似的情况再次发生。防止问题再次发生有三大核心步骤，请看大屏幕。

（续）

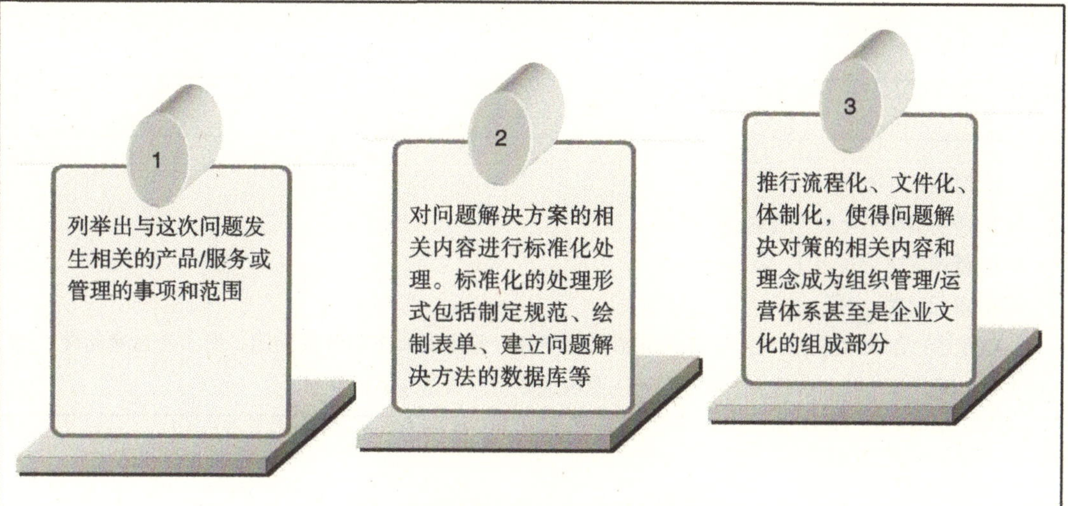
1
列举出与这次问题发生相关的产品/服务或管理的事项和范围
2
对问题解决方案的相关内容进行标准化处理。标准化的处理形式包括制定规范、绘制表单、建立问题解决方法的数据库等
3
推行流程化、文件化、体制化，使得问题解决对策的相关内容和理念成为组织管理/运营体系甚至是企业文化的组成部分

防止问题再次发生的三大核心步骤

四、问题解决用技巧

1. 时间：20 分钟。
2. 所需资源：电脑、投影仪、写字笔、写字板和活页挂图。
3. 授课方法：讲授法。
4. 授课内容

讲解：管理者解决问题的“软肋”就是经验不足。牢记大屏幕上所列的五个技巧，就能帮助管理者减少犯错误的机会，最终达到解决问题的目的。具体技巧请看大屏幕。

借鉴 别人的经验	善用 授权	发掘 团队价值	获得 认同和支持	不在一棵 树上吊死
其他人是否面临过这样的问题？他们是怎样解决的？	如果有人比你更适合解决这个问题，你就得授权别人解决而不是自己来解决	切勿低估协作与团队合作对解决问题的价值，学会利用团队价值解决问题	当需要在大庭广众之下宣布方案时，必须事先就方案与相关人员进行沟通，获得相关人员的认同和支持	被问题困扰的时候，你会像猎犬一样，试图在一个地方不断地挖下去，其实此刻你或许应该尝试在别的地方挖一个洞

问题解决五大技巧

4. 单元收尾设计

单元收尾设计

1. 时间：5 分钟。
2. 所需资源：电脑、投影仪。
3. 授课方法：讲授法。
4. 单元收尾

收尾语：方法永远比问题多，没有最好只有更好。管理者要主动解决问题，而不是逃避问题。通过本单元的学习，我们希望大家能够提升问题解决能力。谢谢大家的参与。

第3章

职业素养与个人发展培训课程设计案例

3.1 职业形象与商务礼仪

3.1.1 “职业形象与商务礼仪”课程整体设计

1. 课程基本信息

课程基本信息			
课程代码	120101	课程名称	职业形象与商务礼仪
课程类别	职业素养类	培训对象	企业管理者和员工
先修课程	无	授课时间	5 小时
课程开发人	张 × ×	课程批准人	李 × ×

2. 课程目标

(1) 知识目标

“职业形象与商务礼仪”课程的知识目标主要有两个，如图 3-1 所示。

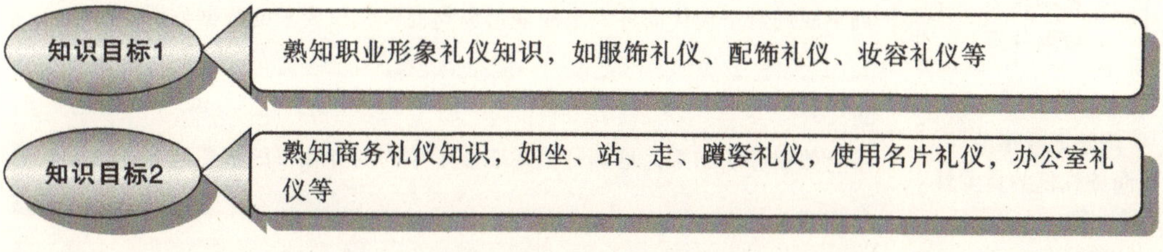

知识目标1	熟知职业形象礼仪知识，如服饰礼仪、配饰礼仪、妆容礼仪等
知识目标2	熟知商务礼仪知识，如坐、站、走、蹲姿礼仪，使用名片礼仪，办公室礼仪等

图 3-1 “职业形象与商务礼仪”课程知识目标

(2) 能力目标

“职业形象与商务礼仪”课程的能力目标主要有两个，如图 3-2 所示。

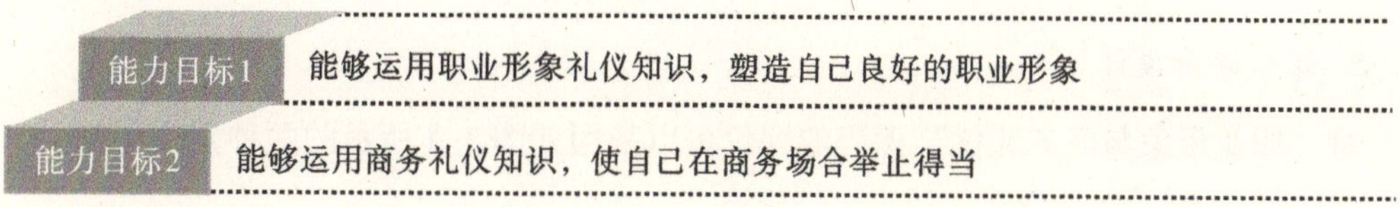

能力目标1	能够运用职业形象礼仪知识，塑造自己良好的职业形象
能力目标2	能够运用商务礼仪知识，使自己在商务场合举止得当

图 3-2 “职业形象与商务礼仪”课程能力目标

3. 课程内容单元

“职业形象与商务礼仪”课程的内容单元如图 3-3 所示。

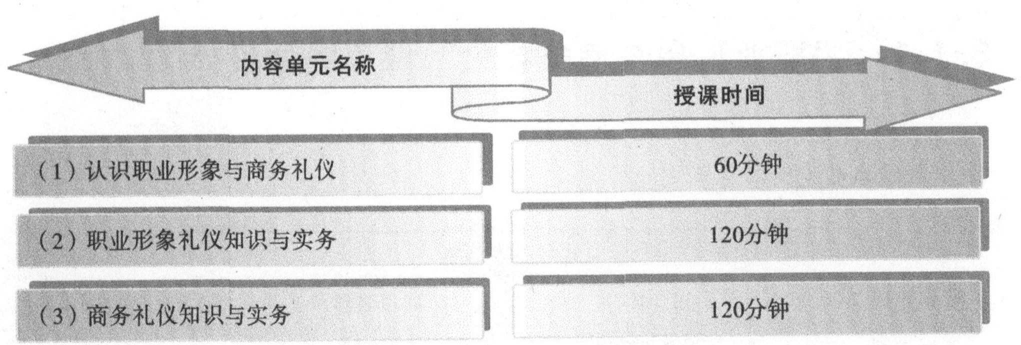
内容单元名称
授课时间
（1）认识职业形象与商务礼仪
60分钟
（2）职业形象礼仪知识与实务
120分钟
（3）商务礼仪知识与实务
120分钟

图 3-3 “职业形象与商务礼仪”课程内容单元

4. 课程导入设计

“职业形象与商务礼仪”课程的导入可以按照如图 3-4 所示的三个步骤进行。

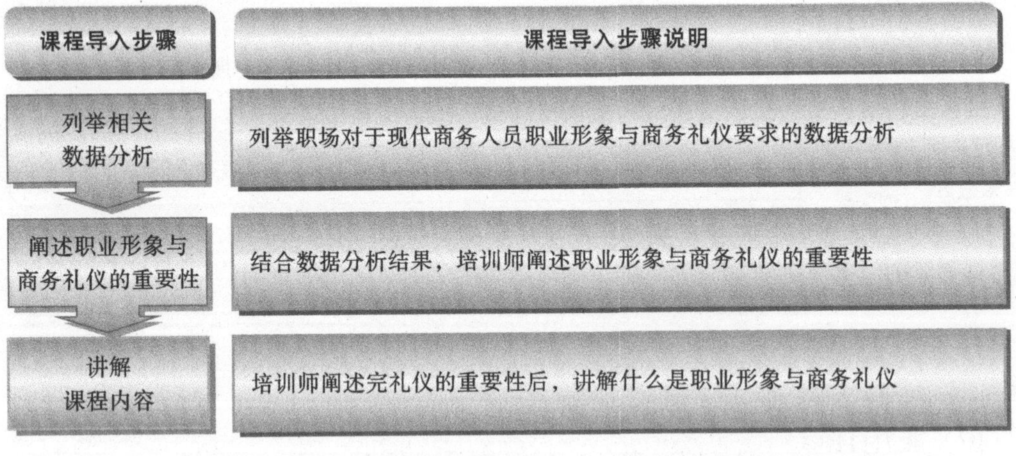
课程导入步骤
课程导入步骤说明
列举相关数据分析
列举职场对于现代商务人员职业形象与商务礼仪要求的数据分析
阐述职业形象与商务礼仪的重要性
结合数据分析结果，培训师阐述职业形象与商务礼仪的重要性
讲解课程内容
培训师阐述完礼仪的重要性后，讲解什么是职业形象与商务礼仪

图 3-4 “职业形象与商务礼仪”课程导入步骤

5. 课程评价设计

对“职业形象与商务礼仪”课程的评价可以采用如图 3-5 所示的两种方法。

课程评价方法	课程评价方法实施说明
 现场评价法	课程结束后，人力资源部针对此次培训课程的内容、培训师讲课技巧和培训的组织工作等进行现场问卷调查，并根据调查结果对课程进行评价
测试比较法	在课程开始和结束时，分别用难度相似的职业形象和商务礼仪的基础知识测试题对培训对象进行测试，最终通过比较两次测试结果，评价培训课程

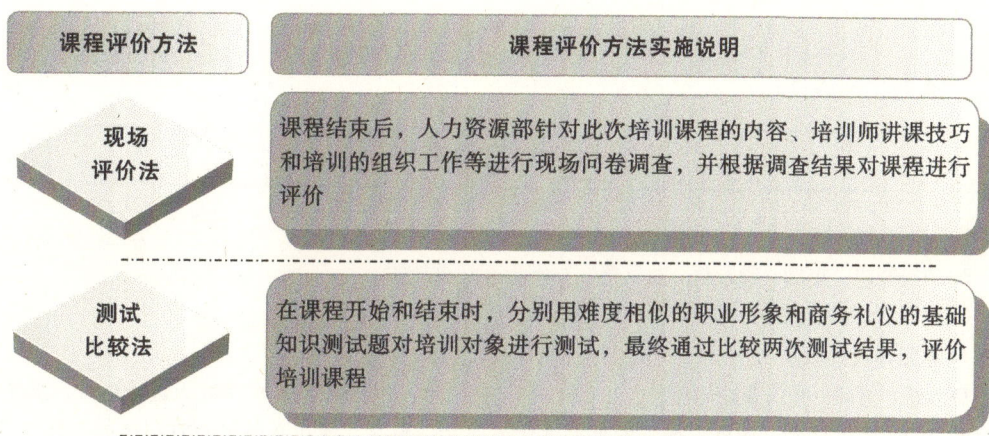

图3-5 “职业形象与商务礼仪”课程评价方法

3.1.2 “职业形象与商务礼仪”单元开发设计

“职业形象与商务礼仪”的主要培训对象是企业管理者和员工，如行政部经理、销售部经理、销售人员、接待人员、客服人员等。本节介绍“职业形象礼仪知识与实务”单元的开发设计。

1. 单元基本信息

单元基本信息		
单元名称		职业形象礼仪知识与实务
培训对象		企业管理者和员工
授课时间		120分钟
授课目标	知识目标	1. 熟知基础仪容礼仪知识 2. 复述仪容礼仪的作用 3. 熟知仪容修饰的方法和技巧 4. 熟知着装和配饰技巧
	能力目标	1. 根据商务场合的不同，有针对性地修饰自己的面容 2. 根据商务场合的不同，灵活运用着装和配饰技巧
授课方法		讲授法、案例分析法、研讨法
授课工具		电脑、投影仪、写字笔、写字板以及活页挂图
能力训练任务		培训对象自己设计某种商务场合，并列举自己出席这种商务场合时应以怎样的形象出现

2. 单元导入语设计

单元导入语设计

1. 时间：5 分钟。
2. 所需资源：电脑、投影仪、写字笔、写字板和活页挂图。
3. 授课方法：讲授法。
4. 单元导入

导入语：美国一位形象设计专家曾对美国《财富》排行榜前 300 位中的 100 人进行调查，调查结果显示：97% 的人认为，如果一个人的外表非常有魅力，那么，他在企业里会有很多升迁的机会；92% 的人认为，他们不会挑选不懂得穿着打扮的人做自己的助理或秘书；93% 的人认为，他们会因为求职者在面试时穿着不得体而不予录用。在现实中，我们也遇到过很多这样的例子。同样是参加一个招聘会，有的人因为得体的穿着和良好的表现，获得了很好的职位，而有的人因为没有注意到这一点而与机会失之交臂。所以，你要想成功，就需要从重视自己的职业形象开始。

3. 单元主体内容设计

单元主体内容设计

一、仪容礼仪知识与实务

1. 时间：30 分钟。
2. 所需资源：电脑、投影仪、写字笔、写字板和活页挂图。
3. 授课方法：讲授法、案例分析法。
4. 授课内容

讲解：一个人的长相是天生的，我们无法选择自己的相貌，但可以通过化妆、服饰、形象设计等修饰自己，展现自己美丽的一面。仪容是职业形象的重要组成部分之一，它主要包括发型、面容以及人体未被服饰遮掩的肌肤（如手部、颈部）等部分。

（1）脸——人际交往过程中的第一视点

讲解：晶莹明亮的眼睛、健康光洁的皮肤、亲切的笑容，都能给人美的感受，赢得他人的好感，并为进一步交往奠定基础。干净、健康的皮肤是我们每个人都梦寐以求的。然而，由于经常暴露在外部环境下，面部皮肤也是最容易出问题的部分。那么，我们应如何呵护我们的面部皮肤呢？请看大屏幕。

（续）

1. 采用正确的洗脸方法：健康的皮肤是从清洁开始的，因此，掌握正确的洗脸方法尤为重要。洗脸次数不能太频繁，洗脸时不能用力搓拉脸皮

2. 保证充足的睡眠：睡眠是皮肤最好的“保养品”，充足的睡眠会使人精神振奋、容光焕发

3. 养成多喝水的习惯：多喝水可以补充人体的水分、保持皮肤的滋养，让皮肤看上去更加细嫩

4. 正确使用护肤品：在护肤品的选择上，应充分考虑自己的肤质和季节等因素，根据不同的情况正确使用护肤品

5. 注意合理的饮食：合理的饮食会带给我们一种健康自然的美，从食物中摄取的营养成分，其美容功效是任何护肤品都无法企及的

6. 保持乐观情绪：皮肤的健康与身体的健康、精神的愉悦是密切相关的。保持乐观的情绪是最好的“润肤剂”

正确呵护面部皮肤的方法

（2）头发——飞扬你的气质

讲解：头发整洁、发型大方是仪容礼仪对发式最基本的要求。整洁大方的发型会给人留下神清气爽的印象，而披头散发则会给人留下萎靡不振的印象。一般来说，发型本身无所谓美丑，无论男女，只有选择的发型与自己的脸型、肤色、体型相匹配，与自己的职业、身份相吻合时，方能显示出真正的美。下面就让我们探讨一下选择发型时应考虑的因素。

①年龄

讲解：不同年龄阶段应该选择不同的发型。青年人应该选择简洁、清爽的发型；中年人，由于年龄跨度较大，不太好界定具体适合什么样的发型，但其发型一定要体现出年龄特征，中年男士的发型要体现出稳重的特点，中年女士的发型要体现出端庄、大方等特点。

②头型

讲解：头型大致可以分为大、小、长、尖、圆等几种形状。设计发型时，应从头部的生理结构特征出发，考虑与脸形结合，正确认识每个人脸部的优点和缺陷，更好地发扬其优点、掩盖其不足，起到扬长避短的效果。如头型大的女性不宜烫发，适合留有刘海的中长或长直发发型；头型大的男士不宜留短发，如平头等。

③脸型

讲解：脸型是决定发型的关键因素之一，合适的发型对人的脸型具有极强的修饰作用，甚至可以改变人的“容貌”。每个人的脸型都不一样，对发型的要求也是不一样的。因此，我们可以根据自己的脸型选择合适的发型。

④体型

讲解：如果从整体来考虑的话，人的体型与发型设计也有密切的关系。若处理得好，对体型能够起到扬长避短的作用；反之，则破坏了人的整体形象，更谈不上气质美了。那么，各种体型的人应该如何设计发型呢？请看大屏幕。

（续）

各种体型适合的发型

序号	体型	适合发型
1	高瘦型	高瘦型的人给人一种单薄、头部小的印象。因此，在发型的选择上，应避免将头发梳得紧贴头皮，或将头发做得过于蓬松，适合的发型应是饱满、厚实、有分量
2	矮小型	矮小型的人应避免太蓬松的发型，否则会使头部与整个体型的比例失调
3	高大型	高大型的人给人一种力量之美，但在发型上应适当削弱这种感觉，以大方、简洁为宜。女士应以直发为佳，或者是大波浪卷发，总体以简洁、明快、线条流畅为原则
4	矮胖型	矮胖型的人一般脖子显短，因此，在发型的选择上应避免过于蓬松或过宽的发型，应尽可能让头发向高度发展，露出脖子，以“提升”身体的高度

⑤服饰

讲解：头发为人体之冠，为了体现服饰的整体美，发型也应随之变化。如女士穿制服或礼服时，可选择短发或盘发，以显得端庄、正式；穿休闲服装时，则可以选择随意或个性的发型。

讲解：我们了解了影响发型的因素后，请大家看一下大屏幕上这几位职业人士的发型是否适合他们，并说出为什么。给大家5分钟的时间自由讨论。

（3）化妆——神奇的美丽魔法

讲解：俗话说得好：“三分长相，七分打扮。”这句话对女人来说再合适不过了。在如今的商务场合，女士化妆是一种基本的礼貌。那么，女士的妆容应注意哪些问题呢？请看大屏幕。

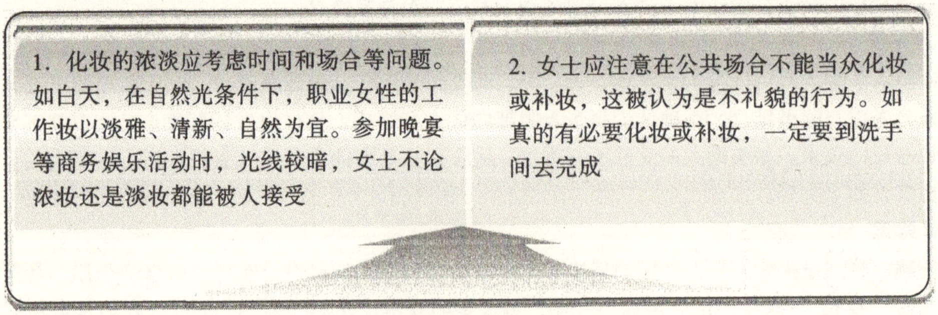

1. 化妆的浓淡应考虑时间和场合等问题。如白天，在自然光条件下，职业女性的工作妆以淡雅、清新、自然为宜。参加晚宴等商务娱乐活动时，光线较暗，女士不论浓妆还是淡妆都能被人接受

2. 女士应注意在公共场合不能当众化妆或补妆，这被认为是不礼貌的行为。如真的有必要化妆或补妆，一定要到洗手间去完成

女士的妆容应注意的问题

讲解：现在请大家看一下大屏幕上这几位女士的妆容，大家可以自由讨论一下，看看她们的妆容分别适合出席什么场合。最后，我将为大家具体讲解。（图片略。）

（续）

二、仪表礼仪知识与实务

1. 时间：30 分钟。

2. 所需资源：电脑、投影仪、写字笔、写字板和活页挂图。

3. 授课方法：讲授法、案例分析法。

4. 授课内容

（1）服饰穿戴的基本原则

讲解：服饰是个人形体的外延，包括衣、裤、裙、帽、袜、手套以及各类配饰。它们都起着遮体避寒、美化人体的作用。服饰是一种无声的“语言”，它显示着一个人的个性、身份、修养以及心理状态等多种信息。服饰往往可以用来表现一个人的人格，一个人穿什么服饰，直接关系到别人对其个人形象的评价。因此，在着装时，我们要遵循一些原则。请看大屏幕。

原则1	**服饰的选择要与穿戴者所处的环境相协调** 人在不同的环境、不同的场合，应该穿着不同的服饰。如在办公室，就要身着端庄典雅的职业装；出席婚礼就要穿着亮丽的服饰等
原则2	**服饰的选择要与穿戴者的社会角色相协调** 每个人都扮演着不同的社会角色，不同的社会角色有着不同的社会行为规范，在服饰的穿戴方面同样有不同的规范
原则3	**服饰的选择要与穿戴者的自身条件相协调** 人人都想借助服饰之美来美化自己。但在选择服饰时，职场人士要充分了解自身的特点，只有这样才能达到扬长避短的效果
原则4	**服饰的选择要与穿戴的时节相协调** 职场人士注重了环境、场合、社会角色和自身条件，但不顾时节变化选择服饰，也是不可取的

服饰穿戴的基本原则

（2）男士着装礼仪与实务

讲解：成功的男人除了具有良好的学识以外，一套精良得体的服装也是必不可少的。要成功地进行商务交往，整洁、高雅的着装不但会提升男士的翩翩风度，给人以信任感，更重要的是代表了企业的形象。

①帽子和手套

讲解：在室内的交际场合不适合戴帽子和手套。与人握手时，不能戴手套，否则会被认为是不礼貌的。向人致敬时，应摘掉帽子以示对别人的尊重。

（续）

②服饰和配饰

讲解：西装是职业男士的“脸面”。穿着西装时，男士应注意以下7个事项，请看大屏幕。

男士西装穿着注意事项

注意事项1：西装的颜色要与人的肤色相匹配，如肤色较暗的男士不宜穿着灰色西装。

注意事项2：西装袖子的长度以到手腕处为宜，西装衬衫的袖子应比西装的袖子长1～2厘米。

注意事项3：在正式场合，若穿双排扣西装，纽扣一定要全部系上；若穿单排扣两粒纽扣西装，应扣上扣留下扣；若穿单排扣三粒纽扣西装，应扣中间一粒扣子。

注意事项4：西装的裤子口袋中不宜装太多的东西，以免显得较为臃肿。

注意事项5：西装的上衣衣袖和裤子的裤边不能卷起来。

注意事项6：尽量不穿着带有图案的衬衫。

注意事项7：衬衫下摆要放到腰带里面。

讲解：除了上面所讲的注意事项外，在穿西装时还应做到“三个三”。因为每个注意事项里面都有一个“三”字，所以我们称之为“三个三”。请看大屏幕。

三色法则	从颜色的角度讲，正式商务场合穿西装的颜色不能多于三种颜色，即西装上衣、裤子、鞋子、领带和衬衫的颜色不能超过三种。一般在正式场合，要穿深色西装、白衬衫，社交场合可以穿与西装颜色同色的衬衫
三一定律	职场男士在正式场合要注意一些细节问题，尤其是要做到鞋子、腰带与公文包的颜色一致，并且应当首选黑色。这样的搭配，显得男士庄重和保守。这就是我们所称的“三一定律”
三大禁忌	禁忌1：西装袖子上的商标没有拆掉 禁忌2：穿夹克打领带 禁忌3：袜子与裤子色差明显，如黑裤子和白袜子的搭配

男士西装穿着的“三个三”

（续）

讲解：中国有句古话说得好："功夫在诗外。"在谈到着装时，忽略正装的配饰也是十分错误的。尤其是男士西装的配饰非常有讲究，它和女士的套装配饰一样，重在搭配。那么，男士在使用西装配饰时应注意什么呢？请看大屏幕。

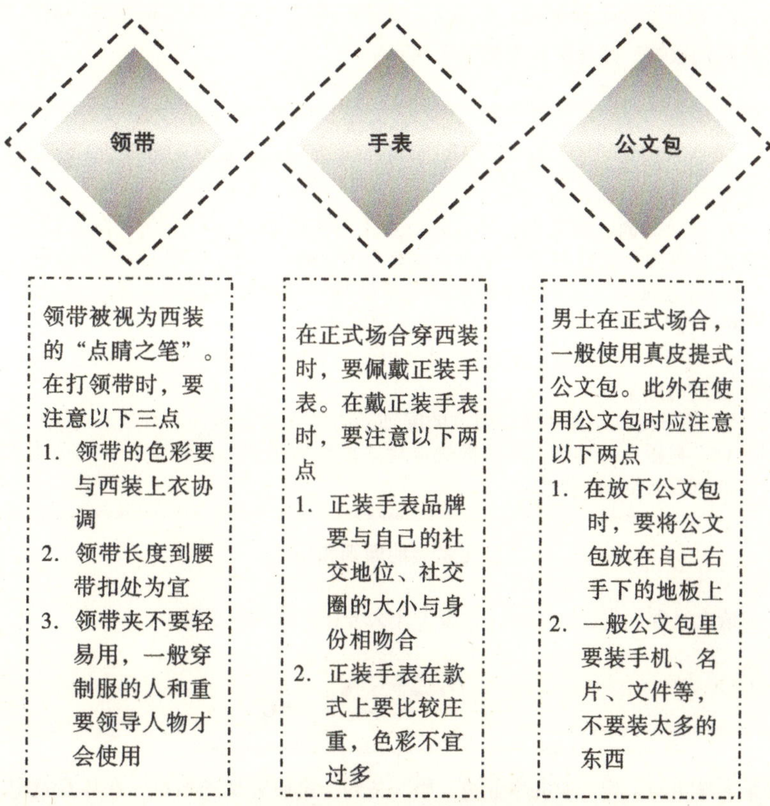
领带
手表
公文包
领带被视为西装的"点睛之笔"。在打领带时，要注意以下三点
1. 领带的色彩要与西装上衣协调
2. 领带长度到腰带扣处为宜
3. 领带夹不要轻易用，一般穿制服的人和重要领导人物才会使用
在正式场合穿西装时，要佩戴正装手表。在戴正装手表时，要注意以下两点
1. 正装手表品牌要与自己的社交地位、社交圈的大小与身份相吻合
2. 正装手表在款式上要比较庄重，色彩不宜过多
男士在正式场合，一般使用真皮提式公文包。此外在使用公文包时应注意以下两点
1. 在放下公文包时，要将公文包放在自己右手下的地板上
2. 一般公文包里要装手机、名片、文件等，不要装太多的东西

男士西装配饰使用注意事项

讲解：下面我想请大家点评一下我自己的穿着。有哪位想点评啊？请举手。

（3）女士着装礼仪与实务

讲解：俗话说"男穿品牌，女穿款式"。女士与男士相比，在穿着上有更多的选择和变化，但这并不代表女士可以在重要的场合随便穿着衣服和佩戴饰物。

①帽子与手套

讲解：在正式场合中，无论室内还是室外，女士均可戴帽，但帽檐不能过宽，以免因遮挡别人的视线而显得失礼。与人握手寒暄时，女士不必摘下手套。

②服饰和配饰

讲解：优秀的职场女士会根据不同的场合选择自己的服装和配饰。女士着装时，应注意两个基本原则和五大误区，请看大屏幕。

（续）

女士着装原则

1. 端庄稳重。在现实中，人们对服饰过于花哨者的工作能力、工作作风、敬业精神及工作态度等，一般都持怀疑态度。

2. 根据职位选择服装。职业女士穿着的第二个原则就是根据自己的职位选择合适的服饰，即与所从事的工作相匹配。

女士着装误区

1. 过分时髦。一个成功的职业女性，对于流行的选择必须有正确的判断力，不能盲目追求时髦。

2. 过分暴露。在夏季，很多职业女士不太注重自己的身份，穿着较为性感和暴露的服饰，这样容易导致同事或客户的误解，将其看成较为轻浮的人。

3. 过分潇洒。过分潇洒的典型例子就是一件随随便便的T恤，再配上一条“千疮百孔”的牛仔裤，丝毫不顾忌自己的职业身份。

4. 过分可爱。在工作中穿着过分可爱的服饰，也较为不妥，这样会给人一种不稳重的感觉。

5. 过分装饰。各种琳琅满目的配饰品常常令女士爱不释手，但服饰上过多的装饰会显得比较媚俗。服饰配饰应建立在简洁明快的基础上，外加适当点缀，才能起到良好的衬托效果。

女士着装的原则和误区

讲解：下面请大家看一下这个案例，想想为什么考官没有录取李颖。

李颖是某大学生物工程专业的毕业生，她准备到一家研究所去面试。在休息室中，面对众多的竞争对手，她很自信，从包中拿出化妆盒补妆，又用手拢拢头发，心想：我有苗条的身材、白皙的皮肤，还有靓丽的打扮，白领丽人味道十足，肯定没有问题。

当考官念到“李颖”时，她从容地走进考场。

伴随着高跟鞋的“哒哒”声，打扮时尚的李颖出现在主考官的面前。几位考官交流了一下眼神后，一位严肃的考官皱了一下眉头。

李颖开始自我介绍：“嗨，各位上午好，我是李颖，某某大学生物工程专业的学生。在校期间我的学习成绩优良，还担任了……我有很多业余爱好，如演讲、唱歌、跳舞等。我还获得过很多证书呢。对于我的公关才能和社交才能，我一向充满自信。”

李颖从包中拿获奖证书时，不小心化妆盒从里面掉了出来，各种各样的化妆品散落一地。她赶紧手忙脚乱地捡东西，抬头对主考官说：“不好意思，我的化妆品太多了。”

考官们不满地摇了摇头。

李颖从面试室出来后，懊悔不已。

女士服饰搭配案例

4. 单元收尾设计

单元收尾设计

1. 时间：5分钟。
2. 所需资源：电脑、投影仪。
3. 授课方法：讲授法。
4. 单元收尾

收尾语：我们生活在重形象、讲礼仪的商业时代。形象专业，是外秀；礼节得体，是内慧。所谓“人无礼则不立，事无礼则不成。”商务礼仪，从专业形象设计开始；它与身材和美貌无关，简单的修饰+得体的着装+优雅的仪态=专业的形象。现代商务礼仪体现个人的职业素养，对现代职场人士而言，拥有丰富的礼仪知识，以及能够根据不同的场合应用不同的交际技巧，往往会令事业如鱼得水。但在交际场合中事事合乎礼仪、处处表现得体着实不易。心理学家指出，我们在别人心目中的印象，一般会在15秒内形成。那么，学完此单元课程后，我们就可以把握住这15秒了。

3.2 员工职业化修炼

3.2.1 “员工职业化3项修炼”课程整体设计

1. 课程基本信息

课程基本信息			
课程代码	120102	**课程名称**	员工职业化3项修炼
课程类别	职业素养类	**培训对象**	企业员工
先修课程	无	**授课时间**	13小时
课程开发人	张××	**课程批准人**	李××

2. 课程目标

（1）知识目标

“员工职业化3项修炼”课程的知识目标主要有4个，如图3-6所示。

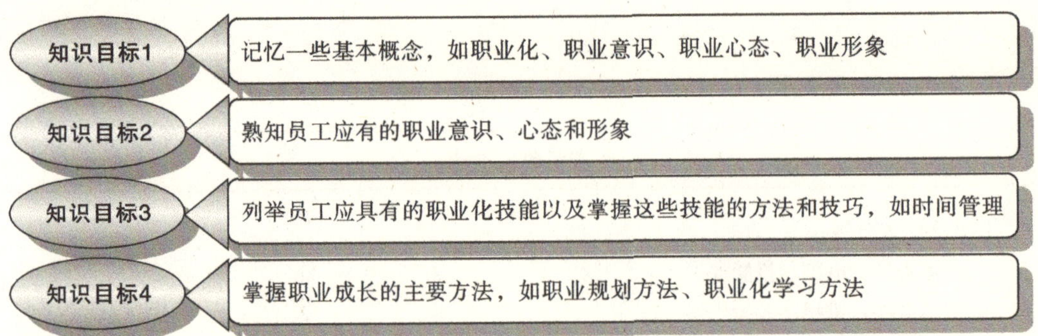
知识目标1
记忆一些基本概念，如职业化、职业意识、职业心态、职业形象
知识目标2
熟知员工应有的职业意识、心态和形象
知识目标3
列举员工应具有的职业化技能以及掌握这些技能的方法和技巧，如时间管理
知识目标4
掌握职业成长的主要方法，如职业规划方法、职业化学习方法

图 3-6 “员工职业化 3 项修炼”课程知识目标

(2) 能力目标

“员工职业化 3 项修炼”课程的能力目标主要有 4 个，如图 3-7 所示。

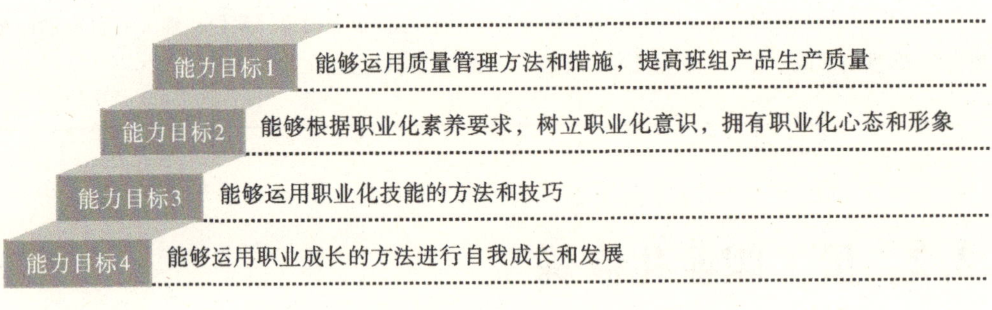
能力目标1
能够运用质量管理方法和措施，提高班组产品生产质量
能力目标2
能够根据职业化素养要求，树立职业化意识，拥有职业化心态和形象
能力目标3
能够运用职业化技能的方法和技巧
能力目标4
能够运用职业成长的方法进行自我成长和发展

图 3-7 “员工职业化 3 项修炼”课程能力目标

3. 课程内容单元

“员工职业化 3 项修炼”的课程内容单元如图 3-8 所示。

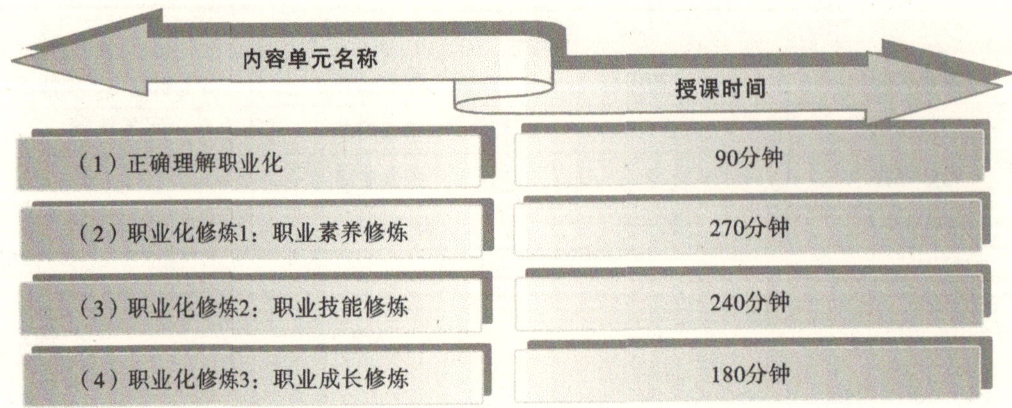
内容单元名称
授课时间
（1）正确理解职业化
90分钟
（2）职业化修炼1：职业素养修炼
270分钟
（3）职业化修炼2：职业技能修炼
240分钟
（4）职业化修炼3：职业成长修炼
180分钟

图 3-8 “员工职业化 3 项修炼”课程内容单元

4. 课程导入设计

“员工职业化 3 项修炼”课程的导入可以按照如图 3-9 所示的 3 个步骤进行。

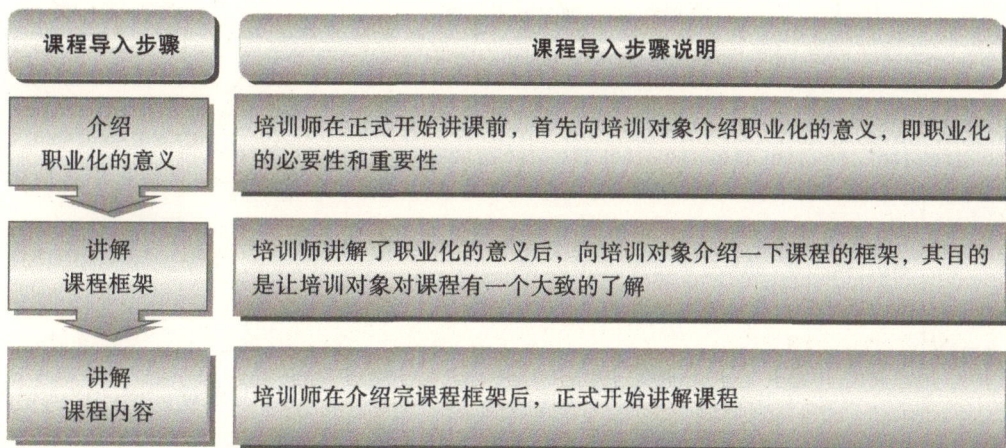

课程导入步骤	课程导入步骤说明
介绍职业化的意义	培训师在正式开始讲课前，首先向培训对象介绍职业化的意义，即职业化的必要性和重要性
讲解课程框架	培训师讲解了职业化的意义后，向培训对象介绍一下课程的框架，其目的是让培训对象对课程有一个大致的了解
讲解课程内容	培训师在介绍完课程框架后，正式开始讲解课程

图 3-9 “员工职业化 3 项修炼”课程导入步骤

5. 课程评价设计

对“员工职业化 3 项修炼”课程的评价可以采用如图 3-10 所示的两种方法。

课程评价方法	课程评价方法实施说明
现场评价法	培训课程结束后，人力资源部针对此次培训课程的内容满足培训对象工作需求的程度、培训师授课技巧和培训组织服务等，对培训对象进行现场问卷调查，并根据调查问卷填写情况评价本次培训课程
观察比较法	培训课程结束一周后，人力资源部管理人员或培训对象的直接上级通过观察培训对象的工作热情和工作责任心的提升情况，对本次培训课程做出评价

图 3-10 “员工职业化 3 项修炼”课程评价方法

3.2.2 “员工职业化 3 项修炼”单元开发设计

“员工职业化 3 项修炼”的主要培训对象是企业员工。本课程共有 4 个内容单元，本节介绍“职业化修炼 1：职业素养修炼”单元的开发设计。

1. 单元基本信息

单元基本信息		
单元名称		职业化修炼 1：职业素养修炼
培训对象		企业员工
授课时间		270 分钟
授课目标	知识目标	1. 熟知员工应有的职业意识 2. 列举员工应有的职业心态 3. 描述员工应有的职业形象
	能力目标	1. 根据员工应有的职业意识要求，能够树立正确的职业意识 2. 根据员工应有的职业心态要求，能够逐步拥有职业人士应有的职业心态 3. 根据员工应有的职业形象要求，能够由内而外地塑造自己的职业形象
授课方法		讲授法、研讨法、案例分析法
授课工具		电脑、投影仪、写字笔、写字板以及活页挂图
能力训练任务		在培训课程现场，培训对象进行职业形象塑造训练

2. 单元导入语设计

单元导入语设计

1. 时间：5 分钟。
2. 所需资源：电脑、投影仪。
3. 授课方法：讲授法。
4. 单元导入

导入语：本单元重点从职业意识、职业心态和职业形象三个方面对大家进行训练，让大家知道如何修炼自己的职业素养，进而强化和培养大家的职业观念，为成为成功的职业人士做好意识、心态和形象方面的准备。下面我们正式开始学习本课程。

3. 单元主体内容设计

单元主体内容设计

一、培养良好的职业意识

1. 时间：90 分钟。

2. 所需资源：电脑、投影仪、写字笔、写字板和活页挂图。

3. 授课方法：讲授法、研讨法、案例分析法。

4. 授课内容

讲解：首先我们看一下大屏幕上的案例，请大家想一想，我们从这个案例中得到了哪些启示。

刘梅从护校毕业后，在一家大医院实习。实习期满，若表现优秀，她就会被医院正式聘用。

一天，医院来了一位生命垂危的伤员，刘梅被安排做主刀医生王志成的助手。手术从早晨8：00一直做到下午 6：00，眼看着伤员的伤口即将缝合，刘梅突然严肃地看着王志成医生说："我们用的是 13 块纱布，可您只取出来了 12 块。"

王志成医生说："我已经全部取出来了，一切顺利，立即缝合！"主刀医生头也不抬，不屑一顾地回答。

刘梅高声抗议道："不行！我记得很清楚，手术中我们共用了 13 块纱布！"

王志成医生没有理睬刘梅，并说："听我的，立即准备缝合！"

刘梅毫不示弱，大声地叫了起来："您是医生，您不能这样做啊！"

直到这时，王志成医生的脸上才露出了欣慰的笑容。他举起右手握着的第 13 块纱布，向在场的人宣布："这是我最满意的助手！"于是，刘梅成为了这家大医院的正式护士。

树立良好职业意识案例 1

讲解：案例中刘梅的举动，绝不仅仅是认真，而是体现了她作为一名医护工作者强烈的职业意识，是职业意识使她成为了这家大医院的正式护士。从这里我们可以看出，职业意识对于一个人的事业、对他人、对社会是多么的重要。下面请大家讨论一下什么是职业意识。我给大家 5 分钟时间。

刚才，看到你们讨论得很激烈。那么，到底什么是职业意识呢？职业意识就是全方位地培养职业兴趣，立下职业目标，并且根据这个目标有意识地走向成功。职业意识的核心是爱岗敬业精神。它可以细化为规范意识、责任意识、团队意识、质量意识、诚信意识、服务意识和创新意识。

（续）

（1）规范意识

讲解：规范意识是指员工按照所在企业的规章制度和企业文化所认同的不成文的习惯性规定，自觉履行岗位职责、规范自身行为的意识。随着市场经济的发展，生产社会化的程度越来越高，分工越来越复杂，参加社会化生产的人也越来越多。在如此庞大的生产规模下，如果没有严格的纪律约束，就很难对企业运营进行协调，任何一个违反纪律的行为都将影响全局。遵纪守法是各企业对应聘者职业道德的最基本要求。所以，规范意识是求职者必备的职业素质，也是一种重要的职业意识。

（2）责任意识

讲解：责任意识就是员工自觉履行岗位职责，按照岗位要求认真落实各项任务。责任意识涉及的内容非常丰富，与其他职业意识的联系非常紧密。责任意识是一个人成就事业的基本保证，也是其造福社会的基本前提。一个人要在社会上立足，干一番事业，就必须具有责任意识。良好的责任心是每个人必须具备的品质。没有坚定的责任心，人就会在逆境中跌倒。由于没有责任意识，有的人仅仅因为一个小错误而丢掉了自己的工作；有的人却因为有责任意识而成就了自己一生的事业。

（3）团队意识

讲解：团队意识包括两个方面的含义，一是集体意识。自己与同事共同构成的集体，这个集体是一个为了企业利益而共同努力的集体，有共同的目标和根本利益。二是合作能力。将集体意识深入发展、应用到实际工作中就表现为合作能力。企业有了团队意识就是拥有了核心竞争力，团队意识是组织和个人成功的保证。

（4）质量意识

讲解：质量意识就是指自觉保证工作质量的一种意识。质量这个词包含着数量和程度两层含义。保证工作质量就是按时、优质地完成工作。只有优质的工作才能生产出优质的产品，也才能使个人和企业更有竞争力。那么，我们如何树立自己的质量意识呢？这主要有三个方面，请看大屏幕。

1. 要认识到规范意识和责任意识是拥有质量意识的保证

具有规范意识和责任意识是拥有质量意识的保证。海尔、同仁堂、六必居等著名企业，规范了制作过程，坚持对用户负责，也就有了长久的质量保证。

2. 要把培养质量意识作为个人的追求，与企业的需求相结合

企业的竞争力来自于员工的素质。贯穿全员的质量意识就是人的素质提高的过程。质量意识包括了负责的生活态度、工作态度，还包括了知识水平、业务水平，涉及到人的参与意识与团队精神。因此，企业员工要不断加强个人质量意识，提高自己的综合素质，服务自己的工作岗位和企业组织，为明天的辉煌而奋斗。

3. 培养质量意识要从小事做起

事物的发展总是会由量变向质变转化的，从小事中更能体现一个人的质量意识。

员工如何树立自己的质量意识

（续）

（5）诚信意识

讲解：诚信是指诚实守信，有信无欺。它是员工应具备的基本素质，也是最重要的品德之一。如果缺少这种意识，一个人很难做好工作并从这份工作中得到成就感和自尊感。如果一个人为了自己的利益不惜损害企业、同事和客户的利益，其职业道路必然会越走越窄。因此，要想在职业生涯中赢得更多的帮助和好感，就要做到正直和诚信，增加对他人、企业和社会的责任感。

（6）服务意识

讲解：服务意识是敬业精神的延伸，是指愿意把自己所从事的工作以及给他人带去方便和快乐当作自己应该做的事情。只有具有强烈的服务意识，才能体会到工作的快乐。请大家看一下大屏幕上的案例。

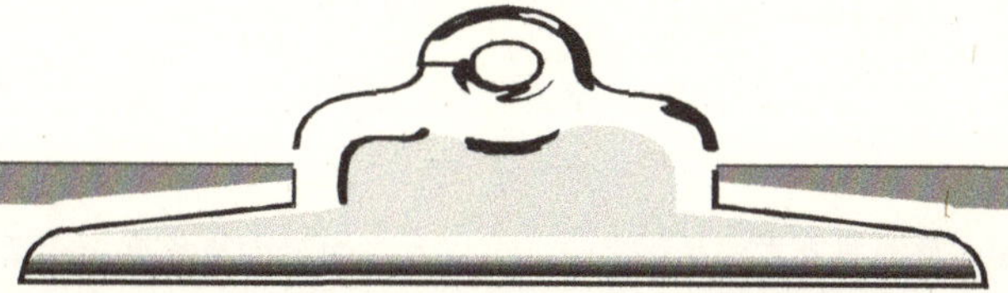

1998 年 1 月 30 日，年近古稀的王先生住进了桂林某酒店。他是得知老伴因病不幸去世的消息而回老家贵阳奔丧的。他到桂林时已经是晚上 10：00 了，而去贵阳的车票还没有着落。两天后就要举行葬礼，患有心脏病的王先生为此急得团团转。

酒店行李员胡建飞得知此事后，主动安慰王先生，并多方奔走替他买票。此时正是春运高峰，数日内所有前往贵阳的机票、火车票全被订购一空。怎么办？小胡使出了最后一招。次日凌晨 3 点左右，胡建飞领着王先生苦口婆心地说服了火车站相关售票人员，终于给王先生补了一张卧铺票。

这时，王先生紧紧握着胡建飞的手，感激得流下了眼泪。

树立良好职业意识案例 2

讲解：案例中的行李员胡建飞以高度的责任感，主动为客人想办法解决票务问题，体现了强烈的服务意识和对客人深切的关心。经济学家认为，我们生活在“服务经济”时代，每个人都在享受他人的服务，同时也在为他人服务。那么，员工应该如何树立良好的服务意识呢？

（续）

员工如何树立自己的服务意识

1. 热爱自己的工作及工作环境

企业总是愿意聘用那些积极、热情的人。因为这些人有一个共同点，那就是乐于热心地为他人服务，具有积极乐观的工作态度。员工要具备“帮助别人就是帮助自己”的信念，只有这样才能真正从内心深处产生一种服务意识。

2. 培养自己服务沟通的技巧

与他人沟通时，要做到以下四点。

（1）彬彬有礼。礼貌是指言行文明、举止大方、细致周全，它能够给人留下美好而永久的印象。

（2）尊重备至。尊重是基本的品德之一，人与人之间缺少尊重必定会破坏和谐的关系。就算我们不能满足同事和客户的要求，也绝不能有羞辱、为难、贬低或怠慢他们的行为。

（3）温良谦恭。无论是面对上司、同事还是客户，员工都应该表现得自信而不骄矜。无论出现什么情况，都应该心态平和地面对。

（4）真诚质朴。真诚要发自内心，诚信既是商业人士最重要的品质，也是人际关系之本，更是服务之本。与人相处的时候，不要太过矫饰自己，应该尽量表现自己真实自然的一面，多用心关注他人的需要，从而为其提供细心、周到的服务。

3. 培养自己娴熟的业务技能

在实际工作中，要严格遵守工作程序，熟练掌握业务技能，减少工作失误，提高自己的服务水平。

（7）创新意识

讲解：创新意识是以深厚的文化底蕴、高度综合化的知识、个性化的思想和崇高的精神境界为基础的。创新意识涉及人的心理、生理、智力、思想、人格等诸多方面，能巩固和丰富人的综合素质。从这个意义上说，创新意识是素质构成中的核心部分。那么，如何培养自己的创新意识呢？

（续）

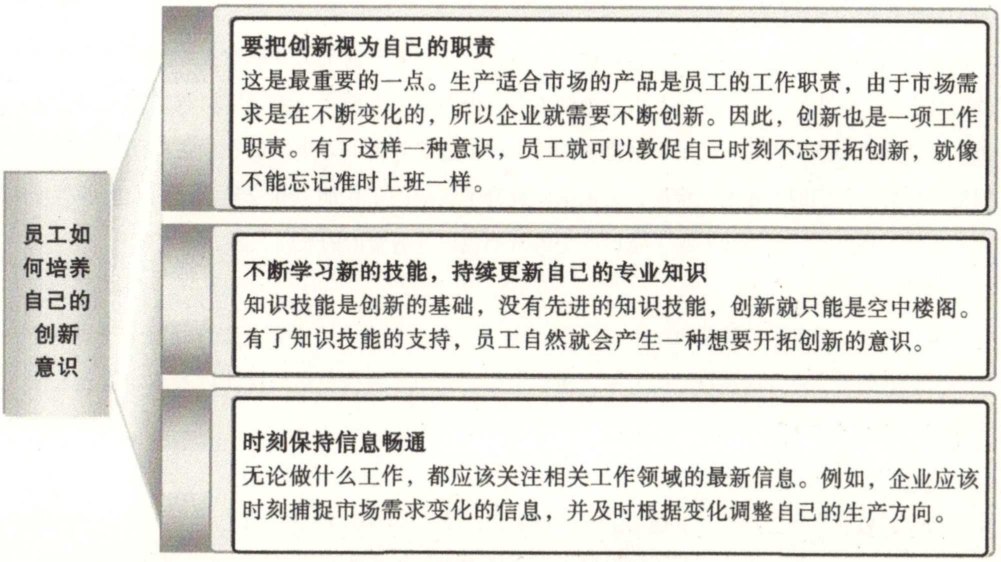

员工如何培养自己的创新意识

要把创新视为自己的职责
这是最重要的一点。生产适合市场的产品是员工的工作职责，由于市场需求是在不断变化的，所以企业就需要不断创新。因此，创新也是一项工作职责。有了这样一种意识，员工就可以敦促自己时刻不忘开拓创新，就像不能忘记准时上班一样。

不断学习新的技能，持续更新自己的专业知识
知识技能是创新的基础，没有先进的知识技能，创新就只能是空中楼阁。有了知识技能的支持，员工自然就会产生一种想要开拓创新的意识。

时刻保持信息畅通
无论做什么工作，都应该关注相关工作领域的最新信息。例如，企业应该时刻捕捉市场需求变化的信息，并及时根据变化调整自己的生产方向。

员工如何培养自己的创新意识

二、拥有积极进取的职业心态

1. 时间：90分钟。

2. 所需资源：电脑、投影仪、写字笔、写字板和活页挂图。

3. 授课方法：讲授法、案例分析法。

4. 授课内容

讲解：烦恼与欢喜，成功和失败，仅系于一念之间，这一念由心态决定。积极的人像太阳，照到哪里，哪里都是阳光明媚；消极的人像月亮，初一到十五状态各不一样。那么，员工应拥有哪些良好的职业心态呢？

（1）心态决定状态

讲解：秋季，树叶飘然落下，撒满四周。面对此情此景，有人感叹生命的短暂，进而暗自惆怅；有人则感叹"化作春泥更护花"的可贵，认为暂时的凋零是为了来年更茁壮地成长，进而踌躇满志。面对同一情景却产生截然不同的感受，这就是心态的差别。我们不能控制自己的命运，但可以驾驭自己的心态。心态决定了一个人的行动和思想状态，也决定了一个人的视野和成就。一个人如果心态积极，乐观面对人生，乐于接受挑战，那么他就成功了一半。面对困难，我们可以先调整自己的心态，之后逐步改变自己的状态。

（2）员工应该具备的五种心态

讲解：作为企业的一员，我们首先要保持积极的心态，将事业目标的实现看作是险峻的高峰，虽然在攀登过程中可能会有沟涧挡路，但是积极的心态能让我们拥有征服坎坷的决心和勇气，从而无往不胜，欣赏顶峰的无限风光。在实际工作中，员工应该具有哪几种心态呢？

（续）

①感恩心态

讲解：感恩是一个接受恩德并施与恩德的过程，是一种善于发现美并欣赏美的情操。阳光产生的紫外线会灼伤人的皮肤，但没有一个人会拒绝太阳，因为没有太阳更可怕，所以我们对太阳应该心存感激。常怀感恩心态的人，看到的不只是事物的消极面，更重要的是事物的积极面。固执己见的上级或同事固然会给我们的工作增加难度，但也由此提升了我们的工作能力和修养，使我们能够胜任挑战更大的工作。感恩是一种胸怀，善于感恩，能够帮助我们营造融洽的人际关系。

②归零心态

讲解：假如一只杯子只能装200毫升的水，由于不断地清空，它可能能装1万升甚至更多的水。常怀归零心态的人，通常能在最短的时间内吸收更多的知识、掌握更高的技能以及迅速建立人脉、成就事业。

③双赢心态

讲解：双赢就是利己利人。双赢心态是一种良性心态，会带来意想不到的利益。我们应抱着双赢心态开展工作，无论对于上级、客户还是同事，均应考虑合作双方的利益和要求，进而达到双赢。

④分享心态

讲解：下面请大家看一个小故事，看看你从中能得出什么样的启示。

一棵苹果树开始结果了。第一年，它结了10个苹果，9个被拿走，自己只得到1个。对此，苹果树感到愤愤不平，于是拒绝成长。

第二年，它结了5个苹果，4个被拿走，自己也得到1个。“哈哈，去年我得到了10%，今年得到20%！翻了一番。”这棵苹果树心理平衡了。然而，到了第三年，苹果树却未结一果，主人看到这种情况，就把苹果树砍了。

拥有积极进取心态的故事

讲解：不愿意让别人分享自己果实的苹果树，最终落了个被砍的命运。不仅别人没有得到，自己也失去了生存的机会。有的管理者害怕与别人分享，往往是因为对分享后的结果有顾虑，比如，“分享信息会不会让下属比我成长得更快”“分享成绩会不会抹杀我的功劳”。其实，分享信息也许会取得更大的成绩，分享成绩也许会给自己带来更多的机会。

⑤包容心态

讲解：我们在处理各种事务和关系时，常常会遇到和我们看法不一致的人、不讲情理的人，甚至是无理取闹的人。尽管我们有充分的理由证明自己的想法和行为是对的，却也无法让对方赞同自己的

（续）

看法。面对这种情况，新任管理者必须学会包容。包容不是让步，而是对他人一些非原则性缺点和过失的谅解。逞一时之能，出一时之气，可能会导致人际关系破裂、工作目标难以达成，最终影响自己的工作。

（3）心态调整有方法

讲解：如果我们改变不了别人，就要尝试改变自己；改变不了结局，可以尝试调整自己的心态。心态调整是一个复杂的心理和生理变化过程，我们可以参考以下7种常用的心态调整方法。

7种常用的心态调整方法

方法1：明确需要

我们首先要明确自己的真正需要，给自己一个明确的目标和标准，每当我们遇到挫折或失败时就用这些目标和标准去解释、衡量，这样就能避免心态出现大幅的波动。

方法2：反思自我

当我们面对压力和不良情绪时可以自问“如果没达成目标会怎样”“他们给的建议我听进去了吗”“我的方法是不是不对”，等等。通过自省，有效地疏缓压力，并在不断的自我追问中找到问题的症结所在。

方法3：记录心情

我们要尝试用日志记录心情，它可以帮助你确定哪些诱因导致了压力和情绪波动。通过回顾日志，我们可以发现自己调整心态的方法，以及值得借鉴的经验。

方法4：积极面对

我们在遇到困难时要看到困难后面的转机，遇到压力时要找到压力后面的动力，遇到失败时要学到失败后面的教训，实现这些的关键就是积极主动地调整自己的心态。积极、乐观的心态不仅会平复紊乱的情绪，还会让事情向正面的方向发展。

方法5：加强沟通

我们不仅要加强与上级、同事及客户的沟通，还要注意与爱人、孩子、父母、朋友的情感交流。当自己压力过大或情绪不好时，工作上的问题可以寻求上级、同事的帮助，生活上的难点可以寻求朋友、家人的理解。

方法6：提高能力

不良心态主要来源于事物的不确定性，或是对达成目标力不从心，或是担心自己无法胜任，因此，转变不良心态最直接、有效的方法是提高能力。通过读书、培训等途径，弥补自己的能力短板。一旦“会了”“熟了”“懂了”，自信心自然会增强，良好的心态就水到渠成了。

方法7：找到平衡

我们要学会管理自己的心态和情绪，下班了最好关上工作的门，不要把工作上的压力和不良情绪带回家。寻找到工作和生活上的平衡点，游刃有余地驾驭工作和生活。

（续）

三、塑造成功的职业形象

1. 时间：80 分钟。

2. 所需资源：电脑、投影仪、写字笔、写字板和活页挂图。

3. 授课方法：讲授法。

4. 授课内容

讲解：外表能“说话”，人们可以从你的装束上读出你的内心世界，鉴别出你的品位。一位心理学教授经常在考试之前对自己的学生说：“为迎接这个重要的考试，请同学们穿得好一些，戴一条新领带，把西装烫平整，擦亮皮鞋，这样可以使自己看上去整洁一些，从而使你变得思维敏捷。”良好的职业形象是从着装、妆容、言谈、举止等多个方面体现出来的，这些细节都是职业形象的重要组成部分。职业化对员工职业形象的要求是言行举止斯文得体、外在表现和内在涵养统一，也就是我们说的“表里如一”。

（1）着装

讲解：（略）

（2）妆扮

讲解：（略）

（3）言谈

讲解：（略）

（4）举止

讲解：（略）

4. 单元收尾设计

单元收尾设计

1. 时间：5 分钟。

2. 所需资源：电脑、投影仪。

3. 授课方法：讲授法。

4. 单元收尾

收尾语：如果我们把职业化比作一棵“树”，那么职业素养就是这棵树的“树根”。我们一定要加强对自身职业素养的修炼，这样，我们的“大树”才能够枝繁叶茂。谢谢大家，我们下午再见。

3.3 成功职业生涯规划四部曲

3.3.1 “成功职业生涯规划四部曲”课程整体设计

1. 课程基本信息

课程基本信息			
课程代码	080101	课程名称	成功职业生涯规划四部曲
课程类别	个人发展类	培训对象	企业人力资源管理者和员工
先修课程	无	授课时间	6小时
课程开发人	郭××	课程批准人	王××

2. 课程目标

（1）知识目标

“成功职业生涯规划四部曲”课程的知识目标主要有5个，如图3-11所示。

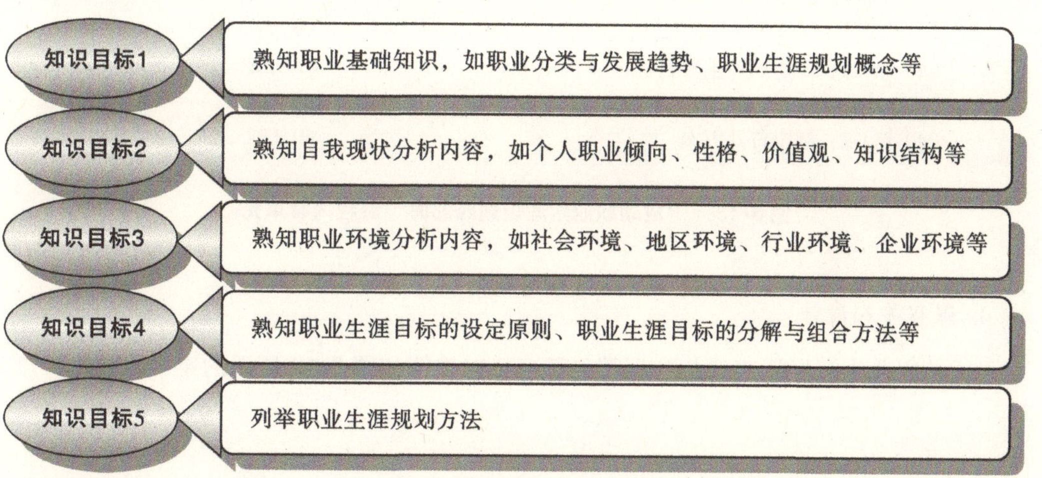
知识目标1
熟知职业基础知识，如职业分类与发展趋势、职业生涯规划概念等
知识目标2
熟知自我现状分析内容，如个人职业倾向、性格、价值观、知识结构等
知识目标3
熟知职业环境分析内容，如社会环境、地区环境、行业环境、企业环境等
知识目标4
熟知职业生涯目标的设定原则、职业生涯目标的分解与组合方法等
知识目标5
列举职业生涯规划方法

图3-11 “成功职业生涯规划四部曲”课程的知识目标

（2）能力目标

“成功职业生涯规划四部曲”课程的能力目标主要有4个，如图3-12所示。

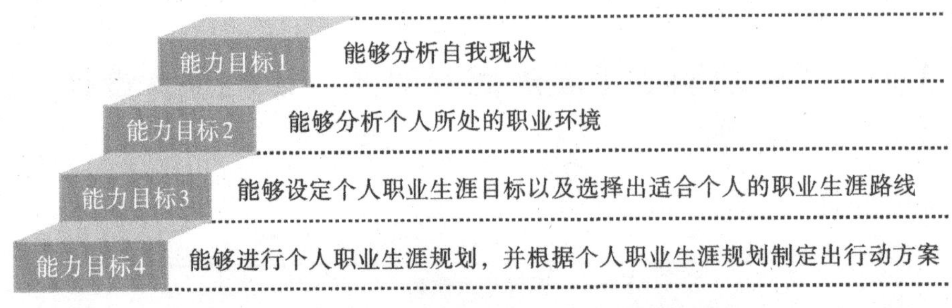
能力目标1
能够分析自我现状
能力目标2
能够分析个人所处的职业环境
能力目标3
能够设定个人职业生涯目标以及选择出适合个人的职业生涯路线
能力目标4
能够进行个人职业生涯规划，并根据个人职业生涯规划制定出行动方案

图3-12 “成功职业生涯规划四部曲”课程的能力目标

3. 课程内容单元

“成功职业生涯规划四部曲”的课程内容单元如图3-13所示。

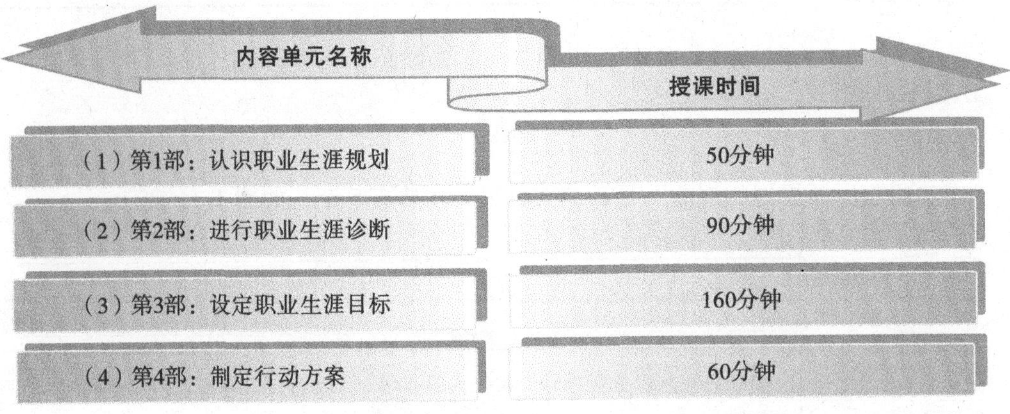
内容单元名称
授课时间
（1）第1部：认识职业生涯规划
50分钟
（2）第2部：进行职业生涯诊断
90分钟
（3）第3部：设定职业生涯目标
160分钟
（4）第4部：制定行动方案
60分钟

图3-13 “成功职业生涯规划四部曲”课程内容单元

4. 课程导入设计

“成功职业生涯规划四部曲”课程的导入可以按照如图3-14所示的4个步骤进行。

课程导入步骤	课程导入步骤说明
提出问题	培训师提出一系列问题，如“你怎么理解职业生涯规划？”“你是否有自己的职业生涯规划呢？”
讨论问题	培训师提出问题后，留出3分钟的时间，以便培训对象能够相互讨论这些问题
回答问题	3分钟过后，培训师要求培训对象回答上述问题。最后，培训师针对培训对象的答复进行总结
讲解课程内容	培训师总结完毕后，正式讲解什么是职业生涯规划以及职业生涯规划的意义等

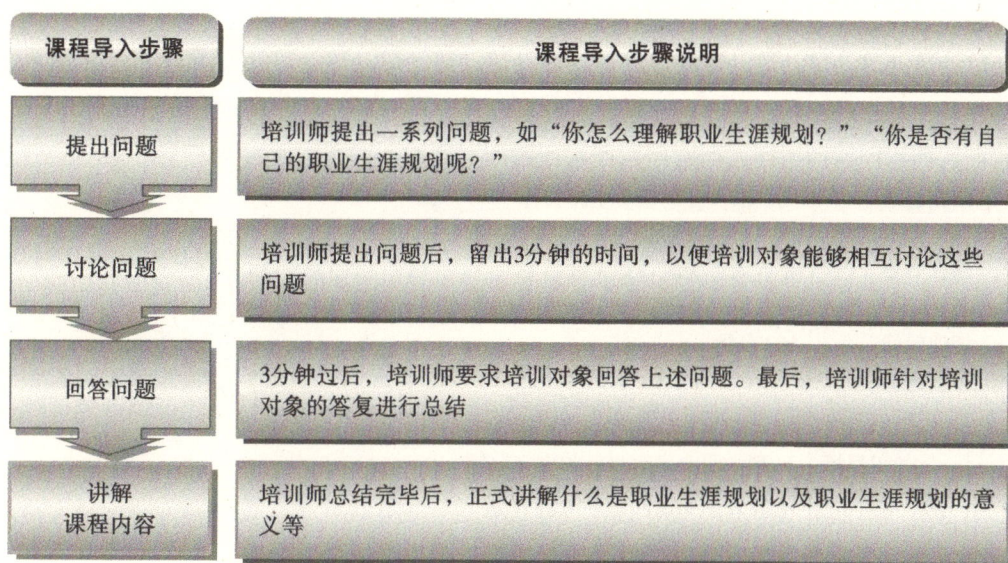

图 3-14 “成功职业生涯规划四部曲”课程导入步骤

5. 课程评价设计

对“成功职业生涯规划四部曲”课程的评价可以采用如图 3-15 所示的两种方法。

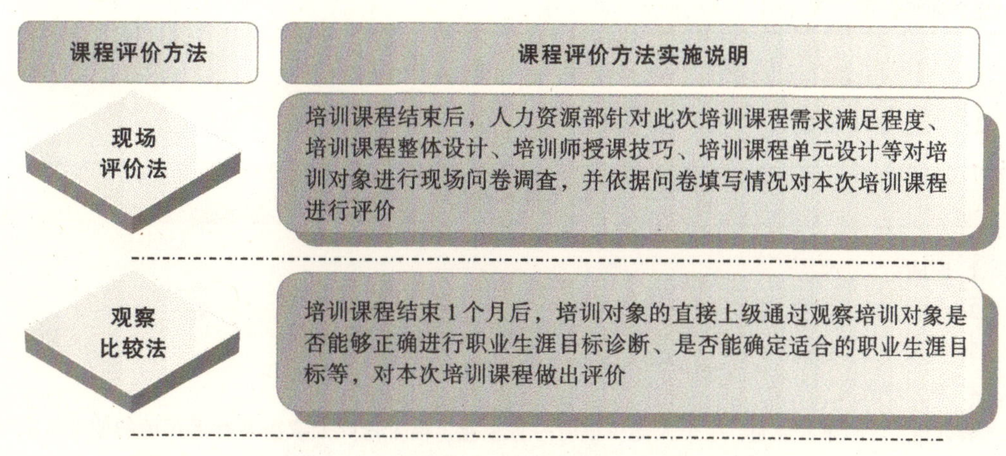
课程评价方法
课程评价方法实施说明
现场评价法
培训课程结束后，人力资源部针对此次培训课程需求满足程度、培训课程整体设计、培训师授课技巧、培训课程单元设计等对培训对象进行现场问卷调查，并依据问卷填写情况对本次培训课程进行评价
观察比较法
培训课程结束 1 个月后，培训对象的直接上级通过观察培训对象是否能够正确进行职业生涯目标诊断、是否能确定适合的职业生涯目标等，对本次培训课程做出评价

图 3-15 “成功职业生涯规划四部曲”课程评价方法

3.3.2 “成功职业生涯规划四部曲”单元开发设计

“成功职业生涯规划四部曲”的主要培训对象是企业人力资源管理者和员工。本课程共有 4 个内容单元，本节介绍“第 3 部：设定职业生涯目标”单元的开发设计。

1. 单元基本信息

单元基本信息		
单元名称		第3部：设定职业生涯目标
培训对象		企业人力资源管理者和员工
授课时间		160分钟
授课目标	知识目标	1. 熟知职业生涯目标的概念 2. 列举职业生涯目标的设定原则 3. 复述职业生涯目标分解和组合方法
	能力目标	1. 能够分解和组合个人职业生涯目标 2. 设定个人职业生涯目标，并将该目标编写成表格的形式
授课方法		讲授法、研讨法
授课工具		电脑、投影仪、写字笔、写字板以及活页挂图
能力训练任务		设定个人的职业生涯目标

2. 单元导入语设计

单元导入语设计

1. 时间：5分钟。
2. 所需资源：电脑、投影仪。
3. 授课方法：讲授法。
4. 单元导入

导入语：无数事实证明，一个人能否成就一番事业，很大程度上取决于有无正确的职业生涯目标。明确而适合的职业生涯目标是一个人职业生涯中的“灯塔”，它将指引我们走向成功；没有职业生涯目标或职业生涯目标设定不正确，会使人浑浑噩噩、一事无成。下面我将和大家共同学习如何设定个人的职业生涯目标。希望本单元的学习能够帮助你解决职业规划的问题。

3. 单元主体内容设计

单元主体内容设计

一、什么是职业生涯目标

1. 时间：60 分钟。

2. 所需资源：电脑、投影仪、写字笔、写字板以及活页挂图。

3. 授课方法：讲授法、研讨法。

4. 授课内容

讲解：在我们学习什么是职业生涯目标之前，我给大家5分钟时间，请大家讨论一下什么是职业生涯目标，职业生涯目标对我们的意义是什么……好了，时间到了，我不知道大家讨论的结果怎样。下面我请一位学员说一下，他认为的职业生涯目标是什么。

通过刚才的回答，我了解了大家对职业生涯目标的认识。大家都说得很对，但不是太全面。其实，这个职业生涯目标就是我们在选定的职业领域内所要达到的具体目标，它就像是我们职业生涯航程中的"灯塔"，可以指引着我们避开航程中的"暗礁"，顺利驶向职业生涯的"目的地"。职业生涯目标可以按照性质和时间两个维度进行划分。

（1）按照性质维度划分

讲解：职业生涯目标按照性质维度可以划分为外职业生涯目标和内职业生涯目标。下面我给大家5分钟的时间，请你们讨论一下什么是外职业生涯目标和内职业生涯目标，两者有什么区别……请大家安静下来吧，5分钟的时间到了，现在我和大家一起看一下什么是外职业生涯目标和内职业生涯目标，两者之间的关系是怎样的。

①外职业生涯目标

讲解：外职业生涯目标侧重于职业过程的"外在标记"，具体包括工作内容目标、工作职务目标、工作环境目标、经济收入目标、工作地点目标等，请看大屏幕。

外职业生涯目标说明一览表

具体目标名称	具体目标举例说明
工作职务目标	两年内成为公司在山东地区的销售经理
工作成果目标	1年内A产品的销售额达到1 000万元
经济收入目标	两年内年薪增加50万元
工作环境目标	两年内进入公司条件最好的办公楼办公
工作地点目标	在北京地区发展
工作内容目标	××产品的市场营销

②内职业生涯目标

讲解：内职业生涯目标侧重于职业生涯过程中的知识获得、经验积累、观念更新、工作能力的提

（续）

升以及内心感受的丰富和升华。这些都是通过个人努力获得的。内职业生涯目标主要包括四个方面，请看大屏幕。

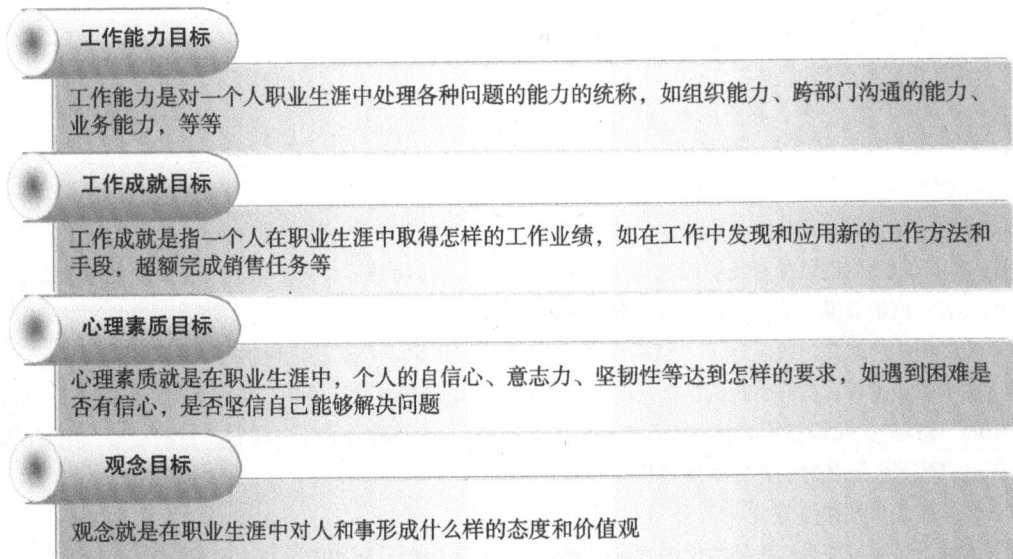

工作能力目标

工作能力是对一个人职业生涯中处理各种问题的能力的统称，如组织能力、跨部门沟通的能力、业务能力，等等

工作成就目标

工作成就是指一个人在职业生涯中取得怎样的工作业绩，如在工作中发现和应用新的工作方法和手段，超额完成销售任务等

心理素质目标

心理素质就是在职业生涯中，个人的自信心、意志力、坚韧性等达到怎样的要求，如遇到困难是否有信心，是否坚信自己能够解决问题

观念目标

观念就是在职业生涯中对人和事形成什么样的态度和价值观

内职业生涯目标说明

③二者之间的关系

讲解：内职业生涯目标是个人发展的“内因”，外职业生涯目标是个人发展的“外因”。“内因”决定“外因”。通常情况下，外职业生涯目标略超前时有动力，超前较多时有压力，超前太多时有毁灭力；内职业生涯目标略超前时舒心，超前较多时烦心，超前太多时要变心。因此，我们要制定合适的内外职业生涯目标。

（2）按照时间维度划分

讲解：按照时间维度划分，职业生涯目标可分为人生目标、长期目标、中期目标和短期目标。请看大屏幕。

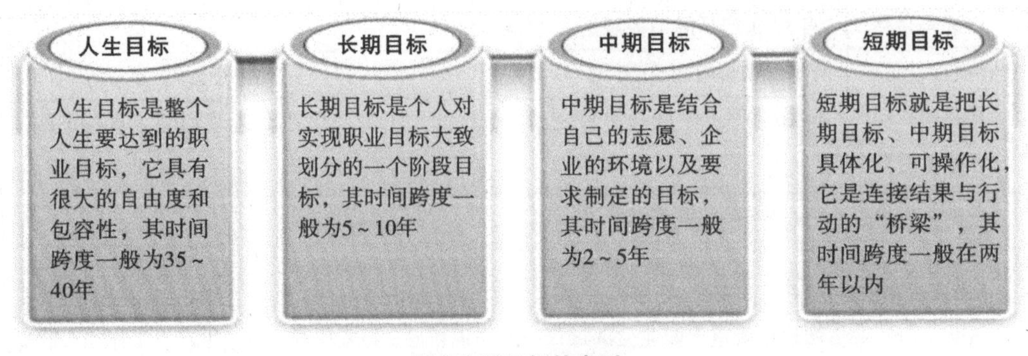
人生目标
人生目标是整个人生要达到的职业目标，它具有很大的自由度和包容性，其时间跨度一般为35～40年
长期目标
长期目标是个人对实现职业目标大致划分的一个阶段目标，其时间跨度一般为5～10年
中期目标
中期目标是结合自己的志愿、企业的环境以及要求制定的目标，其时间跨度一般为2～5年
短期目标
短期目标就是把长期目标、中期目标具体化、可操作化，它是连接结果与行动的“桥梁”，其时间跨度一般在两年以内

职业生涯目标的类型

（续）

二、如何设定职业生涯目标

1. 时间：90 分钟。

2. 所需资源：电脑、投影仪、写字笔、写字板以及活页挂图。

3. 授课方法：讲授法。

4. 授课内容

（1）明确职业生涯目标设定的原则

讲解：我们知道了什么是职业生涯目标后，就要学会如何设定个人的职业生涯目标。在设定职业生涯目标前，我们应该了解设定职业生涯目标时要遵循的原则，这样才能使自己的职业生涯目标更加合理。

设定职业生涯目标的五大原则

原则 1：可实现性原则

根据自己的能力、兴趣和性格设定职业生涯目标，而不是设定出一个不能实现的空中楼阁。

原则 2：可信性原则

要相信自己在规定的时间内能够实现这一职业生涯目标，成功人士常会通过设立目标来激励自己。

原则 3：明确性原则

我们要用具体的语言清楚地表达出职业生涯目标。长期目标的用词必须仔细推敲，这样才有可能将它进一步分解为一系列的环节或短期目标。

原则 4：可量化原则

尽量用数字来表达职业生涯目标，最好不要用宽泛的、一般的、模糊的或抽象的形式进行表达，如年收入要达到 15 万元。

原则 5：时限性原则

职业生涯目标要有时间限制，如“在两年内我要成为公司的销售部经理”。

（2）分析影响设定职业生涯目标的因素

讲解：明确了职业生涯目标后，我们要了解影响个人职业生涯目标的因素，这样更有利于设定出适合自己的职业生涯目标。请看大屏幕。

①能力因素

讲解：能力是一个人能否从事某种职业、能否在职业生涯中获得成功的条件。能力具备客观性，设定职业生涯目标时要以“人职匹配”为基本原则。

（续）

②非能力因素

讲解：在个人职业生涯中，能力因素和非能力因素相辅相成、缺一不可。一个人除了具备一定的能力因素外，还应具备良好的非能力因素，即个性心理品质。良好的个性心理品质的基本内容包括兴趣、情感和意志等。下面我们分别来看一下兴趣、情感和意志是如何影响职业生涯目标的。请看大屏幕。

A. 兴趣

讲解：兴趣广泛的人眼界开阔，容易从多方面受到启发，从而在设定职业生涯目标方面有着较大的主动权，有利于取得事业成功。

B. 情感

讲解：情感是人对外界事物的一种内心体验。情感包括心境、热情和激情三种状态。下面我们看一下情感的这三种状态对职业生涯目标有何影响。

情感对职业生涯目标的影响

1. 心境

心境是一种比较持久的情绪状态。人的价值观、性格和心胸的开阔与否，对心境具有直接的影响。良好的心境能促使人发挥积极性、主动性和创造性，从而提高学习和工作效率，加速职业生涯目标的实现；不良的心境则使人心灰意冷，低迷消沉，从而降低工作和学习效率。

2. 热情

热情是一种稳定而深刻的情绪状态。热情是一种巨大的推动力，一个人对事业的热爱、对工作的迷恋，都可以加速职业生涯目标的实现。

3. 激情

激情是强烈、暴风雨般的、短促的情绪状态。积极、健康的激情对人的职业生涯目标的实现具有重要的推动作用。一个人在激情的驱使下，以及受到沉着、冷静、理智和坚强信念的调节，就能够调动自身的潜力，快速实现职业生涯目标；若一个人缺乏激情，则很难对某一项工作做出持续性的努力。

C. 意志

讲解：意志是一个人确定目标后，自觉地支配与调节自己的行动，克服各种困难，从而达到预期目标的心理状态。一个人的意志，对于自身的成长和实现职业生涯目标都有重要的影响。具有坚强意志的人，不会在顺境中得意忘形，不会在逆境中消沉颓废，他们可以为了实现职业生涯目标而坚持不懈地努力。

（续）

（3）定位职业生涯目标

讲解：职业生涯目标的确定实际上是一个不断探索的过程，在这一过程中，每个人都根据自己的兴趣、能力、动机、需求和价值观等形成较为明确的与职业有关的自我概念。随着自我概念的逐渐完善，个人就会越来越明显地形成一个占优势地位的职业领域，即选定职业锚，定位自己的职业生涯目标。

①分析不同类型的职业锚

讲解："职业锚"这个概念是由美国的埃德加·施恩提出的。职业锚是在个人工作过程中，对个人需要、动机和价值观不断地搜索后，所确定的长期职业贡献区域或职业定位。职业锚分为八种类型，每种类型都有具体的内容，请看大屏幕。

职业锚类型说明一览表

职业锚类型（英文缩写）	具体职业锚类型说明
技术/职能型（TF）	技术/职能型的人追求在技术/职能领域的成长和提高，以及应用这种技术/职能的机会。他们喜欢接受来自专业领域的挑战，他们对自己的认可来自他们的专业水平。他们一般不喜欢从事具体的管理工作
管理型（GM）	管理型的人具有成为管理人员的强烈愿望，并以此为职业成功的标志。他们的核心价值观是承担更大的管理责任，获取更多的领导机会。为企业的成功做出贡献，并带来高收入。他们具有很强的分析能力、协调能力、沟通能力等
自主/独立型（AU）	自主/独立型的人希望随心所欲地安排自己的工作方式、工作习惯和生活方式。追求能施展个人能力的工作环境，最大限度地摆脱企业的限制和制约。他们宁愿放弃升职的机会，也不愿意放弃自由与独立
安全/稳定型（SE）	安全/稳定型的人追求工作中的安全感与稳定感。只有在职业的发展可以预测、可以成功实现的时候，他们才会感觉到真正的放松。这种人喜欢所谓的"金饭碗"，他们通常选择提供终身雇佣制、有良好退休金和福利体系的企业
创造/创业型（EC）	创造/创业型的人最关注所有权，他们的目标是建立或设计某种完全属于自己的东西，如用自己的名字命名产品或服务。他们容易对旧的事物感到厌倦，需要不断地接受新的挑战。在自己创建的企业中，他们仍会不断地创造新产品或服务
服务/奉献型（SV）	服务/奉献型的人一直追求他们认可的核心价值，如帮助他人、为他人服务等。他们注重工作带来的价值，而不在意是否能发挥自己的才能或能力
挑战型（CH）	挑战型的人喜欢解决看上去无法解决的问题，如战胜强势的对手，克服高难度的困难、障碍等。对他们而言，参加工作的原因是工作允许他们去战胜各种不可能的事情。迎接变化和困难是他们的终极目标。对于没有挑战性的工作或职业，他们不感兴趣
生活型（LS）	生活型的人喜欢能够让他们平衡个人的需要、家庭的需要和职业的需要的工作环境。他们希望将生活的各个方面整合为一个整体。正因为如此，他们需要一个能提供足够的弹性让他们实现这一目标的职业环境

（续）

②确定自己的职业锚

讲解：一个人的职业锚能清楚地反映出一个人的职业追求和抱负。若一个人的职业锚确定了，那就可以定位他的职业生涯目标了。一般情况下，我们通过职业定位问卷来确定自己的职业锚。请看大屏幕上的职业定位问卷，我给大家20分钟的时间，请你根据自己的实际情况完成这个问卷。

职业定位问卷

这份问卷的目的在于帮助你思考自己的能力、动机和价值观。下面给出了40个问题，根据你的实际情况，从1～6中选择一个数字，填入每个题目后的括号中。数字越大表示题目的描述越符合你的实际情况。下面是每个数字代表的含义：

1——从不；2——偶尔；3——有时；4——经常；5——频繁；6——总是

1. 我希望做我擅长的工作，这样我的建议可以不断被采纳（ ）
2. 当我整合并管理其他人的工作时，我非常有成就感（ ）
3. 我希望能让我用自己的方式，按自己的计划去开展工作（ ）
4. 对我而言，安定与稳定比自由和自主更重要（ ）
5. 我一直在寻找可以让我创立自己事业（公司）的创意（点子）（ ）
6. 我认为只有对社会做出真正贡献的职业才算成功的职业（ ）
7. 在工作中，我希望去解决那些具有挑战性的问题，并且胜出（ ）
8. 我宁愿离开公司，也不愿从事需要个人和家庭做出一定牺牲的工作（ ）
9. 将我的技术和专业水平发展到一个更具有竞争力的层次是成功职业的必要条件（ ）
10. 我希望能够管理一个大的公司，我的决策将会影响许多人（ ）
11. 如果职业允许自由地决定我的工作内容、计划、过程，我会感到非常满意（ ）
12. 如果工作的结果使我丧失了自己在组织中的安全稳定感，我宁愿离开这个工作岗位（ ）
13. 对我而言，创办自己的公司比在其他的公司中争取一个高的管理职位更有意义（ ）
14. 我的职业满足感来自于我可以用自己的才能为他人提供服务（ ）
15. 我认为职业的成就感来自克服自己面临的非常有挑战性的困难（ ）
16. 我希望我的职业能够兼顾个人、家庭和工作的需要（ ）
17. 对我而言，我认为在喜欢的专业领域内做资深专家比做总经理更有吸引力（ ）
18. 只有在我成为公司的总经理后，我才认为我的人生是成功的（ ）
19. 成功的职业应该允许我有完全的自主与自由（ ）
20. 我愿意在能给我安全感、稳定感的公司中工作（ ）
21. 当我通过自己的努力或想法完成工作时，我的工作成就感最强（ ）
22. 对我而言，利用自己的才能使这个世界变得更加适合生活或居住，比争取一个高的管理职位更重要（ ）
23. 当我解决了看上去不可能解决的问题，或者在必输无疑的竞赛中胜出时，我会非常有成就感（ ）
24. 我认为只有很好地平衡了个人、家庭、职业三者的关系，人生才能算是成功的（ ）

（续）

25. 我宁愿离开公司，也不愿频繁接受那些不属于我专业领域的工作 （ ）
26. 对我而言，做一个全面的管理者比在我喜欢的领域内做资深专家更具有吸引力 （ ）
27. 对我而言，用我自己的方式不受约束地完成工作，比安全、稳定更重要 （ ）
28. 只有当我的收入和工作有保障时，我才会对工作感到满意 （ ）
29. 在我的职业生涯中，如果我能成功地创造或实现完全属于自己的产品或点子，我会感到非常成功 （ ）
30. 我希望从事对人类和社会有贡献的工作 （ ）
31. 我希望工作中有很多的机会，可以提升我解决问题的能力 （ ）
32. 能很好地平衡个人生活和工作，比拥有一个很高的管理职位更重要 （ ）
33. 如果工作中经常用到我特别的技巧和才能，我会感到特别满意 （ ）
34. 我宁愿离开公司，也不愿意接受让我离开全面管理的工作 （ ）
35. 我宁愿离开公司，也不愿意接受约束我自由和自主控制权的工作 （ ）
36. 我希望有一份让我有安全感和稳定感的工作 （ ）
37. 我梦想着创建属于自己的事业 （ ）
38. 如果工作限制了我为他人提供帮助或服务，我宁愿离开公司 （ ）
39. 去解决那些几乎无法解决的问题，比获得一个高的管理职位更有意义 （ ）
40. 我一直在寻找一份让事业和家庭之间的冲突最小化的工作 （ ）

讲解：做完了这个测试了吗？现在我讲一下这个测试计分的要求：首先你需要重新看一下你给分较高的描述，并从中选出与你日常想法最为吻合的 3 个，然后在原来你给分的基础上，将这 3 个题目的得分再各加 4 分（如原来你给了 6 分，再加上 4 分，则调整为 10 分），这样你就可以开始计算测试得分了。具体的计分方法：将每一题目的分数填入大屏幕上给出的空白计分表，然后按照“列”进行分数累计得到一个总分，将每一列的总分除以 5，得到每列的平均分，并填入这一栏的下方。记住，在计算每列总分和平均分前不要忘记将最符合你日常想法的 3 项额外加 4 分。计算完毕后，平均分分值最高的那一列就是你的职业锚。

计分表

职业锚类型	TF	GM	AU	SE	EC	SV	CH	LS
题目序号	1	2	3	4	5	6	7	8
得分								
题目序号	9	10	11	12	13	14	15	16
得分								
题目序号	17	18	19	20	21	22	23	24
得分								

（续）

职业锚类型	TF	GM	AU	SE	EC	SV	CH	LS
题目序号	25	26	27	28	29	30	31	32
得分								
题目序号	33	34	35	36	37	38	39	40
得分								
总分								
平均分								

讲解：现在你确定出你的职业锚了吗？

（4）确定职业生涯目标

讲解：通过职业锚我们定位职业生涯目标后，下一步需要将这些目标写出来，并编制成表格，请看大屏幕上的样表。

职业生涯目标表

姓名		性别	
年龄		学历	
所学专业		职业类别	
目前所在部门		目前任职岗位	
人生目标			
1. 工作职务目标			
2. 工作成果目标			
3. 经济收入目标			
4. 工作环境目标			
5. 工作地点目标			
6. 工作内容目标			
7. 工作能力目标			
8. 工作成就目标			
9. 心理素质目标			
10. 观念目标			
11. 实现人生目标的战略要点			

（续）

长期目标	
1. 工作职务目标	
2. 工作成果目标	
3. 经济收入目标	
4. 工作环境目标	
5. 工作地点目标	
6. 工作内容目标	
7. 工作能力目标	
8. 工作成就目标	
9. 心理素质目标	
10. 观念目标	
11. 实现长期目标的战略要点	
中期目标	
1. 工作职务目标	
2. 工作成果目标	
3. 经济收入目标	
4. 工作能力目标	
5. 观念目标	
6. 实现中期目标的战略要点	
短期目标	
1. 工作职务目标	
2. 工作成果目标	
3. 经济收入目标	
4. 工作能力目标	
5. 短期内完成的主要任务概述	
6. 完成短期任务的有利条件	
7. 完成任务的主要障碍以及对策	

4. 单元收尾设计

单元收尾设计

1. 时间：5分钟。
2. 所需资源：电脑、投影仪。
3. 授课方法：讲授法。
4. 单元收尾

收尾语：人生之旅只售单程车票，如果你闭门造车，你的人生之旅很可能会阴云密布、坎坷难行。相反，如果你制定出了合适的职业生涯目标，并为之努力，相信你的人生之旅也会一帆风顺。谢谢大家，我们下次再见。

第4章

采购供应类培训课程设计案例

4.1 360度全面降低采购成本

4.1.1 "360度全面降低采购成本"课程整体设计

1. 课程基本信息

课程基本信息			
课程代码	160101	课程名称	360度全面降低采购成本
课程类别	采购管理类	培训对象	企业采购管理者
先修课程	采购管理类基础课程	授课时间	17小时
课程开发人	张××	课程批准人	李××

2. 课程目标

（1）知识目标

"360度全面降低采购成本"课程的知识目标主要有8个，如图4-1所示。

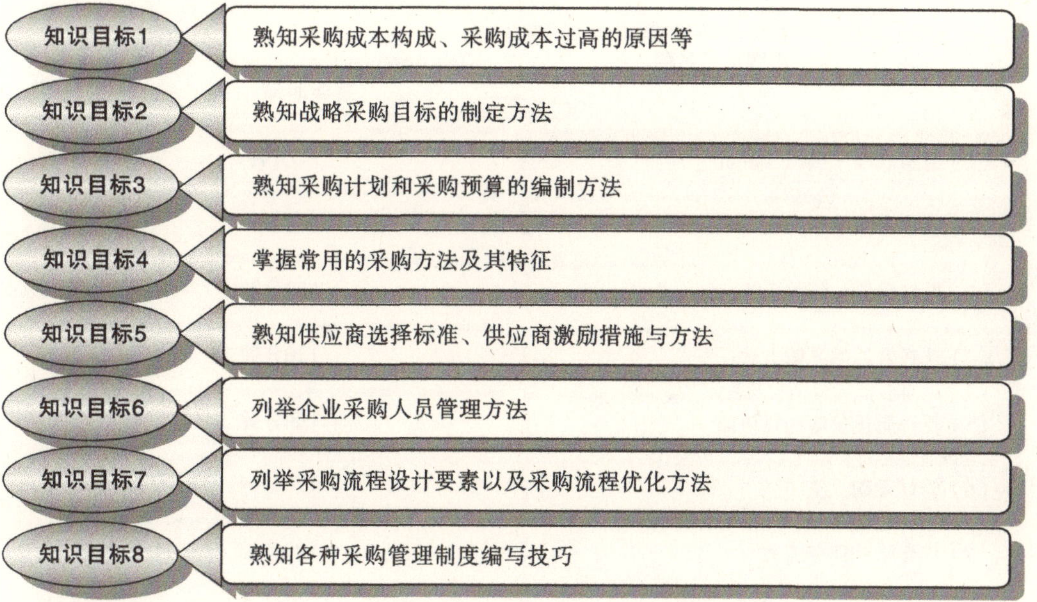
知识目标1
熟知采购成本构成、采购成本过高的原因等
知识目标2
熟知战略采购目标的制定方法
知识目标3
熟知采购计划和采购预算的编制方法
知识目标4
掌握常用的采购方法及其特征
知识目标5
熟知供应商选择标准、供应商激励措施与方法
知识目标6
列举企业采购人员管理方法
知识目标7
列举采购流程设计要素以及采购流程优化方法
知识目标8
熟知各种采购管理制度编写技巧

图4-1 "360度全面降低采购成本"课程的知识目标

（2）能力目标

“360 度全面降低采购成本”课程的能力目标主要有 8 个，如图 4-2 所示。

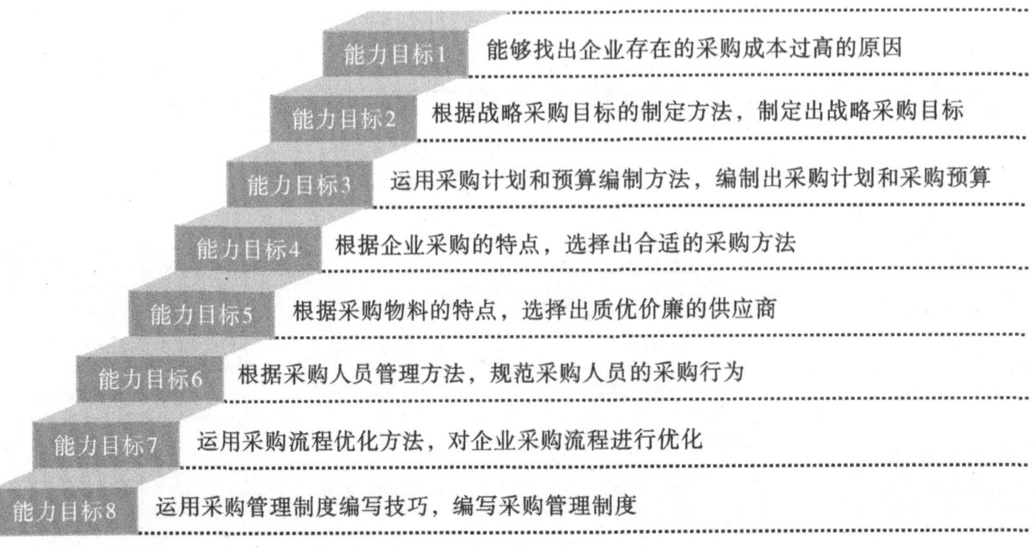
能力目标1
能够找出企业存在的采购成本过高的原因
能力目标2
根据战略采购目标的制定方法，制定出战略采购目标
能力目标3
运用采购计划和预算编制方法，编制出采购计划和采购预算
能力目标4
根据企业采购的特点，选择出合适的采购方法
能力目标5
根据采购物料的特点，选择出质优价廉的供应商
能力目标6
根据采购人员管理方法，规范采购人员的采购行为
能力目标7
运用采购流程优化方法，对企业采购流程进行优化
能力目标8
运用采购管理制度编写技巧，编写采购管理制度

图 4-2　“360 度全面降低采购成本”课程的能力目标

3. 课程内容单元

“360 度全面降低采购成本”的课程内容单元如图 4-3 所示。

内容单元名称
授课时间
（1）采购成本“黑洞”解析
60分钟
（2）制定采购战略规划
90分钟
（3）做好采购计划与预算
180分钟
（4）选择合适的采购方法
120分钟
（5）挑选质优价廉的供应商
180分钟
（6）管好采购人员
120分钟
（7）优化采购业务流程
120分钟
（8）建立健全采购制度与采购人员道德规范
90分钟

图 4-3　“360 度全面降低采购成本”课程内容单元

4. 课程导入设计

“360 度全面降低采购成本”课程的导入可以按照如图 4-4 所示的 3 个步骤进行。

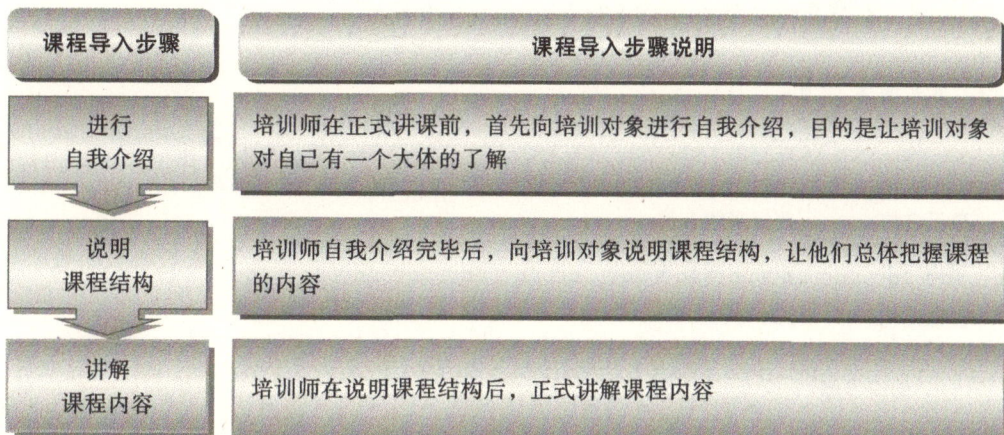

课程导入步骤	课程导入步骤说明
进行自我介绍	培训师在正式讲课前，首先向培训对象进行自我介绍，目的是让培训对象对自己有一个大体的了解
说明课程结构	培训师自我介绍完毕后，向培训对象说明课程结构，让他们总体把握课程的内容
讲解课程内容	培训师在说明课程结构后，正式讲解课程内容

图 4-4 “360 度全面降低采购成本”课程导入步骤

5. 课程评价设计

对“360 度全面降低采购成本”课程的评价可以采用如图 4-5 所示的 3 种方法。

课程评价方法	课程评价方法实施说明
现场评价法	培训课程学习结束后，人力资源部针对此次培训课程的内容、培训师讲课技巧和培训的组织工作等对培训对象进行现场问卷调查，并根据培训对象调查问卷的填写情况评价本次培训课程
观察比较法	培训课程结束 3 个月后，人力资源部管理人员或培训对象的直接上级通过观察培训对象是否能够有效控制采购成本，以及成本降低幅度，进而评价本次培训课程
收益分析公式	培训结束12个月后，企业人力资源部根据培训收益分析公式，计算企业的培训收益，从而定量地评价本次培训课程

图 4-5 “360 度全面降低采购成本”课程评价方法

4.1.2 “360度全面降低采购成本”单元开发设计

“360度全面降低采购成本”的主要培训对象是企业采购管理者。本培训课程共包括8个内容单元。本节介绍“管好采购人员”单元的开发设计。

1. 单元基本信息

单元基本信息		
单元名称		管好采购人员
培训对象		企业采购管理者
授课时间		120分钟
授课目标	知识目标	1. 列举采购成本上升的主要人为因素 2. 熟知采购人员管理的基本方法
	能力目标	运用采购人员管理的基本方法，规范采购人员的采购行为，减少不必要的采购成本支出
授课方法		讲授法、案例分析法、研讨法
授课工具		电脑、投影仪、写字笔、写字板以及活页挂图
能力训练任务		针对采购人员“吃回扣”的现象，制定一个改进方案

2. 单元导入语设计

单元导入语设计
1. 时间：5分钟。 2. 所需资源：电脑、投影仪。 3. 授课方法：讲授法。 4. 单元导入 **导入语**：采购岗位的职责是“买质量好的商品，谈最好的供货条件，为企业赢得最大的利润”。企业要实现这些目标，就需要优秀的采购人员。管理好采购人员，提升他们的专业能力是企业管理人员的一项重要职责。本单元我就和大家一起探讨一下如何管好采购人员。

3. 单元主体内容设计

单元主体内容设计

一、认识采购人员容易"犯错"的根源和采购项目

1. 时间：25 分钟。

2. 所需资源：电脑、投影仪、写字笔、写字板和活页挂图。

3. 授课方法：讲授法、案例分析法。

4. 授课内容

（1）采购人员容易"犯错"的根源

讲解：在实际工作中，企业采购人员很容易"犯错"。采购人员的职责就是要把物料采购进来，他们随时面临着大笔的金钱交易。同时，供应商基于商业目的，经常会向采购人员抛出各种"诱惑"，有些采购人员禁不住"诱惑"就会"犯错"。

（2）采购人员容易"犯错"的采购项目

讲解：采购人员在哪些采购项目中容易出现问题呢？下面我们将采购时容易出现问题的采购项目列出清单，希望能帮助在座的各位有针对性地加强采购人员管理。

采购人员容易"犯错"的采购项目一览表

生产性物资采购项目	非生产性物资采购项目
采购大量的生产原料	市场广告制作与投放
单位价值较高的生产原料	市场物资的采购，如宣传用品、促销品、礼品等
采购量大的包装材料	工程项目的采购以及工程服务外包
单位价值较高的包装材料	人力资源外包，如劳务工、培训
采购渠道单一的辅助材料	财务的银行存贷款业务
生产所用的能源物资，如燃油、燃煤、工业气体等	行政外包，如食堂、绿化等
生产用的机器设备以及动力用过的机器设备	废品回收
相关的备品备件以及专用的工具用具	——
设备维护保养外包	——
运输外包	——

（续）

二、防止采购人员“犯错”的方法

1. 时间：85 分钟。

2. 所需资源：电脑、投影仪、写字笔、写字板和活页挂图。

3. 授课方法：讲授法、案例分析法。

4. 授课内容

讲解：在第一部分中，我们了解了采购人员容易“犯错”的根本原因和采购项目。下面我将与大家一起学习如何选择和管理采购人员。

（1）选人重人品

讲解：在选择采购人员的时候，首先强调的就是人品。采购人员的人品直接与企业的经济利益相关。因此，要选择廉洁可靠，能够拒绝利诱，主动积极、负责尽职、不断进取、善于动脑，具有使命感的人才。只有在人品正直可靠的前提下，才能考虑其知识和技能方面的要求，如谈判经验、产品经验等。这些经验都是可以后天培养的。下面我们看一下大屏幕上的案例。

世界“零售巨头”沃尔玛有一个非常严格的规定：采购人员不能与供应商有任何私下的（即非公事的）接触，包括不能和供应商吃饭等。一旦发现，立即解雇，也就是说，这是一条不可逾越的“红线”。

有一位采购主管，在沃尔玛服务了好几年，表现也非常不错，还升任了高级采购主管。某个周末，他和一个供应商打了一场高尔夫球，然后共进晚餐。除此之外，没有其他不良的行为，没有收过礼物，更没有拿回扣。

第二天当他走进办公室时，他发现桌子上放着一封信，打开一看，他就知道自己被解雇了，而且没有任何解释的机会。

只是一场高尔夫球和一顿晚餐，就让他丢掉了工作。沃尔玛在采购部门的员工入职之初，就会将采购职业道德规范清楚地传达给新员工，并要求每个任职者都签订同意函。

采购人员案例

讲解：“选人重人品”是一种主动防范风险的做法，但这不意味着选对了人就不会出现问题。所选的人之前没有问题，或者进入企业后刚开始没有问题，并不意味着一直不会有问题。以前没有问题说明采购人员以前所在的企业采购管理制度做得好，或者采购总量不大，对他的诱惑不大。加入现在的企业刚开始没有问题，可能是因为他“人生地不熟”，还没有找到门路，等他熟悉门路后，觉得有空子可钻时，就会禁不住诱惑。因此，企业既要“选好人”，还要“管好人”。

（续）

（2）用人重绩效

“选人重人品”之后还要“用人重绩效”，那么，采购人员的绩效考核内容有哪些呢？从专业的指标来讲，主要包括四个方面，即准时交货率、来料检验合格率、采购成本下降率以及供应商的开发效果。

①准时交货率

讲解：衡量采购人员绩效的第一个指标是“准时交货率”，因为采购首先要满足生产或服务的需要，及时提供所需要的材料。准时交货率通常按照订单完成状态表示（方法1），请看大屏幕。

$$\text{准时交货率}=\frac{\text{准时交货订单数}}{\text{已下订单总数}}\times 100\%$$

讲解：请大家注意，只有一个订单所包括的所有品种的产品已全部交齐，该订单才能被视为准时交货。如果一个订单中有一个品种未交齐全部数量，则该订单不能被视为交货。请大家看大屏幕上的例子，计算一下采购员王小虎的准时交货率。

金泰机械有限公司的采购员王小虎，这个月一共与供应商签订了10个订单，这10个订单中，总共包括了30个品种，其总数量为100 000件。月末时，9个订单已经在规定的时间内按照规定的品种和数量交齐。有一个订单包括3个品种，每个品种的订货数量分别为1 500件，其中，2个品种全数交齐，另外1个品种只交了1 000件

因为有1个订单没有按照规定的时间完成，所以我们可以计算他这个月的准时交货率为：

$$\text{准时交货率}=\frac{\text{准时交货订单数}}{\text{已下订单总数}}\times 100\%=\frac{10-1}{10}\times 100\%=90\%$$

准时交货率实例1

讲解：准时交货率还有另一个表示方法，那就是方法2——按照数量完成状态表示，其计算公式请看大屏幕。

$$\text{准时交货率}=\frac{\text{准时交货数}}{\text{应进货总数}}\times 100\%$$

讲解：我们同样以准时交货率实例1为基础，请用这个公式计算一下采购员王小虎的准时交货率。

（续）

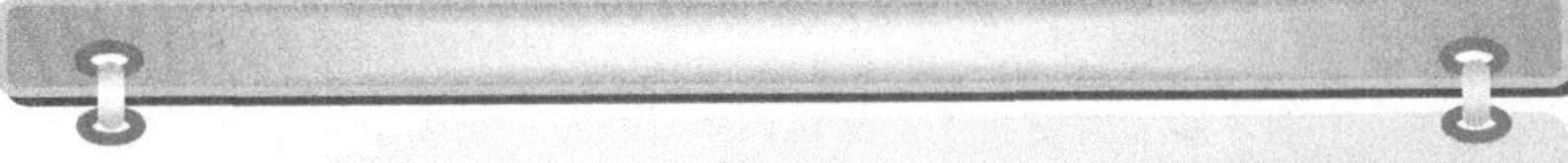

金泰机械有限公司的采购员王小虎，这个月一共与供应商签订了10个订单，这10个订单中，总共包括了30个品种，其总数量为100 000件。月末时，已交货的数量为99 500件

在用这个公式时，我们只关注交货的数量，因此，可以计算这个月的准时交货率为：

$$\text{准时交货率}=\frac{\text{准时交货数}}{\text{应进货总数}}\times 100\%=\frac{99\ 500}{100\ 000}\times 100\%=99.5\%$$

准时交货率实例2

讲解：从上述的计算过程来看，如果采用方法1来计算，要求就较为严格；而采用方法2来计算，则要求相对较为宽松。在实际工作中，我们更倾向使用方法1。

②来料检验合格率

讲解：衡量采购人员的第二个考核指标是“来料检验合格率”。我们不仅要求采购人员采购要及时，也应该关注他们采购材料的质量。若不能保证采购质量，来料后还要退货，这就等于不准时交货了。来料检验合格率通常采用批次合格率表示（方法1），其计算公式如大屏幕所示。

$$\text{来料检验合格率}=\frac{\text{合格批次数}}{\text{来料批次总数}}\times 100\%$$

讲解：来料检验无论是抽检还是全检，只要结果判定为合格，则该批次就被视为合格批次。反之，如果检验结果判定为不合格，则该批次就被视为不合格批次。这时不管来料有多少，只要该批次判定为不合格，则该批次全部数量的材料都被视为不合格。请看大屏幕上的实例。

宏昌重工有限公司2011年7月份共进料20个批次，其中有两个批次检验结果为不合格，那么，这个月的来料检验合格率可用公式计算：

$$\text{来料检验合格率}=\frac{\text{合格批次数}}{\text{来料批次总数}}\times 100\%=\frac{20-2}{20}\times 100\%=90\%$$

来料检验合格率实例1

讲解：来料检验合格率也可以用数量合格率来表示（方法2），其计算公式请看大屏幕。

$$\text{来料检验合格率}=\frac{\text{合格来料总数}}{\text{来料总数}}\times 100\%$$

讲解：我们同样以来料检验合格率实例1为基础，请用这个公式计算一下宏昌重工有限公司的来料合格率。此时，计算进料合格率时，只考虑材料的数量，而不用考虑材料的批次。

（续）

宏昌重工有限公司于2011年7月份共进料100 000件，检验合格的来料数为95 000件，那么，这个月该公司的来料检验合格率为多少？

$$来料检验合格率=\frac{合格来料总数}{来料总数}\times 100\%=\frac{95\ 000}{100\ 000}\times 100\%=95\%$$

来料检验合格率实例2

讲解：从上述计算过程中，我们同样可以看出，采用方法1计算要求较为严格，采用方法2计算，则要求相对宽松得多。在实际工作中，我们更倾向于采用方法1。

③采购成本下降率

讲解：衡量采购人员的第三个考核指标是“采购成本下降率”。交货准时了，质量也很好，但采购成本太高的话，也会影响企业的盈利水平。因此，我们总是期望采购成本的持续下降。采购成本下降比率通常采用采购价格的起伏来表示（方法1），其计算公式请看大屏幕。

$$价格起伏=\frac{本期采购价格}{前期采购价格}\times 100\%$$

讲解：该计算公式反映的是环比数据。因为环比数据能较好地反映当前的状态，代表了采购价格短期的变化趋势。如果环比数据持续下降，就说明了采购成本控制卓有成效。有时也可以采用同比数据，它反映的是相对较长时期的变化趋势。此处请大家区分一下环比与同比的概念，请看大屏幕。

环比与同比的区别

环比：即当年相邻两个月份之间的数据比较

同比：当年某月与上年某月的数据比较

如2011年2月份与3月份的数据比，或者3月份与4月份的数据比，这叫做环比，而2011年2月份与2010年2月份的数据比，这就是同比

讲解：不论是环比还是同比，只要价格降低了，对企业来说就是好事。其实采购成本下降率还有一种表示方法，那就是用采购总成本的起伏来表示（方法2），其计算公式如下所示。

$$总成本起伏=\frac{本期总成本}{前期总成本}\times 100\%$$

讲解：该计算公式反映的也是环比数据，只是用总成本的变化代替了价格的变化。但收集采购成本数据的难度相对来说更大一些，但如果能够以采购总成本下降的比率来反映采购成本下降的成果，则可以更加真实地反映采购成本比率的情况。

④供应商的开发效果

讲解：衡量采购人员的第四个考核指标是“供应商开发效果”。做好采购工作离不开供应商的配合。供应商的开发对采购绩效的持续改善是非常重要的。供应商的开发效果主要从两个方面进行考核，即开发新供应商的数目和采购半径。企业供应商的数目越多，企业选择的余地就越大，获得的成本

（续）

优势就越强，采购风险也就越低。采购半径是指核心供应商距离企业指定到货地点的平均距离，它反映了供应商本地化的程度。缩短采购半径可以实现一天多次送货，这样就会降低采购成本中的运输成本和材料储存成本了。

(3) 内部轮换与审计

讲解： 如果说“选好人”表示采购人员以前没有问题，“用好人”代表他现在没有问题，那么“内部轮换与审计”就是防止采购人员将来出问题，这是一种防患于未然的做法。内部轮换与审计是管理采购人员的有效辅助手段。与此同时，还可以设置供应商投诉专线，接受供应商的举报。

①内部轮换

讲解： 内部轮换指的是采购部门内部成员之间岗位轮换。内部轮换既可以防止腐败，又有利于采购人员提升与培养专业度。下面我通过一个简单的例子来说明这个内部轮换是如何实施的。

某大型公司的后勤采购人员是按照采购物品的种类进行分工的，因为这样有利于专业度的培养，下表是轮换前后的对比情况。

某公司后勤采购人员内部轮换前后对比情况表

轮换情况 / 姓名	轮换前			轮换后		
	大米	土豆	煤炭	大米	土豆	煤炭
王晓			√	√		
李静		√				√
赵华	√				√	

以王晓为例，他负责买煤炭，因为整天买煤炭，久而久之，他就对煤炭非常熟悉了，变成了买煤炭的高手。随便抓起一把煤炭，看一看捏一捏，他就知道煤炭质量的高低。与此同时，他整天与那些卖煤炭的企业或商贩打交道，时间久了，难免会产生一些感情，甚至成为“朋友”，这样就容易出问题。

同样，李静和赵华也会出现上述问题。因此，等他们对各自负责的采购内容熟悉之后，公司就要实行内部岗位轮换。实行内部岗位轮换后，让王晓去买大米，李静去买煤炭，赵华去买土豆。这样，他们就会考虑要是自己在采购过程中有什么不良行为，很快会被轮换来的人发现。所以在内部轮岗的条件下，采购人员不会轻易冒险，做出不良行为。

内部轮换案例

讲解： 内部轮换不仅能够防止腐败，还有助于将采购人员培养成多技能员工。不过，企业在实行岗位内部轮换时要遵循六字要诀——“先熟练，后轮换”，这样才能够事半功倍。

（续）

②内部审计

讲解：关于审计，大家比较了解的是外部审计，当一个企业发展到一定规模时，应该建立自己的内部审计部门，并定期或不定期地开展审计活动。尤其是不定期的审计，它就像悬在空中的一把利剑，随时都可能落下来，这对于那些存心不良的采购人员具有威慑力量，让他想犯错也不敢犯。

③供应商投诉专线

讲解：设置供应商投诉专线，也不失为一种有效的监督举措。因为并不是每一个供应商都会主动引诱采购专员做出不良行为，有时反而是不情愿的无奈之举。供应商投诉专线通常安装在审计部门或财务部门，并由专人负责记录、整理和报告。

讲解：接下来，请大家讨论一下，你们所在的企业采用了哪些方法管理采购人员呢？

4. 单元收尾设计

单元收尾设计

1. 时间：5分钟。
2. 所需资源：电脑、投影仪。
3. 授课方法：讲授法。
4. 单元收尾

收尾语：通过本单元的学习，我们可以知道管好采购人员的重点就是“选好人、用好人、监督好”。本单元的内容到此全部结束，谢谢大家。

4.2 如何进行供应商管理

4.2.1 “如何进行供应商管理”课程整体设计

1. 课程基本信息

课程基本信息

课程代码	160102	课程名称	如何进行供应商管理
课程类别	采购管理类	培训对象	企业采购人员
先修课程	采购管理类基础课程	授课时间	14小时
课程开发人	辛××	课程批准人	郭××

2. 课程目标

（1）知识目标

“如何进行供应商管理”课程的知识目标主要有6个，如图4-6所示。

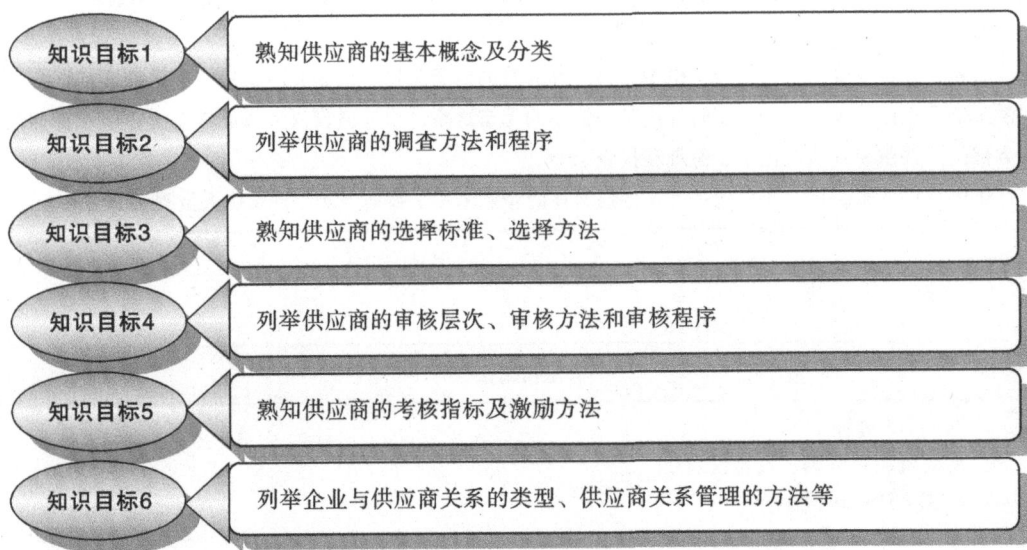

知识目标1　熟知供应商的基本概念及分类

知识目标2　列举供应商的调查方法和程序

知识目标3　熟知供应商的选择标准、选择方法

知识目标4　列举供应商的审核层次、审核方法和审核程序

知识目标5　熟知供应商的考核指标及激励方法

知识目标6　列举企业与供应商关系的类型、供应商关系管理的方法等

图4-6　“如何进行供应商管理”课程的知识目标

（2）能力目标

“如何进行供应商管理”课程的能力目标主要有6个，如图4-7所示。

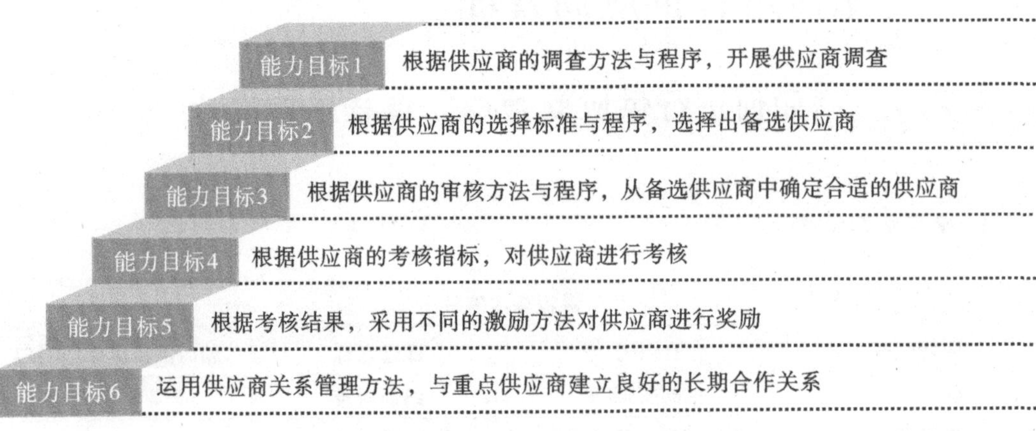
能力目标1　根据供应商的调查方法与程序，开展供应商调查
能力目标2　根据供应商的选择标准与程序，选择出备选供应商
能力目标3　根据供应商的审核方法与程序，从备选供应商中确定合适的供应商
能力目标4　根据供应商的考核指标，对供应商进行考核
能力目标5　根据考核结果，采用不同的激励方法对供应商进行奖励
能力目标6　运用供应商关系管理方法，与重点供应商建立良好的长期合作关系

图4-7　“如何进行供应商管理”课程的能力目标

3. 课程内容单元

“如何进行供应商管理”的课程内容单元如图4-8所示。

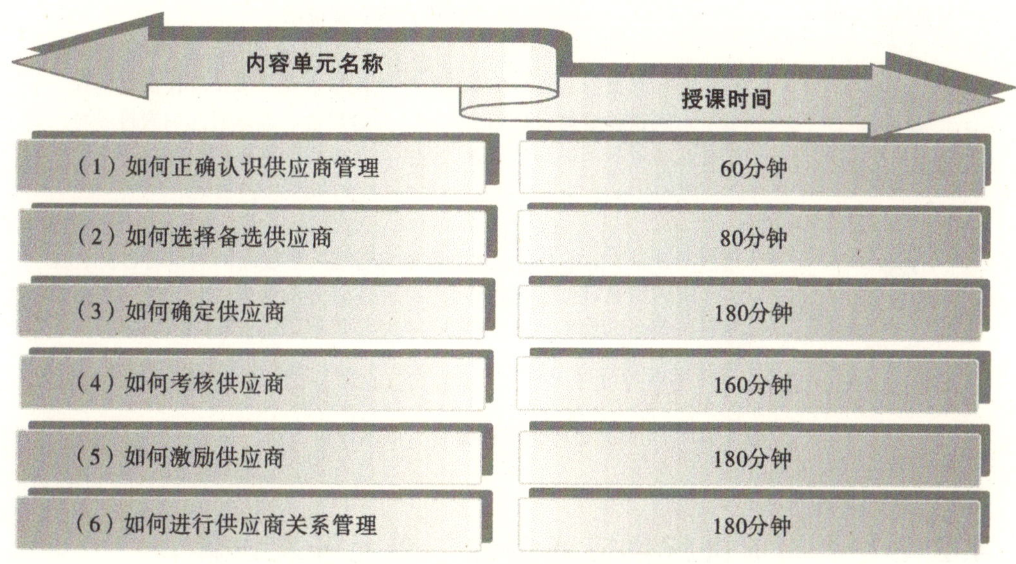
内容单元名称
授课时间
（1）如何正确认识供应商管理
60分钟
（2）如何选择备选供应商
80分钟
（3）如何确定供应商
180分钟
（4）如何考核供应商
160分钟
（5）如何激励供应商
180分钟
（6）如何进行供应商关系管理
180分钟

图4-8 “如何进行供应商管理”课程内容单元

4. 课程导入设计

“如何进行供应商管理”课程的导入可以按照如图4-9所示的3个步骤进行。

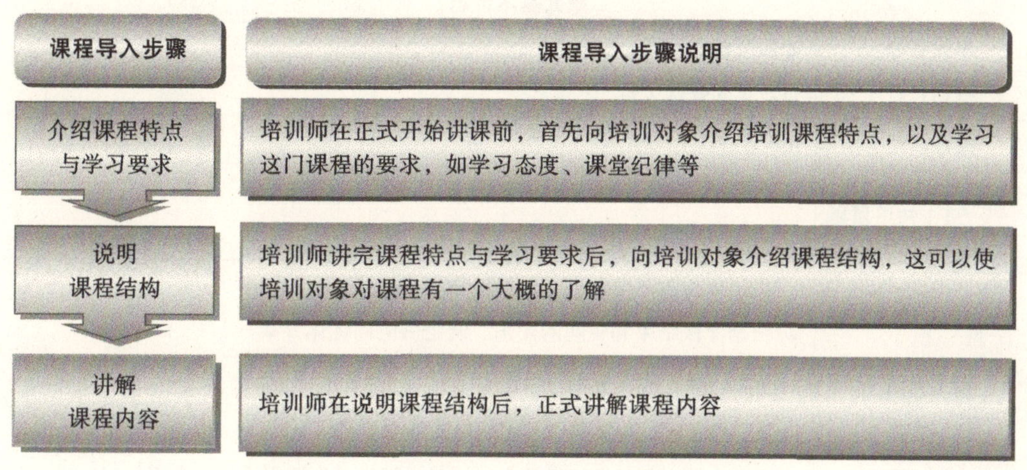
课程导入步骤
课程导入步骤说明
介绍课程特点与学习要求
培训师在正式开始讲课前，首先向培训对象介绍培训课程特点，以及学习这门课程的要求，如学习态度、课堂纪律等
说明课程结构
培训师讲完课程特点与学习要求后，向培训对象介绍课程结构，这可以使培训对象对课程有一个大概的了解
讲解课程内容
培训师在说明课程结构后，正式讲解课程内容

图4-9 “如何进行供应商管理”课程导入步骤

5. 课程评价设计

对“如何进行供应商管理”课程的评价可以采用如图4-10所示的两种方法。

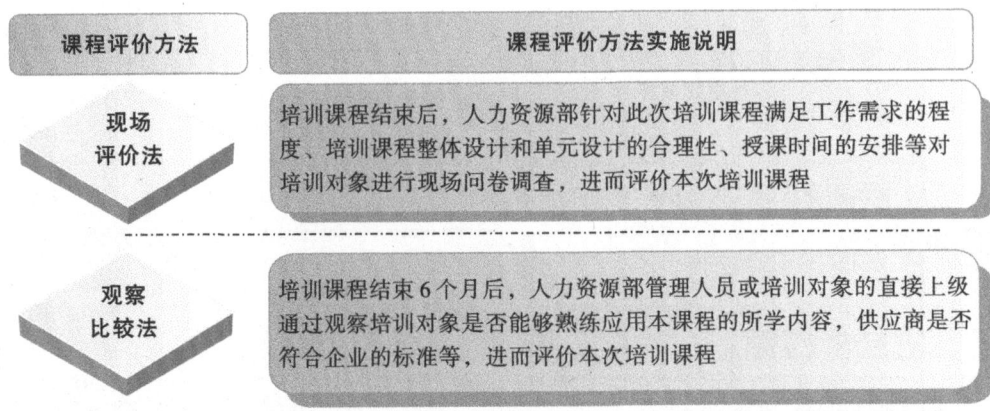

课程评价方法	课程评价方法实施说明
现场评价法	培训课程结束后，人力资源部针对此次培训课程满足工作需求的程度、培训课程整体设计和单元设计的合理性、授课时间的安排等对培训对象进行现场问卷调查，进而评价本次培训课程
观察 比较法	培训课程结束6个月后，人力资源部管理人员或培训对象的直接上级通过观察培训对象是否能够熟练应用本课程的所学内容，供应商是否符合企业的标准等，进而评价本次培训课程

图4-10 “如何进行供应商管理”课程评价方法

4.2.2 “如何进行供应商管理”单元开发设计

“如何进行供应商管理”的主要培训对象是企业采购管理人员。本节介绍“如何考核供应商”单元的开发设计。

1. 单元基本信息

单元基本信息		
单元名称		如何考核供应商
培训对象		企业采购管理人员
授课时间		160分钟
授课目标	知识目标	1. 列举供应商考核常用的考核指标 2. 熟知供应商考核程序
	能力目标	1. 根据供应商考核指标，对供应商进行考核 2. 根据考核结果和企业的要求，制定供应商优化方案
授课方法		讲授法、研讨法、案例分析法
授课工具		电脑、投影仪、写字笔、写字板以及活页挂图
能力训练任务		根据企业供应商考核结果的实际情况，拟订一份供应商优化方案

2. 单元导入语设计

单元导入语设计

1. 时间：5 分钟。

2. 所需资源：电脑、投影仪。

3. 授课方法：讲授法。

4. 单元导入

导入语：随着企业的不断发展和市场竞争的日益激烈，供应商已经成为企业的一种战略“筹码”。谁拥有具有独特优势的供应商，谁就能赢得竞争优势。企业应加强对供应商的考核与激励，因为只有通过考核与激励，企业才能够提高供应商的合作积极性，才能够敦促他们不断进行自我改善，才能够实现“共赢”。

3. 单元主体内容设计

单元主体内容设计

一、确定供应商考核组织

1. 时间：10 分钟。

2. 所需资源：电脑、投影仪、写字笔、写字板和活页挂图。

3. 授课方法：讲授法、研讨法。

4. 授课内容

讲解：对供应商的考核管理是管理供应商过程中的重要环节，我给大家 5 分钟时间，请大家讨论一下，在企业中，哪个组织负责考核供应商？它的主要职责是什么？

时间到了，下面我们一起看一下参与企业供应商考核的组织及其职责，请看大屏幕。

供应商考核组织及其职责

1. 供应商考核组织

企业会成立专门的考核小组对供应商进行考核，该小组成员来自企业的采购部、品管部、生产部以及财务部，一般情况下，采购部负责人担任考核小组组长。

2. 供应商考核组织的职责

该小组的主要职责是每年（或必要时）对于已取得合格供方资格的供应商进行考核，并按照考核结果对供应商实行分解管理。

（续）

二、构建供应商量化考核指标体系

1. 时间：120 分钟。

2. 所需资源：电脑、投影仪、写字笔、写字板和活页挂图。

3. 授课方法：讲授法、案例分析法。

4. 授课内容

（1）供应商常用考核指标

讲解：为了能够客观地反映供应商供应活动的运作情况，企业采购管理人员应该确定与之相适应的供应商绩效评价指标。在确定考核指标时，应突出重点，尤其是要对关键指标进行重点分析，尽可能地采用实时分析与评价的方法，因为这比事后分析有价值得多。供应商的考核指标有很多，概括起来主要有四大类，请看大屏幕。

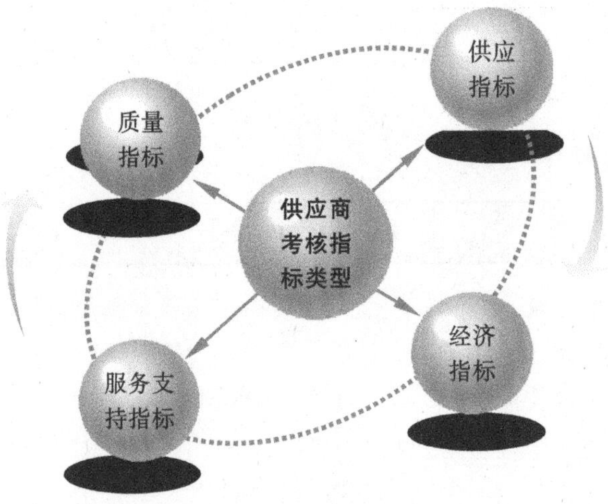
供应指标
质量指标
供应商考核指标类型
经济指标
服务支持指标

供应商考核指标类型

①质量指标

讲解：供应商质量指标是供应商考评的基本指标，其又可细分为四个指标，请看大屏幕。

供应商质量指标一览表

序号	细分质量指标名称	细分质量指标计算说明
1	来料批次合格率	$来料批次合格率=\frac{来料批次合格数}{来料批次总数}\times 100\%$
2	来料抽检缺陷率	$来料抽检缺陷率=\frac{来料抽检缺陷数}{来料抽检总数}\times 100\%$
3	来料在线报废率	$来料在线报废率=\frac{来料报废数（在生产时发现的）}{来料总数}\times 100\%$

（续）

序号	细分质量指标名称	细分质量指标计算说明
4	来料免检率	来料免检率 $=\frac{\text{来料免检的种类数}}{\text{同一供应商供应的种类总数}}\times 100\%$

讲解：除此之外，有的企业还将供应商体系、质量信息、供应商是否通过 ISO 认证或供应商的质量体系审核是否达到一定水平纳入考核的内容。

②供应指标

讲解：供应指标是通过供应商的交货表现反映供应商管理水平的考核因素，其又可细分为准时交货率、交货周期、订单变化接受率等。具体指标说明请看大屏幕。

供应商供应指标一览表

序号	细分供应指标名称	细分供应指标说明
1	准时交货率	准时交货率 $=\frac{\text{按时按量交货的实际批次}}{\text{订单确认的交货批次}}\times 100\%$
2	交货周期	自订单开出之日到收到材料之时的时间长度，常以天为单位
3	订单变化接受率	订单变化接受率 $=\frac{\text{订单增加或减少的交货数量}}{\text{订单原定的交货数量}}\times 100\%$

讲解：这里的订单变化接受率是衡量供应商对订单变化灵活性反应的一个指标，指在双方确认了交货周期中可接受的订单增加或减少的比率。此外，有的企业将供应商的后勤体系水平、供应商是否实行准时供应纳入考核体系。

③经济指标

讲解：供应商考核的经济指标总是与采购价格和成本相联系。它与质量指标和供应指标不同的是，质量指标和供应指标可以每月考核一次，而经济指标则相对稳定，多数企业是每季度进行一次考核，此外，经济指标往往是定性的，难以量化，其具体细分经济指标请看大屏幕。

供应商经济指标一览表

序号	细分经济指标	细分经济指标说明
1	价格水平	价格水平往往同本企业所掌握的市场行情进行比较，或者根据供应商的实际成本结构与利润率进行判断
2	报价	报价是否及时，报价单是否客观、具体、透明
3	降低成本的态度及行动	供应商是否真诚地配合本企业开展降低成本的活动，制订改进计划、实施改进行动，是否定期或主动与本企业的采购人员商讨价格
4	分享降价成果	供应商是否将降低成本的好处部分让渡给本企业
5	付款	供应商是否积极响应本企业提出的付款条件要求与办法，是否能够及时、准确地开具符合国家规定的发票

（续）

④服务支持指标

讲解：同经济指标一样，服务支持指标是考核供应商在服务支持方面的表现，通常也是定性的考核，其又可细分为反应与沟通、表现合作态度、参与企业的改进与开发项目、售后服务等指标，请看大屏幕。

供应商服务支持指标一览表

序号	服务支持指标	服务支持指标说明
1	反应表现	对订单、交货、质量投诉等是否及时、迅速反应，答复是否完善，对退货、挑选等是否及时处理
2	沟通手段	供应商是否有合适的人员与本企业进行沟通，沟通的手段是否符合企业的要求
3	合作态度	供应商是否将本企业看作重要客户，供应商高层领导或关键人物是否重视本企业的要求等
4	共同改进	供应商是否积极参与或主动参与同本企业相关的质量、供应、成本等改进项目或活动，或推行新的管理办法等，是否积极参与本企业召开的供应商改进会议，配合本企业开展质量体系审核等
5	售后服务	供应商是否能够积极主动征询本企业的意见，主动访问本企业，主动解决或预防问题，是否积极参与本企业的产品或业务开发过程
6	其他支持	供应商是否接纳本企业提出的有关参观、访问事宜，是否积极提供本企业要求的新产品报价与送样，是否妥善保存与本企业相关的文件等，是否保证不参与损害本企业利益的相关活动

（2）分配考核指标权重

讲解：分配供应商考核指标的权重，一般情况下是采用二次分配法。即先分配大类指标所占权重，然后为各大类包含的具体指标分配权重。请看大屏幕的案例。

（续）

兴创科技有限公司的采购管理人员王晓亮对公司的供应商考核指标权重进行了分配，具体考核指标分配的权重如下表所示。

兴创科技有限公司供应商考核指标权重分配一览表

考核指标	考核指标权重	细分考核指标	细分考核指标权数
质量指标	40%	来料批次合格率	50
		来料抽检缺陷率	20
		来料在线报废率	20
		来料免检率	10
供应指标	20%	准时交货率	50
		交货周期	20
		订单变化接受率	30
经济指标	30%	价格水平	40
		报价	10
		降低成本的态度及行动	20
		分享降价成果	20
		付款	10
服务支持指标	10%	反应表现	30
		沟通手段	10
		合作态度	20
		共同改进	30
		售后服务	10

（3）编制考核指标体系表

讲解：还是以上述案例为基础，采购管理人员王晓亮编制出供应商考核指标体系表。请看大屏幕。

（续）

<table>
<tr><th colspan="4">兴创科技有限公司供应商考核指标体系表</th></tr>
<tr><th>考核指标（权重）</th><th>细分考核指标（权数）</th><th>考核标准</th><th>考评部门</th></tr>
<tr><td rowspan="4">质量指标（40%）</td><td>来料批次合格率（50）</td><td>1. 目标值为100%，达到目标值得50分
2. 来料批次合格率每降低1%，扣5分
3. 来料批次合格率低于90%，得0分</td><td>质检部</td></tr>
<tr><td>来料抽检缺陷率（20）</td><td>1. 目标值为0%，达到目标值得20分
2. 来料抽检缺陷率每提高1%，扣5分
3. 来料抽检缺陷率高于4%，得0分</td><td>质检部</td></tr>
<tr><td>来料在线报废率（20）</td><td>1. 目标值为0%，达到目标值得20分
2. 来料在线报废率每提高1%，扣5分
3. 来料在线报废率低于4%，得0分</td><td>生产部</td></tr>
<tr><td>来料免检率（10）</td><td>1. 目标值为100%，达到目标值得10分
2. 来料免检率每降低1%，扣1分
3. 来料免检率低于90%，得0分</td><td>质检部</td></tr>
<tr><td rowspan="3">供应指标（20%）</td><td>准时交货率（50）</td><td>1. 目标值为100%，达到目标值得50分
2. 准时交货率每降低1%，扣5分
3. 准时交货率低于90%，得0分</td><td>采购部</td></tr>
<tr><td>交货周期（20）</td><td>1. 交货周期在企业规定的时间内，得20分
2. 交货周期每超出企业规定时间1天，扣4分
3. 交货周期超出企业规定时间5天以上，得0分</td><td>采购部</td></tr>
<tr><td>订单变化接受率（30）</td><td>1. 目标值为100%，达到目标值得30分
2. 订单变化接受率每降低5%，扣10分
3. 订单变化接受率低于85%，得0分</td><td>采购部</td></tr>
<tr><td>经济指标（30%）</td><td>价格水平（40）</td><td>1. 供应商提供的材料价格低于或等于同类材料的市场平均价格，得40分
2. 供应商提供的材料价格每高出同类材料的市场平均价格的1%，扣8分
3. 供应商提供的材料价格高出同类材料的市场平均价格的5%，得0分</td><td>采购部
财务部</td></tr>
</table>

（续）

考核指标（权重）	细分考核指标（权数）	考核标准	考评部门
经济指标（30%）	报价（10）	1. 供应商报价及时，报价与市场同类材料的平均价格较为接近，报价内容详细、具体，得10分 2. 供应商能够及时报价，但报价略高于市场同类材料的价格，报价内容不够详细、具体，得5分 3. 供应商报价不及时，且报价远远高于市场同类材料的价格，报价内容含糊不清，得0分	采购部 财务部
	降低成本的态度及行动（20）	1. 供应商能够真诚地配合本企业开展降低成本活动，且主动制订并实施降低成本的改进计划，得20分 2. 供应商在本企业的督促下，能够制订并实施降低成本的改进计划，得10分 3. 供应商经企业多次督促仍不愿意制订并实施降低成本的改进计划，得0分	财务部
	分享降价成果（20）	1. 供应商愿意主动与本企业分享因技术改进或原材料成本下降等原因而产生的降价成果，得20分 2. 供应商在本企业要求的情况下，愿意与本企业分享因技术改进或原材料成本下降等原因而产生的降价成果，得10分 3. 供应商在本企业要求的情况下，也不愿意与本企业分享因技术改进或原材料成本下降等原因而产生的降价成果，得0分	采购部 财务部
	付款（10）	1. 供应商愿意接受本企业的付款条件和要求，且本企业付款后，供应商能够及时开具符合规定的票据，得10分 2. 经过谈判协商后，供应商能够接受本企业的付款条件和要求，且在本企业付款后，供应商能够及时开具符合规定的票据，得5分 3. 经谈判协商后，在企业做出让步的前提下，供应商能够接受本企业的付款条件和要求，且在本企业付款后，供应商不能够及时开具符合规定的票据，得0分	采购部 财务部

（续）

考核指标（权重）	细分考核指标（权数）	考核标准	考评部门
服务支持指标（10%）	反应表现（30）	1. 供应商能够对本企业的订单、交货、质量投诉等进行及时处理，得30分 2. 在本企业催促的情况下，供应商对本企业的订单、交货、质量投诉等，能够进行及时处理，得15分 3. 在本企业几经催促的情况下，供应商对本企业的订单、交货、质量投诉等仍不予处理，得0分	采购部 生产部
	沟通手段（10）	1. 供应商有适合的人员负责与本企业沟通，且沟通方式符合本企业的要求，得10分 2. 供应商有合适的人员负责与本企业沟通，但沟通方式不符合本企业的要求，得5分 3. 供应商没有合适的人员与本企业沟通，且沟通方式不符合本企业的要求，得0分	采购部
	合作态度（20）	1. 供应商将本企业视作非常重要的客户，且供应商的高层领导非常重视本企业的要求，得20分 2. 供应商将本企业视作重要客户，但供应商的高层领导不太重视本企业的要求，得10分 3. 供应商将本企业视作普通客户，且其高层领导不太重视本企业的要求，得0分	采购部
	共同改进（30）	1. 供应商能够积极主动地参与本企业提出的相关质量、供应、成本改进项目和本企业召开的供应商改进会议，得30分 2. 在本企业要求的情况下，供应商能够主动参与本企业提出的相关质量、供应、成本改进项目和本企业召开的供应商改进会议，得15分 3. 在本企业要求的情况下，供应商不愿意参与本企业提出的相关质量、供应、成本改进项目和本企业召开的供应商改进会议，得0分	采购部 生产部

（续）

考核指标（权重）	细分考核指标（权数）	考核标准	考评部门
服务支持指标（10%）	售后服务（10）	1. 供应商能够主动征询本企业的意见和参与本企业的产品开发过程，并根据本企业提出的意见和开发过程中出现的问题主动进行改进，得10分 2. 供应商能够主动征询本企业的意见，且根据本企业提出的意见主动进行改进，但供应商不愿意参与产品的开发过程，得5分 3. 供应商不会主动征询本企业的意见和参与本企业的产品开发过程，即便在本企业要求的情况下，也不能够积极地参与，得0分	采购部 生产部

讲解：为了便于大家清楚地知道如何编制供应商考核体系指标表，我将企业常用的考核指标全部写到上面的供应商考核体系指标表中了，可能在实际工作中，这份表格并不具有普遍的适用性，希望大家在编制时，根据企业的实际情况做出相应的修改。

（4）计算供应商考核得分

讲解：以上各项大类指标均以百分制进行打分，之后我们再计算加权平均值。具体的计算公式请看大屏幕。

供应商考核得分 =（40% × ∑细分质量指标得分 + 20% × ∑细分供应指标得分 + 30% × ∑细分经济指标得分 + 10% × ∑细分服务支持指标得分）÷100。

三、供应商考核结果应用

1. 时间：20分钟。
2. 所需资源：电脑、投影仪、写字笔、写字板和活页挂图。
3. 授课方法：讲授法。
4. 授课内容

讲解：供应商绩效考核有利于对其进行分级管理和探讨双赢模式。根据考核结果我们将供应商分成四个等级。具体划分方式请看大屏幕。

供应商等级划分表

等级	等级划分依据	等级奖惩措施
A级	考核得分在85～100分	A级为优秀供应商，采购人员可以考虑增加对该类供应商提供物料的采购量
B级	考核得分在70～84分	B级为合格供应商，采购人员可以对其提供的材料进行正常采购

（续）

等级	等级划分依据	等级奖惩措施
C级	考核得分在60～69分	C级为辅助供应商，采购人员应考虑减少对该类供应商提供物料的采购量或暂停采购
D级	考核得分在59分以下	D级为不合格供应商，采购人员应考虑将其从合格供应商名录中除名

讲解：因为每个企业的实际情况不一样，因此，在具体的应用过程中，考核人员可以对等级划分依据的分数进行调整，以使这个等级划分表格更适合企业的实际情况。下面我想请大家根据各自企业的实际情况，绘制一张“供应商等级划分表”。

4. 单元收尾设计

单元收尾设计

1. 时间：5分钟。
2. 所需资源：电脑、投影仪。
3. 授课方法：讲授法。
4. 单元收尾

收尾语：供应商考核是供应商管理过程中的重要一环，如果采购管理人员不能客观地对供应商进行考核，企业就不可能对供应商进行有效的管理。谢谢大家，我们下次再见。

第5章

生产管理类培训课程设计案例

5.1 生产计划与物料管控实操训练

5.1.1 “生产计划与物料管控实操训练”课程整体设计

1. 课程基本信息

课程基本信息			
课程代码	130101	**课程名称**	生产计划与物料管控实操训练
课程类别	生产管理类	**培训对象**	生产管理者
先修课程	无	**授课时间**	9 小时
课程开发人	刘××	**课程批准人**	赵××

2. 课程目标

(1) 知识目标

“生产计划与物料管控实操训练”课程的知识目标主要有5个，如图5-1所示。

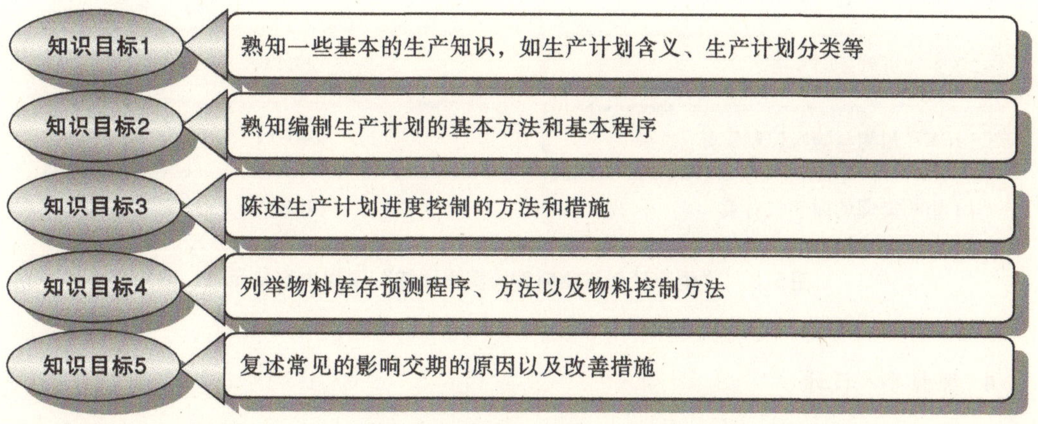
知识目标1
熟知一些基本的生产知识，如生产计划含义、生产计划分类等
知识目标2
熟知编制生产计划的基本方法和基本程序
知识目标3
陈述生产计划进度控制的方法和措施
知识目标4
列举物料库存预测程序、方法以及物料控制方法
知识目标5
复述常见的影响交期的原因以及改善措施

图5-1 “生产计划与物料管控实操训练”课程的知识目标

（2）能力目标

“生产计划与物料管控实操训练”课程的能力目标主要有5个，如图5-2所示。

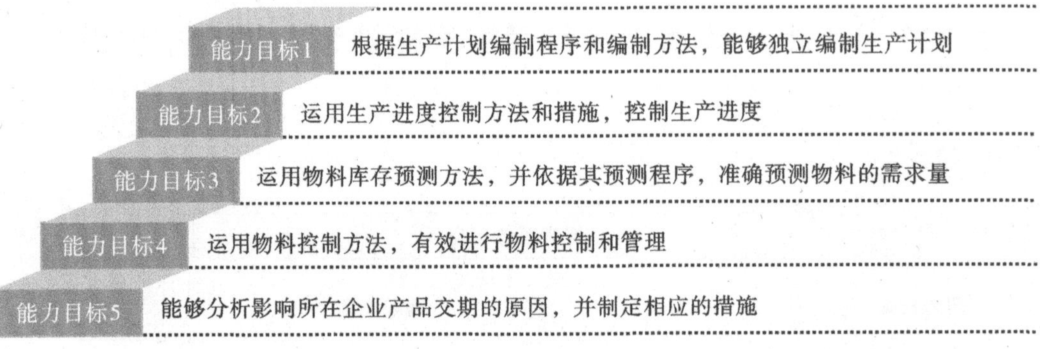
能力目标1
根据生产计划编制程序和编制方法，能够独立编制生产计划
能力目标2
运用生产进度控制方法和措施，控制生产进度
能力目标3
运用物料库存预测方法，并依据其预测程序，准确预测物料的需求量
能力目标4
运用物料控制方法，有效进行物料控制和管理
能力目标5
能够分析影响所在企业产品交期的原因，并制定相应的措施

图5-2 “生产计划与物料管控实操训练”课程的能力目标

3. 课程内容单元

“生产计划与物料管控实操训练”的课程内容单元如图5-3所示。

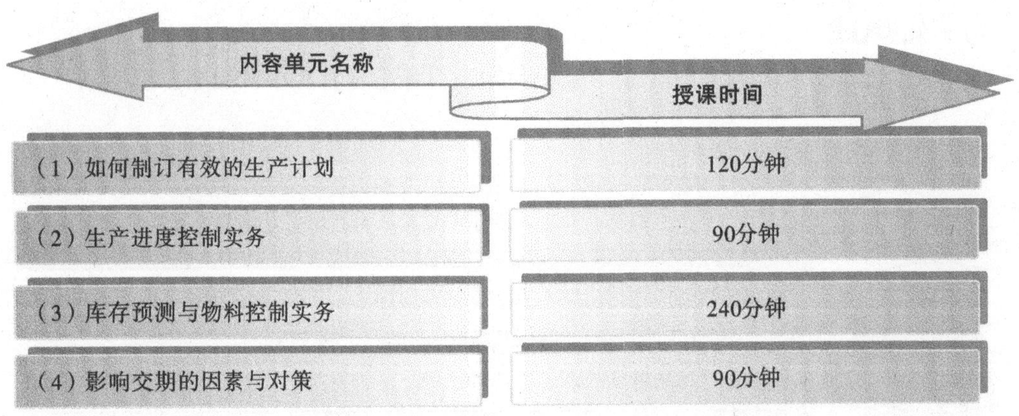
内容单元名称
授课时间
（1）如何制订有效的生产计划
120分钟
（2）生产进度控制实务
90分钟
（3）库存预测与物料控制实务
240分钟
（4）影响交期的因素与对策
90分钟

图5-3 “生产计划与物料管控实操训练”课程内容单元

4. 课程导入设计

“生产计划与物料管控实操训练”课程的导入可以按照如图5-4所示的3个步骤进行。

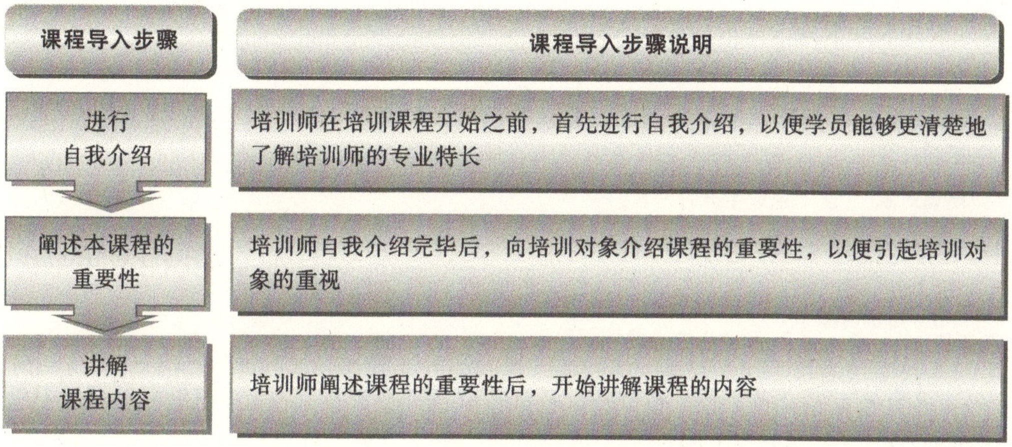

课程导入步骤	课程导入步骤说明
进行自我介绍	培训师在培训课程开始之前，首先进行自我介绍，以便学员能够更清楚地了解培训师的专业特长
阐述本课程的重要性	培训师自我介绍完毕后，向培训对象介绍课程的重要性，以便引起培训对象的重视
讲解课程内容	培训师阐述课程的重要性后，开始讲解课程的内容

图 5-4 “生产计划与物料管控实操训练”课程导入步骤

5. 课程评价设计

对“生产计划与物料管控实操训练”课程的评价可以采用如图 5-5 所示的两种方法。

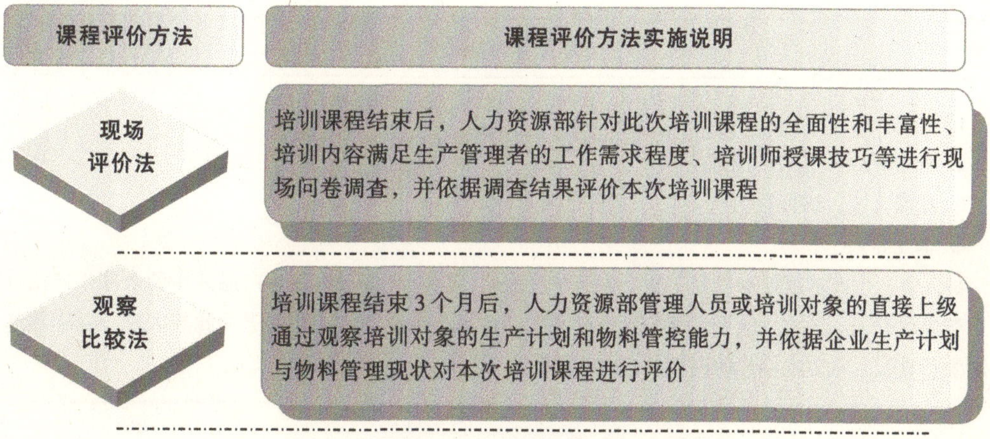

课程评价方法	课程评价方法实施说明
现场评价法	培训课程结束后，人力资源部针对此次培训课程的全面性和丰富性、培训内容满足生产管理者的工作需求程度、培训师授课技巧等进行现场问卷调查，并依据调查结果评价本次培训课程
观察比较法	培训课程结束 3 个月后，人力资源部管理人员或培训对象的直接上级通过观察培训对象的生产计划和物料管控能力，并依据企业生产计划与物料管理现状对本次培训课程进行评价

图 5-5 “生产计划与物料管控实操训练”课程评价方法

5.1.2 “生产计划与物料管控实操训练”单元开发设计

“生产计划与物料管控实操训练”的主要培训对象是生产管理人员，如生产经理、生产主管、车间主任等。本课程共有 4 个内容单元，本节介绍“生产进度控制实务”。

1. 单元基本信息

单元基本信息		
单元名称		生产进度控制实务
培训对象		企业生产管理者
授课时间		100 分钟
授课目标	知识目标	1. 熟知生产进度控制内容 2. 列举生产进度控制程序
	能力目标	根据生产进度控制程序，进行生产进度控制
授课方法		讲授法、研讨法
授课工具		电脑、投影仪、写字笔、写字板和活页挂图
能力训练任务		在本单元学习完毕后，培训师要求培训对象根据自己所在企业的实际情况，制定一份生产进度控制方案

2. 单元导入语设计

单元导入语设计

1. 时间：5 分钟。
2. 所需资源：电脑、投影仪。
3. 授课方法：讲授法。
4. 单元导入

导入语：生产进度控制贯穿于整个生产过程之中，从生产技术准备到产品入库的全部生产活动都与生产进度有关。因此，能否有效控制生产进度，对企业来说非常重要。下面我与大家一起学习如何控制生产进度，希望本单元的内容对大家有所帮助。

3. 单元主体内容设计

单元主体内容设计

一、生产进度控制内容

1. 时间：10 分钟。
2. 所需资源：电脑、投影仪、写字笔、写字板和活页挂图。
3. 授课方法：讲授法。

（续）

4. 授课内容

讲解：生产进度控制又叫作生产作业控制，它是在生产计划执行过程中，对有关产品生产的数量和生产期限的控制。其主要目的是保证完成生产作业计划所规定的产品产量和交货期限指标。狭义的生产控制就是指生产进度控制。生产进度控制的内容主要包括三个方面，请看大屏幕。

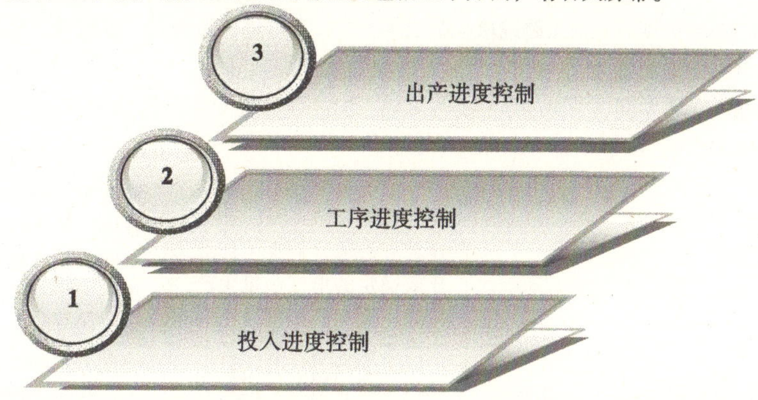
3
出产进度控制
2
工序进度控制
1
投入进度控制

生产进度控制的内容

二、生产进度控制程序

1. 时间：70 分钟。

2. 所需资源：电脑、投影仪、写字笔、写字板和活页挂图。

3. 授课方法：讲授法。

4. 授课内容

讲解：生产进度控制的基本程序包括作业分配、测定差距、处理差距等。

（1）作业分配

讲解：作业分配，亦称日常生产派工，即根据生产作业计划及实际生产情况，为各个工作地具体分派生产任务，它是生产进度控制的第一个环节。

①作业分配的内容

讲解：作业分配的内容主要包括安排作业进度和下达作业质量，请看大屏幕。

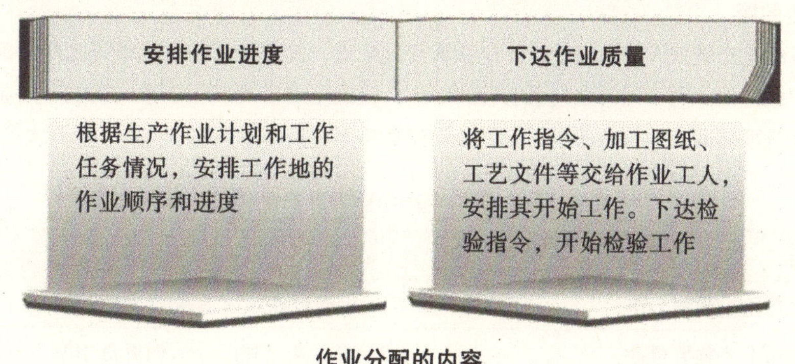
安排作业进度
下达作业质量
根据生产作业计划和工作任务情况，安排工作地的作业顺序和进度
将工作指令、加工图纸、工艺文件等交给作业工人，安排其开始工作。下达检验指令，开始检验工作

作业分配的内容

（续）

讲解：在作业准备工作全部就绪或基本就绪的情况下，生产管理人员可以依据已经安排好的作业顺序和进度，向生产工人下达作业指令。作业指令一般采用派工单的形式（派工单又称工票或传票）。派工单是最基本的生产凭证之一。它除了具有发布开始作业、发料、搬运、检验等生产指令的作用外，还有人为控制在产品数量、检查生产进度、核算生产成本做凭证等作用。派工单的形式很多，有投入出产日历进度表、加工路线单、单工序工票、工作班任务报告、班组生产记录和传票卡等。

②作业分配的方式

讲解：由于车间、工段的生产类型不同，因此作业分配有不同的方式。主要的分配方式有三种，请看大屏幕。

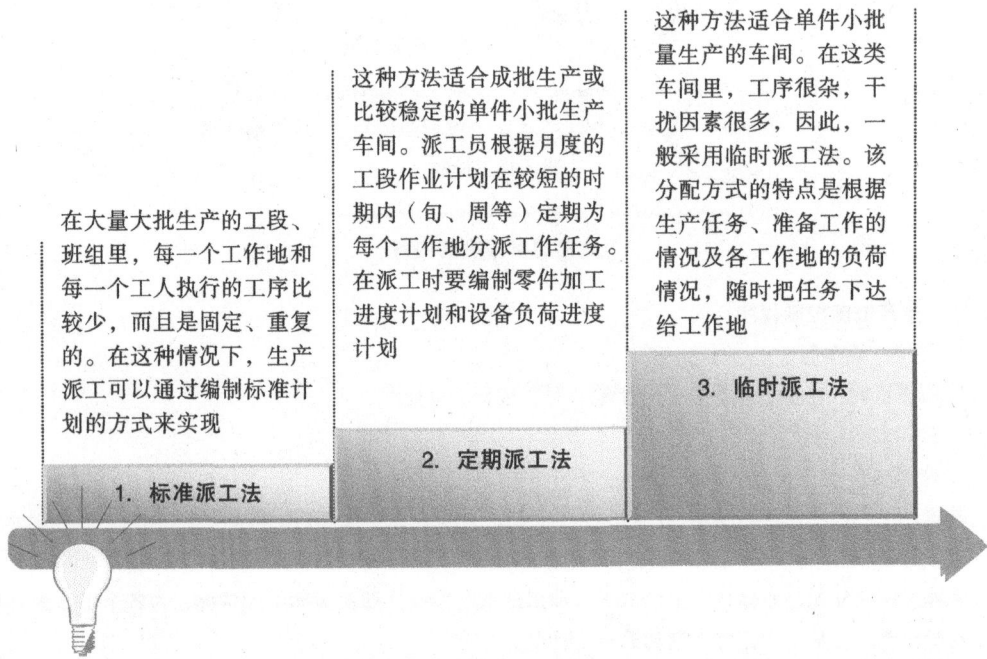

在大量大批生产的工段、班组里，每一个工作地和每一个工人执行的工序比较少，而且是固定、重复的。在这种情况下，生产派工可以通过编制标准计划的方式来实现
1. 标准派工法
这种方法适合成批生产或比较稳定的单件小批生产车间。派工员根据月度的工段作业计划在较短的时期内（旬、周等）定期为每个工作地分派工作任务。在派工时要编制零件加工进度计划和设备负荷进度计划
2. 定期派工法
这种方法适合单件小批量生产的车间。在这类车间里，工序很杂，干扰因素很多，因此，一般采用临时派工法。该分配方式的特点是根据生产任务、准备工作的情况及各工作地的负荷情况，随时把任务下达给工作地
3. 临时派工法

作业分配的方式

（2）测定差距

讲解：各级生产调度人员通过生产作业核算及其渠道，发现计划和执行结果之间有偏差时，必须迅速查明产生偏差的原因，同时立刻采取有效措施，使偏差缩小或恢复正常。在生产作业进度计划和实际生产作业进度之间产生偏差的主要原因分为计划原因和执行原因两个方面，请看大屏幕。

生产作业进度计划与实际生产作业进度产生偏差的原因列表

计划原因	执行原因
1. 需求突然变化或预测不准	1. 生产设备或工具突然发生故障
2. 产品设计和工艺频繁更改	2. 动力供应和厂外运输突然中断
3. 生产能力平衡资料不准	3. 生产作业人员缺勤

（续）

计划原因	执行原因
4. 生产技术准备工作安排失误	4. 生产计划之外的大量废次品
5. 期量标准不准确	5. 材料、产品的散失和损坏变质
6. 劳动定额不准确	6. 对已发生的偏差处理迟缓造成生产中断
7. 没有落实外购外协计划	7. 生产环节之间衔接发生混乱
8. 库存控制指标不合理	8. 生产作业进度控制方法错误
9. 生产作业进度计划衔接失误	9. 随便更改生产作业指令造成失误
10. 生产设备、工具维护检修计划失误	10. 过量消耗中间库存

（3）处理差距

讲解：由于计划原因和执行原因，导致在计划和执行的结果之间产生了偏差。生产调度人员应视其原因和偏差的程度，积极采取措施迅速纠正。一般来说，作业控制所面临的偏差主要表现为进度落后和产量不足。因此，调整和消除偏差的关键是对延迟采取的措施。对进度落后可采取三种控制方法，请看大屏幕。

控制进度落后的方法列表

方法	在计划中预先留有余地	运用控制手段，设法使延迟恢复正常	消灭和减少产生延迟的原因
措施	1. 保持一定数量的在制品库存，以及原材料和产成品库存	调整作业分配，抽调其他环节的人员支持先进环节	改进操作方法或工具夹，提高生产效率
	2. 备有可替代的机器设备	改变作业先后顺序，把交货期余地较大的作业推后	加强质量控制，减少残次品
	3. 配备后备作业人员，培养多能工	安排加班	加强设备维护保养，提高计划维修水平
	4. 留出机动工作日或工时	与外协厂商配合	加强原材料、零部件的验收
	5. 在关键工序留出一定的余地	向其他车间求援，辅助生产车间	加强对上道工序的检查
	6. 在设备利用率或生产定额上留有余地	返修加工不合格的工件	加强工位器具管理，普遍采用标准化和数量固定化的现金工位器具
	7. 安排短周期的生产进度，可以减少在制品的占用量	—	—

（续）

讲解：下面请大家讨论一下，除了上述我们列举的这些方法外，在你们的实际工作中，还有其他方法可以控制生产进度吗？ （略）

4. 单元收尾设计

单元收尾设计
1. 时间：5 分钟。 2. 所需资源：电脑、投影仪。 3. 授课方法：讲授法。 4. 单元收尾 **收尾语**：略

5.2 7 大 QC 工具应用技能训练

5.2.1 “7 大 QC 工具应用技能训练”课程整体设计

1. 课程基本信息

课程基本信息			
课程代码	140102	**课程名称**	7 大 QC 工具应用技能训练
课程类别	质量管理类	**培训对象**	生产质量管理人员
先修课程	质量管理基础类	**授课时间**	15 小时
课程开发人	孙 × ×	**课程批准人**	李 × ×

2. 课程目标

（1）知识目标

“7 大 QC 工具应用技能训练”课程的知识目标主要有 7 个，如图 5-6 所示。

知识目标1	熟知检查表的基本概念、应用程序、适用范围以及应用注意事项
知识目标2	熟知鱼骨图的基本概念、应用程序、适用范围以及应用注意事项
知识目标3	熟知帕累托图的基本概念、应用程序、适用范围以及应用注意事项
知识目标4	熟知层别图的基本概念、应用程序、适用范围以及应用注意事项
知识目标5	熟知直方图的基本概念、应用程序、适用范围以及应用注意事项
知识目标6	熟知散点图的基本概念、应用程序、适用范围以及应用注意事项
知识目标7	熟知控制图的基本概念、应用程序、适用范围以及应用注意事项

图5-6 “7大QC工具应用技能训练”课程的知识目标

（2）能力目标

“7大QC工具应用技能训练”课程的能力目标主要有7个，如图5-7所示。

能力目标1	根据检查表应用注意事项，灵活运用检查表
能力目标2	根据鱼骨图应用注意事项，灵活运用鱼骨图
能力目标3	根据帕累托图应用注意事项，灵活运用帕累托图
能力目标4	根据层别图应用注意事项，灵活运用层别图
能力目标5	根据直方图应用注意事项，灵活运用直方图
能力目标6	根据散点图应用注意事项，灵活运用散点图
能力目标7	根据控制图应用注意事项，灵活运用控制图

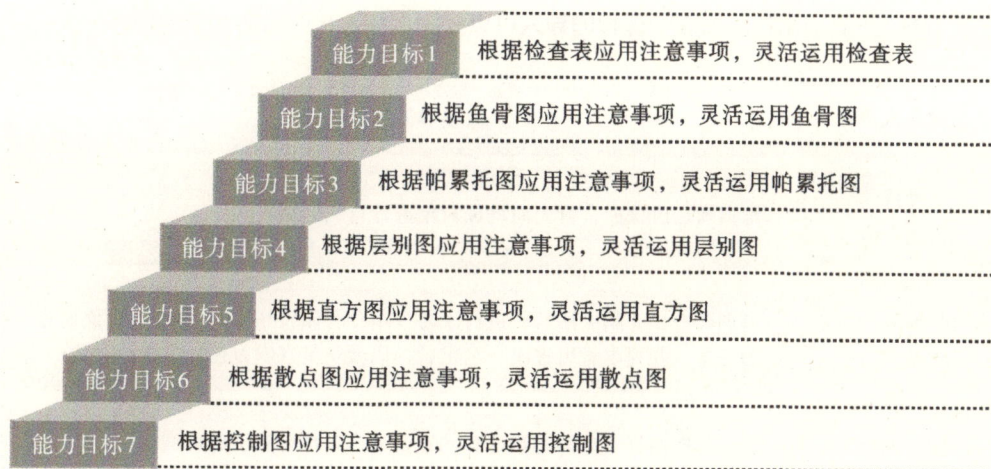

图5-7 “7大QC工具应用技能训练”课程的能力目标

3. 课程内容单元

“7大QC工具应用技能训练”的课程内容单元如图5-8所示。

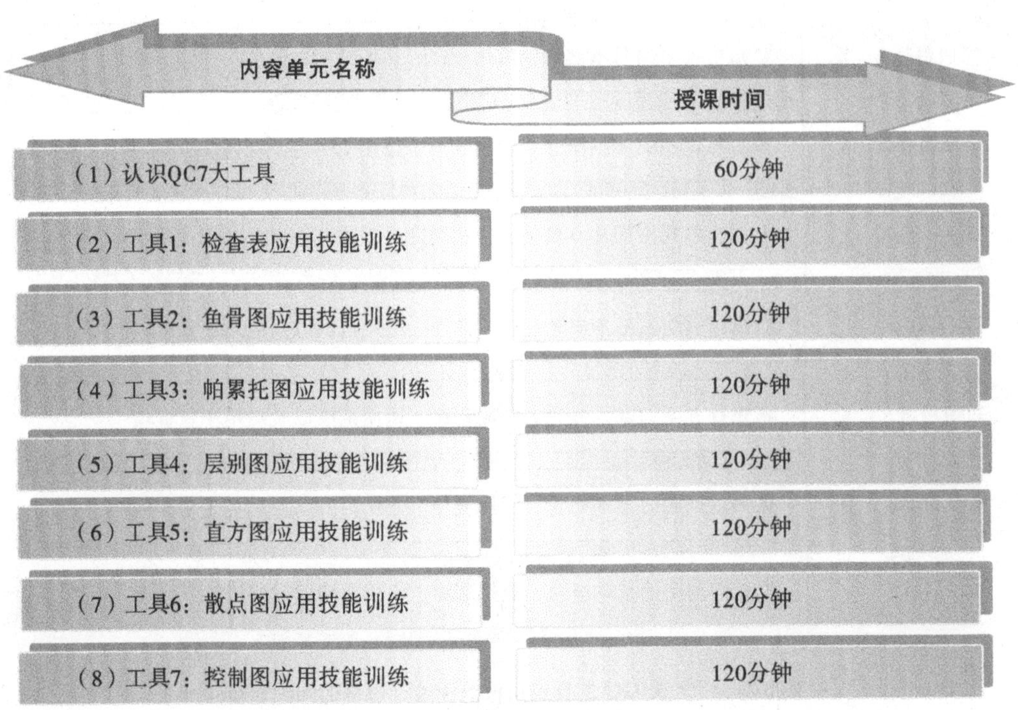
内容单元名称
授课时间
（1）认识QC7大工具
60分钟
（2）工具1：检查表应用技能训练
120分钟
（3）工具2：鱼骨图应用技能训练
120分钟
（4）工具3：帕累托图应用技能训练
120分钟
（5）工具4：层别图应用技能训练
120分钟
（6）工具5：直方图应用技能训练
120分钟
（7）工具6：散点图应用技能训练
120分钟
（8）工具7：控制图应用技能训练
120分钟

图 5-8 “7 大 QC 工具应用技能训练”课程内容单元

4. 课程导入设计

“7 大 QC 工具应用技能训练”课程的导入可以按照如图 5-9 所示的 4 个步骤进行。

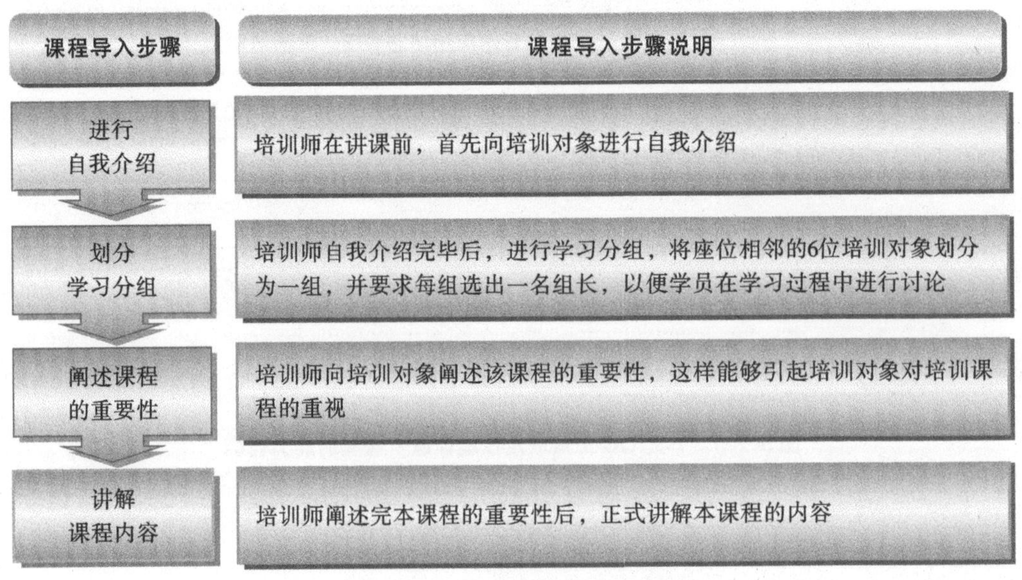
课程导入步骤
课程导入步骤说明
进行自我介绍
培训师在讲课前，首先向培训对象进行自我介绍
划分学习分组
培训师自我介绍完毕后，进行学习分组，将座位相邻的6位培训对象划分为一组，并要求每组选出一名组长，以便学员在学习过程中进行讨论
阐述课程的重要性
培训师向培训对象阐述该课程的重要性，这样能够引起培训对象对培训课程的重视
讲解课程内容
培训师阐述完本课程的重要性后，正式讲解本课程的内容

图 5-9 “7 大 QC 工具应用技能训练”课程导入步骤

5. 课程评价设计

对“7大QC工具应用技能训练”课程的评价可以采用如图5-10所示的两种方法。

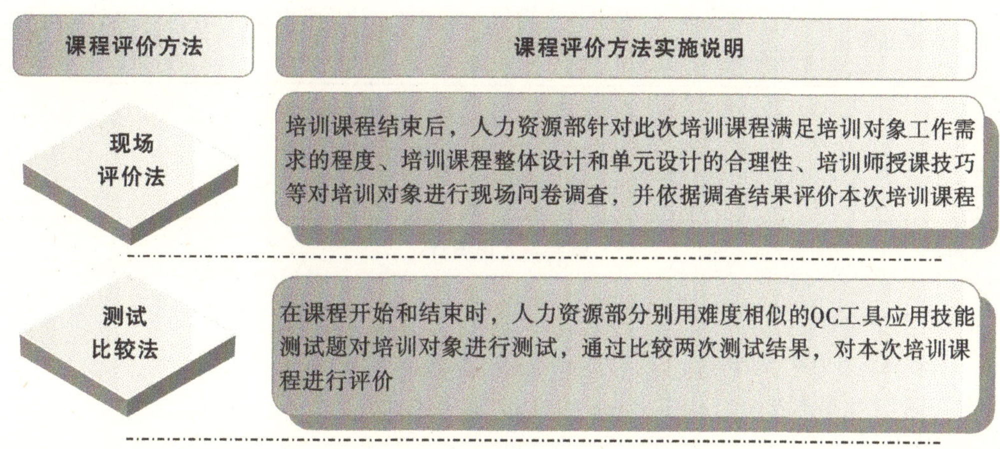
课程评价方法
课程评价方法实施说明
现场
评价法
培训课程结束后，人力资源部针对此次培训课程满足培训对象工作需求的程度、培训课程整体设计和单元设计的合理性、培训师授课技巧等对培训对象进行现场问卷调查，并依据调查结果评价本次培训课程
测试
比较法
在课程开始和结束时，人力资源部分别用难度相似的QC工具应用技能测试题对培训对象进行测试，通过比较两次测试结果，对本次培训课程进行评价

图5-10 “7大QC工具应用技能训练”课程评价方法

5.2.2 “7大QC工具应用技能训练”单元开发设计

“7大QC工具应用技能训练”课程共有8个内容单元，其主要培训对象是生产质量管理人员。本节介绍“工具3：帕累托图应用技能训练”单元的开发设计。

1. 单元基本信息

单元基本信息		
单元名称		工具3：帕累托图应用技能训练
培训对象		生产质量管理人员
授课时间		120分钟
授课目标	知识目标	1. 熟知帕累托图的基本概念 2. 列举帕累托图的适用范围 3. 阐述帕累托图的使用程序 4. 熟知帕累托图的应用注意事项
	能力目标	根据帕累托图的使用程序和应用注意事项，能够独立应用帕累托图分析企业生产质量问题

（续）

授课方法	讲授法、案例分析法
授课工具	电脑、投影仪、写字笔、写字板以及活页挂图
能力训练任务	培训师提供一个生产企业质量问题案例，让培训对象运用 QC 工具分析或解决该问题

2. 单元导入语设计

单元导入语设计

1. 时间：5 分钟。
2. 所需资源：电脑、投影仪。
3. 授课方法：讲授法。
4. 单元导入

导入语：古语云："工欲善其事，必先利其器。"对于生产质量管理人员来说，要找出影响产品质量问题的主要因素，我们首先要学会使用相关的 QC 工具。上一个单元我们学习了鱼骨图，接下来我们要学习帕累托图。

3. 单元主体内容设计

单元主体内容设计

一、认识帕累托图

1. 时间：30 分钟。
2. 所需资源：电脑、投影仪、写字笔、写字板和活页挂图。
3. 授课方法：讲授法。
4. 授课内容

（1）什么是帕累托图

讲解：帕累托图法又称排列图法、主次因素分析图法，是将某一期间收集的质量数据按照影响质量的各种原因分类，计算各因素对质量的影响程度，并按照大小顺序对影响质量的各因素进行排列，以便分清主次因素的一种方法。

（2）帕累托图的由来

讲解：帕累托图的演进过程，请大家看大屏幕。

（续）

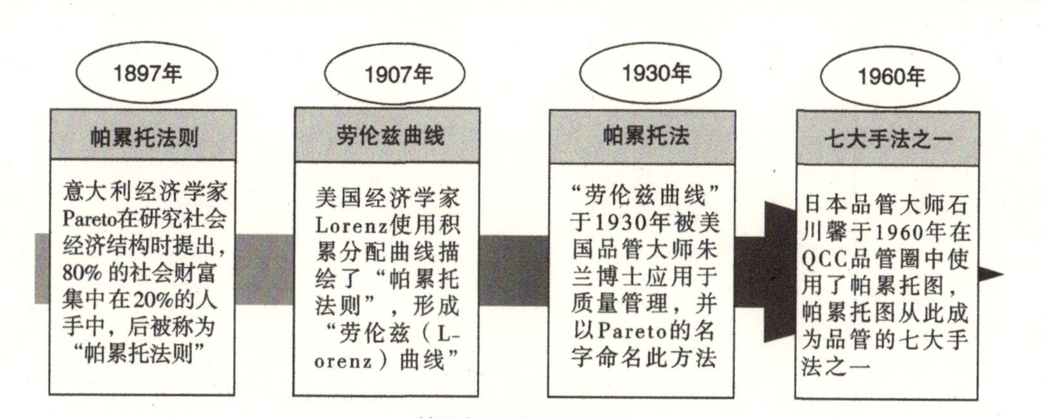
1897年
帕累托法则
意大利经济学家Pareto在研究社会经济结构时提出，80%的社会财富集中在20%的人手中，后被称为“帕累托法则”
1907年
劳伦兹曲线
美国经济学家Lorenz使用积累分配曲线描绘了“帕累托法则”，形成“劳伦兹（Lorenz）曲线”
1930年
帕累托法
“劳伦兹曲线”于1930年被美国品管大师朱兰博士应用于质量管理，并以Pareto的名字命名此方法
1960年
七大手法之一
日本品管大师石川馨于1960年在QCC品管圈中使用了帕累托图，帕累托图从此成为品管的七大手法之一

帕累托图的演进过程

（3）帕累托图的分类

讲解：帕累托图可用于分析现象和原因，具体分类和应用范围请大家看大屏幕。

帕累托图分类和主要用途一览表

分类	特点	适用问题
分析现象用帕累托图	这种帕累托图与不良结果有关，用于发现主要问题	品质：不合格、故障、顾客抱怨、退货、维修等
		成本：损失总数、费用等
		交货期：存货短缺、付款违约、交期拖延
		安全：发生事故、出现差错等
分析原因用帕累托图	这种帕累托图与过程因素有关，用于发现主要问题	操作者：班次、组别、年龄、经验等
		设备：机器、工具、模具、仪器等
		原材料：制造商、工厂、批次、种类等
		作业方法：作业环境、工序先后、作业安排等

（4）帕累托图的形式

讲解：帕累托图用双直角坐标系表示，左边纵坐标表示频数，右边纵坐标表示百分比，分析线表示累积百分比，横坐标表示影响质量的各项因素，按影响程度的大小（即出现频数多少）从左到右排列。通过对帕累托图的观察分析可以抓住影响质量的主要因素。帕累托图的基本形式请大家看大屏幕。

（续）

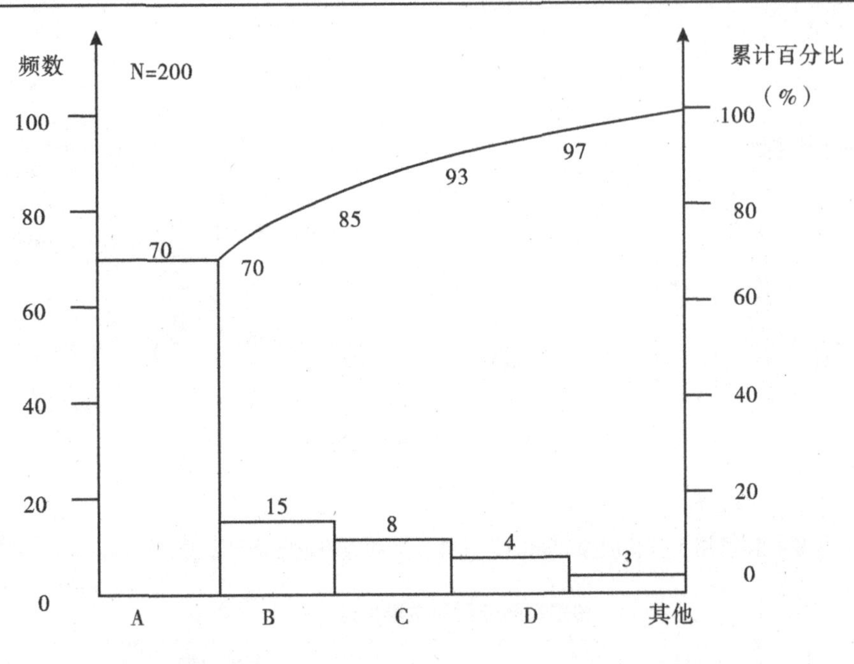
频数
N=200
累计百分比
（%）
100
80
60
40
20
0
70
15
8
4
3
70
85
93
97
A
B
C
D
其他

帕累托图的基本形式

二、帕累托图的适用范围

1. 时间：15 分钟。
2. 所需资源：电脑、投影仪、写字笔、写字板和活页挂图。
3. 授课方法：讲授法。
4. 授课内容

讲解：帕累托图主要应用在 4 个方面，请看大屏幕。

帕累托图适用范围

1. 作为降低不良率的依据

适用于计数值统计中，分析少数的关键因素及多数的有用因素。

2. 确定改善目标

任何不良问题都可以用帕累托图进行分析，以确定改善的目标。

3. 确认改善效果

将改良前后的帕累托图进行对比，可以确认问题改善的效果。

4. 发掘现场的重要问题点

将结果或者要因的数据加以分类并绘制帕累托图，以找出少数的关键要因。

（续）

三、帕累托图的使用程序

1. 时间：15 分钟。
2. 所需资源：电脑、投影仪、写字笔、写字板和活页挂图。
3. 授课方法：讲授法。
4. 授课内容

讲解：现在，大家对帕累托图有所了解了，下面我们了解一下帕累托图的使用程序，大家按照这个程序操作，就会得到相应的结果。

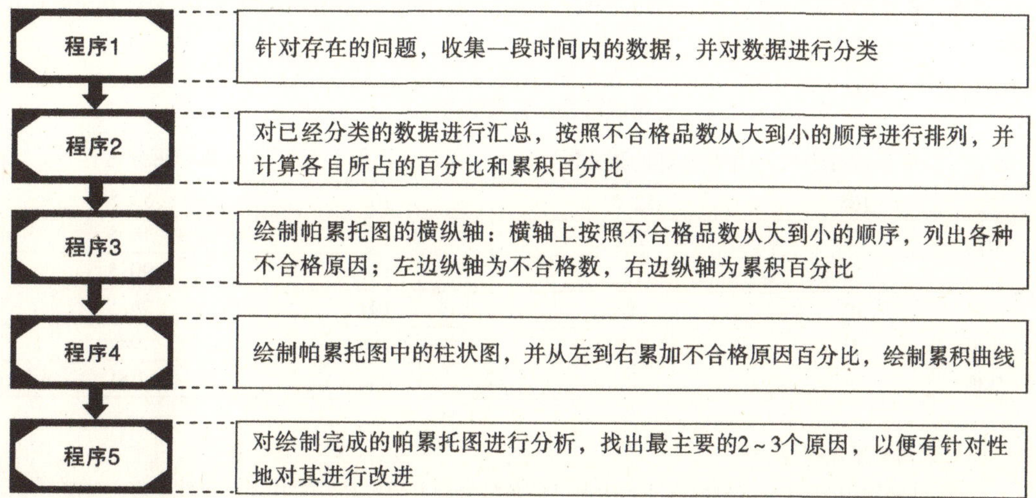
程序1
针对存在的问题，收集一段时间内的数据，并对数据进行分类
程序2
对已经分类的数据进行汇总，按照不合格品数从大到小的顺序进行排列，并计算各自所占的百分比和累积百分比
程序3
绘制帕累托图的横纵轴：横轴上按照不合格品数从大到小的顺序，列出各种不合格原因；左边纵轴为不合格数，右边纵轴为累积百分比
程序4
绘制帕累托图中的柱状图，并从左到右累加不合格原因百分比，绘制累积曲线
程序5
对绘制完成的帕累托图进行分析，找出最主要的2～3个原因，以便有针对性地对其进行改进

帕累托图使用程序

四、帕累托图应用案例

1. 时间：30 分钟。
2. 所需资源：电脑、投影仪、写字笔、写字板和活页挂图。
3. 授课方法：讲授法、案例分析法。
4. 授课内容

（1）案例背景

讲解：某电子器械制造厂在 2011 年年初出现了大批报废电阻。为了降低废品率，工厂专门组建了问题解决小组。该小组决定利用帕累托图法对电阻次品进行分析，以便找出主要原因。

（2）统计相关数据

讲解：问题解决小组从 2011 年年初的报废电阻中抽取了 200 件进行分析，编制电阻废品分项统计表，并进行简单分析，具体内容请大家看大屏幕。

（续）

电阻废品分项统计表

项目	废品数（个）	占废品总数的百分比（%）
脏污	24	12
划伤	52	26
变形	5	2
脱漆	105	52. 5
焊接	10	5
其他	4	2

讲解：将分类的数据进行汇总，按由多到少的顺序进行排序，并计算累积百分比，具体排序请看大屏幕。

电阻废品分项累积统计表

项目	废品数（个）	占废品总数的百分比（%）	累积废品数（个）	累积百分比（%）
脱漆	105	52. 5	105	52. 5
划伤	52	26	157	78. 5
脏污	24	12	181	90. 5
焊接	10	5	191	95. 5
变形	5	2. 5	196	98
其他	4	2	200	100

（3）绘制帕累托图

讲解：根据电阻废品分项累积统计表中汇总的数据绘制电阻废品帕累托图，具体请看大屏幕。

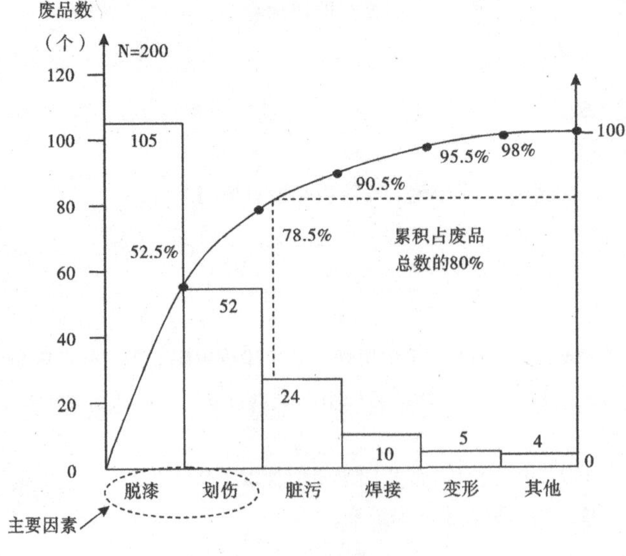
废品数
（个）
N=200
120
100
80
60
40
20
0
105
52
24
10
5
4
0
100
52.5%
78.5%
90.5%
95.5%
98%
累积占废品
总数的80%
脱漆
划伤
脏污
焊接
变形
其他
主要因素

电阻废品帕累托图

（续）

（4）分析帕累托图

讲解：我们根据绘制出的帕累托图，可以得出三条结论，请看大屏幕。

分析结论

1. 从电阻废品帕累托图中可以看出，脱漆和划伤占废品总数的78.5%，这两项是目前问题最大的项目，我们可以用鱼骨图等工具对这两项不良进行原因分析。
2. 确定项目改善负责人以及完工期限，争取在两个月内将脱漆、划伤产品的比例降下来。
3. 改善之后需再作帕累托图进行对比，总结改善的成果。

电阻废品帕累托图分析结论

五、帕累托图使用注意事项

1. 时间：20 分钟。
2. 所需资源：电脑、投影仪、写字笔、写字板和活页挂图。
3. 授课方法：讲授法。
4. 授课内容

讲解：我们在应用帕累托图时，应注意六个方面的问题，请看大屏幕。

1. 帕累托图的分类项目不能太多或太少，5～9 项比较合适。当划分的类别过少时，帕累托图便会失去意义；当数据类别大于 9 项时，可将不重要项目归为其他类，其他类的项目如果大于前几项，则必须加以分析甄别。

2. 使用帕累托图时，各项目的分配比例不能够相近或者相似。当各项的分配比例相近时，帕累托图便失去了意义，应从其他角度收集数据再做分析。

3. 如果数据类别已经很清楚，则无需再使用帕累托图。

4. 分析帕累托图时，一般只需重点分析前面 2～3 项即可得到想要的结果。

5. 对确定的主要因素采取措施后，还可重新绘制帕累托图对比实施前后的效果。

6. 帕累托图可以和鱼骨图结合运用，以确认要因。

帕累托图使用注意事项

4. 单元收尾设计

单元收尾设计
1. 时间：5 分钟。 2. 所需资源：电脑、投影仪。 3. 授课方法：讲授法。 4. 单元收尾 **收尾语**：到此为止，我们学习完了帕累托图，下面请大家回顾一下我们本单元学到的知识。……最后，衷心感谢大家的积极参与。

5.3 金牌班组长 7 项修炼

5.3.1 "金牌班组长 7 项修炼"课程整体设计

1. 课程基本信息

课程基本信息			
课程代码	130102	**课程名称**	金牌班组长 7 项修炼
课程类别	生产管理类	**培训对象**	生产班组长
先修课程	无	**授课时间**	24 小时
课程开发人	赵 × ×	**课程批准人**	辛 × ×

2. 课程目标

(1) 知识目标

"金牌班组长 7 项修炼"课程的知识目标主要有 8 个，如图 5-11 所示。

(2) 能力目标

"金牌班组长 7 项修炼"课程的能力目标主要有 7 个，如图 5-12 所示。

知识目标1	熟知班组长的基本管理角色
知识目标2	复述班组生产计划的编制方法和注意事项
知识目标3	复述现场管理的实施方法和技巧，如现场设备、现场材料的管理方法和技巧
知识目标4	复述质量管理的方法和技巧
知识目标5	复述班组成本管理方法和技巧
知识目标6	列举现场安全管理的方法和措施
知识目标7	熟知班组管理方法和技巧，如激励班组成员的技巧
知识目标8	熟知班组长自我管理技巧和工具，如时间管理矩阵、沟通和职业规划技巧等

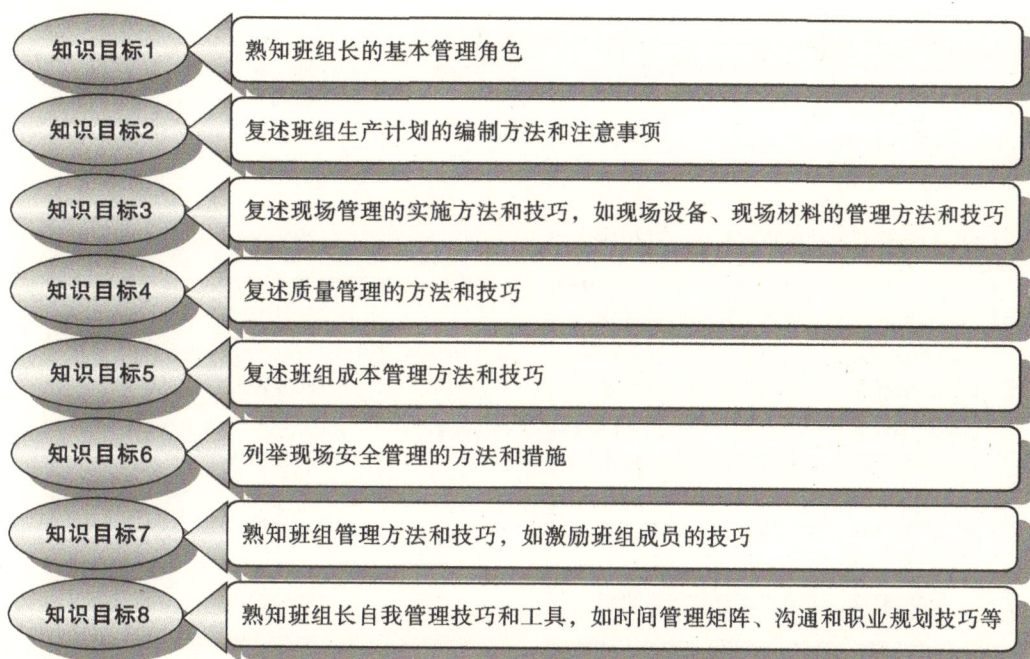

图 5-11 “金牌班组长 7 项修炼”课程的知识目标

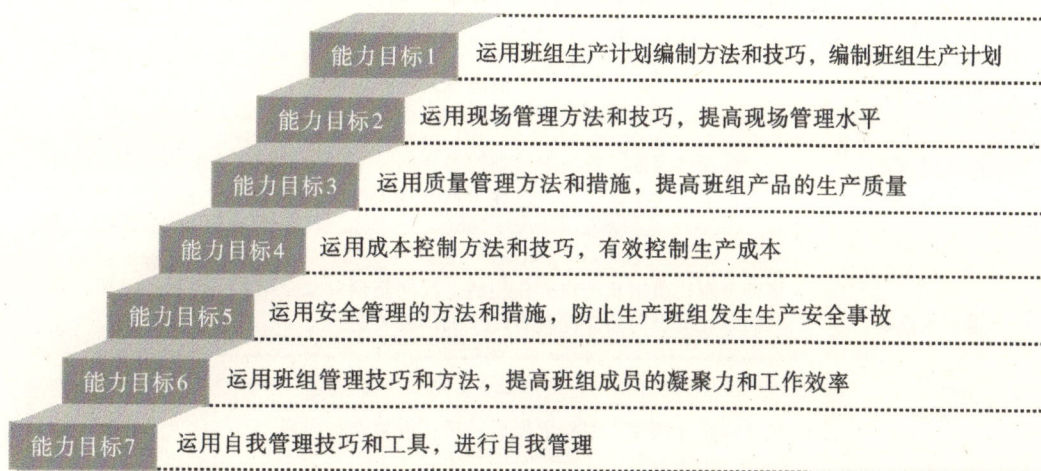

能力目标1	运用班组生产计划编制方法和技巧，编制班组生产计划
能力目标2	运用现场管理方法和技巧，提高现场管理水平
能力目标3	运用质量管理方法和措施，提高班组产品的生产质量
能力目标4	运用成本控制方法和技巧，有效控制生产成本
能力目标5	运用安全管理的方法和措施，防止生产班组发生生产安全事故
能力目标6	运用班组管理技巧和方法，提高班组成员的凝聚力和工作效率
能力目标7	运用自我管理技巧和工具，进行自我管理

图 5-12 “金牌班组长 7 项修炼”课程的能力目标

3. 课程内容单元

“金牌班组长 7 项修炼”课程的内容单元如图 5-13 所示。

4. 课程导入设计

“金牌班组长 7 项修炼”课程的导入可以按照如图 5-14 所示的 3 个步骤进行。

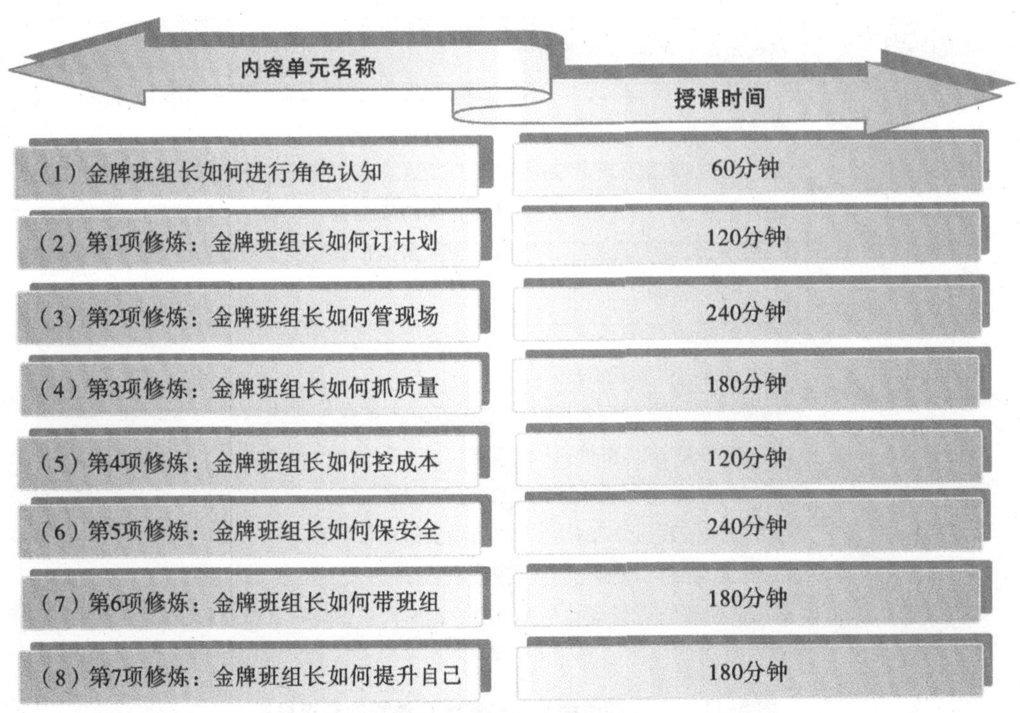
内容单元名称
授课时间
（1）金牌班组长如何进行角色认知
60分钟
（2）第1项修炼：金牌班组长如何订计划
120分钟
（3）第2项修炼：金牌班组长如何管现场
240分钟
（4）第3项修炼：金牌班组长如何抓质量
180分钟
（5）第4项修炼：金牌班组长如何控成本
120分钟
（6）第5项修炼：金牌班组长如何保安全
240分钟
（7）第6项修炼：金牌班组长如何带班组
180分钟
（8）第7项修炼：金牌班组长如何提升自己
180分钟

图 5-13 “金牌班组长 7 项修炼”课程内容单元

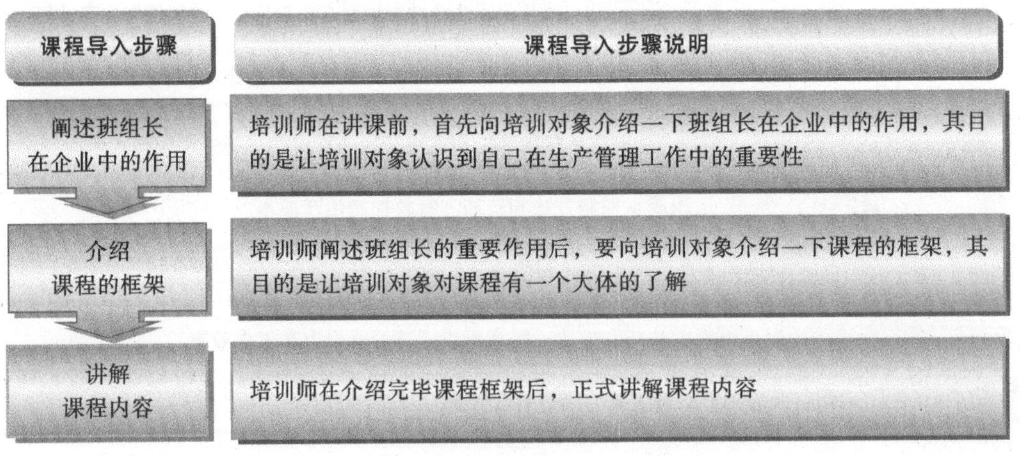
课程导入步骤
课程导入步骤说明
阐述班组长在企业中的作用
培训师在讲课前，首先向培训对象介绍一下班组长在企业中的作用，其目的是让培训对象认识到自己在生产管理工作中的重要性
介绍课程的框架
培训师阐述班组长的重要作用后，要向培训对象介绍一下课程的框架，其目的是让培训对象对课程有一个大体的了解
讲解课程内容
培训师在介绍完毕课程框架后，正式讲解课程内容

图 5-14 “金牌班组长 7 项修炼”课程导入步骤

5. 课程评价设计

对“金牌班组长 7 项修炼”课程的评价可以采用如图 5-15 所示的 3 种方法。

课程评价方法	课程评价方法实施说明
现场评价法	培训课程结束后，人力资源部对此次培训课程满足班组长工作需求的程度、培训课程目标的实现情况、培训师的授课技巧等进行现场问卷调查，并依据调查结果评价本次培训课程
观察比较法	培训课程结束1个月后，人力资源部管理人员或车间主任观察班组长的现场管理能力、质量管理能力、安全管理能力、成本管理能力等是否有所提高，依据提高程度评价本次培训课程
收益分析公式	培训结束6个月后，企业人力资源部根据培训收益分析公式计算企业的培训收益，定量地评价本次培训课程

图 5-15 “金牌班组长 7 项修炼”课程评价方法

5.3.2 “金牌班组长 7 项修炼”单元开发设计

“金牌班组长 7 项修炼”课程的主要培训对象是生产型企业的生产班组长。本节介绍“第 5 项修炼：金牌班组长如何保安全”单元的开发设计。

1. 单元基本信息

单元基本信息		
单元名称		第 5 项修炼：金牌班组长如何保安全
培训对象		生产班组长
授课时间		240 分钟
授课目标	知识目标	1. 熟知生产班组长应具有的安全意识 2. 熟知班组成员安全意识教育方法、安全知识教育内容和方法、安全技能教育方法 3. 列举设备安全防护措施 4. 列举危险材料的类别以及控制危险材料的有效措施 5. 熟知 5S 内容以及实施操作要点
	能力目标	1. 运用安全教育方法，提高班组成员的安全意识、安全知识水平和安全技能 2. 运用设备安全防护措施，预防设备安全事故的发生 3. 运用控制危险材料的措施，预防危险材料安全事故的发生 4. 根据 5S 实施操作要点，实施班组 5S 活动

（续）

授课方法	讲授法、案例分析法、游戏培训法
授课工具	电脑、投影仪、写字笔、写字板以及活页挂图
能力训练任务	根据自己所在企业班组的实际情况，写一份《班组5S活动实施方案》

2. 单元导入语设计

单元导入语设计

1. 时间：20分钟。

2. 所需资源：电脑、投影仪、写字笔、写字板和活页挂图。

3. 授课方法：讲授法。

4. 单元导入

导入语：生产班组是生产型企业的重要组成部分，班组长在组织班组安全生产的过程中，起着至关重要的作用。下面请大家做一下安全管理能力测试，看看你的安全管理能力如何？具体题目请看大屏幕。

安全管理能力测试

测试填写说明：

1. 在下面每个方格中都有一个安全管理能力描述，你要针对该项能力做出两种评价。左方为"重要度"评价，它表示这项能力对于班组长工作的重要程度；右方为"熟练度"评价，它表示班组长对这项能力掌握的熟练程度。重要度和熟练评价均分为5级，具体每个等级所表示的含义如下所示。

1——非常低；2——低；3——平均；4——高；5——非常高

2. 请你在每个选项中所选择的方格中打"√"。如你认为某项能力对你现在的工作不重要，且你认为自己的熟练度为普通，您的选择就是这样的：

重要度

1√	2	3	4	5

熟练度

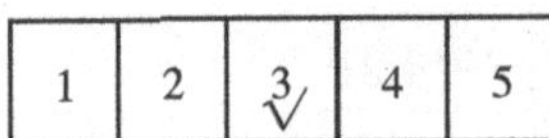

1	2	3√	4	5

1. 对安全意识的引导能力

⊙ 善于发现班组成员在工作中出现的轻视心理，并及时对其进行教育。

⊙ 善于发现班组成员在工作中出现的麻痹心理，并及时对其进行教育。

⊙ 善于发现班组成员在工作中出现的侥幸心理，并及时对其进行教育。

重要度

1	2	3	4	5

熟练度

1	2	3	4	5

（续）

2. 对安全意识的指导能力

◎ 有较强的观察力，善于发现班组成员在工作中的不良状态，并及时与其沟通。

◎ 对班组成员的工作情绪有较强的捕捉力，并根据实际情况适当调节班组成员的工作内容，并给予悉心的指导。

重要度

1	2	3	4	5

熟练度

1	2	3	4	5

3. 对安全教育的指导能力

◎ 有效指导班组成员学习安全管理制度和操作规程，并将之准确地应用到实际操作中。

◎ 有较高的组织能力，组织班组成员利用圈会的方式参与安全管理。

◎ 引导班组成员在安全学习过程中积极提出问题，班组长应及时给予解答。

重要度

1	2	3	4	5

熟练度

1	2	3	4	5

4. 对设备操作安全管理的控制能力

◎ 让每一位班组成员了解设备的危险所在，并指导他们利用目视法发现生产区域内存在的安全隐患。

◎ 建立抽检表，随时对班组成员是否按照标准操作进行监督。

◎ 一旦发现班组成员有违规操作现象，及时进行教育和纠正。

重要度

1	2	3	4	5

熟练度

1	2	3	4	5

5. 对危险材料的安全管理能力

◎ 激发班组成员学习操作规程和《化学品安全说明书》（MSDS）的兴趣。

◎ 在工作中，对班组成员进行有效的说明示范以及指导等。

◎ 让班组成员先学习，然后自己练习，练习合格后才可以进行独立操作。

重要度

1	2	3	4	5

熟练度

1	2	3	4	5

6. 对现场安全环境的管理能力

◎ 了解现场环境安全管理的重要性，关注现场环境中不安全的事项。

◎ 指导班组成员如何运用5S方法进行整顿和清扫工作。

◎ 让班组成员运用5S的方法改善自己的工作环境。

重要度

1	2	3	4	5

熟练度

1	2	3	4	5

（续）

测试结论说明：

做完测试后，你需要优先关注的能力是那些“重要度”高而“熟练度”低的能力。尤其是那些“重要度”与“熟练度”间隔6格以上（包括6格）的能力。

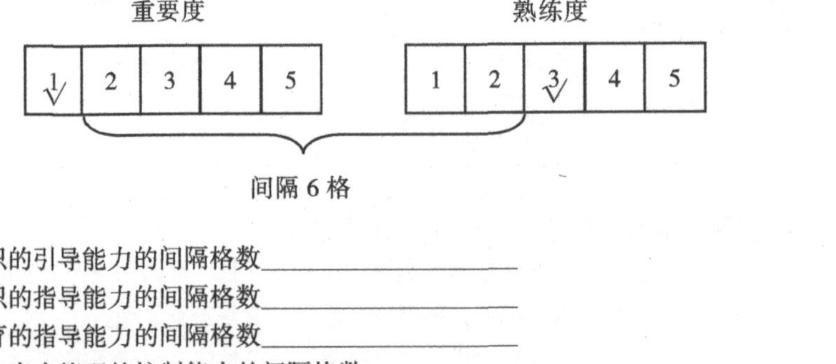
重要度
1 √
2
3
4
5
熟练度
1
2
3 √
4
5
间隔6格

1. 对安全意识的引导能力的间隔格数________________
2. 对安全意识的指导能力的间隔格数________________
3. 对安全教育的指导能力的间隔格数________________
4. 对设备操作安全管理的控制能力的间隔格数________________
5. 对危险材料的安全管理能力的间隔格数________________
6. 对现场安全环境的管理能力的间隔格数________________

3. 单元主体内容设计

单元主体内容设计

一、班组长自身安全意识要树立

1. 时间：25分钟。
2. 所需资源：电脑、投影仪、写字笔、写字板和活页挂图。
3. 授课方法：讲授法、案例分析法。
4. 授课内容

讲解：首先，请大家看一下大屏幕上的小故事。你们可以从这个案例中得到哪些启示。

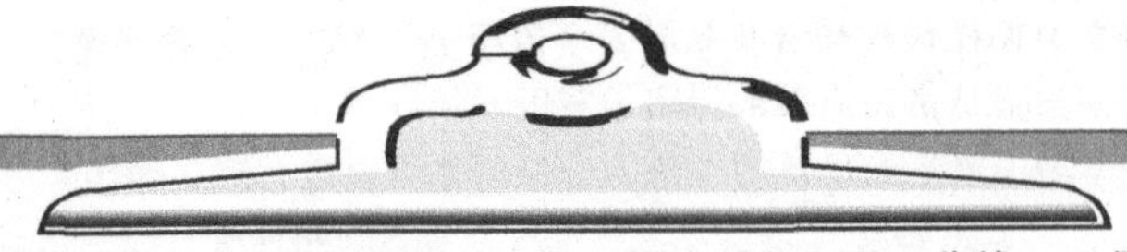

一天，一位退休的老会计去银行取款时，发现他的利息少了5分钱。于是，他跑到柜台向营业员询问。

当他询问柜台营业员时，营业员一脸不屑的表情，感觉这个老头真是小题大做。当老会计找到行长时，行长把他当成了外星人；最终，执著的老会计请了律师状告这家银行。

当法院调查审理这起案件的时候，总行的专业人员对工资账户进行了核算，发现每个账户都少了5分钱。按一天5万笔业务计算的话，一天下来就是2500元。终于，那位利用高科技行窃的人落入了法网。老会计的“较真儿”，为储户挽回了损失。

“较真儿”的案例

（续）

讲解：在很多人的眼里，少了这5分钱并不会有多么大的损失，可是很多生产安全事故或意外都源于我们对这些小问题的轻视。生产安全管理工作正需要这样一种较真儿的精神。只要我们能把这种对问题刨根问底、高度负责的精神应用到安全管理工作中去，就能使我们的安全生产形势大为改观。因此，我们作为班组的负责人一定要树立起“生命第一，高度负责”的意识，只有班组长具备这种意识才能指导和带领好其他班组成员，才能消除各种安全隐患，才能保证班组安全生产。

二、班组成员安全教育要到位

1. 时间：60分钟。

2. 所需资源：电脑、投影仪、写字笔、写字板和活页挂图。

3. 授课方法：讲授法。

4. 授课内容

讲解：班组是生产型企业最小的单位组织，是企业安全生产的直接责任部门，也是避免安全事故的前沿阵地，班组长就是前沿阵地的指挥官。因此，班组长一定要将班组成员的安全教育工作做到位。

（1）安全意识教育

讲解：班组长开展班组成员安全意识教育的主要目的是使班组成员尽可能自觉地运用安全技能，搞好安全生产。作为一名生产一线人员，除了应掌握和熟悉生产安全知识外，还要增强自我保护意识，从被动的“要我安全”变为主动的“我要安全”，进一步达到“我懂安全”“我会安全”“我管安全”的意识水平。那么，班组长如何对班组成员进行安全意识教育呢？请看大屏幕。

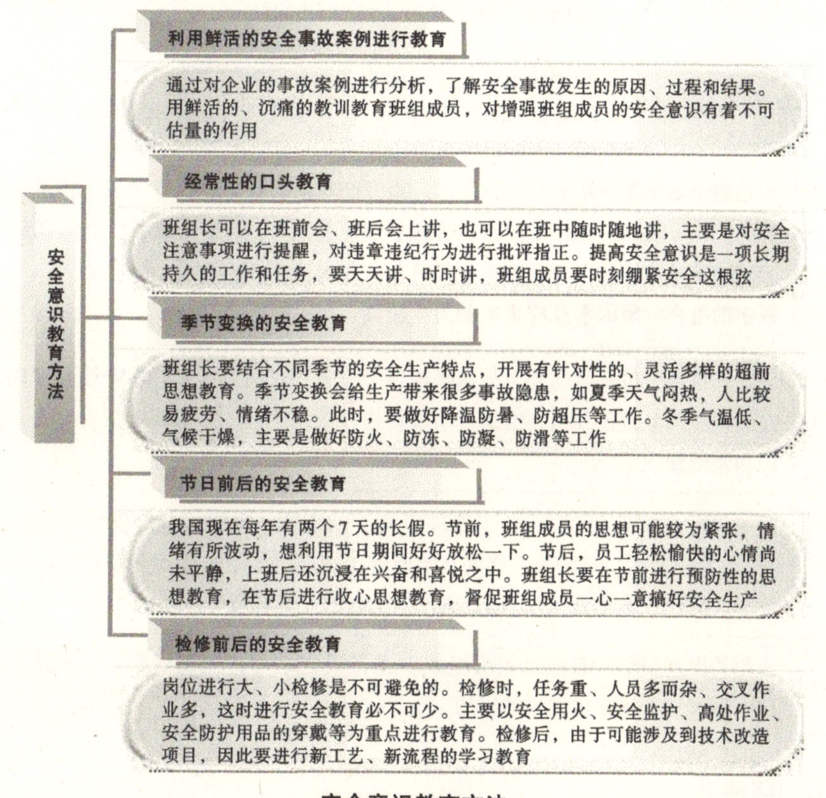
安全意识教育方法
利用鲜活的安全事故案例进行教育
通过对企业的事故案例进行分析，了解安全事故发生的原因、过程和结果。用鲜活的、沉痛的教训教育班组成员，对增强班组成员的安全意识有着不可估量的作用
经常性的口头教育
班组长可以在班前会、班后会上讲，也可以在班中随时随地讲，主要是对安全注意事项进行提醒，对违章违纪行为进行批评指正。提高安全意识是一项长期持久的工作和任务，要天天讲、时时讲，班组成员要时刻绷紧安全这根弦
季节变换的安全教育
班组长要结合不同季节的安全生产特点，开展有针对性的、灵活多样的超前思想教育。季节变换会给生产带来很多事故隐患，如夏季天气闷热，人比较易疲劳、情绪不稳。此时，要做好降温防暑、防超压等工作。冬季气温低、气候干燥，主要是做好防火、防冻、防凝、防滑等工作
节日前后的安全教育
我国现在每年有两个7天的长假。节前，班组成员的思想可能较为紧张，情绪有所波动，想利用节日期间好好放松一下。节后，员工轻松愉快的心情尚未平静，上班后还沉浸在兴奋和喜悦之中。班组长要在节前进行预防性的思想教育，在节后进行收心思想教育，督促班组成员一心一意搞好安全生产
检修前后的安全教育
岗位进行大、小检修是不可避免的。检修时，任务重、人员多而杂、交叉作业多，这时进行安全教育必不可少。主要以安全用火、安全监护、高处作业、安全防护用品的穿戴等为重点进行教育。检修后，由于可能涉及到技术改造项目，因此要进行新工艺、新流程的学习教育

安全意识教育方法

（续）

（2）安全知识教育

讲解：班组长对班组成员进行安全知识教育应采用什么方法呢？下面我们一起来学习一下。

①安全知识教育内容

讲解：班组的安全知识教育内容一般分为4部分，请看大屏幕。

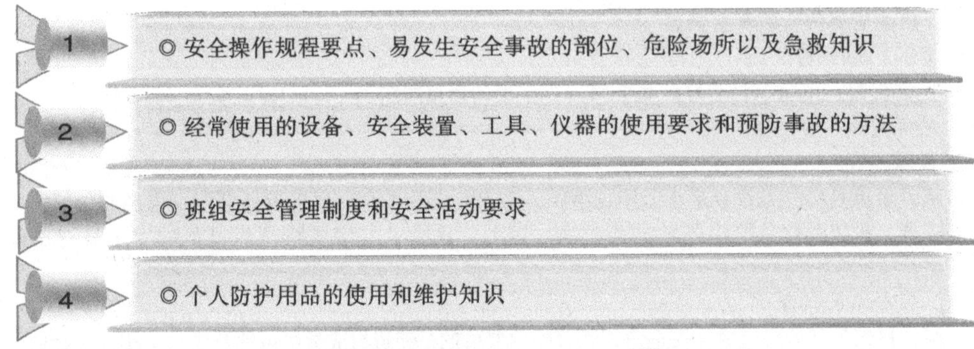
1
◎ 安全操作规程要点、易发生安全事故的部位、危险场所以及急救知识
2
◎ 经常使用的设备、安全装置、工具、仪器的使用要求和预防事故的方法
3
◎ 班组安全管理制度和安全活动要求
4
◎ 个人防护用品的使用和维护知识

安全知识教育内容

②安全知识教育方法

讲解：我们经常采用的安全知识教育方法有4种，请看大屏幕。

班组成员安全知识教育方法一览表

方法名称	方法说明
讲授法	这是班组安全教育最常用的方法。开展安全知识教育，使班组成员掌握基本的安全常识和知识，对日常操作中的安全注意事项进行学习，对于潜藏的、凭人的感官不能直接感知其危险性的不安全因素进行分析。通过安全知识教育，使班组成员明确生产过程中的潜在危险因素及应采取的防范措施
岗位学习法	班组长根据岗位实际需要，采用黑板报等形式，对岗位作业的危险性程度以及岗位存在的危险因素进行分析，组织班组成员进行系统学习，掌握该岗位安全生产的基本常识和基础知识
复习巩固法	随着先进生产设备的引入，工作环境的不断变化，班组成员的安全知识也要不断更新。“警钟长鸣”是安全教育的基本策略。因此，班组长要组织班组成员天天学、反复学，做到“老生常谈”，以适应不断更新的生产环境
研讨学习法	班组长要利用空闲时间组织班组成员进行研讨学习，互相启发、取长补短，达到消化、理解和增长安全知识的目的

（3）安全技能教育

讲解：提升班组成员安全技能的方法主要有3种，请看大屏幕。

（续）

做好危害识别和危险预知教育	发动班组成员对岗位存在的危险和有害因素进行识别，对可能发生事故的状况进行分析判定、超前判定和预防，控制生产过程中的危险行为和危险状况
进行仿真安全事故应急演练	通过学习预先编制好的各岗位安全事故应急预案，定期组织班组成员进行仿真演练，达到快速反应、高效应对的水平，让班组成员做到遇事不乱、泰然处之
做好“三点”控制训练	班组长要教育班组成员对岗位上的安全事故易发点、危险点、关键点进行有效控制，实行有目标、责任明确的分级负责制。对“三点”部位要进行实际操作演练，掌握控制方法，提高实际操作水平和处理问题的技能

提升班组成员安全技能的方法

三、班组设备安全要做好

1. 时间：25分钟。
2. 所需资源：电脑、投影仪、写字笔、写字板和活页挂图。
3. 授课方法：讲授法。
4. 授课内容

讲解：机械设备既是生产现场的基本组成部分和完成班组生产计划的主要工具，也是引发安全事故的重要因素之一。根据设备引发安全事故的形态，可以将安全事故分为机械能、化学能、电能、热能和放射能五类。班组长可以从这五个方面采取防护措施。

设备安全事故防护措施一览表

防护措施	防护措施说明
机械能伤害防护措施	安装防护栏和安全罩，使班组人员和危险部件隔离
	采用双手操作按钮或联锁按钮、自动送料装置、急停按钮
	安装危险预先自动报警装置或实施远距离操纵和自动控制等
化学能伤害防护措施	用低危害或无危害原料代替高危害原料
	采用防毒防尘、防灼烫装置或用具
	消除和控制易燃易爆物料的燃烧爆炸条件
	控制危险物质的使用量或存放量
	采用远距离操纵和自动控制等

（续）

防护措施	防护措施说明
电能伤害防护措施	人与电隔离，如设防护罩，有联锁装置的防护栏，主电路外设安全电路微波遥控等
	将通过人体的电流控制在安全值以下，如提高接触电阻，降低电路电压，绝缘，远距离操纵，保护接地（零）等
	采取符合防火防爆要求的电气设备，如耐压防爆结构、内压防爆结构、油浸防爆结构、特殊安全防爆结构等
热能伤害防护措施	对于直接热能伤害，可以用隔热屏障进行防护
	对于可燃物做媒介的扩展伤害，可以通过加强危险品和火源管理、增设防火防爆和消防设施的方法，防止热熔物或热反应喷出物接触到人体
	对于热能以高压过热蒸汽之形态转变为机械伤害的，可以采取增设安全阀或设计自动控制等方法，并且严格按照工艺操作规程进行操作，避免意外事故的发生
放射能伤害防护措施	放射源、射线会给人体带来伤害，一般采取替代、屏蔽、隔离、控制接触时间、通风和个体防护等安全防护措施

四、班组生产材料安全要保障

1. 时间：45 分钟。

2. 所需资源：电脑、投影仪、写字笔、写字板和活页挂图。

3. 授课方法：讲授法、游戏培训法。

4. 授课内容

讲解：在讲解这部分内容之前，我们先请三位学员做一个游戏。游戏所需要的道具和游戏规则在大屏幕上，请看大屏幕。

游戏道具和规则说明

1. 需要的道具

一块冰、一杯开水、一根蜡烛、一个打火机

2. 游戏规则说明

（1）用打火机点燃蜡烛

（2）请 3 位学员分别触摸冰、70 摄氏度开水杯、蜡烛的火焰

（3）触摸时间最长的学员为游戏的获胜者

（续）

讲解：下面我请三位学员上来，有自告奋勇的吗？……现在游戏结束了，我想问大家几个问题。你们觉得哪一样是最危险的？为什么？你们觉得采取什么样的方式能够让你更加持久而无伤害地接触上面这三件道具？

在生产现场管理中，那些危险的材料如同蜡烛火焰，你一旦接触它，就会被烧伤。下面我们了解一下，在生产过程中我们会接触到哪些危险材料呢？请看大屏幕。

危险材料说明一览表

类别	涵盖范围	危害说明
有机溶剂	有机溶剂常用在工业中，它用来溶解油脂、油污、塑料、油漆、胶等。它的挥发性好。常见的有机溶剂有二甲苯、甲苯、三氯乙烯、丙酮、白节油以及石脑油六种	有机溶剂的挥发气体容易被吸入人体和渗入皮肤。人体长时间暴露在挥发性气体中，会导致皮肤病、慢性大脑损伤等
腐蚀性物质	腐蚀性物质主要包括酸和碱两种。常见的酸有盐酸、硫酸、磷酸、硝酸和醋酸五种，常见的碱有烧碱、氯化氨、氨水三种。腐蚀性物质的挥发性没有有机溶剂那样强	1. 腐蚀性物质蒸发产生的气体容易对人体的肺部和呼吸道产生影响 2. 人体直接接触到腐蚀性物质，会灼伤皮肤

讲解：我们了解这些危险材料的特征和危害并不是我们的最终目的，我们的最终目的是不要让这些危险材料伤害到我们自己和班组成员。下面我讲解一下如何有效控制这些危险材料。

（1）引导班组成员熟知《化学品安全使用说明书》（MSDS）

讲解：《化学品安全使用说明书》就像产品的使用说明书，它简要说明了化学品对人的身体健康和环境的危害性，并指导我们安全地搬运、储存和使用化学品。因此，班组长应积极引导班组成员熟知《化学品安全使用说明书》。应该如何引导呢？请看大屏幕。

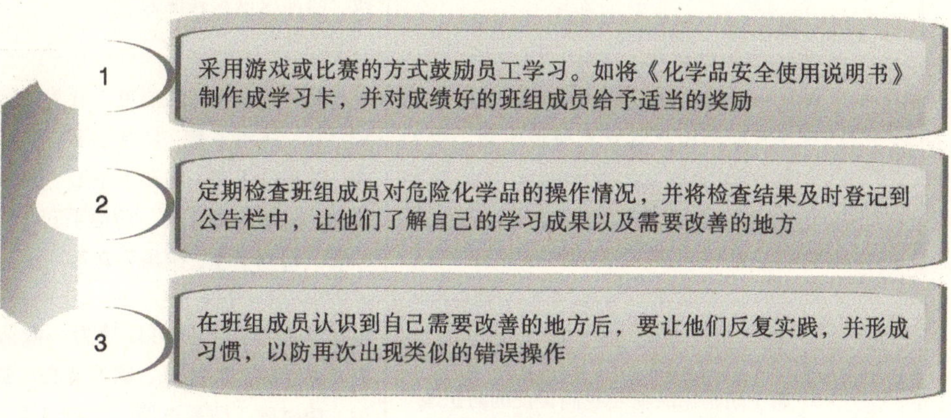
1
采用游戏或比赛的方式鼓励员工学习。如将《化学品安全使用说明书》制作成学习卡，并对成绩好的班组成员给予适当的奖励
2
定期检查班组成员对危险化学品的操作情况，并将检查结果及时登记到公告栏中，让他们了解自己的学习成果以及需要改善的地方
3
在班组成员认识到自己需要改善的地方后，要让他们反复实践，并形成习惯，以防再次出现类似的错误操作

引导班组成员熟知《化学品安全使用说明书》的技巧

（续）

（2）制定有效控制危险材料的措施

讲解：有效控制危险材料的另一种方式就是制定有效的控制措施，请看大屏幕。

①用危险性小的材料取代危险性大的材料

讲解：不少生产企业习惯用有机溶剂来清洗金属或其他材料。其实，有机溶剂既危险又价格昂贵，如果可以用危险性小的材料来代替有机溶剂，比如清洁油污一般用皂类清洁剂含量为5%～10%的肥皂水即可。

②用密闭措施控制危害

讲解：如危险化学品从开口的容器里挥发、泄漏或从管道流失，不但会导致企业成本增加，更会对班组成员的身体健康形成一定的危害。因此，应用特殊的盖子盖住有机溶剂、油漆等容易挥发的危险材料，以防止它们挥发。

③使用劳保用品

讲解：班组长要求班组成员在使用危险材料时一定要穿戴合适的劳保用品。防止危险材料侵害的劳保用品有哪些呢？请看大屏幕。

防止危险材料侵害的劳保用品

序号	类别	作用说明	涵盖范围
1	呼吸器官防护用品	呼吸器官防护用品是为了防御有害气体、蒸汽、粉尘、烟、雾经呼吸道吸入，或直接向使用者供氧或净化空气，保证在尘、毒污染或缺氧环境中的作业人员能够正常呼吸的防护用具	防尘口罩（面具）、防毒口罩（面具）
2	护肤用品	护肤用品用于防止皮肤（主要是指面、手等外露部分）免受化学、物理等因素危害	按照其功能可分为防毒、防腐、防射线、防油漆以及其他类
3	手部防护用品	手部防护用品是具有保护手和手臂功能的防护用品，通常称为劳动防护手套	手部防护用品按照功能可以分为一般防护手套、防水手套、防寒手套、防毒手套、防静电手套、防高温手套、防酸碱手套、防X射线手套、防油手套、防震手套、切割手套、绝缘手套等
4	躯干防护用品	躯干防护用品就是我们常说的防护服	根据其功能的不同可以分为一般防护服、防水服、防寒服、防砸背心、防毒服、阻燃服、防静电服、防高温服、防电磁辐射服、防酸碱服、防油服等

（续）

序号	类别	作用说明	涵盖范围
5	足部防护用品	足部防护用品用于防止在生产过程中有害物质和能量损伤作业人员的足部	足部防护用品按照防护功能可以分为防尘鞋、防水鞋、防寒鞋、防静电鞋、防高温鞋、电绝缘鞋、防震鞋等

五、要做到班组生产环境安全

1. 时间：60 分钟。
2. 所需资源：电脑、投影仪、写字笔、写字板和活页挂图。
3. 授课方法：讲授法、案例分析法。
4. 授课内容

讲解：不知道大家在实际工作中是否遇到过大屏幕上所讲的这些情况。

赵虎："李烁，你把昨天王磊给你的那份表格放到哪里了？"

李烁："明天上班后我再拿给你，因为我要找找看，不知道放哪里了，东西太多找不到。"

……

袁伟："要是我们的厂房再大一点就好了，这么多东西真不知道该放到哪儿，到处都堆得满满的，找个东西要把厂房翻一遍。"

……

王祥："明天有重要客户来参观我们的生产车间，今天大家赶紧打扫一下，到时候给客户留下个好印象。"

……

实际生产工作情况举例

讲解：如果你的车间出现了上述问题，你就要好好在车间做做 5S 了。我们无法想象在一个嘈杂、拥挤的环境中，班组成员能够生产出高质量的产品，班组成员的人身安全能够得到很好的保障。在生产现场，生产环境是关系到班组成员身体健康和人身安全的重要因素之一，好的生产环境能让班组成员精神振奋，工作起来更有效率，整洁明亮的生产环境也是员工进行安全生产的基本保证。"5S 现场管理办法"是解决上述问题的"良方"，下面让我们一起来学习一下 5S 的相关内容。

（1）5S 及其作用是什么

讲解：5S 起源于日本，它是整理（Seiri）、整顿（Seiton）、清扫（Seiso）、清洁（Seiketsu）和素养（Shitsuke）的简称。这 5 个词在日语中罗马拼音的第一个字母都是"S"，因此，被简称为"5S"。开展以整理、整顿、清扫、清洁和素养为内容的活动，称为"5S"活动。5S 活动对企业来说具有非常重要的作用，为什么这么说呢？请看大屏幕。

（续）

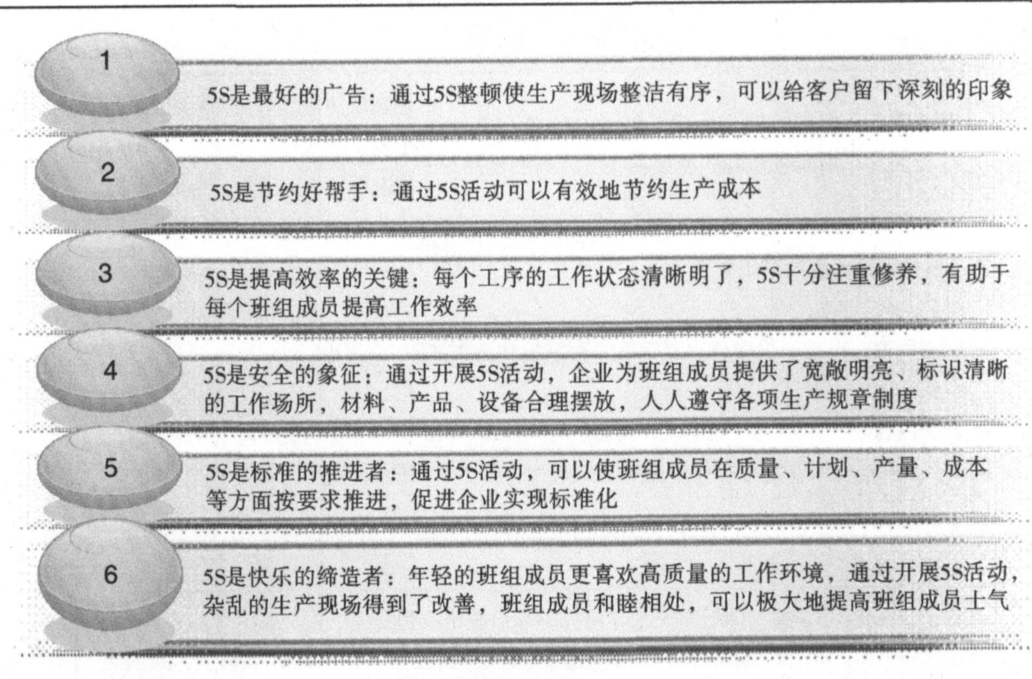
1
5S是最好的广告：通过5S整顿使生产现场整洁有序，可以给客户留下深刻的印象
2
5S是节约好帮手：通过5S活动可以有效地节约生产成本
3
5S是提高效率的关键：每个工序的工作状态清晰明了，5S十分注重修养，有助于每个班组成员提高工作效率
4
5S是安全的象征：通过开展5S活动，企业为班组成员提供了宽敞明亮、标识清晰的工作场所，材料、产品、设备合理摆放，人人遵守各项生产规章制度
5
5S是标准的推进者：通过5S活动，可以使班组成员在质量、计划、产量、成本等方面按要求推进，促进企业实现标准化
6
5S是快乐的缔造者：年轻的班组成员更喜欢高质量的工作环境，通过开展5S活动，杂乱的生产现场得到了改善，班组成员和睦相处，可以极大地提高班组成员士气

5S 的重要意义

（2）5S 如何实施

讲解：通过开展 5S 活动，能够使班组车间环境舒适、流程明确，不容易发生安全事故。那么，如何具体实施 5S 呢？

①整理

讲解：一说到“整理”，大家会误认为是把散乱的东西重新排列整齐，其实，这并不算整理。在 5S 活动中，“整理”的实际内容应该包括三个要点，请看大屏幕。

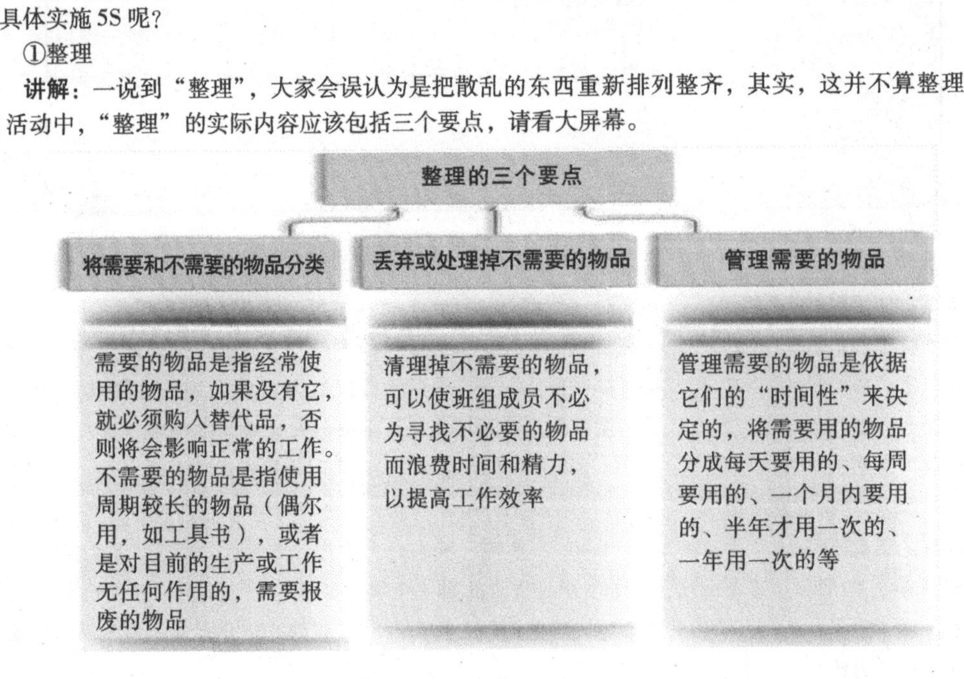
整理的三个要点
将需要和不需要的物品分类
丢弃或处理掉不需要的物品
管理需要的物品
需要的物品是指经常使用的物品，如果没有它，就必须购入替代品，否则将会影响正常的工作。不需要的物品是指使用周期较长的物品（偶尔用，如工具书），或者是对目前的生产或工作无任何作用的，需要报废的物品
清理掉不需要的物品，可以使班组成员不必为寻找不必要的物品而浪费时间和精力，以提高工作效率
管理需要的物品是依据它们的“时间性”来决定的，将需要用的物品分成每天要用的、每周要用的、一个月内要用的、半年才用一次的、一年用一次的等

（续）

讲解：通过这样的“整理”后，你会发现你可以使用的空间远比我们想象得大很多。因此，整理是5S的基础，也是讲究效率、保证安全的第一步。

②整顿

讲解：你是否有过这种经历：为了找一份领导急需的文件或物品，把文件柜弄得天翻地覆。如果出现这种情况，就说明你需要整顿你的物品了。整顿就是将物品归类定位后，要求能在30秒内找到所需要的物品，将寻找物品的时间减少为零。做好整顿需要依据定点、定量、定类的“三定”原则。请看大屏幕。

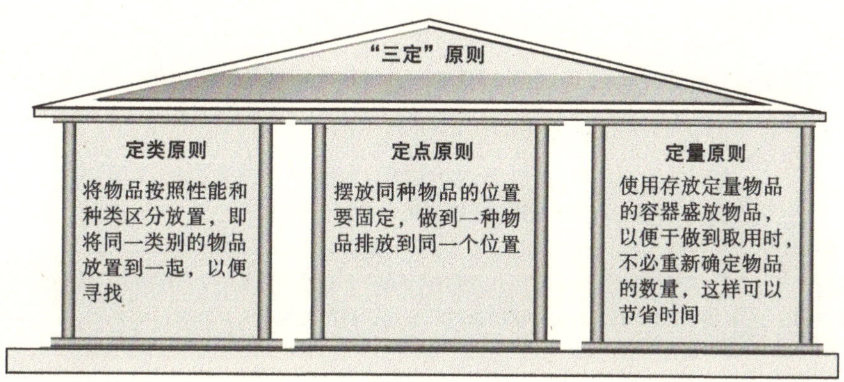
“三定”原则
定类原则
将物品按照性能和种类区分放置，即将同一类别的物品放置到一起，以便寻找
定点原则
摆放同种物品的位置要固定，做到一种物品排放到同一个位置
定量原则
使用存放定量物品的容器盛放物品，以便于做到取用时，不必重新确定物品的数量，这样可以节省时间

③清扫

讲解：清扫就是保证班组生产区域无垃圾、无灰尘、干净整洁，这样不仅可以使班组成员保持良好的工作状态，也可以避免设备发生故障。我们在清扫时，要做到扫“黑”、扫“怪”、扫“源”的“三点式”清扫。请看大屏幕。

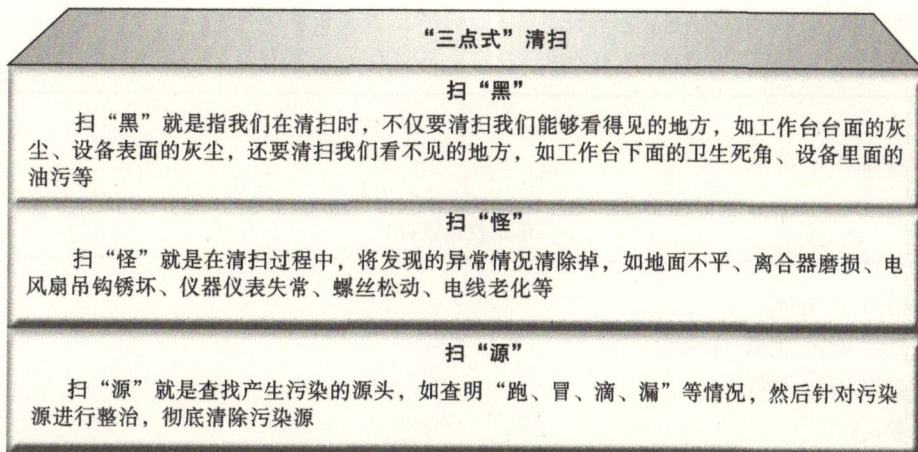

“三点式”清扫

扫“黑”

扫“黑”就是指我们在清扫时，不仅要清扫我们能够看得见的地方，如工作台台面的灰尘、设备表面的灰尘，还要清扫我们看不见的地方，如工作台下面的卫生死角、设备里面的油污等

扫“怪”

扫“怪”就是在清扫过程中，将发现的异常情况清除掉，如地面不平、离合器磨损、电风扇吊钩锈坏、仪器仪表失常、螺丝松动、电线老化等

扫“源”

扫“源”就是查找产生污染的源头，如查明“跑、冒、滴、漏”等情况，然后针对污染源进行整治，彻底清除污染源

讲解：在实际工作中，我们经常借助清扫点检表来检查班组成员是否完成清扫任务，下面我给出一个清扫点检表的样例，请看大屏幕。

（续）

空调清扫点检表

序号	清扫项目	清扫方法	清扫要点/点检基准	清扫周期	清扫人
1					
2					
3					
…					

④清洁

讲解：清洁是指将整理、整顿、清扫进行到底，并且使之标准化、制度化。推行清洁的要领有三个，请看大屏幕。

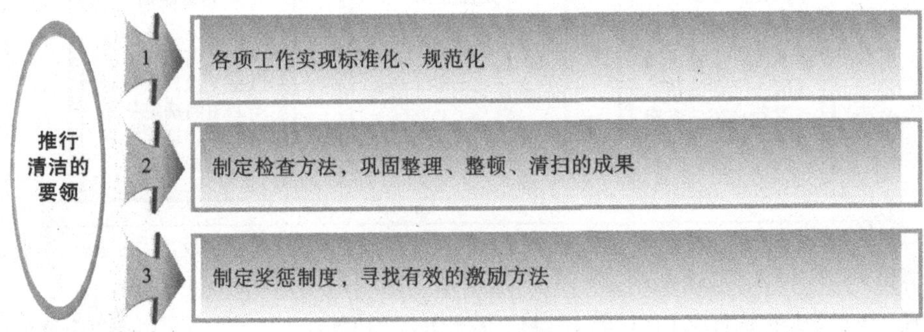
推行清洁的要领
1
各项工作实现标准化、规范化
2
制定检查方法，巩固整理、整顿、清扫的成果
3
制定奖惩制度，寻找有效的激励方法

推行清洁的要领

⑤素养

讲解：素养就是要求所有班组成员将上述4S标准化，并坚持推行下去。对于凡是已明确规定的事项，每个班组成员都要认真遵守，并养成良好的工作习惯。

4. 单元收尾设计

单元收尾设计

1. 时间：5分钟。
2. 所需资源：电脑、投影仪。
3. 授课方法：讲授法。
4. 单元收尾

收尾语：安全无小事。安全生产最根本的目的就是保护班组成员的生命和健康。这也是企业正常生产和运营的必要条件。如果没有安全，那么一切都失去了意义。本单元内容到此全部结束，希望通过本单元的学习，能够对各位学员有所帮助。

第6章

技术研发类培训课程设计案例

6.1 研发绩效管理实战训练

6.1.1 “研发绩效管理实战训练”课程整体设计

1. 课程基本信息

课程基本信息			
课程代码	170101	**课程名称**	研发绩效管理实战训练
课程类别	技术研发类	**培训对象**	企业研发管理者
先修课程	无	**授课时间**	9小时
课程开发人	张××	**课程批准人**	郭××

2. 课程目标

（1）知识目标

“研发绩效管理实战训练”课程的知识目标主要有5个，如图6-1所示。

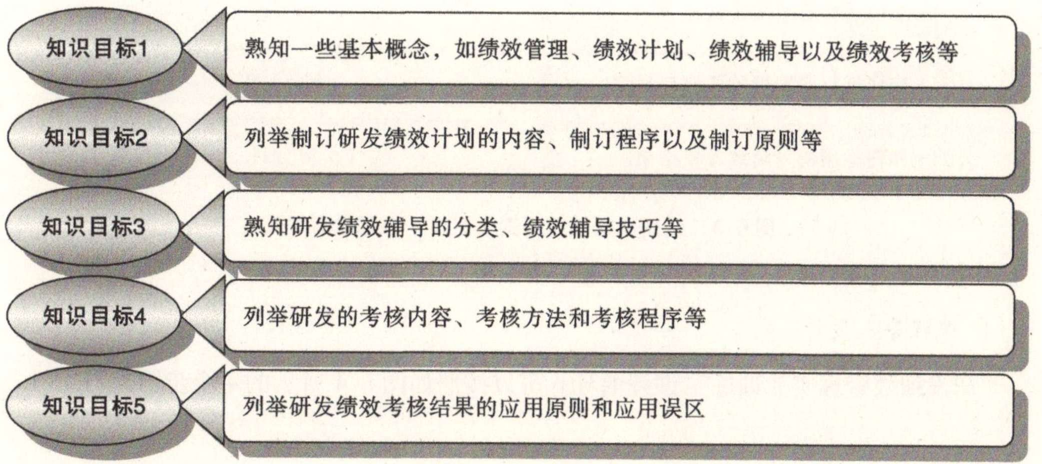

知识目标1
熟知一些基本概念，如绩效管理、绩效计划、绩效辅导以及绩效考核等
知识目标2
列举制订研发绩效计划的内容、制订程序以及制订原则等
知识目标3
熟知研发绩效辅导的分类、绩效辅导技巧等
知识目标4
列举研发的考核内容、考核方法和考核程序等
知识目标5
列举研发绩效考核结果的应用原则和应用误区

图6-1 “研发绩效管理实战训练”课程的知识目标

（2）能力目标

“研发绩效管理实战训练”课程的能力目标主要有4个，如图6-2所示。

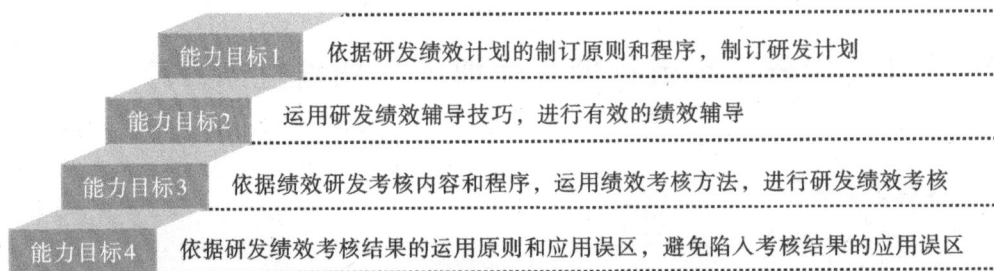

能力目标1 依据研发绩效计划的制订原则和程序，制订研发计划

能力目标2 运用研发绩效辅导技巧，进行有效的绩效辅导

能力目标3 依据绩效研发考核内容和程序，运用绩效考核方法，进行研发绩效考核

能力目标4 依据研发绩效考核结果的运用原则和应用误区，避免陷入考核结果的应用误区

图6-2 “研发绩效管理实战训练”课程的能力目标

3. 课程内容单元

“研发绩效管理实战训练”的课程内容单元如图6-3所示。

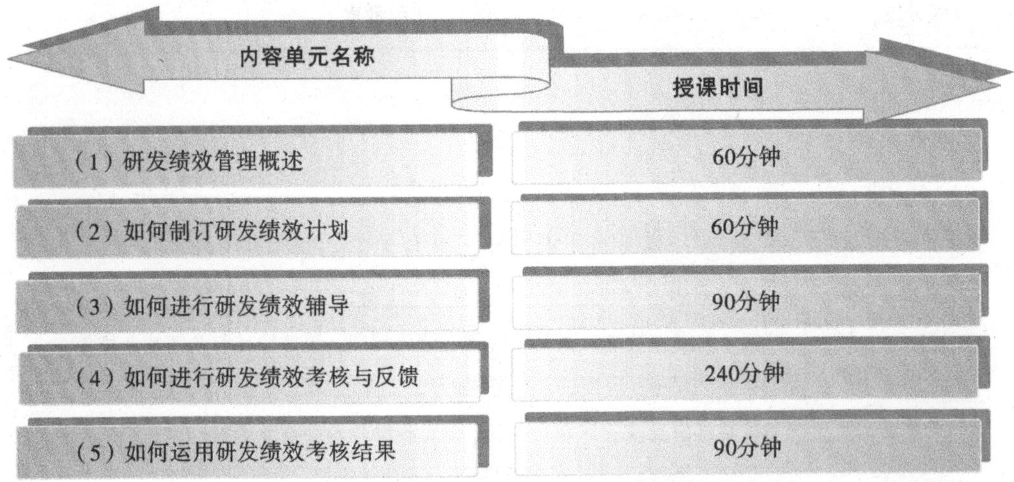
内容单元名称
授课时间
（1）研发绩效管理概述
60分钟
（2）如何制订研发绩效计划
60分钟
（3）如何进行研发绩效辅导
90分钟
（4）如何进行研发绩效考核与反馈
240分钟
（5）如何运用研发绩效考核结果
90分钟

图6-3 “研发绩效管理实战训练”课程内容单元

4. 课程导入设计

“研发绩效管理实战训练”课程的导入可以按照如图6-4所示的4个步骤进行。

课程导入步骤	课程导入步骤说明
划分学习小组	培训师将参加课程的培训对象按照座次划分学习小组，4人一组，分组完成后，每个学习小组成员选出一名组长
进行小组讨论	以小组为单位，进行课前讨论，讨论问题为：你认为研发绩效管理存在哪些难题
交流问题意见	每个小组讨论完毕后，由小组组长将讨论结果提交给培训师，培训师谈一谈自己对这个问题的认识，并与培训对象交流讨论意见
讲解课程内容	培训师与培训对象交流完毕后，培训师开始讲解课程内容

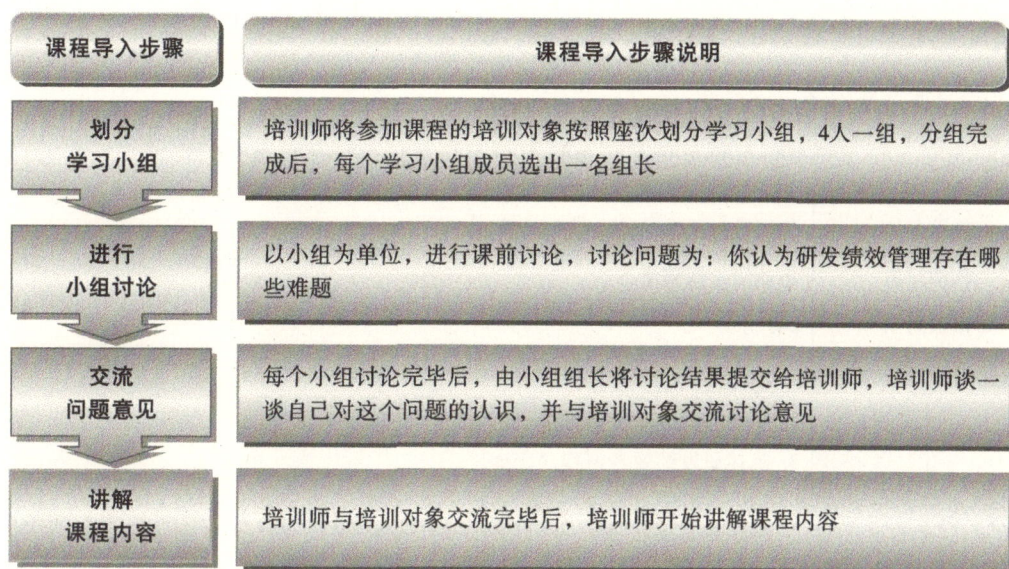

图6-4 “研发绩效管理实战训练”课程导入步骤

5. 课程评价设计

对“研发绩效管理实战训练”课程的评价可以采用如图6-5所示的两种方法。

课程评价方法	课程评价方法实施说明
现场评价法	培训课程结束后，人力资源部针对此次培训课程满足培训对象工作需求的程度、培训师授课技巧以及培训工作后勤服务情况等进行现场问卷调查，并依据调查问卷的结果对本次培训课程进行评价
观察比较法	培训课程结束6个月后，人力资源部管理人员或培训对象的直接上级观察培训对象的研发绩效计划管理能力和研发绩效辅导能力是否有所提高，并依据提高的幅度评价本次培训课程

图6-5 “研发绩效管理实战训练”课程评价方法

6.1.2 “研发绩效管理实战训练”单元开发设计

“研发绩效管理实战训练”的主要培训对象是企业研发管理者，如研发项目经理、研发项目主管等。本节介绍“如何进行研发绩效考核与反馈”单元的开发设计。

1. 单元基本信息

<table>
<tr><th colspan="3">单元基本信息</th></tr>
<tr><td colspan="2">单元名称</td><td>如何进行研发绩效考核与反馈</td></tr>
<tr><td colspan="2">培训对象</td><td>企业研发管理者</td></tr>
<tr><td colspan="2">授课时间</td><td>240 分钟</td></tr>
<tr><td rowspan="2">授课目标</td><td>知识目标</td><td>1. 熟知研发绩效考核内容
2. 列举研发绩效考核方法
3. 陈述研发绩效考核程序</td></tr>
<tr><td>能力目标</td><td>1. 依据研发考核内容，针对不同的研发人员设计考核指标
2. 依据研发绩效考核方法的特点和适用范围，选择适合本企业研发绩效考核的方法
3. 依据研发绩效考核程序，独立进行绩效考核操作</td></tr>
<tr><td colspan="2">授课方法</td><td>讲授法、案例分析法、研讨法</td></tr>
<tr><td colspan="2">授课工具</td><td>电脑、投影仪、写字笔、写字板以及活页挂图</td></tr>
<tr><td colspan="2">能力训练任务</td><td>在本单元学习完毕后，培训师为培训对象提供一个研发企业案例，让培训对象根据所学知识，为案例中提到的企业制定一套研发人员绩效考核方案</td></tr>
</table>

2. 单元导入语设计

单元导入语设计

1. 时间：5 分钟。
2. 所需资源：电脑、投影仪。
3. 授课方法：讲授法。
4. 单元导入

导入语：对于技术研发型企业来说，产品研发是企业的“生命线”。依据美国产品发展管理协会的调查结果显示，新产品的平均失败率为 41%，而排名前 20% 的顶尖企业，其营业收入的 38% 以及利润的 42.4% 来自新产品的销售。目前我国很多创新型企业往往靠一两个具有国际领先地位的产品生存并发展起来。这些企业的创业者本身就是研发带头人，他们亲自带领的研发团队的效率不容置疑。但随着企业规模化发展及产品的系列化深入，其研发团队的创新力及研发效率面临极大的挑战。如何通过合理的研发绩效考核，提升研发效率成为很多技术研发型企业领导者重点关注的问题。本单元我们就来学习一下如何进行研发绩效考核与反馈，以便帮助研发管理者解决这个难题。

3. 单元主体内容设计

单元主体内容设计

一、设计研发人员考核指标体系

1. 时间：60 分钟。

2. 所需资源：电脑、投影仪、写字笔、写字板和活页挂图。

3. 授课方法：讲授法、案例分析。

4. 授课内容

（1）设计关键绩效考核指标（KPI）

讲解：关键绩效考核指标是对企业运作过程中关键要素的提炼和归纳。因此，人力资源部在设计关键绩效考核指标时，一定要遵循 SMART 原则，选择合适的指标设计方法。

①设计关键绩效考核指标的 SMART 原则

讲解：下面我和大家一起学习一下设计关键绩效考核指标的 SMART 原则，具体内容请看大屏幕。

设计关键绩效考核指标的 SMART 原则

原则	原则说明
S（Specific）	具体性：绩效指标要切中特定的工作目标，不是笼统的而是应该适度细化，并且随情境变化而发生变化
M（Measurable）	可衡量性：绩效指标必须有明确的衡量标准
A（Attainable）	可实现性：绩效指标在付出努力的情况下是可实现的，主要是为了避免设立过高或过低的目标，从而失去了设立该考核指标的意义
R（Realistic）	实际性：绩效指标必须是实实在在的，是可以证明并通过观察得到的，是现实的而不是假设的
T（Time-based）	时限性：绩效指标必须设定完成的时间期限

②设计关键绩效考核指标的方法

讲解：设计关键绩效考核指标的方法主要有 3 种，请看大屏幕。

（续）

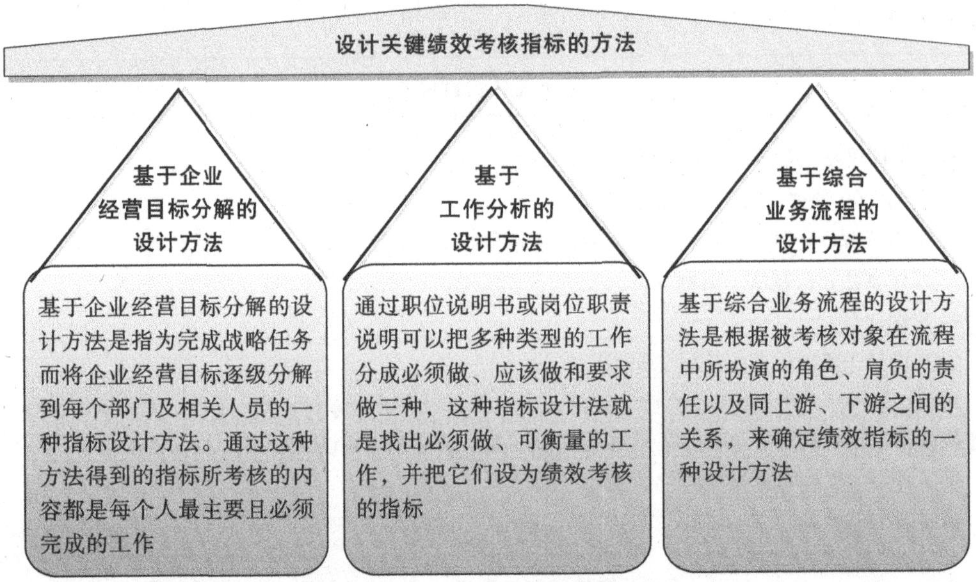

设计关键绩效考核指标的方法

基于企业经营目标分解的设计方法

基于企业经营目标分解的设计方法是指为完成战略任务而将企业经营目标逐级分解到每个部门及相关人员的一种指标设计方法。通过这种方法得到的指标所考核的内容都是每个人最主要且必须完成的工作

基于工作分析的设计方法

通过职位说明书或岗位职责说明可以把多种类型的工作分成必须做、应该做和要求做三种，这种指标设计法就是找出必须做、可衡量的工作，并把它们设为绩效考核的指标

基于综合业务流程的设计方法

基于综合业务流程的设计方法是根据被考核对象在流程中所扮演的角色、肩负的责任以及同上游、下游之间的关系，来确定绩效指标的一种设计方法

③关键绩效考核指标设计步骤

讲解：关键绩效考核指标设计主要包括5个步骤，请看大屏幕。

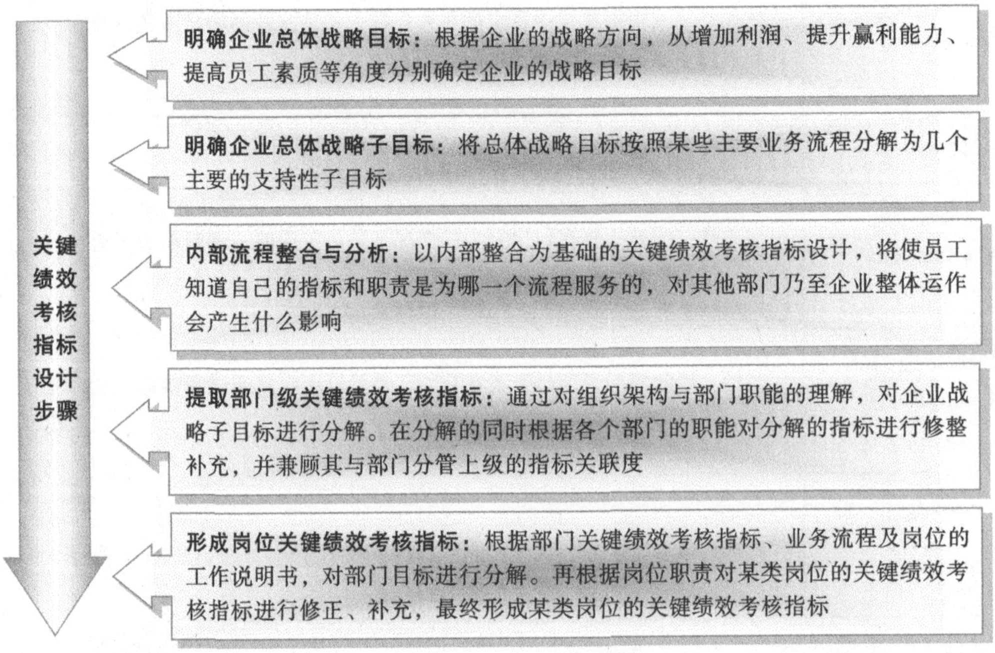

关键绩效考核指标设计步骤

明确企业总体战略目标：根据企业的战略方向，从增加利润、提升赢利能力、提高员工素质等角度分别确定企业的战略目标

明确企业总体战略子目标：将总体战略目标按照某些主要业务流程分解为几个主要的支持性子目标

内部流程整合与分析：以内部整合为基础的关键绩效考核指标设计，将使员工知道自己的指标和职责是为哪一个流程服务的，对其他部门乃至企业整体运作会产生什么影响

提取部门级关键绩效考核指标：通过对组织架构与部门职能的理解，对企业战略子目标进行分解。在分解的同时根据各个部门的职能对分解的指标进行修整补充，并兼顾其与部门分管上级的指标关联度

形成岗位关键绩效考核指标：根据部门关键绩效考核指标、业务流程及岗位的工作说明书，对部门目标进行分解。再根据岗位职责对某类岗位的关键绩效考核指标进行修正、补充，最终形成某类岗位的关键绩效考核指标

关键绩效考核指标设计步骤

（续）

④案例分析

讲解：下面我们来看一个研发企业的关键绩效指标的案例，请看大屏幕。

A 生物公司是一家专门从事再生医学器械及材料研发、生产及销售的高科技企业。该公司自主研发了一类新型生物材料，此材料可开发出众多新一代医用植入器械产品，它使该公司在业内占据了领先地位。为尽快推出后续产品，确保公司持续、快速发展，公司将依托其国家级的实验室，继续加大技术研究及新产品开发的力度，这使该公司的研究开发支出增长了 80%，目前处于研发阶段的产品高达 30 多个。公司所处的医用植入器械行业，其新产品从开发到获得国家食品药品监督管理局批准的产品注册证，整个周期通常为 2 至 3 年。如果不能获得产品注册证或逾期获得产品注册证，将会影响公司新产品的推出，并对公司未来经营业绩产生严重的影响。

为此，该公司人力资源部通过制定合理的考核指标，对其研发人员进行考核，以提高他们的研发积极性，从而提高公司的研发效率。

关键绩效考核指标设计案例

讲解：研发人员的业绩考核指标主要来源于部门或所在项目的战略目标、部门或岗位职责、项目计划等，从项目成本、项目周期、项目质量和项目数量四个维度去考量，一般采用的指标包括新产品开发周期、研发项目合格率、设计的可生产性、项目计划完成率、研发成本降低率等。在此我们就不再分析该公司人力资源部设计关键绩效考核指标的程序了，直接给出设计好的关键绩效指标，请看大屏幕。

A 生物公司研发人员关键绩效考核指标一览表

关键业绩指标	考核目标值	权重	得分
新产品开发周期	实际开发周期比计划周期提前____天	30%	
研发项目合格率	研发项目合格率达到 100%	25%	
项目计划完成率	项目计划完成率达到 100%	20%	
设计的可生产性	成果不能投入生产情况发生的次数少于____次	15%	
研发成本降低率	研发成本降低率达到____% 以上	10%	

讲解：本案例主要采用了基于企业经营目标分解的设计方法来设计研发人员的关键绩效指标。除此之外，每种关键绩效考核指标设计方法本身都有其适用的范围，因此，企业在选用时，首先要清楚上述每种方法的基本原理以及特点，然后针对企业的发展阶段、研发管理水平、研发人员素质，甚至企业文化等特点，选用适合自己企业的关键绩效指标设计方法。

（续）

（2）设计工作能力指标

讲解：研发人员的工作能力主要包括分析能力、判断能力、计划能力、创新能力、学习能力、应变能力、理解能力和沟通能力八个方面。企业可以根据自身的实际情况，在我们给出的样例的基础上增加或减少某些指标。我们还是以上面案例为基础，直接给出设计好的工作能力考核指标表，请看大屏幕。

A生物公司研发人员工作能力考核指标一览表

指标名称	考核标准								总分	得分
	优		良		中		差			
	标准	得分	标准	得分	标准	得分	标准	得分		
分析能力	非常强	20	较强	16	一般	12	较弱	4	20	
判断能力	非常强	15	较强	12	一般	8	较弱	3	15	
创新能力	非常强	15	较强	12	一般	8	较弱	3	15	
计划能力	非常强	10	较强	8	一般	6	较弱	2	10	
学习能力	非常强	10	较强	8	一般	6	较弱	2	10	
应变能力	非常强	10	较强	8	一般	6	较弱	2	10	
理解能力	非常强	10	较强	8	一般	6	较弱	2	10	
沟通能力	非常强	10	较强	8	一般	6	较弱	2	10	

（3）设计工作态度指标

讲解：研发人员的工作态度主要包括工作责任心、工作积极性、团队意识和成本意识四个方面。企业可以根据自身的实际情况，在我们给出的样例的基础上增加或减少某些指标。我们还是以上面案例为基础，直接给出设计好的工作态度考核指标表，请看大屏幕。

A生物公司研发人员工作态度考核指标一览表

指标名称	考核标准								总分	得分
	优		良		中		差			
	标准	得分	标准	得分	标准	得分	标准	得分		
工作责任心	强烈	30	有	24	一般	18	无	6	20	
工作积极性	非常高	25	很高	20	一般	15	无	5	15	
团队意识	强烈	25	有	20	一般	15	无	5	15	
成本意识	强烈	20	有	16	一般	12	无	4	10	

（续）

二、选择绩效考核方法

1. 时间：50 分钟。
2. 所需资源：电脑、投影仪、写字笔、写字板和活页挂图。
3. 授课方法：讲授法。
4. 授课内容

（略）

三、实施绩效考核

1. 时间：60 分钟。
2. 所需资源：电脑、投影仪、写字笔、写字板和活页挂图。
3. 授课方法：讲授法、研讨法。
4. 授课内容

（略）

四、进行绩效考核反馈

1. 时间：60 分钟。
2. 所需资源：电脑、投影仪、写字笔、写字板和活页挂图。
3. 授课方法：讲授法、案例分析法。
4. 授课内容

（略）

4. 单元收尾设计

单元收尾设计

1. 时间：5 分钟。
2. 所需资源：电脑、投影仪。
3. 授课方法：讲授法。
4. 单元收尾

收尾语：现在我和大家一起回顾一下本单元学习的内容，其主要内容包括……谢谢大家的积极参与！

6.2 从技术精英到管理新锐

6.2.1 “从技术精英到管理新锐”课程整体设计

1. 课程基本信息

课程基本信息			
课程代码	170102	课程名称	从技术精英到管理新锐
课程类别	技术研发类	培训对象	技术转型管理者
先修课程	无	授课时间	14 小时
课程开发人	齐 × ×	课程批准人	王 × ×

2. 课程目标

（1）知识目标

“从技术精英到管理新锐”课程的知识目标主要有 7 个，如图 6-6 所示。

知识目标1	熟知从技术岗位走向管理岗位后存在的困惑与问题
知识目标2	熟知思维的层次以及思维对习惯养成的影响的知识
知识目标3	熟知技术转型管理人员应掌握的沟通技巧
知识目标4	熟知技术转型管理人员应掌握的计划与决策技巧
知识目标5	列举技术转型管理人员应掌握的授权技巧
知识目标6	列举技术转型管理人员应掌握的领导技巧
知识目标7	列举技术转型管理人员应掌握的控制与纠偏技巧

图 6-6 “从技术精英到管理新锐”课程的知识目标

（2）能力目标

“从技术精英到管理新锐”课程的能力目标主要有6个，如图6-7所示。

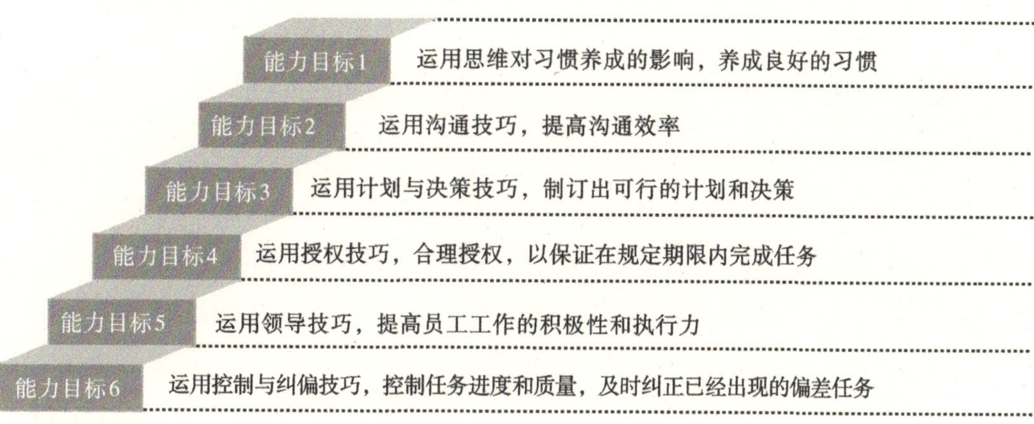
能力目标1
运用思维对习惯养成的影响，养成良好的习惯
能力目标2
运用沟通技巧，提高沟通效率
能力目标3
运用计划与决策技巧，制订出可行的计划和决策
能力目标4
运用授权技巧，合理授权，以保证在规定期限内完成任务
能力目标5
运用领导技巧，提高员工工作的积极性和执行力
能力目标6
运用控制与纠偏技巧，控制任务进度和质量，及时纠正已经出现的偏差任务

图6-7 “从技术精英到管理新锐”课程的能力目标

3. 课程内容单元

“从技术精英到管理新锐”的课程内容单元如图6-8所示。

内容单元名称	授课时间
（1）从技术走向管理的角色定位与角色转换	60分钟
（2）技术转型管理人员必备的好习惯	90分钟
（3）技术转型管理人员的沟通技巧	330分钟
（4）核心领导技能之一——计划与决策	120分钟
（5）核心领导技能之二——分派与授权	180分钟
（6）核心领导技能之三——领导与激励	180分钟
（7）核心领导技能之四——控制与纠偏	180分钟

图6-8 “从技术精英到管理新锐”课程内容单元

4. 课程导入设计

“从技术精英到管理新锐”课程的导入可以按照如图 6-9 所示的 4 个步骤进行。

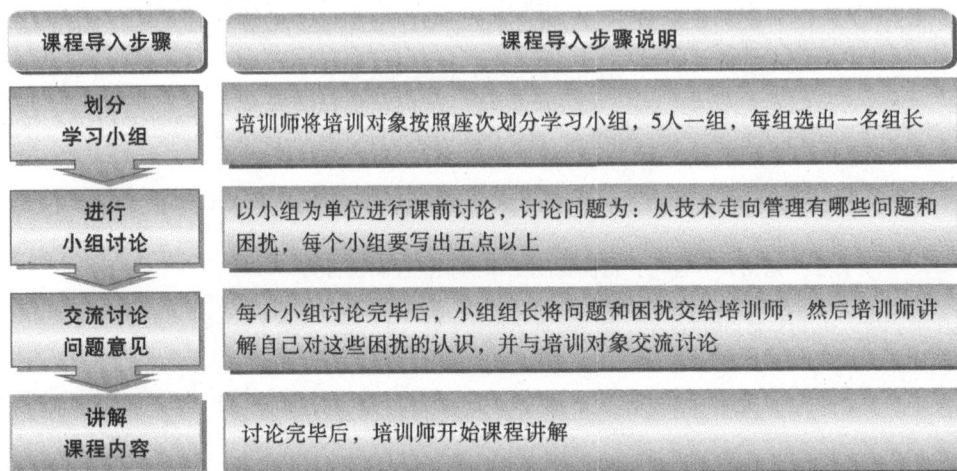

课程导入步骤	课程导入步骤说明
划分学习小组	培训师将培训对象按照座次划分学习小组，5人一组，每组选出一名组长
进行小组讨论	以小组为单位进行课前讨论，讨论问题为：从技术走向管理有哪些问题和困扰，每个小组要写出五点以上
交流讨论问题意见	每个小组讨论完毕后，小组组长将问题和困扰交给培训师，然后培训师讲解自己对这些困扰的认识，并与培训对象交流讨论
讲解课程内容	讨论完毕后，培训师开始课程讲解

图 6-9　“从技术精英到管理新锐”课程导入步骤

5. 课程评价设计

对“从技术精英到管理新锐”课程的评价可以采用如图 6-10 所示的 3 种方法。

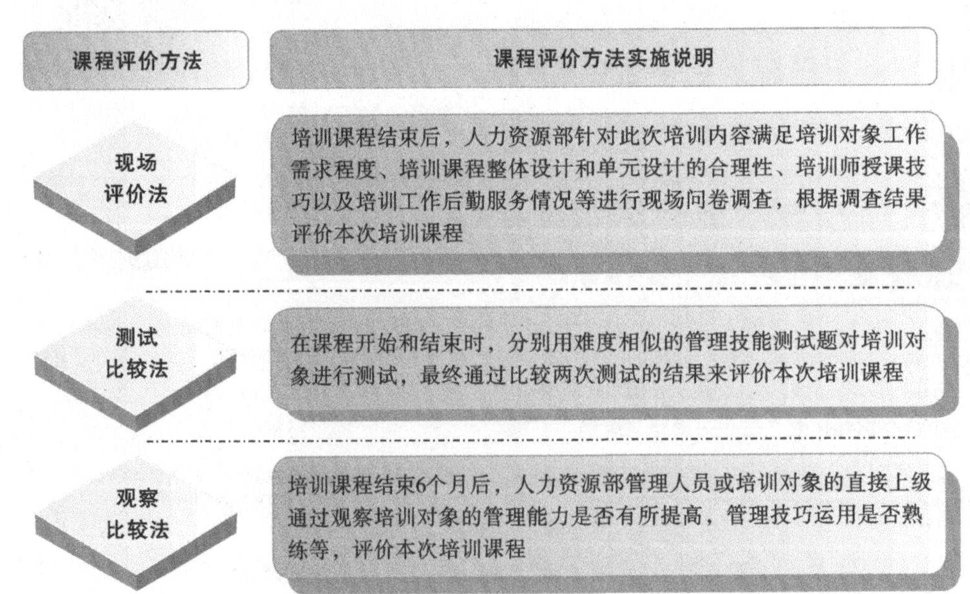
课程评价方法
课程评价方法实施说明
现场评价法
培训课程结束后，人力资源部针对此次培训内容满足培训对象工作需求程度、培训课程整体设计和单元设计的合理性、培训师授课技巧以及培训工作后勤服务情况等进行现场问卷调查，根据调查结果评价本次培训课程
测试比较法
在课程开始和结束时，分别用难度相似的管理技能测试题对培训对象进行测试，最终通过比较两次测试的结果来评价本次培训课程
观察比较法
培训课程结束6个月后，人力资源部管理人员或培训对象的直接上级通过观察培训对象的管理能力是否有所提高，管理技巧运用是否熟练等，评价本次培训课程

图 6-10　“从技术精英到管理新锐”课程评价方法

6.2.2 “从技术精英到管理新锐”单元开发设计

“从技术精英到管理新锐”的主要培训对象是技术转型管理人员，如项目经理、研发经理等。本节介绍“技术转型管理人员必备的好习惯”单元的开发设计。

1. 单元基本信息

单元基本信息		
单元名称		技术转型管理人员必备的好习惯
培训对象		技术转型管理人员
授课时间		160 分钟
授课目标	知识目标	1. 熟知思维的层次 2. 列举技术转型管理人员应具备的好习惯
	能力目标	养成良好的习惯，提高个人的工作效率
授课方法		讲授法、案例分析法、研讨法
授课工具		电脑、投影仪、写字笔、写字板以及活页挂图
能力训练任务		本单元学习结束后，每个学习小组进行讨论，组长组织小组成员共同编写一份好习惯的养成方案

2. 单元导入语设计

单元导入语设计
1. 时间：5 分钟。 2. 所需资源：电脑、投影仪、写字笔、写字板以及活页挂图。 3. 授课方法：讲授法、案例分析法。 4. 单元导入 **导入语：**管理者拥有良好的工作习惯，有利于其取得事业上的成功。

3. 单元主体内容设计

单元主体内容设计

一、思维与习惯的养成

1. 时间：60 分钟。

2. 所需资源：电脑、投影仪、写字笔、写字板和活页挂图。

3. 授课方法：讲授法。

4. 授课内容

(1) 思维的层次

讲解：思维主要包括意识、潜意识和前意识三个层面。

①意识

讲解：意识是指当前注意到的，正在进行的心理活动。它能感知外界的各种刺激，能觉察到自己的思想和感情，能够认识到行动可能产生的后果。

②潜意识

讲解：人们不能意识到的心理活动被称为潜意识，也称无意识，人们大部分的心理活动是在潜意识下进行的，大部分的日常行为也受潜意识的驱动。下面我给大家介绍几种能够影响行为的潜意识，请看大屏幕。

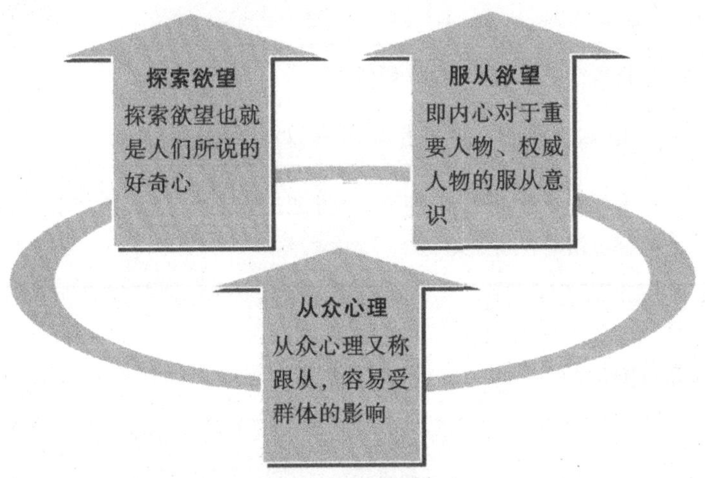
探索欲望
探索欲望也就是人们所说的好奇心
服从欲望
即内心对于重要人物、权威人物的服从意识
从众心理
从众心理又称跟从，容易受群体的影响

能够影响行为的潜意识

③前意识

讲解：前意识，也称为“潜伏的无意识”，它介于意识和潜意识之间。前意识是一个人在成长过程中形成的，处于前意识里面的心理活动我们是不能够意识到的，比如睡梦中难以察觉的感官刺激等造成的心理活动，它需要我们努力回忆或经过提醒才能意识到。前意识可以保持对欲望和需求的控制，以及按照现实要求或个人的道德标准来调节心理活动，并最终影响我们的实际行为。

（续）

（2）习惯的养成

①意识对行为的影响分析

讲解：通过上面的学习，我们知道在思维的三个层面中，前意识和潜意识对人的影响都是短暂的，只有意识会对人的行为产生持久的影响。

②主观能动性对行为的影响

讲解：人和动物的区别在于人在遇到外界刺激时，除了本能的条件反射外，还会进行价值思考，考虑应如何回应这个刺激以及为什么这样回应。也就是说，不同的人对同一外界刺激的反应是不一样的。

③习惯形成的原理

讲解：当人每次实施某一行为都能够得到一定的利益和回报时，这一行为就会得到正强化，如此不断循环多次后，该行为就会固化下来，成为这个人的习惯。根据行为学家的研究，如果人重复某一行为7次之后，仍然没有得到一定的利益和回报，他就会放弃这一行为了。因此，不论从意识上，还是主观能动性上影响人的行为，实际上都需要从利益回报入手，有了利益回报才可能产生动机和动力。在运用利益回报时，应注意两个重要的问题，请看大屏幕。

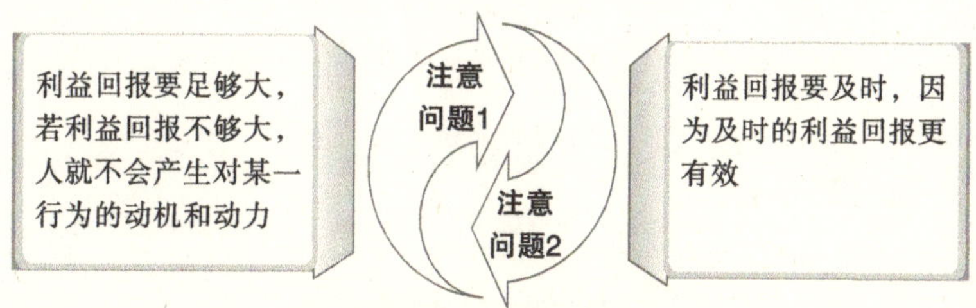
利益回报要足够大，若利益回报不够大，人就不会产生对某一行为的动机和动力
注意问题1
注意问题2
利益回报要及时，因为及时的利益回报更有效

运用利益回报时应注意的问题

二、管理者个人习惯的养成

1. 时间：60分钟。

2. 所需资源：电脑、投影仪、写字笔、写字板和活页挂图。

3. 授课方法：讲授法、案例分析法、研讨法。

4. 授课内容

讲解：技术转型管理人员要养成眼观大局、关注结果以及抓住关键的三个习惯。下面我们具体看一下每个习惯。

（1）眼观大局

讲解：请大家看一下大屏幕上的小故事，想一想为什么三个建筑工匠的命运会出现这么大的差异呢？

（续）

有三个建筑工匠在砌墙。有人问他们在做什么，第一个工匠说："我在砌墙。"第二个工匠说："我在砌一堵美妙绝伦、技术含量非常高的墙。"第三个工匠说："我在和我的团队伙伴一起建造一座雄伟的音乐厅，它可以供人们欣赏艺术。"

若干年后，第一个建筑工匠仍然是一个普通的工匠，第二个工匠成了建筑工艺师，第三个工匠成了建筑公司的老板。

眼观大局的故事

讲解：大家想一想，为什么第三个建筑工匠成为了建筑公司的老板呢？因为只有他清楚地意识到他所做的事情对整个组织和团队的价值是什么。我们怎么样才能做到眼观大局呢？请看大屏幕。

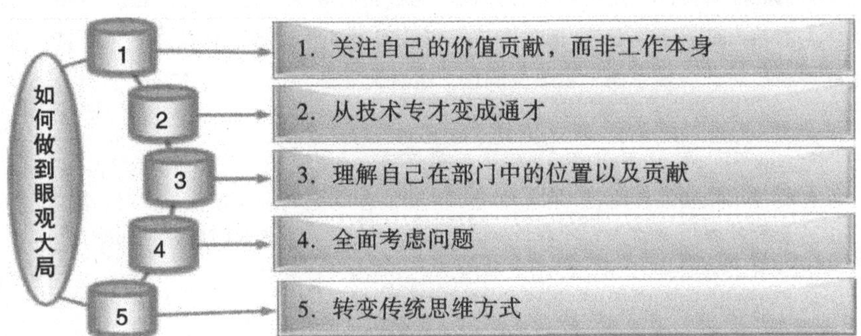
如何做到眼观大局
1
2
3
4
5
1. 关注自己的价值贡献，而非工作本身
2. 从技术专才变成通才
3. 理解自己在部门中的位置以及贡献
4. 全面考虑问题
5. 转变传统思维方式

如何做到眼观大局

讲解：下面我给大家10分钟时间，讨论一下技术人才的传统思维方式有哪些缺点，我们以小组为单位进行讨论，下面开始讨论吧，……大家讨论得怎么样啊？下面我来总结一下技术人才的传统思维方式存在的三大缺点，请大家看大屏幕。

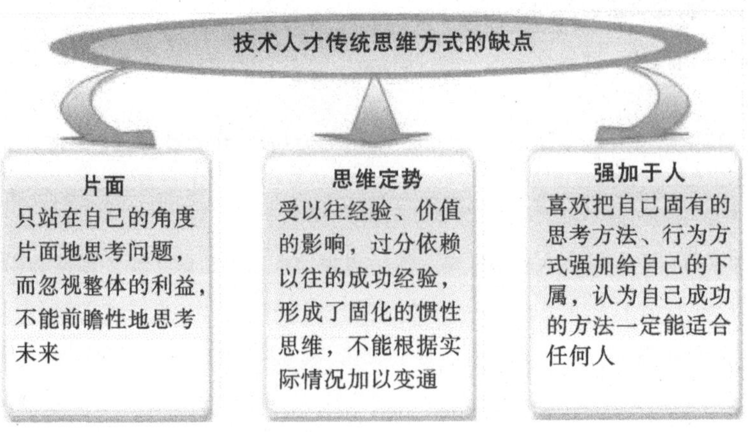
技术人才传统思维方式的缺点
片面
只站在自己的角度片面地思考问题，而忽视整体的利益，不能前瞻性地思考未来
思维定势
受以往经验、价值的影响，过分依赖以往的成功经验，形成了固化的惯性思维，不能根据实际情况加以变通
强加于人
喜欢把自己固有的思考方法、行为方式强加给自己的下属，认为自己成功的方法一定能适合任何人

（续）

讲解：技术转型管理人员要避免技术人才传统的思维方式，应全面、动态、系统地思考问题，用发展的眼光看待问题。

（2）关注结果

讲解：在技术人才的转型过程中，技术转型管理人员首先要从原来的关注过程转换为关注结果。我们大家都了解杰克·韦尔奇提出的数一数二法则吧，他要求公司里的所有部门经理都必须在自己的领域中做到第一第二，否则就将之辞退。这一严苛要求使所有的经理人都养成了一个习惯，那就是，始终把目光聚焦于结果和价值贡献上。请大家看一下大屏幕上的案例，大家认为案例中的总经理责备的对吗？为什么？

某大型公司要设立一家分公司，需要招聘大批人才，面试现场秩序较为混乱，有位月薪20 000元的中层管理者看到这种情况，担心损害公司形象，便出于主人翁精神对现场秩序进行指挥。

这一幕正好被总经理看到了，总经理不但没有夸奖他，反而将其训斥了一番，并告诉这位中层管理者："维持招聘现场秩序是招聘文员应当做的工作，付给你高薪不是让你来做这种事，你应该做好你自己的工作。"

关注结果的案例

讲解：大家肯定在想，这位中层管理者是为了维护公司的形象而主动帮忙的，应受到表扬才对啊。其实，对于管理者而言，关键不在于你做了多少事，而在于你做的事情对于企业的价值贡献点是什么，是否达到了管理者应做出的贡献标准。维持招聘现场秩序是招聘文员的事情，不是中层管理者应该做的，他应该把时间用在对企业贡献更大的事情上去。那么，如何才能做到关注结果呢？请看大屏幕。

1. **正确理解结果**
   结果必须是具有价值和成效的结果，这是最关键的，否则就是无效的
2. **更关注产出，而非投入**
   不要过多地强调自己付出的精力，或是自己的辛劳，决定管理人员价值的，是工作的产出究竟是什么
3. **享受工作成果的快乐，而非享受工作的快乐**
   管理人员的目标导向要切入到企业的最高价值，所以需要思考的问题是自己的工作能否为企业带来价值，这才是最重要的。管理者也应要求其每一位下属从结果、价值贡献导向来思考问题

如何做到关注结果

（续）

（3）抓住关键

讲解：抓住关键强调的就是时间管理，时间管理的发展经历了四个阶段。

时间管理的四个阶段

1. 备忘录

将所有需要做的事情都记录下来，每完成一件就勾销一件。这在20世纪二三十年代比较盛行

2. 计划安排

把每天的工作时间划分成若干时间段，将每个时段内需要完成的事项列成一个时间表。这在20世纪40年代比较盛行

3. 排列优先顺序

如果要完成的事项过多，在规定的时间内可能无法全部完成；或是有太多的事项需要处理，这时候就要按照轻重缓急，对事项进行时间排序以提高工作效率。这在20世纪七八十年代比较盛行

4. 成效管理

以管理学家科维为代表，他强调时间管理实际管理的是价值和成效，因此时间管理更应称为成效管理

讲解：科维从紧急程度和重要程度对事项进行分类，基本上可以分为四个“象限”，请看大屏幕。

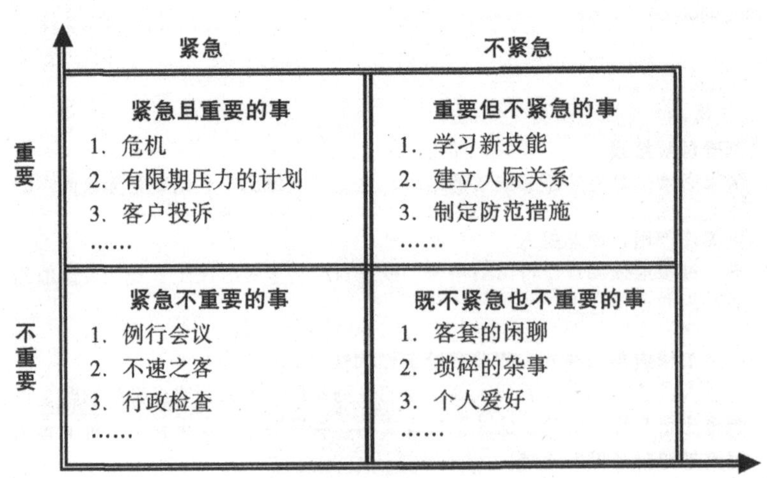
紧急
不紧急
重要
不重要
紧急且重要的事
1. 危机
2. 有限期压力的计划
3. 客户投诉
……
重要但不紧急的事
1. 学习新技能
2. 建立人际关系
3. 制定防范措施
……
紧急不重要的事
1. 例行会议
2. 不速之客
3. 行政检查
……
既不紧急也不重要的事
1. 客套的闲聊
2. 琐碎的杂事
3. 个人爱好
……

时间管理矩阵四象限

（续）

讲解：在时间管理矩阵中，重要又紧急的事项应放在第 1 位，重要但不紧急的事项放在第 2 位；紧急但不重要的事项放在第 3 位；既不紧急也不重要的事项放在第 4 位。我们一定要清楚这一点，重要性优于紧急性。请回想并说出自己在过去的一周内，各自在上述四“象限”上花费了多少时间，比较一下在哪一个“象限”的时间最多，并对自己的时间管理进行评估，提出改善计划，形成良好的时间利用习惯。

三、管理者团队习惯的养成

1. 时间：60 分钟。

2. 所需资源：电脑、投影仪、写字笔、写字板和活页挂图。

3. 授课方法：讲授法。

4. 授课内容

讲解：技术转型管理人员除了具备上述三个个人习惯外，还需要养成三个团队习惯。这三个团队习惯就是构建信任、集思广益和发挥优势。

（1）构建信任

讲解：中国人喜欢由内向外进行分析，重视个体由内向外的影响力，首先强调个体做到“格物致知，修身养性”；依次是“齐家，治国，平天下”。西方人倾向于由外至内进行分析，认为一个企业的强大来源于每个下属企业的强大，而下属企业的强大来源于每个部门的强大，部门的强大又来源于作为独立个体的每个员工。在一家企业中，有两点非常重要，一是让每个员工努力做到成为企业所信任的人，这需要员工具备良好的品格和能力；二是努力营造信任的氛围，以氛围约束并影响每位员工的行为。因此，企业要想强大必须营造出良好的信任氛围。下面请大家看一下构建信任的示意图。

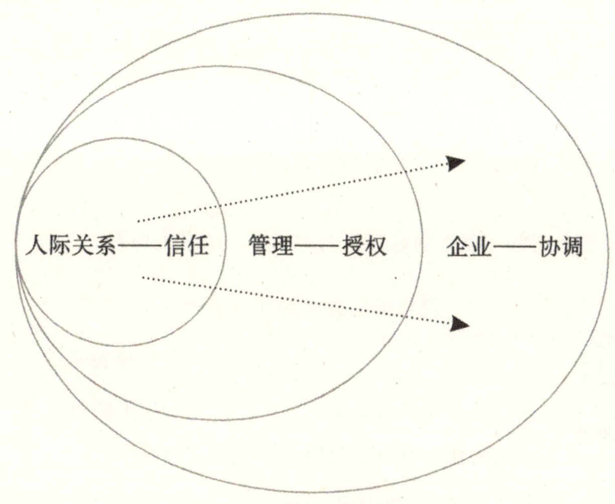
人际关系——信任
管理——授权
企业——协调

构建信任示意图

讲解：如何理解此图呢？只有个人的可靠才可能导引人际关系的互信，在此基础上才可能有管理的授权，最后达到企业协调发展的目的，正是这一过程，营造了企业信任的氛围。除此之外，信任氛

（续）

围的营造与管理者的领导行为和风格是密不可分的，适宜的领导行为及风格才更有利于营造信任。下面请大家看一下领导理论。该理论是以关心生产和关心人这两个维度为两个坐标轴，由低向高分为九个层次，从中可以总结出以下五种管理风格，请看大屏幕。

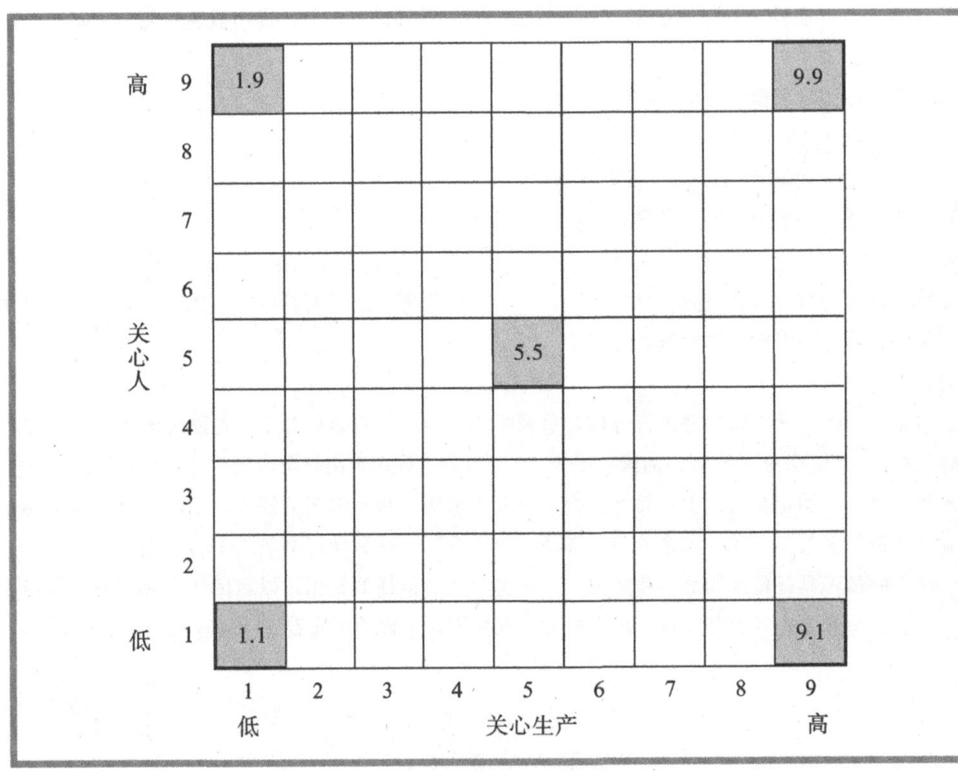
高
9
8
7
6
关心人
5
4
3
2
低
1
1.9
9.9
5.5
1.1
9.1
1 2 3 4 5 6 7 8 9
低
关心生产
高

领导理论分析图

讲解：下面我们分别介绍每一类型的管理行为及风格，请看大屏幕。

领导类型分析说明一览表

标号	名称	领导行为及风格特点
1.1	贫乏型管理者	既不关心生产又不关心员工，即无所事事的管理者。在企业发展较为成熟的时候，董事长可以采用这种管理风格
9.1	任务型管理者	很关心生产，但不关心员工，一切从绩效出发。员工往往对这种工作狂式的管理风格心生敬畏，但由于评估管理者的标准往往是绩效，所以这类风格的管理者可能会被提升为高层管理者
5.5	中庸型管理者	一半关心生产，一半关心员工。两方面兼顾，却都做得不够好，任务常常完不成，员工也有意见

（续）

标号	名称	领导行为及风格特点
1.9	乡村俱乐部型管理者	不关心生产，很关心员工。不在乎业绩，只要员工轻松、开心就好。这类管理者往往会被替换，因为没有绩效的企业是无法生存的
9.9	团队型管理者	既关心员工，又关心生产。这种管理风格既能获得出色的绩效，又可以得到员工良好的支持，最有利于营造信任的氛围

讲解：通过领导行为和风格分析，我们可以看出团队型管理者能够取得出色的业绩，且有利于获得员工的支持，从而创建信任的团队氛围。技术转型管理者如何做到有意识地培养这种领导行为和风格，使之成为一种习惯呢？请看大屏幕。

1. 内心尊重员工

每个人都渴望受到尊重和关注，成功的管理者会采用不同的沟通方式，让员工感受到自己在部门中的重要性，使员工更好地为部门做出贡献。

2. 帮助员工取得进步

不同的员工对工作有不同的期望，有的期望可以加薪，有的期望可以升职，有的希望自己可以独立工作。管理者帮助员工进步，更多的是为员工设定符合其价值导向的目标，然后鼓励员工去实现。在员工取得成绩的时候及时给予表扬和鼓励，在员工绩效没达到目标的时候给予引导或培训。

3. 部门内部管理处事公正

实现部门内部公正的前提是公开、公平。实现公开、公平、公正的手段，就是在部门内建立良好的规则和制度，员工工作考评结果和内部权益分配都可以做到公开透明，这可以在很大程度上增强员工的公平感。

技术转型管理者如何培养团队型管理者的行为和风格

（2）集思广益

①集思广益过程中的五种行为方式。

讲解：在现代社会，专业化分工越来越细，对技术的要求就越来越高，单靠一个人的力量不可能解决所有的问题，这时就需要集合一个团队的力量，将每个人的优势发挥出来，并将这些优势整合起来，形成“1+1>2”的结果。“1+1>2”有别于“1+1=1”的结果和“1<1+1<2”的结果。因为“1+1=1”，即只以一个人的方案为准，其他人要放弃自己的立场；“1<1+1<2”的结果，即合作双方各自退让一步，取中间状态。相比之下，“1+1>2”才是人与人之间合作的最高境界，也就是

（续）

在解决方案中，既包含了合作双方的方案，也保留了各自的需求点和优势。在人与人的合作交往中，通常有勇气和体谅两种状态。勇气是指敢于争取自己的权益、利益，敢于表达自己的感受、意见；体谅是指认真思考他人的感受，能够从他人的角度思考问题。以勇气和体谅为两个基本坐标轴，可以演化出五种不同的行为交往模式，请看大屏幕。

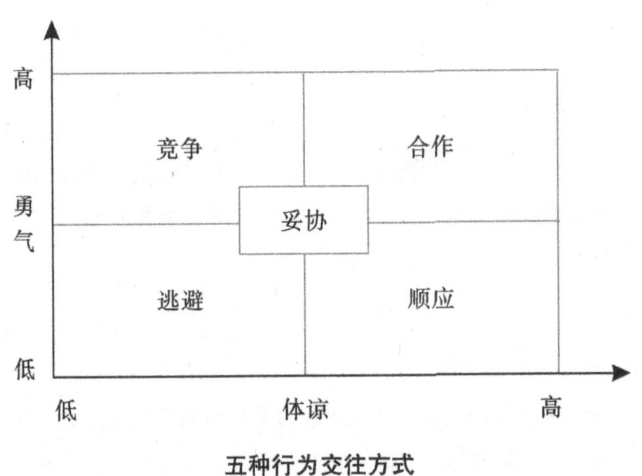
高
勇气
低
竞争
合作
妥协
逃避
顺应
低
体谅
高

五种行为交往方式

讲解：通过上图，我们可以看出在合作过程中存在逃避、竞争、妥协、顺应和合作五种行为交往方式。那么，它们各自的特点是什么呢？请看大屏幕。

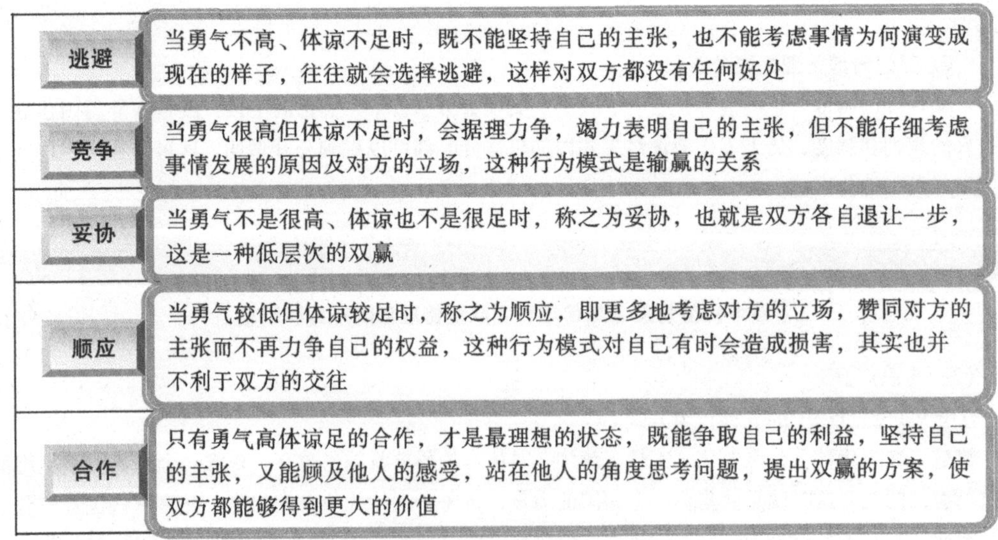

逃避	当勇气不高、体谅不足时，既不能坚持自己的主张，也不能考虑事情为何演变成现在的样子，往往就会选择逃避，这样对双方都没有任何好处
竞争	当勇气很高但体谅不足时，会据理力争，竭力表明自己的主张，但不能仔细考虑事情发展的原因及对方的立场，这种行为模式是输赢的关系
妥协	当勇气不是很高、体谅也不是很足时，称之为妥协，也就是双方各自退让一步，这是一种低层次的双赢
顺应	当勇气较低但体谅较足时，称之为顺应，即更多地考虑对方的立场，赞同对方的主张而不再力争自己的权益，这种行为模式对自己有时会造成损害，其实也并不利于双方的交往
合作	只有勇气高体谅足的合作，才是最理想的状态，既能争取自己的利益，坚持自己的主张，又能顾及他人的感受，站在他人的角度思考问题，提出双赢的方案，使双方都能够得到更大的价值

五种行为交往方式特点说明

（续）

讲解：集思广益的前提是双方都有合作的态度，且双方的需要有所差异，各有所长。那么，在这个过程中，我们要注意自己对待差异的态度，请看大屏幕，大屏幕上给出了对待差异的四个层次。

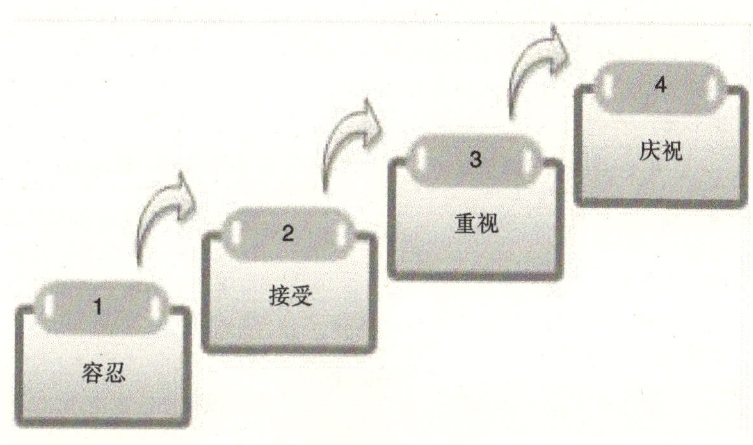
1
容忍
2
接受
3
重视
4
庆祝

对待差异的四个层次

讲解：最低层次的面对差异称之为容忍，即容忍对方的不同观点，而不是排斥。次高一级称之为接受，即明白人和人之间本来就会有不同，因而接纳对方的不同观点。再高一级是重视，即看重与自己不同的观点。最高级称之为庆祝，即因为找到与自己不同的观点而感到高兴，认为这样才有机会创造“1+1>2”的结果，这才是最适合集思广益的面对差异的心态。因此，技术转型管理者要有为找到双方差异而进行庆祝的态度。

②集思广益过程中使用的方法

讲解：集思广益的方法有很多，我们经常使用的主要有头脑风暴法、德尔菲法和六顶思考帽法。下面我给大家重点介绍一下六顶思考帽法的用法。六顶思考帽法是英国学者爱德华·德·波诺（Edward De Bono）博士开发的一个全面思考问题的模型。六顶思考帽代表了六种思维角色，几乎涵盖了思维的整个过程，既可以有效地支持个人的行为，也可以支持团体讨论中的互相激发。运用六顶思考帽模型，团队成员不再局限于单一思维模式，而是从这六种不同的思维模式出发，寻找解决问题的方案。它主要用六种不同颜色的帽子代表不同的思维方式，具体请看大屏幕。

（续）

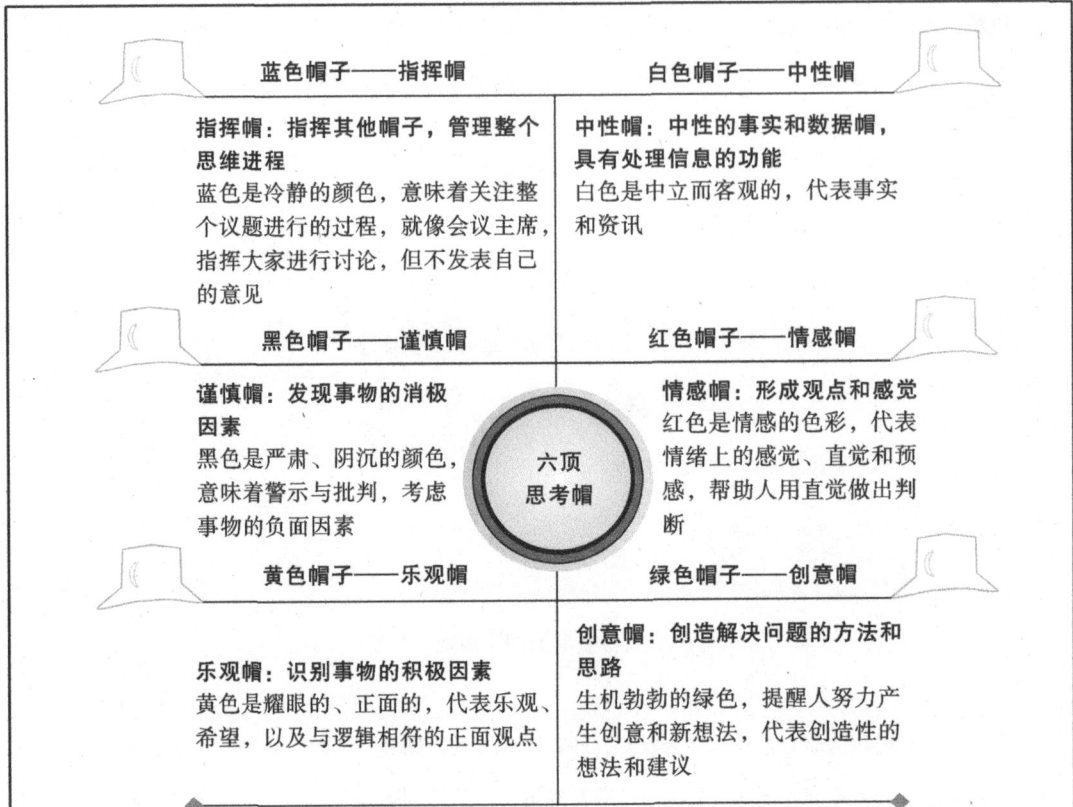

蓝色帽子——指挥帽

指挥帽：指挥其他帽子，管理整个思维进程
蓝色是冷静的颜色，意味着关注整个议题进行的过程，就像会议主席，指挥大家进行讨论，但不发表自己的意见

白色帽子——中性帽

中性帽：中性的事实和数据帽，具有处理信息的功能
白色是中立而客观的，代表事实和资讯

黑色帽子——谨慎帽

谨慎帽：发现事物的消极因素
黑色是严肃、阴沉的颜色，意味着警示与批判，考虑事物的负面因素

红色帽子——情感帽

情感帽：形成观点和感觉
红色是情感的色彩，代表情绪上的感觉、直觉和预感，帮助人用直觉做出判断

六顶思考帽

黄色帽子——乐观帽

乐观帽：识别事物的积极因素
黄色是耀眼的、正面的，代表乐观、希望，以及与逻辑相符的正面观点

绿色帽子——创意帽

创意帽：创造解决问题的方法和思路
生机勃勃的绿色，提醒人努力产生创意和新想法，代表创造性的想法和建议

六种颜色的帽子代表的六种基本思维模式

讲解：请大家自测一下，将下列的想法或言语与相对应的帽子颜色连线。

1. 这张白纸上有个小黑点	黑色帽子
2. 我只罗列大家的意见，不发表自己的看法	黄色帽子
3. 今天拜访情况还不错，拜访了10家客户，在6家客户处见到了总经理，在4家客户处见到了人力资源部经理，换了6张名片，5点回公司	白色帽子
4. 小张得到提升说明老板还是能够任人唯贤的	蓝色帽子
5. 他说的这些根本就是为了自己的利益，不是为公司着想	红色帽子
6. 我准备开设一家生态环保型餐馆	绿色帽子

六顶思考帽练习

（续）

（3）发挥优势

讲解：管理者管理员工的方式一般分为两种：一种是“训练海豚式”，也就是对员工不断进行激励、奖励，使员工始终处于愉快的心境中，快乐地工作；另一种则是“训猴式”，也就是对员工不断地鞭策、惩罚，迫使员工在被动情形下工作。技术转型管理者的团队成员大多是技术员工，他们要充分发挥自己的创造力，才能创造高绩效，所以管理者应更多地使用“训练海豚式”的管理方法，对员工进行正确的激励，调动其主观能动性，为企业创造更大的价值。那么，如何做到让“训练海豚式”的管理成为技术转型管理者的工作习惯呢，请看大屏幕。

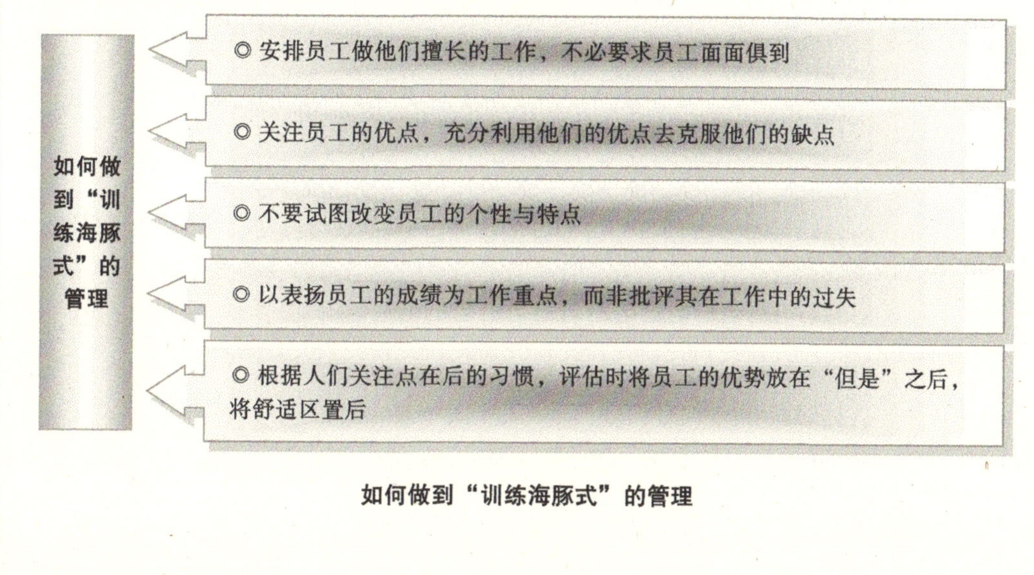
如何做到“训练海豚式”的管理
◎ 安排员工做他们擅长的工作，不必要求员工面面俱到
◎ 关注员工的优点，充分利用他们的优点去克服他们的缺点
◎ 不要试图改变员工的个性与特点
◎ 以表扬员工的成绩为工作重点，而非批评其在工作中的过失
◎ 根据人们关注点在后的习惯，评估时将员工的优势放在“但是”之后，将舒适区置后

如何做到“训练海豚式”的管理

4. 单元收尾设计

单元收尾设计

1. 时间：5 分钟。
2. 所需资源：电脑、投影仪、写字笔、写字板以及活页挂图。
3. 授课方法：讲授法。
4. 单元收尾

收尾语：技术转型管理者需要克服以前所有技术人员的工作思维和习惯。我们要养成三种个人习惯：眼观大局、关注结果、抓住关键，以及三个团队习惯：构建信任、集思广益和发挥优势。技术转型管理者的个人习惯可以自行修炼，团队习惯则需要与部门员工进行互动才能形成。所以，技术转型管理者要和部门员工一起努力，养成这些好习惯，带领团队成员走向成功。

第7章

销售类培训课程设计案例

7.1 电话销售人员不可不知的7大技巧

7.1.1 “电话销售人员不可不知的7大技巧”课程整体设计

1. 课程基本信息

课程基本信息			
课程代码	150102	课程名称	电话销售人员不可不知的7大技巧
课程类别	营销类	培训对象	电话销售人员
先修课程	无	授课时间	18小时
课程开发人	孙××	课程批准人	王××

2. 课程目标

(1) 知识目标

“电话销售人员不可不知的7大技巧”课程的知识目标主要有8个，如图7-1所示。

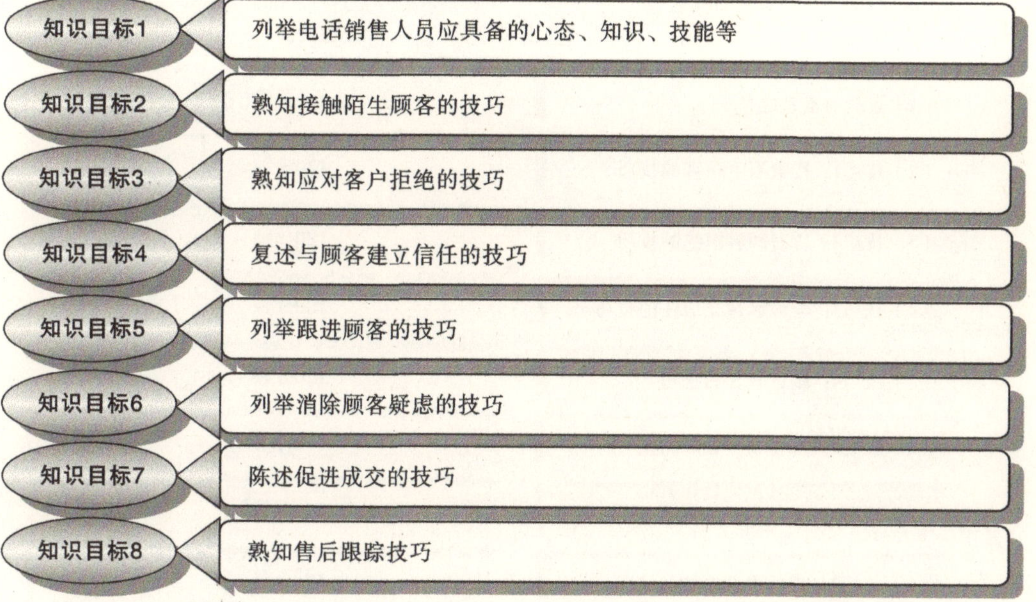
知识目标1
列举电话销售人员应具备的心态、知识、技能等
知识目标2
熟知接触陌生顾客的技巧
知识目标3
熟知应对客户拒绝的技巧
知识目标4
复述与顾客建立信任的技巧
知识目标5
列举跟进顾客的技巧
知识目标6
列举消除顾客疑虑的技巧
知识目标7
陈述促进成交的技巧
知识目标8
熟知售后跟踪技巧

图7-1 “电话销售人员不可不知的7大技巧”课程的知识目标

(2) 能力目标

“电话销售人员不可不知的 7 大技巧”课程的能力目标主要有 7 个，如图 7-2 所示。

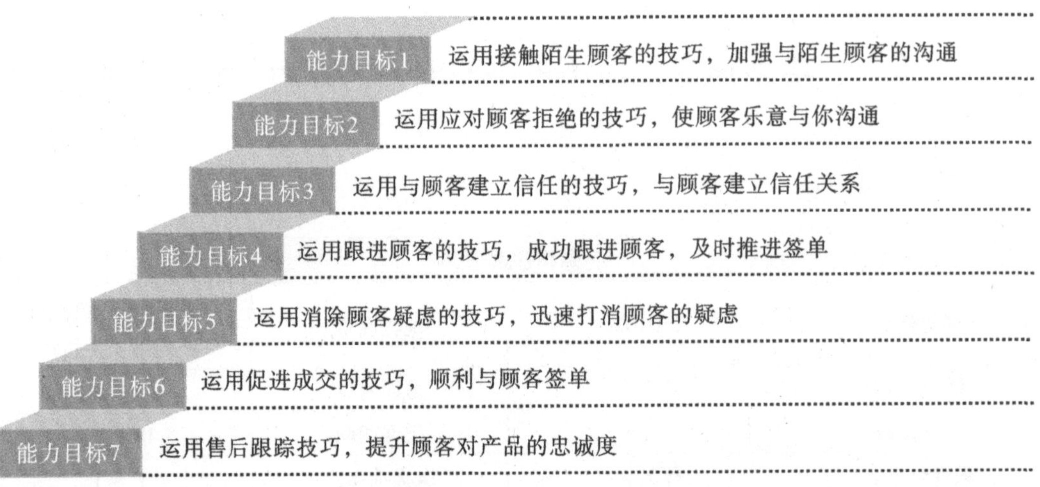
能力目标1
运用接触陌生顾客的技巧，加强与陌生顾客的沟通
能力目标2
运用应对顾客拒绝的技巧，使顾客乐意与你沟通
能力目标3
运用与顾客建立信任的技巧，与顾客建立信任关系
能力目标4
运用跟进顾客的技巧，成功跟进顾客，及时推进签单
能力目标5
运用消除顾客疑虑的技巧，迅速打消顾客的疑虑
能力目标6
运用促进成交的技巧，顺利与顾客签单
能力目标7
运用售后跟踪技巧，提升顾客对产品的忠诚度

图 7-2　“电话销售人员不可不知的 7 大技巧”课程的能力目标

3. 课程内容单元

“电话销售人员不可不知的 7 大技巧”的课程内容单元如图 7-3 所示。

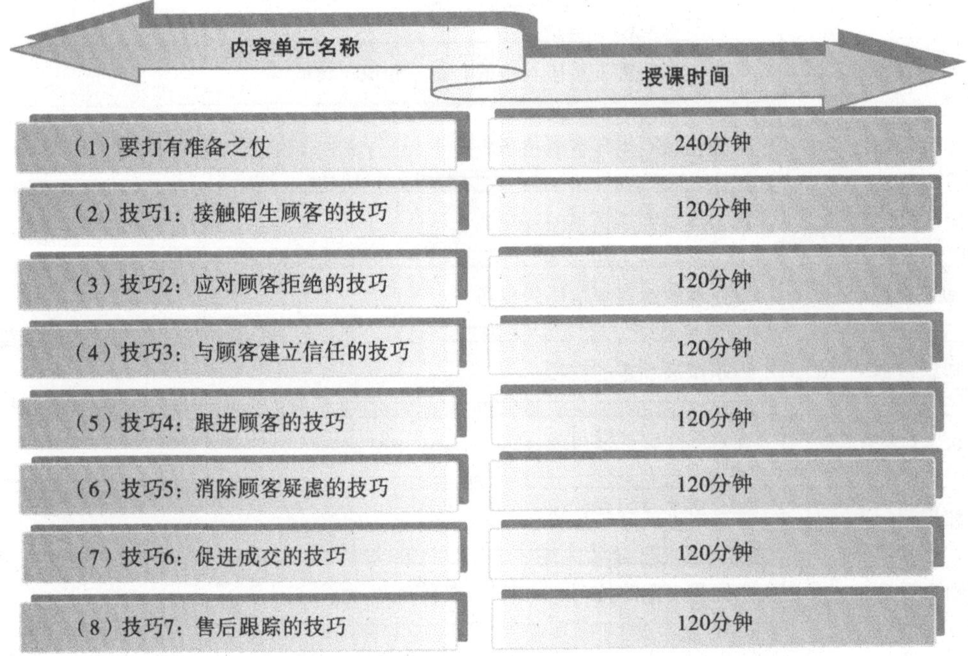
内容单元名称
授课时间
（1）要打有准备之仗
240分钟
（2）技巧1：接触陌生顾客的技巧
120分钟
（3）技巧2：应对顾客拒绝的技巧
120分钟
（4）技巧3：与顾客建立信任的技巧
120分钟
（5）技巧4：跟进顾客的技巧
120分钟
（6）技巧5：消除顾客疑虑的技巧
120分钟
（7）技巧6：促进成交的技巧
120分钟
（8）技巧7：售后跟踪的技巧
120分钟

图 7-3　“电话销售人员不可不知的 7 大技巧”课程内容单元

4. 课程导入设计

“电话销售人员不可不知的 7 大技巧”课程的导入可以按照如图 7-4 所示的 5 个步骤进行。

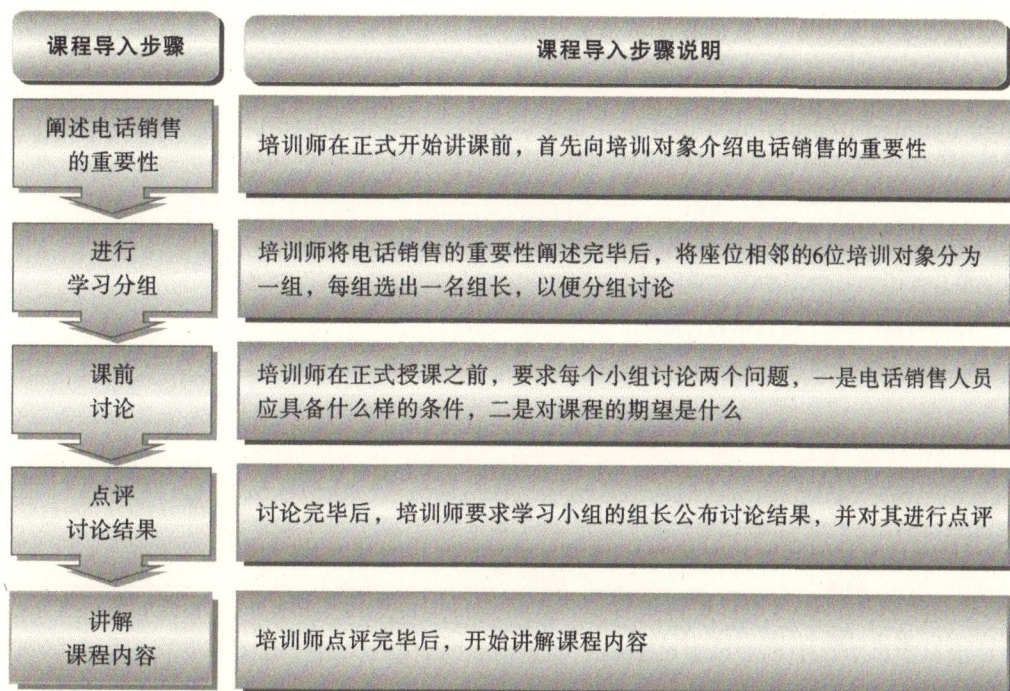

课程导入步骤	课程导入步骤说明
阐述电话销售的重要性	培训师在正式开始讲课前，首先向培训对象介绍电话销售的重要性
进行学习分组	培训师将电话销售的重要性阐述完毕后，将座位相邻的6位培训对象分为一组，每组选出一名组长，以便分组讨论
课前讨论	培训师在正式授课之前，要求每个小组讨论两个问题，一是电话销售人员应具备什么样的条件，二是对课程的期望是什么
点评讨论结果	讨论完毕后，培训师要求学习小组的组长公布讨论结果，并对其进行点评
讲解课程内容	培训师点评完毕后，开始讲解课程内容

图 7-4 “电话销售人员不可不知的 7 大技巧”课程导入步骤

5. 课程评价设计

对“电话销售人员不可不知的 7 大技巧”课程的评价可以采用如图 7-5 所示的两种方法。

课程评价方法	课程评价方法实施说明
现场评价法	培训课程结束后，人力资源部针对此次培训课程的内容满足电话销售人员工作需求的程度、培训课程的整体和单元设计的合理性等对培训对象进行现场问卷调查，并根据问卷填写情况评价本次培训课程
观察比较法	培训课程结束三个月后，人力资源部管理人员或培训对象的直接上级通过观察培训对象是否能够灵活运用这些技巧、电话销售业绩是否有所提高等对本次培训课程做出评价

图 7-5 “电话销售人员不可不知的 7 大技巧”课程评价方法

7.1.2 “电话销售人员不可不知的7大技巧”单元开发设计

“电话销售人员不可不知的7大技巧”的主要培训对象是电话销售人员。本节介绍“要打有准备之仗”单元的开发设计。

1. 单元基本信息

单元基本信息		
单元名称		要打有准备之仗
培训对象		电话销售人员
授课时间		240分钟
授课目标	知识目标	1. 熟知电话销售人员应有的心态 2. 列举电话销售人员在给客户打电话之前应做的准备 3. 列举电话销售人员需要具备的知识 4. 熟知电话销售人员应具备的技能
	能力目标	1. 在电话销售工作中，树立良好的心态 2. 在进行电话销售前，能够做好相关准备，包括物品准备、知识准备和技能准备
授课方法		讲授法、案例分析法、研讨法
授课工具		电脑、投影仪、写字笔、写字板以及活页挂图
能力训练任务		根据所学内容，每个学习小组设计一段电话销售沟通对白，并推选两名组员，将电话沟通对白演绎出来

2. 单元导入语设计

单元导入语设计
1. 时间：5分钟。 2. 所需资源：电脑、投影仪。 3. 授课方法：讲授法。 4. 单元导入 **导入语**：“台上一分钟，台下十年功”，一个演员要想给观众呈现精彩的表演，必须经过长期的磨炼。电话销售人员同样如此。如果没有做好充分的准备，就有可能错失成交的机会。因此，电话销售人员要“打有准备之仗”。那么，电话销售人员应该做好哪些准备呢？就是心态、物品、知识、技能方面的准备。

3. 单元主体内容设计

单元主体内容设计

一、心态好，业务强

1. 时间：25 分钟。

2. 所需资源：电脑、投影仪、写字笔、写字板和活页挂图。

3. 授课方法：讲授法、案例分析法。

4. 授课内容

讲解：在营销界流传着这么一句话：一名销售新人，其离“阵亡”可能只有三个月。也就是说在这三个月中，如果这位销售新人依然不能出单或还没有意向明确的签单客户，那么他（她）很有可能就要退出这家企业，或者说可能从此与这个行业无缘。这句话也从侧面反映了销售人员面对的压力。压力是来自多方面的，有来自工作机会的压力，有来自业绩的压力以及来自面对客户拒绝的压力等。如果没有一个良好的心态，销售人员是很难在电话销售的道路上走远的。那么，这个良好的心态包括哪些方面呢？

（1）积极自信

讲解：发自内心的自我肯定，能够积极地投入到销售工作中，是电话销售人员的必备心态，也是获得销售成功的重要精神力量。下面请大家看一下这个案例。

电话销售人员：（小声地）您好，我是华略才测评公司的李娟。

客　　　户：（温和地）什么？你是哪里？能大点声吗？

电话销售人员：（稍微提高音量）您好，我是华略才测评公司的李娟，请问您在公司招聘中使用测评工具吗？

客　　　户：我们没有使用，而且我们也不需要。

电话销售人员：（听到拒绝后，声音又变小了）那好，打扰您了，您需要的时候再和我联系吧，再见。

客　　　户：好的，再见。

电话销售人员不自信的案例

讲解：如果每一次都是这样的状况，电话销售人员李娟的心情可想而知，其销售业绩更是无从谈起。从这个案例中我们可以清楚地看出，如果电话销售人员缺乏自信、缺乏签单的积极态度，她（他）的电话销售就没有成功的可能性。那么，电话销售人员如何才能使自己拥有自信呢？请看大屏幕。

（续）

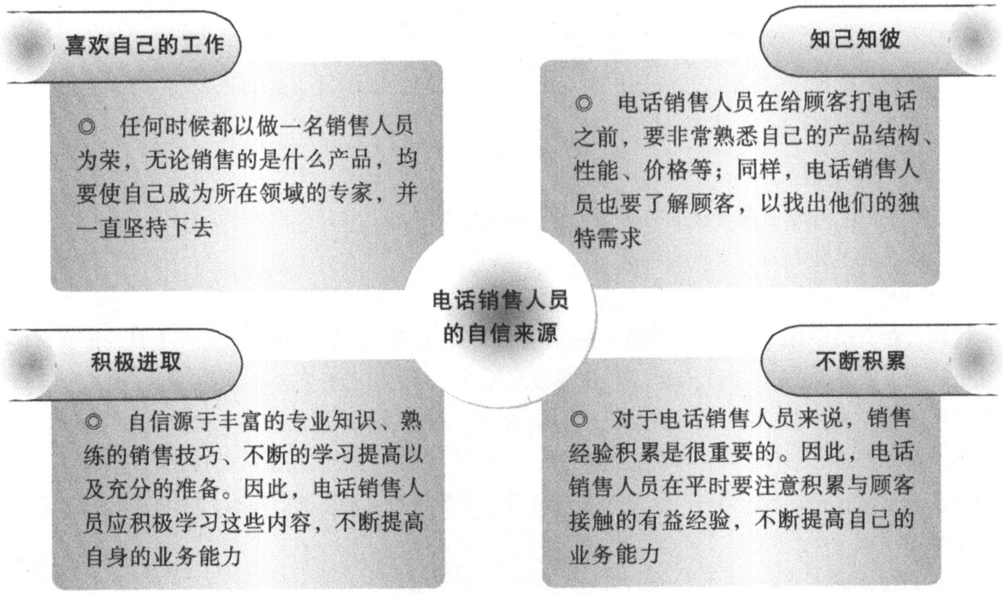

喜欢自己的工作

◎ 任何时候都以做一名销售人员为荣，无论销售的是什么产品，均要使自己成为所在领域的专家，并一直坚持下去

知己知彼

◎ 电话销售人员在给顾客打电话之前，要非常熟悉自己的产品结构、性能、价格等；同样，电话销售人员也要了解顾客，以找出他们的独特需求

电话销售人员的自信来源

积极进取

◎ 自信源于丰富的专业知识、熟练的销售技巧、不断的学习提高以及充分的准备。因此，电话销售人员应积极学习这些内容，不断提高自身的业务能力

不断积累

◎ 对于电话销售人员来说，销售经验积累是很重要的。因此，电话销售人员在平时要注意积累与顾客接触的有益经验，不断提高自己的业务能力

电话销售人员的自信来源

讲解：自信不是自负，电话销售人员不论在什么情况下都要放低姿态，尊重客户，切忌在客户面前卖弄自己、得意忘形。

（2）打持久战

讲解：冰冻三尺，非一日之寒，优秀的电话销售人员一定要有打持久战的心理准备，决不能“三天打鱼，两天晒网”。随着信息技术的发展，越来越多的企业采用电话销售的方式开展业务，客户可能每天会接到很多推销电话，不胜其烦。因此，电话销售人员要想在竞争中脱颖而出，关键的“筹码”就是与客户建立信任关系。请看大屏幕上的一个小故事。

一位保险营销人员连续 15 年向一个潜在顾客推销他的保险，直到有一天，这位顾客再也听不到他的推销了，因为这位顾客去世了。

于是，这位保险营销人员怀着悲痛的心情去参加顾客的葬礼。他见到了这位顾客的女儿，她说：“我在整理母亲的遗物时发现了好几张您的名片，上面还写着很多关心的话。我母亲一直小心保管着这些名片。今天我特向您表示感谢，感谢您曾经这样关心和鼓励我的母亲，给她晚年带来快乐。为了表示我的谢意，我想向您购买贵公司的保险……”

然后，她拿出 20 万元现金，请这位保险营销人员签约。面对这突如其来的举动，保险营销人员大为惊讶，他 15 年的坚持终于得到了回报。

“打持久战”的故事

（续）

讲解：三流的电话销售人员卖产品，二流的电话销售人员卖服务，一流的电话销售人员销售自己。电话销售人员让客户接受、认可自己需要一个过程，我们必须耐心地经营自己的客户，使客户与你建立起牢固的信任关系，在有需要的时候第一个想到你，急功近利是一种目光短浅的表现，难成大器。同时，要想成功打好“持久战”，电话销售人员要有明确的目标，规划好自己的发展方向。只有目标明确了，才有前进的方向和动力，才能一步一个脚印地达成目标，实现自己的理想。

（3）N次签单准备

讲解：不要一次性的客户，只要终生的客户。电话销售人员不能只做“一锤子买卖”，而是要在开发新客户的同时，继续保持与老客户的关系，不断挖掘其新的需求，实现N次签单。这是一个电话销售人员需要牢记的准则和服务意识。有数据显示，维持一名老客户的成本相当于开发一个新客户成本的十分之一。做过销售的人都知道开发一个新客户的难度有多大，所以电话销售人员一定要重视维系与老客户的关系。另外，一个企业80%的销售收入来自于老客户，且60%的新客户来自于现有客户的推荐。可以说，维护好老客户的关系是一件一举多得的事情。那么，如何做到维持老客户呢，请看大屏幕。

维持老客户的方法

兑现承诺	适时回访
◎ 言必信，行必果，诺必诚。电话销售人员对待顾客也要这样，在与客户沟通的过程中，一定要守信，承诺的事情一定要做到，这样才会赢得顾客的信任，同样顾客也才会感到满意	◎ 适时回访客户，不但能体现电话销售人员对工作的负责态度，而且能够让顾客感觉到自己被重视、被尊重。因此，与顾客的合作告一段落或者合作结束后，电话销售人员一定要适时回访

二、物品齐，工作顺

1. 时间：25分钟。
2. 所需资源：电脑、投影仪、写字笔、写字板和活页挂图。
3. 授课方法：讲授法、案例分析法。
4. 授课内容

讲解：做好充分的准备再给客户打电话，这样会使电话销售人员的销售过程井然有序，给客户留下“你很专业”的印象，进而增强客户购买的信心和长期合作的可能。那么，下面我们分别看一下电话销售人员需要准备哪些物品。

（1）笔和记事本

讲解：电话销售人员在打电话之前，最好准备一支笔、一个记事本，便于记录与客户沟通过程中的重要信息，避免因忘记了客户的重要信息而导致失信于客户。请大家看一下大屏幕上的案例。

（续）

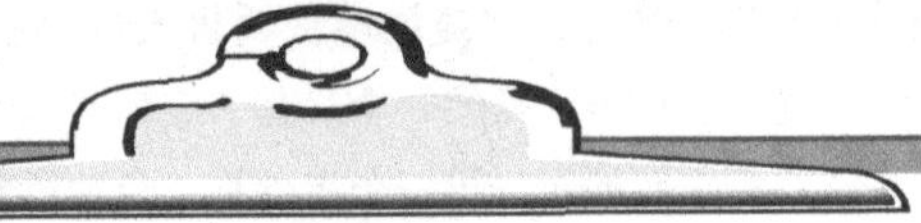

在某公司采购经理高先生的办公室内，电话响起……

电话销售人员：您好，您是高先生吗？我是某公司的小王。

客　　　户：是的，有什么事情？

电话销售人员：高先生，我想通知您，给您补的货已经发出去了，我现在就把发货单给您传真一份过去，请您查收一下。

客　　　户：谢谢，不过小王，我还在等你们的新品促销计划书呢？

电话销售人员：哎呀，我把这个给忘记了，实在对不起。我现在给您发过去，您稍等……

10分钟后，高先生桌上的电话铃又响起来了。

电话销售人员：您好，高先生，我还是小王。

客　　　户：那个计划书我已经收到了，你还有其他的事情吗？

电话销售人员：哈哈，不好意思，高先生，刚才忘记和您说了，我们公司在下周四举办订货会，邀请您来参加。

客　　　户：在哪里举行？几点开始？

电话销售人员：早上九点开始，在某酒店，具体地点我再给您问一下啊，您稍等……

高先生挂掉电话后，摇摇头，这个小王怎么办事的啊？连自己公司的事情也搞不清楚，从此对小王留下了丢三落四的坏印象。

电话销售人员物品准备不充分的案例

讲解：电话销售人员即使对自己的记忆力再有信心，也一定要及时做好电话交谈记录。据统计，在没有任何记录的情况下，一般人在打完五个电话后，就已经记不清楚第一个电话的内容了，更别说记清客户的特殊要求了。因此，一支笔在手就可以避免做许多“无用功”。另外，记事本也是电话销售人员的必备工具之一。为什么是本不是纸呢？道理很简单，相对于容易丢失的纸张来说，本子更容易保存、翻阅、查询，也方便日后整理以及备案。除此之外，电话销售人员还可以根据自己销售产品和服务的特点，在自己的记事本上自行设计表格，随时填写与客户的沟通、销售跟进情况。大屏幕上给出了一个客户跟进记录表的示例，请看大屏幕。

客户跟进记录表

<table>
<tr><td rowspan="2">客户名称</td><td colspan="2" rowspan="2"></td><td>联系方式</td><td colspan="2"></td></tr>
<tr><td>公司网站</td><td colspan="2"></td></tr>
<tr><td>负责人姓名</td><td></td><td>职务</td><td></td><td>电话（手机、分机）</td><td></td></tr>
<tr><td>主要经办人</td><td></td><td>职务</td><td></td><td>电话（手机、分机）</td><td></td></tr>
<tr><td>背景资料</td><td colspan="5"></td></tr>
</table>

（续）

电话沟通、跟进记录情况			
电话记录	电话目标以及谈资	重要信息、异议以及结果	应对策略
第一次电话			
第二次跟进			
……			
交易情况			
相关负责人的兴趣、爱好及其家人的情况等			

（2）电话和电脑

讲解：电话是电话销售人员的主要工具，销售人员一定要保证电话的通话质量，这样会给客户留下良好的第一印象。另外，电话销售人员还要配备一副耳机，这样在与客户通话时，可以随时记录信息。

电脑已经逐渐成为电话销售人员不可或缺的"好助手"，它可以帮助电话销售人员查找资料、发送邮件、管理客户信息、帮助客户解决问题等。因此，有条件的企业要给电话销售人员配备电脑，以方便电话销售人员与客户沟通，并提高工作效率。

（3）温馨的工作环境

讲解：电话销售人员要善于根据自己的喜好给自己营造一个温馨的工作环境，以缓解工作中的压力，进而提高工作业绩。营造温馨环境的方式有很多，如在自己办公桌上摆放上一张自己或家人的照片，或是摆放一盆小的盆景等。

三、知识够，信心足

1. 时间：90 分钟。
2. 所需资源：电脑、投影仪、写字笔、写字板和活页挂图。
3. 授课方法：讲授法、案例分析法。
4. 授课内容

讲解：丰富的专业知识可以使电话销售人员满怀信心地迎接客户的各种疑问，解决客户的各种问题，这是赢得客户信任的重要手段。那么，电话销售人员在上岗前，应当从哪些方面进行知识准备呢？请看大屏幕。

（续）

知识准备1	⊙ 知己：了解自己的产品、服务和企业，成为产品应用专家
知识准备2	⊙ 知彼：了解竞争对手以及行业状况，找出自己产品的独特卖点
知识准备3	⊙ 了解顾客：挖掘客户需求，给客户一个购买的理由

电话销售人员的知识准备内容

（1）知己：做顾问式专家

①了解产品，成为产品专家

讲解：知己，电话销售人员首先要了解自己的产品，如产品的结构、性能、价格等，除此之外，还要成为产品的应用专家。这就是说，电话销售人员除了要了解、熟悉自己所卖的产品外，还要清楚产品的使用方法及价值，尤其当产品比较复杂的时候，这一点就更为重要了。只有这样，电话销售人员才能在电话中快速地与客户建立信任关系，并根据客户的需求，有针对性地介绍产品。请大家看一下大屏幕上的案例，它说明了电话销售人员不了解自己的产品是不能成功销售的。

某音乐工作室的一位采购人员想买一批专业的录音设备，在网上一搜，有一家公司的产品很不错，报价也合理，于是他就拨通了这家公司的业务热线。

客　　　户：您好，请问你们是某公司的销售热线吗？

电话销售人员：是的，您好，我是某公司的电话销售人员王小刚，请问有什么可以帮助您？

客　　　户：我想问一下贵公司的专业录音设备与××品牌有什么区别？

电话销售人员：每个企业产品的外观和内部结构都是有区别的。

客　　　户：你们的音频输入/输出通读和××品牌的明显不一样，你能说一下你们产品的特点吗？

电话销售人员：我们的产品效果会更好一些。

客　　　户：效果好在哪里呢？你们的产品有什么优势呢？

电话销售人员：产品性能好，质量过硬，售后服务更好。

客　　　户：看来你对你们的产品还不是很了解啊。

电话销售人员：了解呀，你还想知道什么呢？

不了解自己的产品做不了销售的案例

（续）

讲解：在上述案例中，那位电话销售人员对自己企业的产品比客户还外行。即使产品再好，客户也有理由不购买他们的产品。电话销售人员可以经常思考大屏幕上的问题，请看大屏幕。

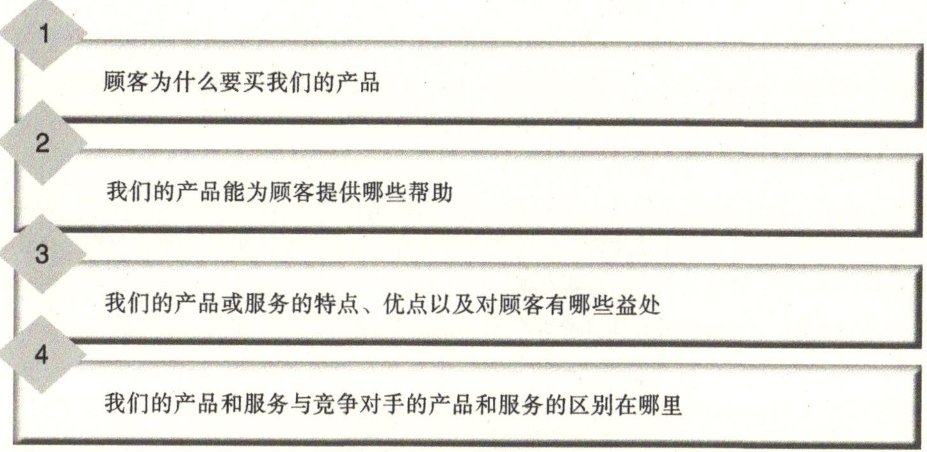
1
顾客为什么要买我们的产品
2
我们的产品能为顾客提供哪些帮助
3
我们的产品或服务的特点、优点以及对顾客有哪些益处
4
我们的产品和服务与竞争对手的产品和服务的区别在哪里

电话销售人员应经常思考的问题

讲解：电话销售人员应经常思考上述问题，并试着给出自己的答案，以便能够及时、准确、专业地回答客户的问题，进而增加客户的信任度。

②了解企业，相信企业

讲解：在与客户沟通的过程中，客户会经常问到一些关于企业的问题，因此，电话销售人员在上岗前还要了解企业的相关知识，具体内容应包括五个方面，请看大屏幕。

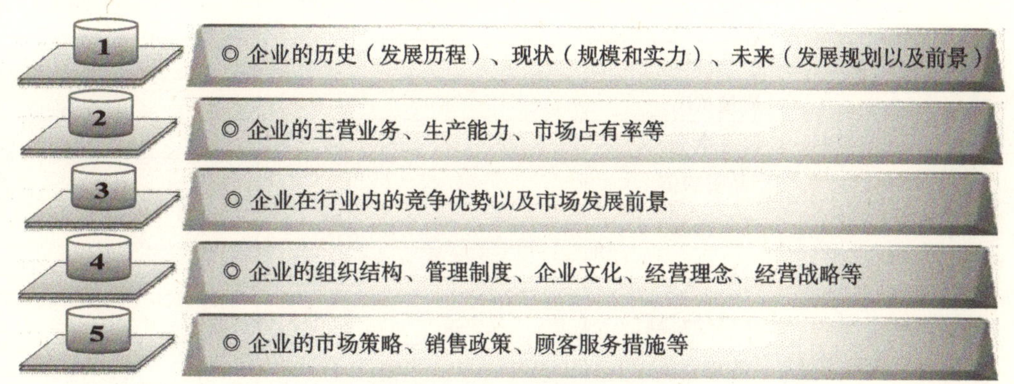
1
◎ 企业的历史（发展历程）、现状（规模和实力）、未来（发展规划以及前景）
2
◎ 企业的主营业务、生产能力、市场占有率等
3
◎ 企业在行业内的竞争优势以及市场发展前景
4
◎ 企业的组织结构、管理制度、企业文化、经营理念、经营战略等
5
◎ 企业的市场策略、销售政策、顾客服务措施等

电话销售人员应了解的企业知识

讲解：除了了解企业之外，电话销售人员还要在学习中逐步认可自己所在的企业，融入企业文化，相信企业能够给客户提供最好的产品和服务。你对企业的热爱也会在不经意间传递给客户、感染客户，加深客户对你、对你的产品以及企业的信任。

（续）

（2）知彼，找出独特的卖点

讲解：知彼，就是要求电话销售人员要了解竞争对手，看看在行业中有哪些企业所卖的产品或所提供的服务与自己的企业相同或相似，随时给予关注。如果不了解竞争对手或没有关注过竞争对手，那么，当客户询问："你们公司与××公司相比具有哪些优势？"时，电话销售人员就很难回答，更不用说在竞争中取胜了。由此可见，电话销售人员不但要了解竞争对手，还应做具体的分析，尤其是关注强劲的竞争对手。具体来说，电话销售人员应做到以下几点。

①了解竞争对手

讲解：收集竞争对手的相关信息、产品资料等，找出比自己强的企业并将其列为重点关注对象，确定重点关注的竞争对手后，电话销售人员要从产品策略、服务策略、促销政策、价格、品牌等方面对收集到的竞争对手的信息资料进行分析整理，找出自己企业、产品的优势所在，并在与客户的沟通中突出自己的优势，引导客户的心理需求朝着自己的方向倾斜。给每一家竞争对手建立档案并进行比较和追踪，进而制定出符合市场需要的销售策略以及与客户的沟通策略，以便赢得客户。通常情况下，电话销售人员可以建立"竞争对手分析表"，以便追踪竞争对手的情况。

竞争对手分析表

<table>
<tr><td rowspan="2">竞争对手名称</td><td rowspan="2"></td><td>联系方式</td><td></td></tr>
<tr><td>公司网站</td><td></td></tr>
<tr><td>地址</td><td></td><td>员工数量</td><td></td></tr>
<tr><td>内容
项目</td><td colspan="2">具体内容</td><td>本公司优势与不足</td></tr>
<tr><td rowspan="6">产品情况</td><td>核心产品</td><td></td><td></td></tr>
<tr><td>生产方式</td><td></td><td></td></tr>
<tr><td>产品价位</td><td></td><td></td></tr>
<tr><td>质量状况</td><td></td><td></td></tr>
<tr><td>服务水平</td><td></td><td></td></tr>
<tr><td>产品附加值</td><td></td><td></td></tr>
<tr><td rowspan="2">宣传推广情况</td><td>广告投放</td><td></td><td></td></tr>
<tr><td>促销情况</td><td></td><td></td></tr>
<tr><td rowspan="6">经营情况</td><td>上年度经营额</td><td></td><td>——</td></tr>
<tr><td>过去三年该竞争对手的发展情况</td><td></td><td>——</td></tr>
<tr><td>声誉</td><td></td><td></td></tr>
<tr><td>整体财务状况</td><td></td><td></td></tr>
<tr><td>面对竞争的策略</td><td></td><td></td></tr>
<tr><td>主要人物及特点</td><td></td><td></td></tr>
</table>

（续）

项目＼内容	具体内容		本公司优势与不足
客户关系管理	主要目标客户		
	解决客户问题的能力		——
	关系最好的客户		
	建立客户关系的特别方法		
必须要回答的几个问题	我们的客户中有没有既用我们的产品又用该竞争对手产品的，这些客户是如何评价我们的产品和该竞争对手的产品的		
	我们的客户群中，有没有非常了解该竞争对手的？他们愿意提供该竞争对手的信息吗		
	我们和该竞争对手的竞争胜负如何，胜负原因何在		
	与该竞争对手相比，我们的优势是什么？我们需要改进哪些方面		

②了解客户

讲解：电话销售人员需要了解和熟悉客户的基本情况和真实需求等，以便做好与客户的通话准备，使电话销售工作事半功倍。电话销售人员应通过各种途径（网络、黄页、报纸等）查找客户资料并认真阅读，熟悉客户资料之后再打电话，这样就可以做到有的放矢，在电话中就会让客户感到亲切。电话销售人员应了解的客户信息包括如下两个方面。请看大屏幕。

1

◎ 客户主要负责人的姓名、年龄、性别、爱好、籍贯、婚姻状况、家庭状况、职务、工作职责、权限范围等

2

◎ 客户公司的主要经营产品、公司规模、销售模式等

电话销售人员应了解的客户信息

③找出自己产品的独特卖点

讲解：了解竞争对手、熟悉了客户之后，电话销售人员还要总结、归纳出自己的产品或服务的独特卖点，做到有备无患。独特卖点就是让客户购买的理由。每一种产品和服务都有其独特的卖点，如节能、提高效率、节约费用、方便、安全、耐用等。电话销售人员一定要非常清楚自己的产品、企业和服务等各个方面与竞争对手不一样的地方。此外，电话销售人员还要学会将自己的强项与产品的独特卖点以及客户的需求联系起来，以便在与客户沟通时影响客户的需求倾向，引导客户做出购买决策。

（续）

④给出一个打电话的理由

讲解：每一次打电话前，电话销售人员都应给自己设定一个目标，即给自己一个打电话的理由。这个目标包括两方面，请看大屏幕。

电话目标分析表

主要目标	次要目标
1. 确认客户是否对自己提供的产品或服务有需求	1. 获得客户相关负责人的资料
2. 向客户提供资金的解决方案	2. 获得客户的自我介绍
3. 介绍自己，以及自己所在企业的主要业务	3. 了解客户的经营状况以及目前的问题等
4. 建立初步联系或初步接触	4. 了解客户的疑惑
5. 约定下次通话时间	5. 了解客户使用产品的情况、对自己的评价和建议
……	……

讲解：明确电话拜访的目标后，电话销售人员就可以拨通电话，迅速切入正题说明你本次电话拜访的目的。在第一次电话交流中，电话销售人员必须简短说明，清晰地告诉对方你的产品能为他们解决什么问题、带来什么利益，给他们一个接电话的理由，让其对自己的产品迅速产生兴趣。电话销售人员必须明白自己销售产品或服务的特点，并将这种特点转化成客户需求。大屏幕上列出了一些产品的诉求重点，电话销售人员可以以此为依据设计说服客户的理由。

常见产品诉求点示例表

产品	诉求重点	实例
保险	1. 保障 2. 给家人一份安全 3. 投资理财 ……	车险、寿险、分红险种等
培训课程	1. 提高工作效率、效果 2. 增强企业经济效益 3. 提高管理能力 4. 提高执行力 ……	生产管理培训课程、营销管理培训课程、人力资源培训课程
高档消费品	1. 象征身份和地位 2. 提高生活品质 ……	汽车、珠宝

（续）

产品	诉求重点	实例
生产设备	1. 生产性能 2. 投资回报率 3. 稳定性 4. 节约生产成本 ……	工厂生产设备等
广告	1. 促销产品 2. 扩大影响力 3. 品牌塑造 4. 推广新产品 ……	电视广告、网络广告、报纸等
不动产	1. 投资（保值、增值） 2. 方便（上班、上学、购物） 3. 居住品质（安静、空气新鲜） 4. 安全（设施、管理员配置、住户有素养） 5. 社会地位（邻居当中有社会名流）等 ……	住房、写字楼、商铺

四、技能备，业绩突

1. 时间：90 分钟。

2. 所需资源：电脑、投影仪、写字笔、写字板和活页挂图。

3. 授课方法：讲授法、案例分析法。

4. 授课内容

讲解：要想销售业绩突出，电话销售人员还应具备必要的电话沟通技能，否则即使心态再好、物品再齐、知识再精，也难以赢得客户和订单。

（1）善倾听方能了解客户

讲解：用心倾听，才能真正了解客户，才能为自己的销售之路扫清障碍。那么，电话销售人员应如何倾听呢？请看大屏幕。

电话销售人员倾听技巧说明表

倾听技巧	倾听技巧说明
确认	1. 在与客户进行电话沟通的过程中，电话销售人员可能有一些问题听不清或者一些专业术语听不懂，此时需要向客户进行确认，并进一步明确客户所讲的内容 2. 在传达一些数字信息时，如电话号码、日期、时间等，电话销售人员一定要向对方及时确认，以免误事 3. 电话销售人员在与客户交流时，切忌使用太多的专业术语，以免给客户造成理解上的困难

（续）

倾听技巧	倾听技巧说明
澄清	及时澄清容易产生歧义的地方，以便充分了解客户的真正想法，如客户说的某一句话可能存在着两种或两种以上的理解，电话销售人员不要自以为是地按照自己的想法去理解，而是应该及时与客户进行交流，明确事实的真相
反馈	光听还不行，还要做出必要的反馈，要让客户意识到你始终在认真地听他讲话，比如你可以不时地说出“对”“嗯”“不错”等
记录	电话交流的时间有限，一时很难记住客户需求的所有关键点，即使当时记住了，可能放下电话就会忘记或者记不全。因此，最好的办法就是记录下客户提到的重点

（2）会提问才能达成销售

讲解：销售过程中的提问能力是与销售能力成正比的，会提问才可能达成销售。怎样才能在有限的时间里了解客户的需求、为客户解决问题、达到自己的销售目的呢？电话销售人员要如何提高在电话中向客户提出关键问题的能力呢？这就要求电话销售人员选择不同的角度进行开放式的提问或封闭式的提问。下面我们看一下什么是开放式提问和封闭式提问。请看大屏幕。

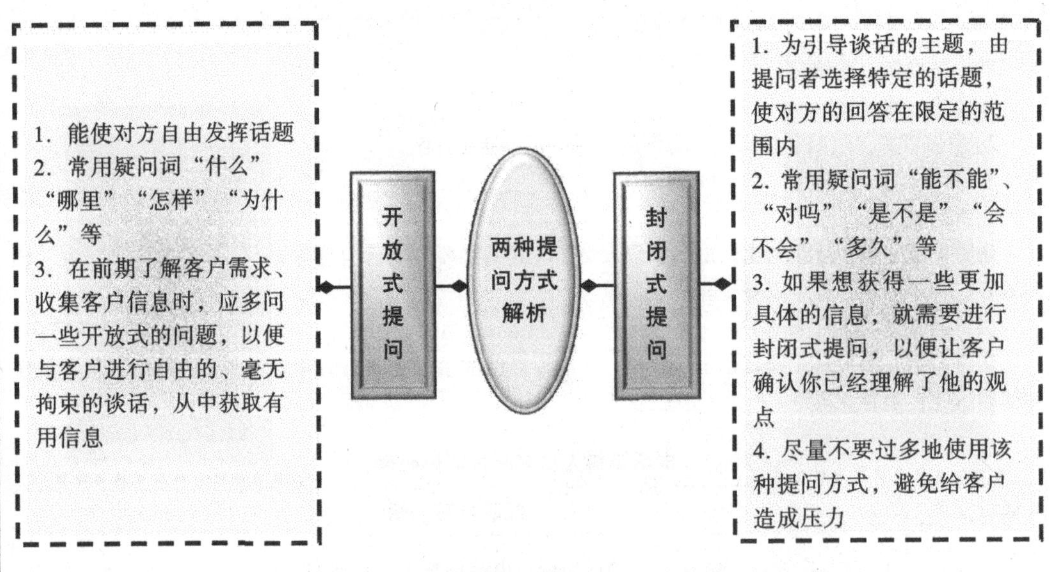
1. 能使对方自由发挥话题
2. 常用疑问词“什么”“哪里”“怎样”“为什么”等
3. 在前期了解客户需求、收集客户信息时，应多问一些开放式的问题，以便与客户进行自由的、毫无拘束的谈话，从中获取有用信息
开放式提问
两种提问方式解析
封闭式提问
1. 为引导谈话的主题，由提问者选择特定的话题，使对方的回答在限定的范围内
2. 常用疑问词“能不能”、“对吗”“是不是”“会不会”“多久”等
3. 如果想获得一些更加具体的信息，就需要进行封闭式提问，以便让客户确认你已经理解了他的观点
4. 尽量不要过多地使用该种提问方式，避免给客户造成压力

两种提问方式解析

讲解：另外，电话销售人员在提问时还要掌握以下技巧，具体请看大屏幕。

（续）

提问技巧说明表

提问技巧	提问技巧说明	示例
提前铺垫	提前告诉客户，回答这个问题是必要的或至少没有坏处。电话销售人员在提出客户可能不愿意回答的敏感问题时，可运用这个技巧改变客户的想法	“为了给您推荐一个最适合的方案，我想知道您的投资预算是多少？”
及时反问	如果不知道怎样回答客户提出的问题，电话销售人员可以反过来问客户，让客户说出他是怎样看待这个问题的，这通常是他希望得到的回答，你就可以投其所好地回答了	“关于这个问题，我想先听听您的看法，您是怎样对待员工测评的呢？”
适时沉默	在通话的过程中，适当的沉默是十分必要的，但切忌过长时间地沉默，这会造成很尴尬的局面	“李先生，员工培训效果不一定会马上显现出来，而是会在工作中逐步展现，这具体可体现在公司的工作效率提高、经济效益提高等方面，您说是不是？（沉默一小会儿，给客户提供思考时间）”
不要同时问多个问题	同一时间最好只问一个问题，不要一次提出好几个问题，那样只会使客户无从谈起或只记住其中的一个问题。如果有多个问题，一定要等客户回答完一个问题后再问下一个问题	“杨先生您感觉我们的产品怎么样呢？是不是比竞争对手的更好一些呢？您是不是更倾向于选择我们的产品呢？”

（3）把话说到客户心坎里

讲解：首先我们一起看一个小故事。看看你从这个故事中能得到哪些启示。

有一次，美国大思想家爱默生和儿子欲将牛牵回牛棚。两人一前一后地用尽了力气，牛就是不进去。家中的女佣看见两个大男人满头大汗、徒劳无功的样子，于是上前帮忙。她拿了一些草，边走边喂牛，结果没有费任何力气就将牛牵回了牛棚，爱默生和他的儿子看得目瞪口呆。

牵牛的故事

讲解：同样的道理，电话销售人员在向客户推销产品时，也应对客户说他们想听的话，而不是自己想说的话，要把话说到客户的心坎里！那么，如何在与客户交谈的过程中做到“投其所好”，把话说到位呢？请看大屏幕。

（续）

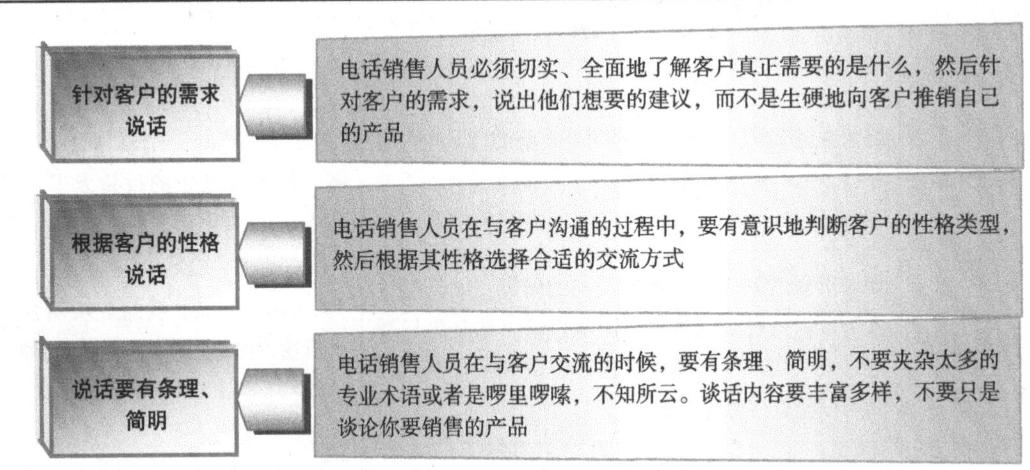
针对客户的需求说话
电话销售人员必须切实、全面地了解客户真正需要的是什么，然后针对客户的需求，说出他们想要的建议，而不是生硬地向客户推销自己的产品
根据客户的性格说话
电话销售人员在与客户沟通的过程中，要有意识地判断客户的性格类型，然后根据其性格选择合适的交流方式
说话要有条理、简明
电话销售人员在与客户交流的时候，要有条理、简明，不要夹杂太多的专业术语或者是啰里啰嗦，不知所云。谈话内容要丰富多样，不要只是谈论你要销售的产品

如何把话说到客户的心坎里

讲解：要做到将话说到客户的心坎里，电话销售人员要善于倾听和提问，了解客户的真实需求，平时应多积累话题素材，养成随时随地收集各类信息并使之成为话题的习惯。

（4）声音有魅力，提高客户吸引力

讲解：电话销售人员在用电话进行沟通时，声音是你唯一表情达意的“信使”。美妙、悦耳的声音会给人带来如沐春风的感受和体验，它也是决定客户是否与你继续交流的重要因素。一个富有魅力的声音会对电话销售人员产生哪些影响呢？请看大屏幕。

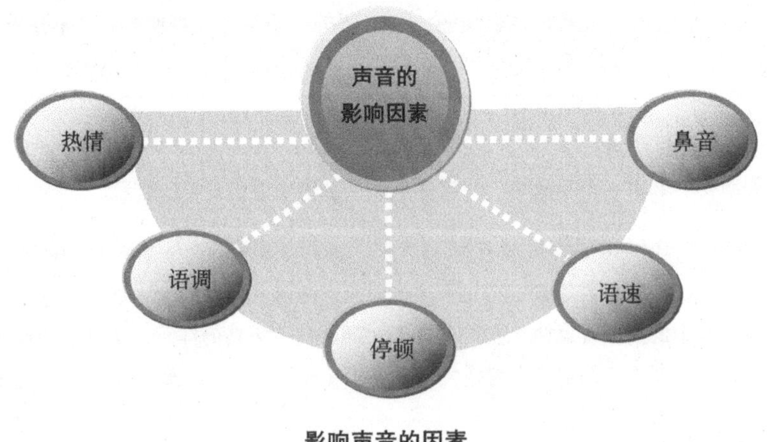
声音的影响因素
热情
鼻音
语调
停顿
语速

影响声音的因素

讲解：那么，电话销售人员如何训练悦耳的声音呢？请看大屏幕。

（续）

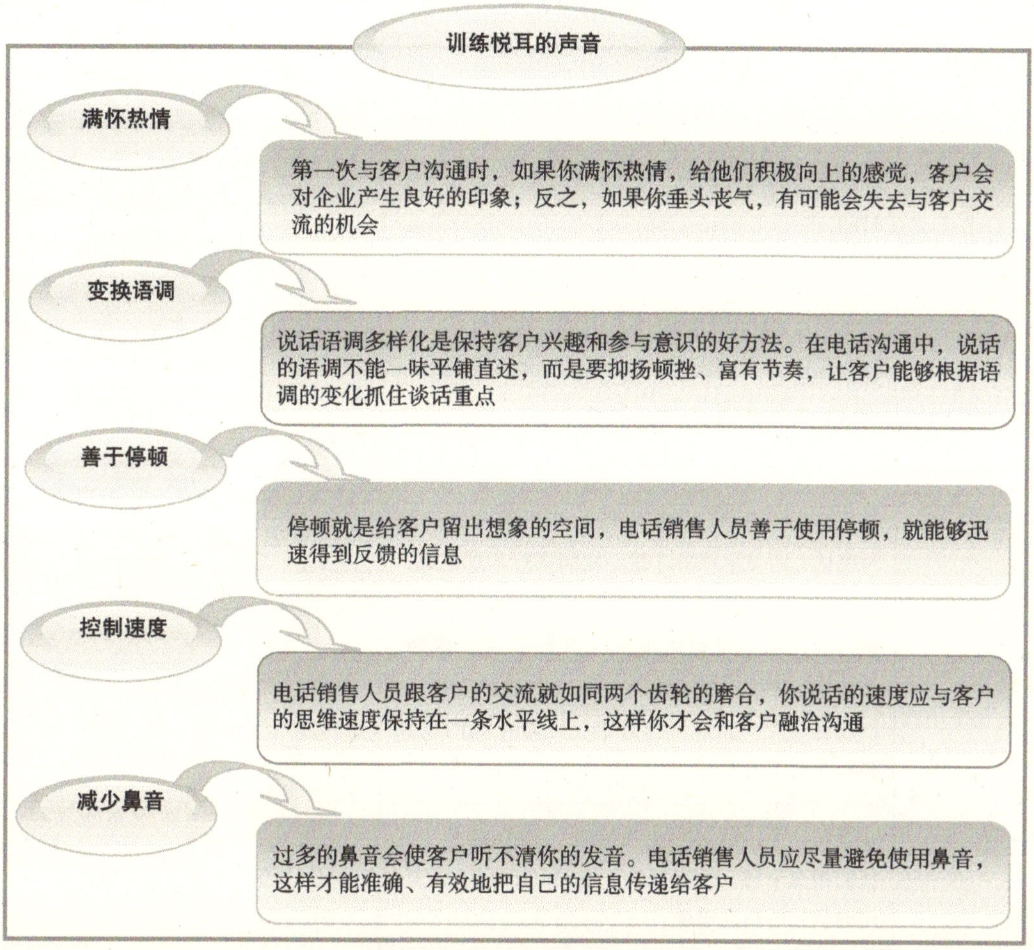

训练悦耳的声音

满怀热情

第一次与客户沟通时，如果你满怀热情，给他们积极向上的感觉，客户会对企业产生良好的印象；反之，如果你垂头丧气，有可能会失去与客户交流的机会

变换语调

说话语调多样化是保持客户兴趣和参与意识的好方法。在电话沟通中，说话的语调不能一味平铺直述，而是要抑扬顿挫、富有节奏，让客户能够根据语调的变化抓住谈话重点

善于停顿

停顿就是给客户留出想象的空间，电话销售人员善于使用停顿，就能够迅速得到反馈的信息

控制速度

电话销售人员跟客户的交流就如同两个齿轮的磨合，你说话的速度应与客户的思维速度保持在一条水平线上，这样你才会和客户融洽沟通

减少鼻音

过多的鼻音会使客户听不清你的发音。电话销售人员应尽量避免使用鼻音，这样才能准确、有效地把自己的信息传递给客户

电话销售人员训练声音的技巧

（5）讲话讲礼仪，赢得好印象

讲解：在电话销售过程中，客户虽然看不到电话销售人员的一举一动，但是电话销售人员不能因此而掉以轻心，同样应当有礼有节，展现自己良好的修养，增加客户对自己的信任程度。在电话销售过程中，电话销售人员应遵循哪些礼仪呢？具体内容请看大屏幕。

（续）

电话销售人员的电话礼仪		
情境	礼仪规范	示例
打电话前	选择合适的时间给客户打电话，最好避开下班时间	最好在早上9点以后（节假日在10点以后），晚上22点以前；而且应该尽量打客户单位的电话，若确有必要打其私人电话（如手机、家中电话），应该避开吃饭和睡觉的时间
	如果知道客户的姓名，最好在电话中点出，以示对客户的尊重，增强亲切感	“您好！请问您是张佳经理吗？我是××公司的王亮，不好意思，打扰您了……”
接电话时	如果是接听电话，则应在铃响三声之内迅速接听电话，若是三声后才接，应向客户表示歉意	“您好，这里是××公司销售部，我是郭强，请问有什么可以帮您吗？”
	要以喜悦的心情接听电话，声音应是热情的，不要用生硬的口气或词语，同时主动自报家门，以便客户及时知道自己是谁、是做什么的以及是否找对了人	“您好！欢迎您致电××公司，我是周红”
	必要时，应询问客户是否方便，在确定客户方便的情况下再开始交谈，尽量避免谈话内容多、用时较长的情况出现	“您好！您现在接电话方便吗？”
	若接听电话，电话接起来后是不熟悉的声音，都应当询问并确认对方的身份	“请问您是哪位？”
通话过程中	在电话中，要注意礼貌用语的使用	“不好意思，让您久等了”
	对接触不久、不是很熟悉的客户，不要在电话中表现得太过热情	“张总，我是昨天跟您联系的××公司的赵云，这个月我的任务还差3万元，您能帮哥们儿这个忙吗？”（对刚刚认识的客户就以“哥们儿”相称还请他帮忙，显然不妥）
	了解客户来电的目的，即便不是找自己的也要问清事由，以便及时处理，避免误事	“请问您可否告诉我是什么事情，看我是否可以帮助您？”

（续）

情境	礼仪规范	示例
通话过程中	随时记录与客户交流的重要内容，对于关键问题要及时确认	“您要订 4 期的通栏广告，对吗?”
	听不清对方讲话时，一定要告诉对方	“不好意思，可否麻烦您再重复一次?”
	客户第一，要优先处理客户的电话，尽量不要让客户等待，如确需客户等待，也应先征求客户的意见，并告知其等待的原因，切不可让客户产生被冷落、不被重视的感觉	“陈先生，不好意思，我需要查询一下您所需要的数据，您能稍等一会儿吗?”
通话结束时	尽量等客户先提出结束通话的要求，然后彼此客气地道别，说一声“再见”，再挂掉电话；结束通话时，可以先赞美客户，征求客户的意见，无论如何都要感谢客户	“赵先生，您看还有什么需要我为您做的呢?”

4. 单元收尾设计

单元收尾设计

1. 时间：5 分钟。
2. 所需资源：电脑、投影仪。
3. 授课方法：讲授法。
4. 单元收尾

收尾语：电话销售人员做好准备，不一定能够成功销售；但如果不做好准备，一定不会销售成功。因此，要想成为成功的电话销售人员，一定要打有准备之仗。

7.2 金牌客户服务的5大技巧

7.2.1 “金牌客户服务5大技巧”课程整体设计

1. 课程基本信息

课程基本信息			
课程代码	190102	课程名称	金牌客户服务5大技巧
课程类别	客户管理类	培训对象	企业客服人员
先修课程	无	授课时间	12小时
课程开发人	李××	课程批准人	陈××

2. 课程目标

（1）知识目标

“金牌客户服务5大技巧”课程的知识目标主要有5个，如图7-6所示。

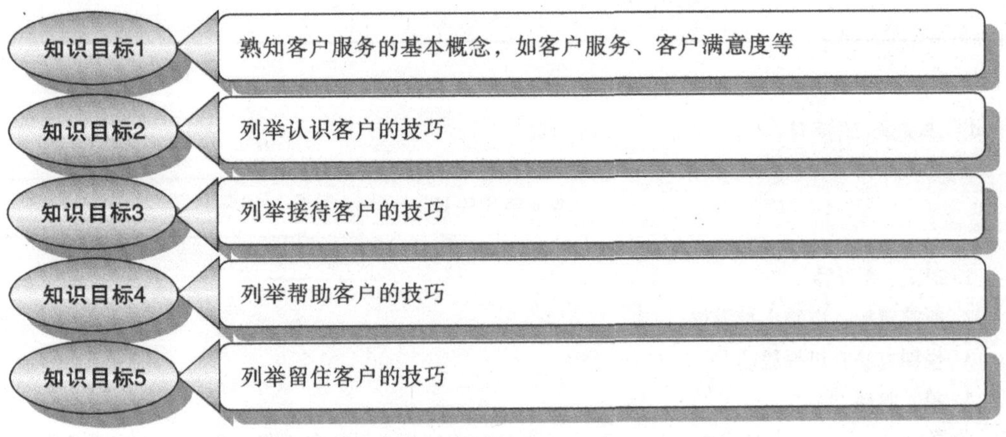
知识目标1
熟知客户服务的基本概念，如客户服务、客户满意度等
知识目标2
列举认识客户的技巧
知识目标3
列举接待客户的技巧
知识目标4
列举帮助客户的技巧
知识目标5
列举留住客户的技巧

图7-6 “金牌客户服务5大技巧”课程的知识目标

（2）能力目标

“金牌客户服务5大技巧”课程的能力目标主要有5个，如图7-7所示。

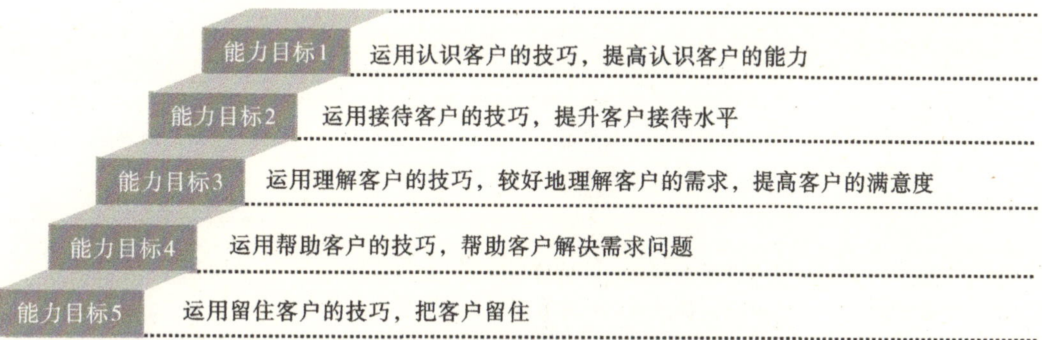
能力目标1
运用认识客户的技巧，提高认识客户的能力
能力目标2
运用接待客户的技巧，提升客户接待水平
能力目标3
运用理解客户的技巧，较好地理解客户的需求，提高客户的满意度
能力目标4
运用帮助客户的技巧，帮助客户解决需求问题
能力目标5
运用留住客户的技巧，把客户留住

图7-7 “金牌客户服务5大技巧”课程的能力目标

3. 课程内容单元

“金牌客户服务5大技巧”的课程内容单元如图7-8所示。

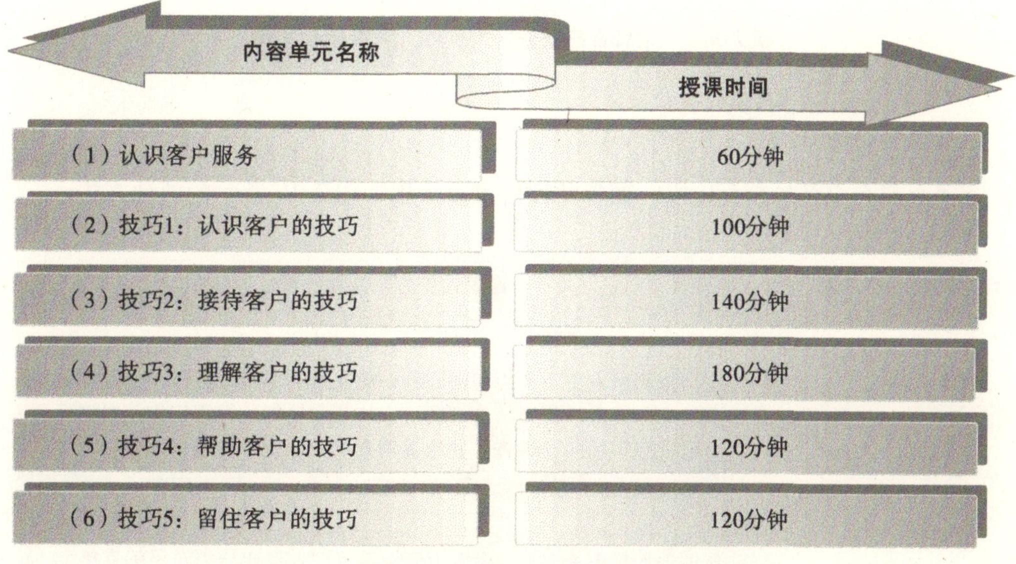
内容单元名称
授课时间
（1）认识客户服务
60分钟
（2）技巧1：认识客户的技巧
100分钟
（3）技巧2：接待客户的技巧
140分钟
（4）技巧3：理解客户的技巧
180分钟
（5）技巧4：帮助客户的技巧
120分钟
（6）技巧5：留住客户的技巧
120分钟

图7-8 “金牌客户服务5大技巧”课程内容单元

4. 课程导入设计

“金牌客户服务5大技巧”课程的导入可以按照如图7-9所示的4个步骤进行。

课程导入步骤	课程导入步骤说明
播放影像视频	培训师在讲解课程之前，播放一段影像视频，影像视频主要的内容是卓越客户服务人员与劣质客户服务人员为其客户服务全过程的对比
进行课堂讨论	看完影像视频后，培训师组织培训对象进行讨论，讨论问题是：卓越服务人员与劣质服务人员在为客户服务的过程中有什么区别
发表问题观点	讨论完毕后，培训师要求培训对象发表观点
讲解课程内容	培训对象发表完观点后，培训师开始讲解课程内容

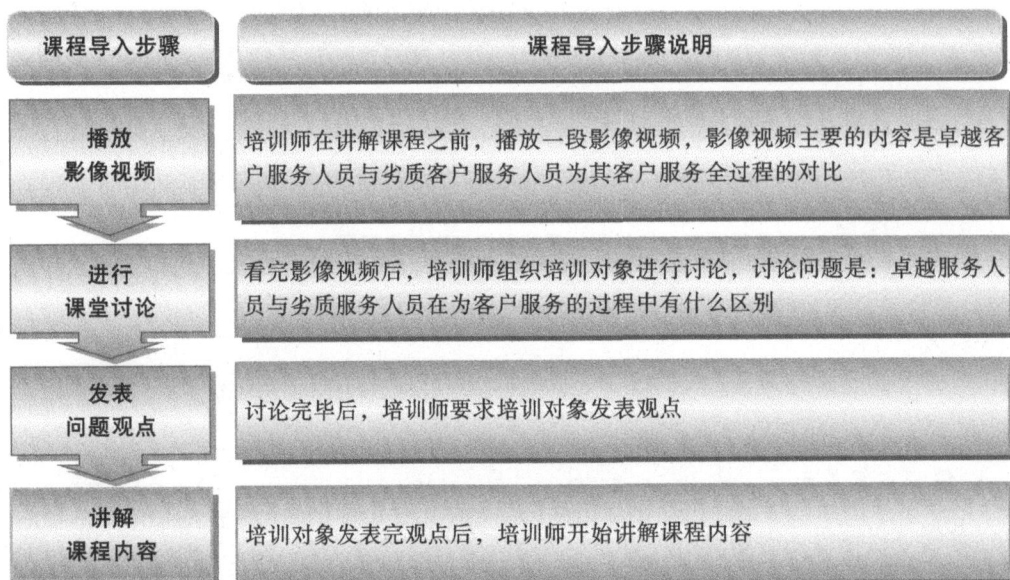

图7-9 “金牌客户服务5大技巧”课程导入步骤

5. 课程评价设计

对“金牌客户服务5大技巧”课程的评价可以采用如图7-10所示的两种方法。

课程评价方法	课程评价方法实施说明
现场评价法	培训课程结束后，人力资源部针对此次培训课程的整体设计、课程满足培训需求的程度、培训师讲课技巧和培训的组织工作等对培训对象进行现场问卷调查，并根据调查结果评价本次培训课程
观察比较法	培训课程结束1个月后，人力资源部管理人员或培训对象的直接上级通过观察培训对象能否灵活运用本课程所讲的技巧、客户服务满意度是否提高等，从而对本次培训课程做出评价

图7-10 “金牌客户服务5大技巧”课程评价方法

7.2.2 “金牌客户服务5大技巧”单元开发设计

“金牌客户服务5大技巧”的主要培训对象是企业的客服人员。本节介绍“技巧3：

理解客户的技巧”单元的开发设计。

1. 单元基本信息

单元基本信息		
单元名称		技巧3：理解客户的技巧
培训对象		企业的客户服务人员
授课时间		180分钟
授课目标	知识目标	1. 熟知倾听技巧 2. 熟知提问技巧 3. 熟知反馈技巧
	能力目标	1. 运用倾听客户需求的技巧，准确把握客户的服务需求 2. 运用提问技巧，找到客户的潜在服务需求 3. 运用反馈客户技巧，确认客户的服务需求
授课方法		讲授法、视听法
授课工具		电脑、投影仪、写字笔、写字板以及活页挂图
能力训练任务		课程单元学习结束后，培训师播放一段录像，要求培训对象记下录像中客户表达出的服务需求

2. 单元导入语设计

单元导入语设计

1. 时间：5分钟。
2. 所需资源：电脑、投影仪。
3. 授课方法：讲授法。
4. 单元导入

导入语：理解客户就是理解客户的服务需求。我们要想成为金牌客服人员，就必须要掌握金牌客户服务技巧。本单元包括三方面的内容，即倾听客户真实的心声——客服人员的倾听技巧、挖掘客户的潜在需求——客服人员的提问技巧以及确认客户服务的需求——客服人员沟通反馈的技巧。下面正式开始讲解我们的课程内容。

3. 单元主体内容设计

单元主体内容设计

一、倾听客户真实的心声——客服人员的倾听技巧

1. 时间：60 分钟。

2. 所需资源：电脑、投影仪、写字笔、写字板和活页挂图。

3. 授课方法：讲授法。

4. 授课内容

讲解：接收完整信息、提炼理解信息、反馈信息是“倾听三部曲”，奏响这“三部曲”是客服人员正确倾听客户服务需求的基础。

（1）接收完整信息

①完整信息要分清

讲解：接收完整的客户服务需求信息是客服人员有效倾听的前提，如果倾听信息不完整、不精准，倾听便毫无意义。要做到完整倾听信息就必须认识完整信息的“三要素”。下面请大家看一下，完整的客户服务需求信息包括的三个要素。

1
词汇
2
语调
3
肢体语言
词汇就是客户在说些什么
语调是讲话时的语气，它可以表现出客户在说话过程中流露出的情感
肢体语言包括用身体来表达信息的所有动作，如客户的面部表情、手势、眼神接触及身体姿势等

完整客户服务需求信息的三个要素

②接收完整信息有技巧

讲解：“只闻其声，而不见其人”是客服人员普遍的倾听方式，这种方式并不能完整地接收到客户所说的全部信息，如客户的肢体语言信息。接收完整的客户服务需求信息通常有三个技巧。请看大屏幕。

（续）

接收完整的客户服务需求信息的技巧

技巧1：掌握讲话者的意向

在客户讲话之前，客服人员就要猜测讲话者要讲什么，在客户讲话过程中，客服人员要猜测客户为什么讲这些话。猜测绝不是“瞎猜”，而是根据“蛛丝马迹”“前因后果”与讲话者的语调和肢体语言信息进行判断与验证。

技巧2：要听弦外之音

客服人员要听出客户的弦外之音，听出客户的感情，听出客户的真意。

技巧3：要分辨事实与意见

事实是理性的，意见是感性的，感性的东西很情绪化，客服人员要明辨哪些是客户表达的事实，哪些是客户对问题或事件的意见。

（2）全身心地倾听

①用体态倾听

讲解：客服人员用体态参与倾听意味着自己采取了一种积极的态度来倾听客户。通过积极的体态表达，向客户表明自己在认真地倾听其讲话，这样会对客户产生“鼓励效应”，使他继续讲下去。客服人员要用积极的体态参与倾听，用体态向客户展示“我在倾听”，体态倾听因素主要有四个。请看大屏幕。

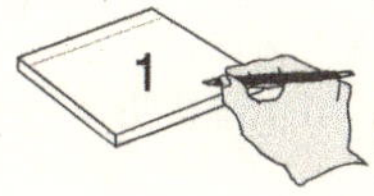
1

直接面对客户

直接面对讲话者表示倾听者正在集中精力倾听讲话者的讲话。直接面对客户时，倾听者的脸和身体都没有东转西转，表明倾听者的注意力没有被其他事物吸引

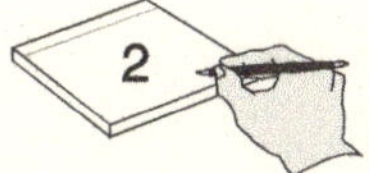
2

与客户保持良好的目光接触

目光接触是沟通中的一种肢体语言，它是一刹那的交汇，在每一次交汇中，彼此读懂对方。客服人员和客户进行目光接触时，不是表达自我，就是接受对方表达。目光接触并不是说要客服人员把眼睛睁得大大的、目不转睛地盯着客户，这种灼人的眼神会让客户感到慌乱

3

坚持开放的态度

在倾听中仅仅是直接面对客户和与客户保持良好的目光接触是不够的。客服人员为了表示自己在倾听，还应该采取一种开放的态度。这个因素可以通过客服人员在倾听信息时得到最好的诠释，不管这条信息是什么，客服人员都会聚精会神地听，不想错过任何一个词汇

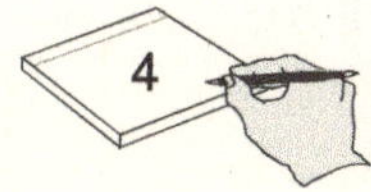
4

保持适当放松

保持适当放松并不意味着客服人员可以很随便以至于看起来像是准备离开。客服人员在倾听过程中，对客户讲话感到非常有兴趣时不要表现的过度热情，因为客服人员如果过度兴奋会使客户精力不集中。当客户情绪低落时，客服人员的镇静反过来会帮助客户放松，这样客户的行为也会逐渐变得与客服人员的行为相吻合

体态倾听因素

（续）

②用心理倾听

讲解：心理倾听不仅仅是指客服人员听客户说了些什么，而且要求客服人员参与到客户的肢体语言行为中，如读懂客户的面部表情、手势等。客服人员如何学会心理倾听呢？

客服人员应培养全神贯注倾听客户讲话的能力和愿望，并且注意倾听客户说了些什么，它是怎样被说出来的，表达了怎样的感受和情绪。

心理倾听是要求客服人员成为一名“中立者”，并尝试从客户的立场去理解其观点，但不要被客户话语中的“情绪化”内容所影响。

③及时表态

讲解：为了鼓励客户继续说下去，客服人员要及时表明态度，从客户的信息中挖掘出更多的“金子”。那么，客服人员如何做到及时表态呢？

A. 给予客户鼓励

讲解：客服人员可以使用很多方法鼓励客户讲更多的内容，如支持性肢体语言与支持性语言表达等。请看大屏幕。

客服人员
如何给予
客户鼓励

1 **支持性肢体语言**
支持性肢体语言能鼓励客户继续讲下去，支持性肢体语言非常多，如面带微笑地注视着客户的眼睛、点头、竖起大拇指等

2 **支持性语言表达**
支持性语言表达是支持性肢体语言的“等价物”，如“哦，明白了”、“非常有趣啊”等短语，只不过是“我理解您所说的话，请接着讲更多的信息吧”的另一种表达

客服人员如何给予客户鼓励

B. 反馈性陈述

讲解：反馈性陈述对深入揭示客户的情感非常有价值。作为倾听者的客服人员，也很希望客户对其讲述的内容做出一些补充或者解释。在这种情况下，客服人员要能够听出客户的“弦外之音”。最常用的反馈形式可以这样表达：“您认为……”“您觉得……”。

C. 重复关键词

讲解：重复关键词是能够鼓励客户讲更多信息的一种有效方式。如果客服人员在认真倾听，那么就不难找到一些特殊或者重要的关键词，客服人员可用这些关键词来鼓励客户做出更为详细的解释。

二、挖掘客户的潜在需求——客服人员的提问技巧

1. 时间：60 分钟。

2. 所需资源：电脑、投影仪、写字笔、写字板和活页挂图。

（续）

3. 授课方法：讲授法。

4. 授课内容

讲解：客服人员要做到理解客户，除了应具备倾听技巧外，还需要具备一定的提问技巧，因为提问技巧是挖掘客户潜在服务需求的基础。要了解客户的潜在服务需求，提问是最好的方式。客服人员通过提问可以准确而有效地了解到客户的真正需求。

（1）提问方式

讲解：我们常用的提问方式一般有五种，具体请看大屏幕。

1. 询问式问题

单刀直入、观点明确的提问能使客户说出客服人员不知道的信息。例如，您可以问："王先生，当电话定货延误或出现错误时，您会怎么办？"这常常是为客户服务时最先问的问题，提这个问题可以获得更多的细节。

2. 肯定式问题

肯定式的问题即让客户回答"是"或"否"，目的是确认某种事实、客户的观点、希望或反映的情况。问这种问题可以更快地发现问题，找出问题的症结所在。例如，"王先生，您电话订货时，订货员有没有与您核对？"这些问题是让客户回答"有"还是"没有"。如果没有得到回答，还应该继续问一些其他的问题，从而确认问题。

3. 常规式问题

在与客户开始谈话时，客服人员可以问一些了解客户身份的问题。例如，"先生，请问您贵姓？""王先生，请问12345678是您办公室的电话号码吗？"目的是要获得解决问题所需要的有关信息，以便于处理问题时联系、查询。

4. 征求式问题

让客户描述情况，谈谈客户的想法、意见、观点，有利于了解客户的兴趣和问题所在。对于有结果的问题，客服人员问问客户对提供的服务是否满意，是否有需要改进的地方，如何改进等，这有助于向客户表达我们的诚意，提高客户忠诚度。

5. 澄清式问题

对于客户所说的问题，有些是必须要澄清的。在适当的时候，以委婉的询问，澄清一些诸如规定、政策、信息等方面的内容。这种提问有助于解疑释惑，澄清事实，减少不必要的麻烦和争论。

常用提问方式

（2）提问技巧

讲解：学习了提问方式后，我们要探究一下提问的技巧，请看大屏幕。

（略）

（续）

三、确认客户服务的需求——客服人员沟通反馈的技巧

1. 时间：50 分钟。

2. 所需资源：电脑、投影仪、写字笔、写字板和活页挂图。

3. 授课方法：讲授法。

4. 授课内容

讲解：所谓反馈就是表达过程中，客服人员对客户表达的内容做出回应的行为。在与客户沟通的过程中，不能及时做出反馈是客服人员的常见问题之一。许多客服人员认为理解客户就是要认真倾听客户的表达，准确把握客户的服务需求，其实不是这样，不对客户沟通的内容进行反馈，往往会出现两种恶果：一是客户不能确定客服人员是否准确地理解了自己所表达的内容，二是客服人员无法澄清和确认客户是否准确地接收了信息。下面我们来看一下，客服人员是如何对客户进行反馈的，请看大屏幕。

（略）

4. 单元收尾设计

单元收尾设计

1. 时间：5 分钟。

2. 所需资源：电脑、投影仪。

3. 授课方法：讲授法。

4. 单元收尾

收尾语：客户的需求千差万别，如果不了解客户的服务需求，客服人员就不能提供有效的服务，更难以提高客户的满意度。因此，我们要掌握如何理解客户的技巧，准确捕捉客户的需求信息。谢谢大家能够参与本课程的学习，我们下次再见。

第8章

财务会计类培训课程设计案例

8.1 Excel 在财务工作中的应用

8.1.1 "Excel 在财务管理中的应用"课程整体设计

1. 课程基本信息

课程基本信息			
课程代码	200101	课程名称	Excel 在财务管理中的应用
课程类别	财务会计类	培训对象	企业财务人员
先修课程	财务会计基础课程	授课时间	22 小时
课程开发人	丁××	课程批准人	李××

2. 课程目标

(1) 知识目标

"Excel 在财务管理中的应用"课程的知识目标主要有 8 个，如图 8-1 所示。

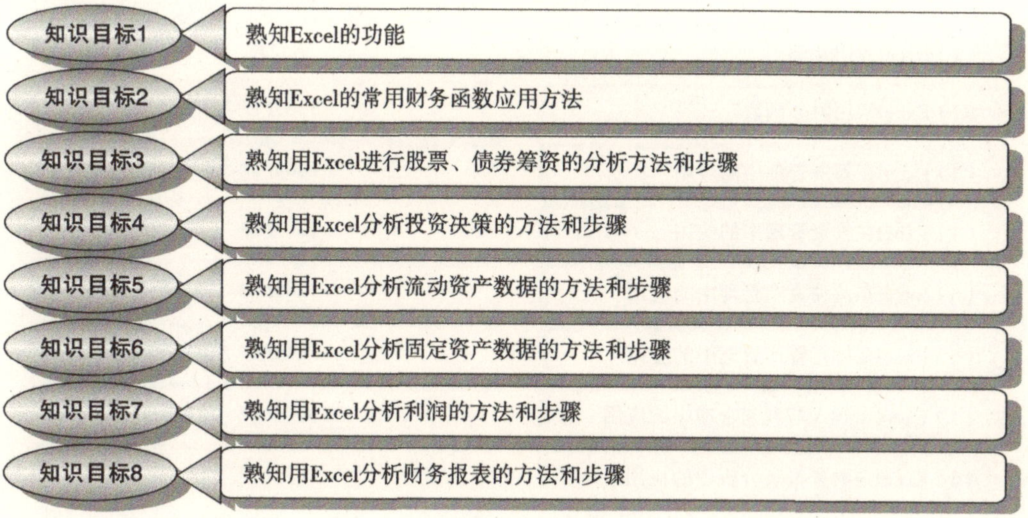

知识目标1	熟知Excel的功能
知识目标2	熟知Excel的常用财务函数应用方法
知识目标3	熟知用Excel进行股票、债券筹资的分析方法和步骤
知识目标4	熟知用Excel分析投资决策的方法和步骤
知识目标5	熟知用Excel分析流动资产数据的方法和步骤
知识目标6	熟知用Excel分析固定资产数据的方法和步骤
知识目标7	熟知用Excel分析利润的方法和步骤
知识目标8	熟知用Excel分析财务报表的方法和步骤

图 8-1 "Excel 在财务管理中的应用"课程的知识目标

（2）能力目标

“Excel 在财务管理中的应用”课程的能力目标主要有 7 个，如图 8-2 所示。

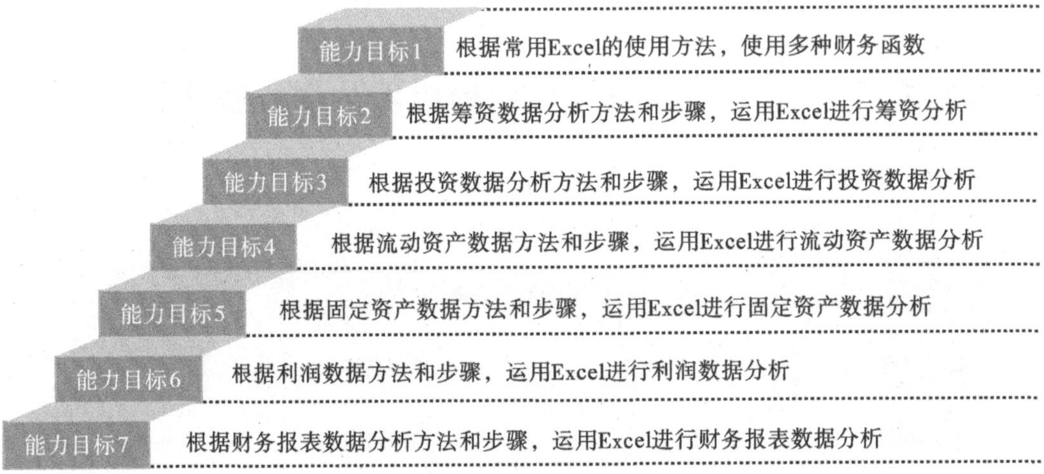

能力目标1	根据常用Excel的使用方法，使用多种财务函数
能力目标2	根据筹资数据分析方法和步骤，运用Excel进行筹资分析
能力目标3	根据投资数据分析方法和步骤，运用Excel进行投资数据分析
能力目标4	根据流动资产数据方法和步骤，运用Excel进行流动资产数据分析
能力目标5	根据固定资产数据方法和步骤，运用Excel进行固定资产数据分析
能力目标6	根据利润数据方法和步骤，运用Excel进行利润数据分析
能力目标7	根据财务报表数据分析方法和步骤，运用Excel进行财务报表数据分析

图 8-2　“Excel 在财务管理中的应用”课程的能力目标

3. 课程内容单元

“Excel 在财务管理中的应用”的课程内容单元如图 8-3 所示。

内容单元名称	授课时间
（1）Excel入门基础	60分钟
（2）Excel常用财务函数	300分钟
（3）Excel在筹资管理中的应用	180分钟
（4）Excel在投资管理中的应用	120分钟
（5）Excel在流动资产管理中的应用	120分钟
（6）Excel在固定资产管理中的应用	180分钟
（7）Excel在收入与利润管理中的应用	180分钟
（8）Excel在财务报表分析中的应用	180分钟

图 8-3　“Excel 在财务管理中的应用”课程内容单元

4. 课程导入设计

“Excel 在财务管理中的应用”课程的导入可以按照如图 8-4 所示的 4 个步骤进行。

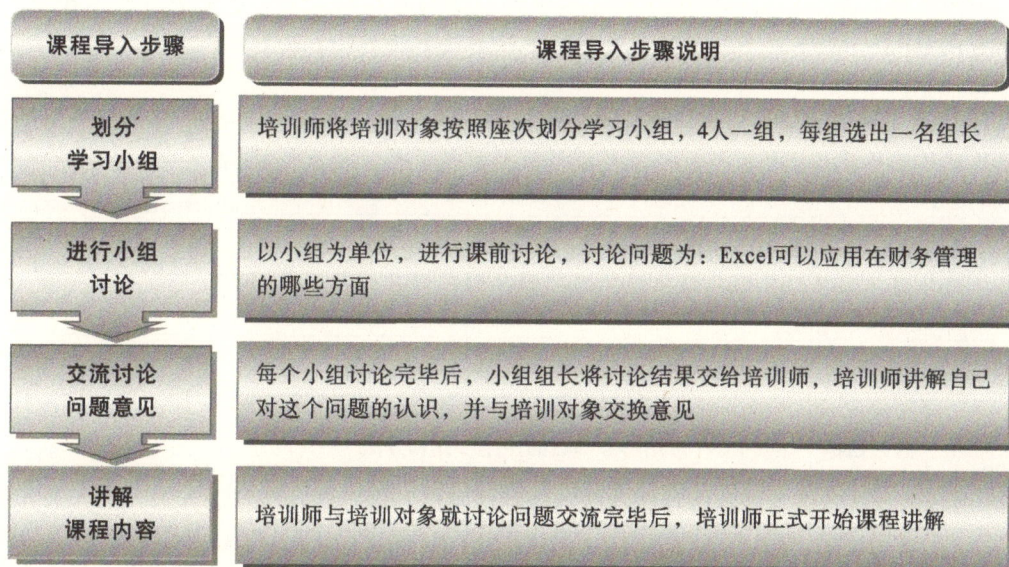

课程导入步骤	课程导入步骤说明
划分学习小组	培训师将培训对象按照座次划分学习小组，4人一组，每组选出一名组长
进行小组讨论	以小组为单位，进行课前讨论，讨论问题为：Excel可以应用在财务管理的哪些方面
交流讨论问题意见	每个小组讨论完毕后，小组组长将讨论结果交给培训师，培训师讲解自己对这个问题的认识，并与培训对象交换意见
讲解课程内容	培训师与培训对象就讨论问题交流完毕后，培训师正式开始课程讲解

图 8-4 “Excel 在财务管理中的应用”课程导入步骤

5. 课程评价设计

对“Excel 在财务管理中的应用”课程的评价可以采用如图 8-5 所示的两种方法。

课程评价方法	课程评价方法实施说明
现场评价法	培训课程学习结束后，人力资源部针对此次培训课程满足财务人员工作需求的程度、培训课程整体和单元设计的合理性、培训师的授课技巧等对培训对象进行现场问卷调查，并依据调查结果评价本次培训课程
测试比较法	在课程开始和结束时，分别用难度相似的 Excel 财务应用方面的上机操作测试题对培训对象进行测试，最终通过比较两次测试的结果，评价本次培训课程

图 8-5 “Excel 在财务管理中的应用”课程评价方法

8.1.2 "Excel 在财务管理中的应用"单元开发设计

"Excel 在财务管理中的应用"的主要培训对象是企业财务人员。本节介绍"Excel 常用财务函数"。

1. 单元基本信息

单元基本信息		
单元名称		Excel 常用财务函数
培训对象		企业财务人员
授课时间		300 分钟
授课目标	知识目标	熟知 Excel 常用财务函数的使用步骤和方法
	能力目标	根据 Excel 常用财务函数的使用步骤和方法，灵活运用这些财务函数
授课方法		讲授法、案例分析法
授课工具		电脑、投影仪、写字笔、写字板以及活页挂图
能力训练任务		本单元学习完毕后，培训师为培训对象提供一些背景数据，要求培训对象联系实际使用本单元学到的这些财务函数

2. 单元导入语设计

单元导入语设计

1. 时间：5 分钟。
2. 所需资源：电脑、投影仪。
3. 授课方法：讲授法。
4. 单元导入

导入语：Excel 中提供的财务函数为我们进行财务数据分析提供了极大的便利，因为使用这些财务函数不必理解高深的数据统计知识，只要按照要求填写变量值就可以了。为了便于大家更加灵活地运用这些函数，提高工作效率，接下来我们一起学习 Excel 中这些财务函数的应用。

3. 单元主体内容设计

单元主体内容设计

一、财务函数中的常见参数

1. 时间：20 分钟。

2. 所需资源：电脑、投影仪、写字笔、写字板和活页挂图。

3. 授课方法：讲授法。

4. 授课内容

讲解：在学习具体的财务函数前，我们了解一下常见的参数。请看大屏幕。

财务函数中的常见参数

1. 未来值（Fv）：在所有付款发生后的投资或贷款的价值

2. 期间数（Nper）：为总投资（或贷款）期，即该项投资（或贷款）的付款期总数

3. 付款（Pmt）：对于一项投资或贷款定期支付数额。其数值在整个年金期间保持不变。通常 Pmt 包括本金和利息，但不包括其他费用及税款

4. 现值（Pv）：为现值或一系列未来付款的当前值累积和

5. 利率（Rate）：投资或代理的利率或贴现率

6. 类型（Type）：付款期间内进行支付的间隔，如在月末支付用 0 表示，在月初支付用 1 表示

7. 日计数基准类型（Basis）：Basis 为 0 或省略代表 US（NASD）30/360，为 1 代表实际天数/实际天数，为 2 代表实际天数/360，为 3 代表实际天数/365，为 4 代表欧洲 30/360

二、求某项投资的未来值 Fv

1. 时间：20 分钟。

2. 所需资源：电脑、投影仪、写字笔、写字板和活页挂图。

3. 授课方法：讲授法、案例分析法。

4. 授课内容

（1）计算公式

讲解：在日常工作中，财务人员经常会遇到计算某项投资的未来值的情况，此时利用 Excel 函数 Fv 进行计算后，可以帮助我们进行一些有计划、有目的的投资。Fv 函数基于固定利率以及等额分析付款方式，返回某项投资的未来值。其计算公式为：Fv（Rate，Nper，Pmt，Pv，Type）。其中该公式中每一项的具体含义如大屏幕所示，请看大屏幕。

（续）

求某项投资的未来值 Fv 公式中各项的具体含义

项　目	项目含义
Rate	各期利率
Nper	为总投资期，即该项投资的付款期总数
Pmt	为各期所应支付的金额，其数值在整个年金期间保持不变，通常 Pmt 包括本金和利息，但不包括其他费用及税款
Pv	为现值，或一系列未来付款的当前值累积和。如果省略 Pv，则假设其值为 0，并且必须包括 Pmt 参数
Type	数字 0 或 1，用以指定各期的付款时间是在期初还是在期末。Type 值为 0 或省略代表支付时间是期末，Type 值为 1 代表支付时间是期初

（2）案例分析

讲解：公式我们介绍完了，下面我们来看一个案例，以便加深我们对该公式的印象。请看大屏幕。

两年后，王瑞需要一笔较大的学习费用支出，他计划从现在起每月初存入 2 000 元，如果按照年利率 3.25%，按月计息（月利息为 3.25%/12），那么，两年后王瑞账户上的余额是多少呢?

求投资的未来值 Fv 的案例

讲解：下面我们来一步一步地计算，希望大家能够看清楚，如有疑问，请立即提出来。

①步骤 1：新建 Excel 工作簿，并输入已知数据

讲解：新建一个 Excel 工作簿，并将案例提供的数据输入 Sheet1，请看大屏幕。

	A	B	C	D	E	F
1	数据	说明				
2	3.25%	年利率				
3	24	付款期总数(月)				
4	-2000	各期应付金额				
5	0	现值				
6	1	各期的支付时间在期初				
7	公式	结果				
8		两年后存款金额				
9						

Fv 函数案例数据

（续）

②步骤 2：插入函数

讲解：选定要插入函数的 A8 单元格，打开“公式”选项卡，在“函数库”组中单击“财务”按钮，在弹出的下拉列表框中选择函数“Fv”，如大屏幕所示。

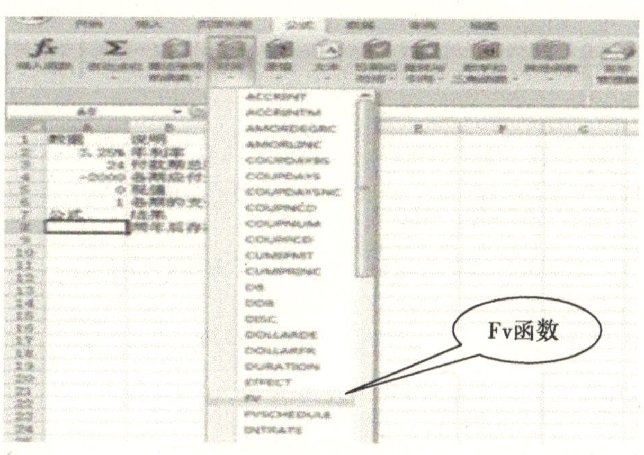
ACCRINT
ACCRINTM
AMORDEGRC
AMORLINC
COUPDAYBS
COUPDAYS
COUPDAYSNC
COUPNCD
COUPNUM
COUPPCD
CUMIPMT
CUMPRINC
DB
DDB
DISC
DOLLARDE
DOLLARFR
DURATION
EFFECT
FV
FVSCHEDULE
INTRATE
Fv函数

插入 Fv 函数

③步骤 3：填入参数

讲解：在步骤 2 中弹出的参数对话框中，填入 5 个参数后，单击“确定”按钮，具体的结果如大屏幕所示。

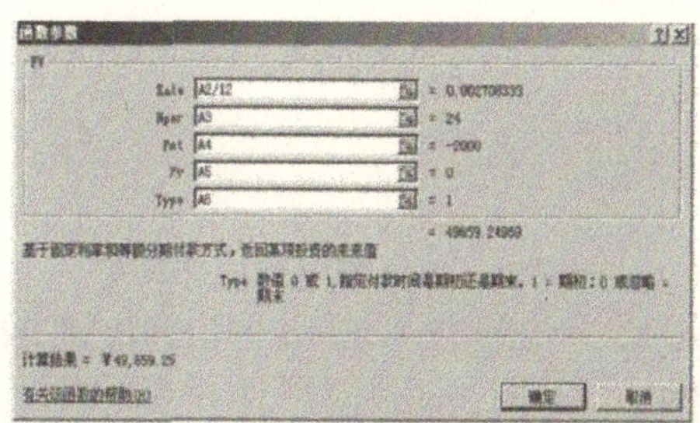
计算结果 = ￥49,659.25

Fv 函数参数对话框

④步骤 4：得出结果

讲解：在步骤 3 中，单击“确定”后，得出结果，如大屏幕所示。

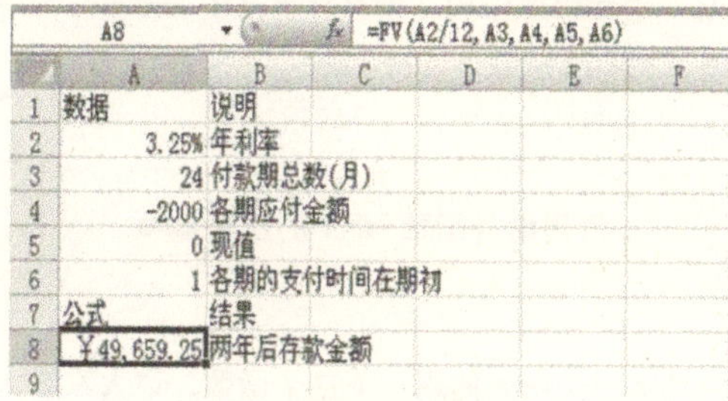

A8 =FV(A2/12,A3,A4,A5,A6)

	A	B	C	D	E	F
1	数据	说明				
2	3.25%	年利率				
3	24	付款期总数(月)				
4	-2000	各期应付金额				
5	0	现值				
6	1	各期的支付时间在期初				
7	公式	结果				
8	￥49,659.25	两年后存款金额				
9						

Fv 函数计算结果

（续）

三、求某项投资的净现值 NPV

1. 时间：20 分钟。

2. 所需资源：电脑、投影仪、写字笔、写字板和活页挂图。

3. 授课方法：讲授法、案例分析法。

4. 授课内容

（1）计算公式

讲解：通过使用贴现率以及一系列未来支出（负值）和收入（正值），返回一项投资净现值。其计算公式为：NPV（Rate，Value1，Value2，…）。该公式中每一项的具体含义如大屏幕所示。

求某项投资的净现值 NPV 公式中各项的具体含义

项　目	项目含义
Rate	某一期间的贴现率，是一个固定值
Value1 Value2 …	代表支出以及收入的 1 到 254 个参数

讲解：在使用这个函数时，要注意四个方面的问题，请看大屏幕。

使用财务函数 NPV 的注意事项

1. Value1，Value2，…在时间上必须具有相等间隔，并且都是发生在期末。

2. NPV 公式是使用 Value1，Value2，…的顺序来解释现金流顺序的，因此，使用时务必要保证支出和收入的数额按照正确的顺序输入。

3. 若参数为数值、空白单元格、逻辑值或数字的文本表达式，则都会计算在内；若参数是错误值或不能转化为数值的文本，则会被忽略。

4. 如果参数是一个数组或引用，则只计算其中的数字。数组或引用中的空白单元格、逻辑值、文本或错误值将被忽略。

使用财务函数 NPV 的注意事项

（2）案例分析

讲解：下面我们结合一个具体的实例来使用一下这个函数，请大家看大屏幕。

（续）

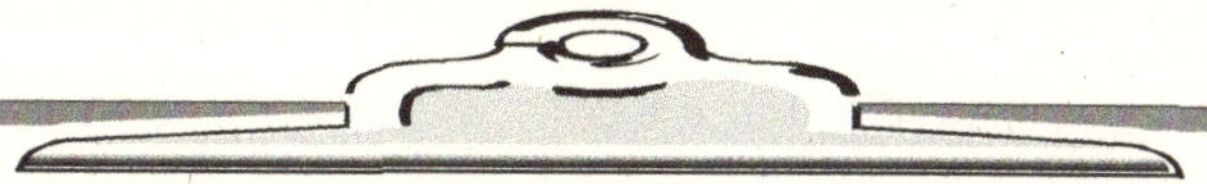

王辉打算开一家电器经销店，初期投资 40 000 元，他希望未来 5 年内，各年的收入分别为 8 000元、9 200 元、10 000 元、12 000 元和 14 500 元。假设每年的贴现率为 8%（相当于通货膨胀率或竞争投资的利率），则投资的净现值的计算公式是：“＝NPV（A2，A4：A8）＋A3”，请用 Excel 财务函数计算净现值。

求投资的净现值 NPV 的案例

讲解：下面我们来看一下如何用 Excel 财务公式 NPV 来解决这个问题。

①步骤 1：新建 Excel 工作簿，并输入已知数据

讲解：建一个 Excel 工作簿，并将案例提供的数据输入 Sheet1，请看大屏幕。

E20

	A	B	C	D	E	F	G	H
1	数据	说明						
2	8%	年贴现率：可表示整个投资的通货膨胀率或利率						
3	-40000	初期投资						
4	8000	第一年的收益						
5	9200	第二年的收益						
6	10000	第三年的收益						
7	12000	第四年的收益						
8	14500	第五年的收益						
9	公式	结果						
10		该项投资的净现值						
11								

NPV 函数案例数据

②步骤 2：插入函数

讲解：选定要插入函数的 A10 单元格，打开“公式”选项卡，在“函数库”组中单击“财务”按钮，在弹出的下拉列表框中选择函数“NPV”，如大屏幕所示。

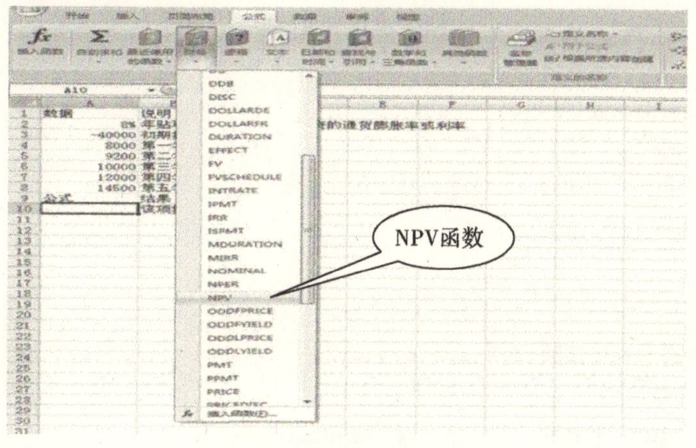
NPV函数
DDB
DISC
DOLLARDE
DOLLARFR
DURATION
EFFECT
FV
FVSCHEDULE
INTRATE
IPMT
IRR
ISPMT
MDURATION
MIRR
NOMINAL
NPER
NPV
ODDFPRICE
ODDFYIELD
ODDLPRICE
ODDLYIELD
PMT
PPMT
PRICE

插入 NPV 函数

（续）

③步骤 3：填入参数

讲解：在步骤 2 中弹出的参数对话框中填入参数后，单击“确定”按钮，如大屏幕所示。

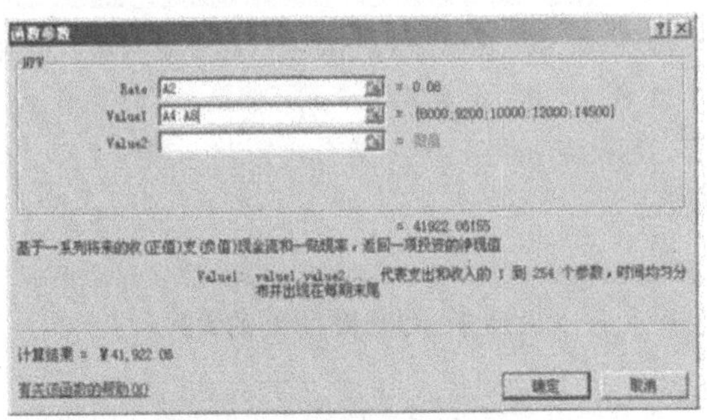
函数参数
NPV
Rate A2 = 0.08
Value1 A4:A8 = {8000;9200;10000;12000;14500}
Value2
= 41922.06155
基于一系列将来的收(正值)支(负值)现金流和一贴现率，返回一项投资的净现值
计算结果 = ￥41,922.06
有关该函数的帮助(H)
确定
取消

NPV 函数参数对话框

④步骤 4：得出结果

讲解：在步骤 3 中点击“确定”后，得出结果，如大屏幕所示。

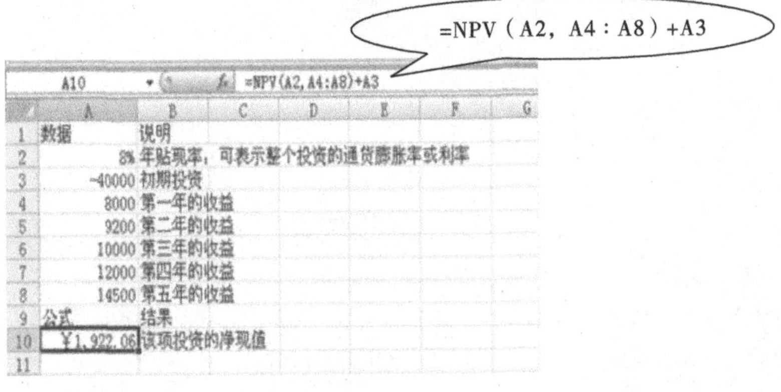
=NPV（A2，A4：A8）+A3
A10
=NPV(A2,A4:A8)+A3
数据 说明
8% 年贴现率，可表示整个投资的通货膨胀率或利率
-40000 初期投资
8000 第一年的收益
9200 第二年的收益
10000 第三年的收益
12000 第四年的收益
14500 第五年的收益
公式 结果
￥1,922.06 该项投资的净现值

NPV 函数计算结果

四、求某项投资的现值 PV

1. 时间：20 分钟。
2. 所需资源：电脑、投影仪、写字笔、写字板和活页挂图。
3. 授课方法：讲授法、案例分析法。
4. 授课内容

（略）

五、求某项贷款分期偿还额 PMT

1. 时间：20 分钟。
2. 所需资源：电脑、投影仪、写字笔、写字板和活页挂图。
3. 授课方法：讲授法、案例分析法。

（续）

4. 授课内容

（略）

六、固定资产余额递减法函数 DB

1. 时间：20 分钟。
2. 所需资源：电脑、投影仪、写字笔、写字板和活页挂图。
3. 授课方法：讲授法、案例分析法。
4. 授课内容

（略）

七、年限总和折旧法函数 SYD

1. 时间：20 分钟。
2. 所需资源：电脑、投影仪、写字笔、写字板和活页挂图。
3. 授课方法：讲授法、案例分析法。
4. 授课内容

（略）

八、返回内部收益率的函数 IRR

1. 时间：20 分钟。
2. 所需资源：电脑、投影仪、写字笔、写字板和活页挂图。
3. 授课方法：讲授法、案例分析法。
4. 授课内容

（略）

九、计算某项投资的实际赢利函数 RATE

1. 时间：20 分钟。
2. 所需资源：电脑、投影仪、写字笔、写字板和活页挂图。
3. 授课方法：讲授法、案例分析法。
4. 授课内容

（略）

十、债券以及其他金融函数

1. 时间：20 分钟。
2. 所需资源：电脑、投影仪、写字笔、写字板和活页挂图。
3. 授课方法：讲授法、案例分析法。
4. 授课内容

（略）

十一、求定期复习有价证券的应计利息函数 ACCRINT

1. 时间：20 分钟。
2. 所需资源：电脑、投影仪、写字笔、写字板和活页挂图。
3. 授课方法：讲授法、案例分析法。

（续）

4. 授课内容

（略）

十二、求本金数额函数 CUMPRINC

1. 时间：20 分钟。

2. 所需资源：电脑、投影仪、写字笔、写字板和活页挂图。

3. 授课方法：讲授法、案例分析法。

4. 授课内容

（略）

十三、求有价证券的贴现率函数 DISC

1. 时间：20 分钟。

2. 所需资源：电脑、投影仪、写字笔、写字板和活页挂图。

3. 授课方法：讲授法、案例分析法。

4. 授课内容

（略）

4. 单元收尾设计

单元收尾设计

1. 时间：5 分钟。

2. 所需资源：电脑、投影仪。

3. 授课方法：讲授法。

4. 单元收尾

收尾语：感谢大家的积极参与，到此为止我们学习完了所有的常用财务函数，希望通过这次学习，能够帮助你解决实际问题，如果大家在工作中遇到了疑问，随时欢迎大家来找我，我的电子邮箱是……

8.2 非财务人员的财务管理

8.2.1 “非财务人员的财务管理”课程整体设计

1. 课程基本信息

课程基本信息			
课程代码	200102	课程名称	非财务人员的财务管理
课程类别	财务会计类	培训对象	企业管理者
先修课程	无	授课时间	19 小时
课程开发人	于××	课程批准人	王××

2. 课程目标

（1）知识目标

“非财务人员的财务管理”课程的知识目标主要有 8 个，如图 8-6 所示。

知识目标1	熟知一些基本的会计概念，如资产、负债、权益、资产负债表、现金流量表等
知识目标2	熟知资产负债表的作用、内容、两种基本格式以及解读方法
知识目标3	熟知现金流量表的基本格式、作用和解读方法
知识目标4	熟知利润表的作用、内容、基本格式和解读方法
知识目标5	熟知会计报表附注及基本内容
知识目标6	熟知评价企业财务状况的内容和方法，如赢利能力评价内容与方法
知识目标7	熟知审计报告的作用和基本内容
知识目标8	熟知《会计法》对核算、监督人员和会计人员的要求，违反《会计法》的后果等

图 8-6 “非财务人员的财务管理”课程的知识目标

（2）能力目标

“非财务人员的财务管理”课程的能力目标主要有 6 个，如图 8-7 所示。

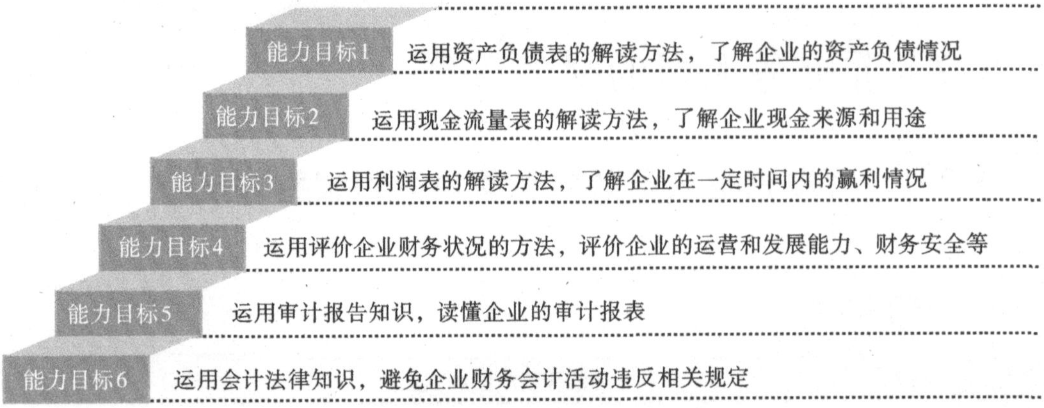

能力目标1 运用资产负债表的解读方法，了解企业的资产负债情况
能力目标2 运用现金流量表的解读方法，了解企业现金来源和用途
能力目标3 运用利润表的解读方法，了解企业在一定时间内的赢利情况
能力目标4 运用评价企业财务状况的方法，评价企业的运营和发展能力、财务安全等
能力目标5 运用审计报告知识，读懂企业的审计报表
能力目标6 运用会计法律知识，避免企业财务会计活动违反相关规定

图 8-7 “非财务人员的财务管理”课程的能力目标

3. 课程内容单元

“非财务人员的财务管理”的课程内容单元如图 8-8 所示。

内容单元名称	授课时间
（1）会计是企业的语言	60分钟
（2）怎样阅读资产负债表	300分钟
（3）怎样阅读现金流量表	180分钟
（4）怎样阅读利润表	120分钟
（5）怎样阅读会计报表附注和财务情况说明书	120分钟
（6）怎样总体评价企业财务状况	180分钟
（7）怎样阅读审计报告	90分钟
（8）管理者必知会计法律知识	90分钟

图 8-8 “非财务人员的财务管理”课程内容单元

4. 课程导入设计

“非财务人员的财务管理”课程的导入可以按照如图8-9所示的4个步骤进行。

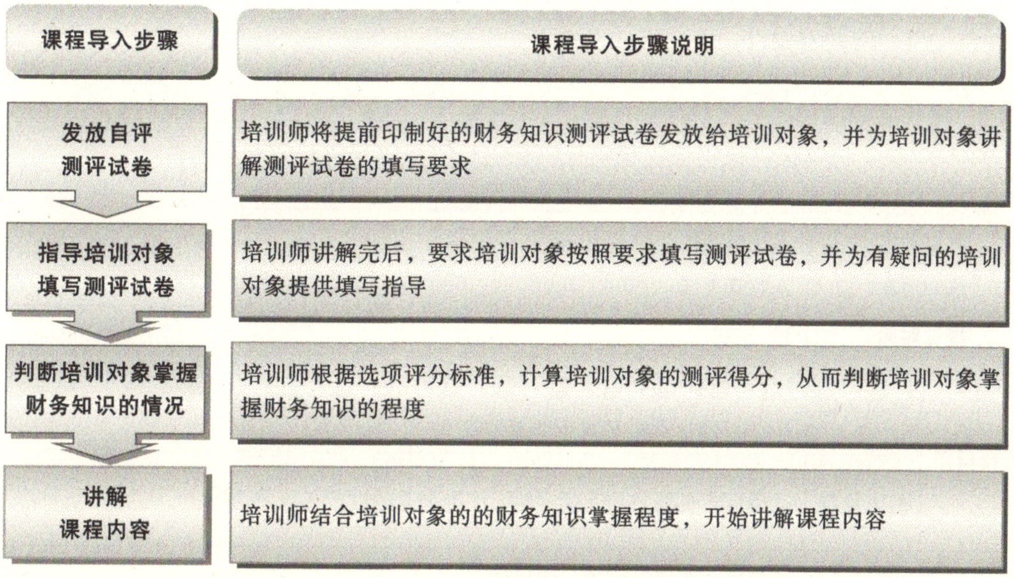

课程导入步骤	课程导入步骤说明
发放自评测评试卷	培训师将提前印制好的财务知识测评试卷发放给培训对象，并为培训对象讲解测评试卷的填写要求
指导培训对象填写测评试卷	培训师讲解完后，要求培训对象按照要求填写测评试卷，并为有疑问的培训对象提供填写指导
判断培训对象掌握财务知识的情况	培训师根据选项评分标准，计算培训对象的测评得分，从而判断培训对象掌握财务知识的程度
讲解课程内容	培训师结合培训对象的的财务知识掌握程度，开始讲解课程内容

图8-9 “非财务人员的财务管理”课程导入步骤

5. 课程评价设计

对“非财务人员的财务管理”课程的评价可以采用如图8-10所示的两种方法。

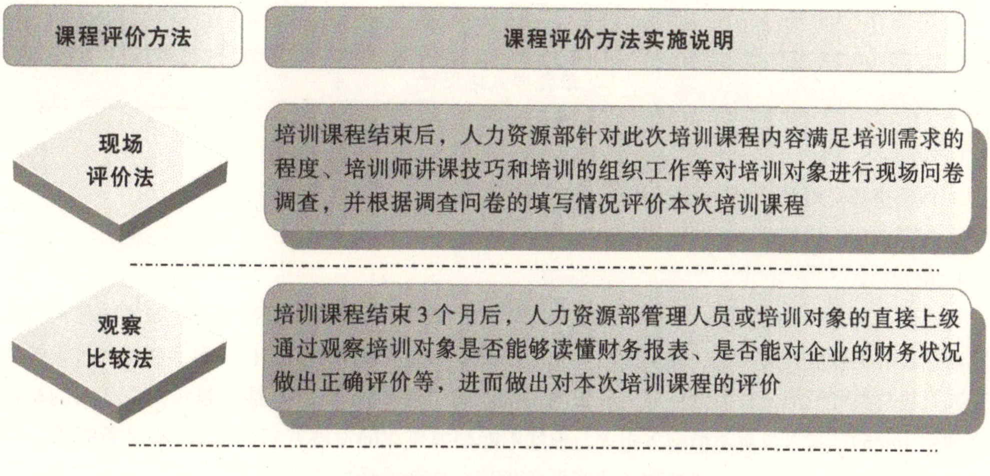

课程评价方法	课程评价方法实施说明
现场评价法	培训课程结束后，人力资源部针对此次培训课程内容满足培训需求的程度、培训师讲课技巧和培训的组织工作等对培训对象进行现场问卷调查，并根据调查问卷的填写情况评价本次培训课程
观察比较法	培训课程结束3个月后，人力资源部管理人员或培训对象的直接上级通过观察培训对象是否能够读懂财务报表、是否能对企业的财务状况做出正确评价等，进而做出对本次培训课程的评价

图8-10 “非财务人员的财务管理”课程评价方法

8.2.2　“非财务人员的财务管理”单元开发设计

“非财务人员的财务管理”的主要培训对象是企业管理者。本节介绍“怎样阅读资产负债表”单元的开发设计。

1. 单元基本信息

<table>
<tr><th colspan="3">单元基本信息</th></tr>
<tr><td colspan="2">单元名称</td><td>怎样阅读资产负债表</td></tr>
<tr><td colspan="2">培训对象</td><td>企业管理者</td></tr>
<tr><td colspan="2">授课时间</td><td>300 分钟</td></tr>
<tr><td rowspan="2">授课目标</td><td>知识目标</td><td>1. 熟知资产负债表的基本概念、作用
2. 熟知解读资产负债表的基本方法</td></tr>
<tr><td>能力目标</td><td>运用资产负债表的解读方法，了解企业的资产与负债情况</td></tr>
<tr><td colspan="2">授课方法</td><td>讲授法、案例分析法、研讨法</td></tr>
<tr><td colspan="2">授课工具</td><td>电脑、投影仪、写字笔、写字板以及活页挂图</td></tr>
<tr><td colspan="2">能力训练任务</td><td>运用资产负债表的解读方法，解读案例给出的某企业资产负债表，并将解读结果写出来</td></tr>
</table>

2. 单元导入语设计

单元导入语设计

1. 时间：5 分钟。
2. 所需资源：电脑、投影仪。
3. 授课方法：讲授法。
4. 单元导入

导入语：首先我想问大家一个问题：看不懂驾驶仪表的飞行员是不是很可怕？如果让你乘坐看不懂驾驶仪表的飞行员开的飞机，你敢坐吗？我估计很多人都不敢坐吧。同样，看不懂财务报告的企业管理人员也是很可怕的，因为财务报表就如同飞机上的“驾驶仪表”，它能够显示企业运营的基本信息。如果企业的管理人员看不懂财务报表，他就不能把握企业的发展方向。因此，企业管理者一定要学会看懂财务报表，以保证企业这架“飞机”能够安全地朝着特定的方向飞行。那么，下面我们开始学习本单元的内容——怎样阅读资产负债表。

3. 单元主体内容设计

单元主体内容设计

一、资产负债表的基础知识

1. 时间：150 分钟。

2. 所需资源：电脑、投影仪、写字笔、写字板以及活页挂图。

3. 授课方法：讲授法、案例分析法、研讨法。

4. 授课内容

（1）什么是资产负债表

讲解：资产负债表是反映企业某一特定日期（通常为各会计期末）资产、负债、所有者权益等财务状况的主要会计报表。简单地讲，在企业的资产负债表上，企业有什么资产，其数量是多少；有什么负债，其数量是多少；有多少净资产，其构成怎样，都会清楚地反映出来。在学习财务报表的过程中，资产负债表是一个很好的开端，因为它体现了企业的财务结构和状况。资产负债表描述了它在发布那一刻企业的财务状况。

（2）资产负债表的作用

讲解：认识了资产负债表后，接下来我们学习一下资产负债表的作用。从资产负债表的功能上看，其大概有四个方面的作用。

①反映企业资产及其分布状况

讲解：企业资产负债表能够反映在特定时点上，企业拥有的资产及其分布状况的信息。它表明企业在特定时点所拥有的资产总量，如流动资产有多少，固定资产有多少，长期资产有多少，无形资产有多少等。

②表明企业承担的债务及其偿还时间

讲解：资产负债表能够表明企业在特定时点所承担的债务、偿还对象以及偿还时间。若是流动负债，就必须在一年内偿还；如果是长期负债，偿还期限就可以超过一年。因此，资产负债表可以清楚地表明，在特定时点上企业欠了谁多少钱，该什么时候偿还。

③反映企业净资产及其形成原因

讲解：企业资产负债表能够反映在特定时点投资人所拥有的净资产及其形成的原因。净资产其实是所有者权益的另外一种叫法。在某一个特定时点上，“资产 = 负债 + 所有者权益”。因此，净资产就是资产减负债。应该注意的是，可以说“资产 = 负债 + 所有者权益”，但绝不能说“资产 = 所有者权益 + 负债”，这两种表达有着根本性的区别。因为会计规则特别强调“先人后己”，也就是说，企业的资产首先要用来偿还债务，剩下的不管多少，都归所有者（或者说投资人）所有。如果先讲所有者权益，就是“先己后人”，这在会计规则中是不允许的。下面我们看一个案例，请看大屏幕。

（续）

甲、乙、丙三个人决定共同投资开公司。2011 年 3 月 20 日，他们决定到工商局注册一家文化发展有限公司。注册时，甲入股 20 万元，乙入股 25 万元，丙入股 25 万元，共同投入到公司的资金是 70 万元。公司运营一段时间后，他们发现资金不够，于是决定向银行贷款。2011 年 8 月 20 日，他们用公司的一辆奥迪 A6 轿车做抵押，向商业银行贷款 30 万元。

该文化发展有限公司拥有和控制的资产总额是 100 万元，投资人投入了 70 万元，向银行借款 30 万元。实际上就是负债 30 万元加股东权益 70 万元。净资产是 100 万元减 30 万元负债。这个净资产是怎么样形成的呢？投资者入股的时候，注入企业资金，它会形成所有者权益。企业赚了钱也应该归股东所有，它也叫所有者权益。

反映企业净资产及其形成原因的案例

讲解：通过这个案例，我想大家应该对企业净资产及其形成原因有了一个大体的了解。下面我们继续看资产负债表的作用。

④反映企业财务发展状况趋势

讲解：资产负债表能够反映企业财务发展状况的趋势。当然，我们在孤立地看一个时点数时，也许反映的问题不够明显，但是如果把几个时点数排列在一起，企业财务发展状况的趋势就很明显了。请大家看屏幕上的案例，我想问一下大家，你们从这个案例中会发现什么问题？大家可以讨论一下。

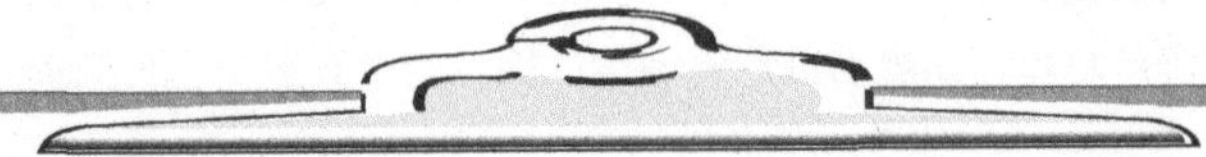

A 公司是 2007 年成立的一家广告公司，其第 1 年年末资产负债表上的应收账款是 20 万元，第 2 年年末资产负债表上是 30 万元，第 3 年年末资产负债表上是 40 万元，第 4 年年末资产负债表上是 50 万元。

反映企业财务发展状况趋势的案例 1

讲解：大家有没有注意到，如果把这 4 年的时点数字排在一起，就会发现，这个企业的应收账款呈逐年上升的趋势。应收账款逐年上升的趋势说明两方面的问题：一是销售环节没有管好应收款，二是企业做好了，市场扩大了，相应的应收账款也增加了。如果企业管理者能够关注每一个时点的状况，就会对企业的财务状况有一个比较全面的了解；反之，将会给企业的管理造成比较大的失误。下面我再和大家分享一个案例。

（续）

始创于1763年的巴林银行是世界上首批商业银行，其总部设在伦敦。但是1995年年末，这家商业银行却倒闭了。是什么原因使这家老牌银行走向末路呢？除了银行内部的控制有问题以外，还有一个很重要的原因就是这家银行的董事长彼得巴林不重视资产负债表。在一次演讲中，他曾经说过这样一句话：若以为揭露更多的资产负债表的数据，就能够增进对一个企业的了解，那真是太幼稚无知了。

具有讽刺意味的是，他发表这番“高论”之后不到1年的时间，巴林银行破产了，这是他绝对没有意料到的。因为他不重视资产负债表，使银行付出了惨痛的代价。

反映企业财务发展状况趋势的案例2

讲解：财务人员都知道，巴林银行是完全可以避免破产的。银行每天都要编制资产负债表，如果银行的高层管理者能够关注资产负债表，就会知道银行已经发生了什么事情。如果及时采取措施，就不至于使得银行倒闭。因此，虽然是时点数，如果关注它、认识它、利用它，就能够为企业管理做出很大的贡献。

（3）资产负债表的基本格式

讲解：目前世界各国使用的资产负债表主要有两种格式：一是账户式，二是报告式。

①账户式

讲解：账户式资产负债表就是根据“资产＝负债＋所有者权益”这一会计等式，以等号为界，将资产项目列在表的左方，负债和所有者权益列在表的右方，且资产项目的余额一般在借方，负债和所有者权益的余额一般在贷方，从而就形成了借贷记账法下“T”字型账户的基本格式，并且通过左右两方“资产总计”和“负债及所有者权益总计”应该相等来检验资产负债表编制的逻辑准确性。账户式资产负债表将资产类项目单独列在左方，突出其地位，强调企业的资产情况，从而表明企业的经营能力和前景。采用账户式资产负债表，可以充分展现“资产”与“负债和所有者权益”的等量关系，一目了然，也便于检验编制过程的正确性，世界各国一般习惯于采用这种格式。在我国相关的会计制度规定的参考格式也是账户式，下面请大家看一下账户式的资产负债表及其基本格式。

账户式资产负债表示例

编制单位：　　　　　　　　　____年____月____日　　　　　　　　　单位：元

资产	年初余额	期末余额	负债及所有者权益（或股东权益）	年初余额	期末余额
流动资产			**流动负债**		
货币资金			短期借款		
交易性金融资产			交易性金融负债		
应收票据			应付票据		

（续）

资产	年初余额	期末余额	负债及所有者权益（或股东权益）	年初余额	期末余额
流动资产			**流动负债**		
应收账款			应付账款		
预付款项			预收款项		
应收利息			应付职工薪酬		
应收股利			应交税金		
其他应收款			应交利息		
存货			应付利润		
待摊费用			预提费用		
一年内到期的非流动资产			其他应付款		
其他流动资产			一年内到期的非流动负债		
流动资产合计			其他流动负债		
非流动资产			**流动负债合计**		
可供出售金额资产			**非流动负债**		
持有至股权投资			长期借款		
长期应收款			应付债券		
长期股权投资			长期应付款		
长期性房地产			专项应付款		
固定资产			预计付款		
固定资产净值			递延所得税负债		
在建工程			其他非流动负债		
工程物资			**非流动负债合计**		
固定资产清理			**负债合计**		
生产性资产			所有者权益		
油气资产			实收资本（或股本）		
无形资产			资本公积		
开发支出			减：库存股		
商誉			盈余公积		
长期待摊费用			未分配利润		
递延所得税资产			**所有者权益合计**		
其他非流动性资产			——		
非流动资产合计			——		
资产总计			**负债和所有者权益合计**		

（续）

②报告式

讲解：报告式资产负债表是按照“资产、负债和所有者权益”的顺序将其垂直排列在一张表格中的一种格式，又称“垂直式资产负债表”。报告式资产负债表使用的是“资产－负债＝所有者权益”的形式，突出表现的是企业所有者权益的情况。采用报告式资产负债表，虽然便于按顺序阅读，也便于根据需要将各部分的内容进行组合排列。但是，在内容较多的情况下，资产负债表将会显得过长，不便于存放。报告式资产负债表也不便于左右对照和数字平衡的检验。所以，在我国一般不采用报告式资产负债表。请大家看一下大屏幕，上面给出了一个报告式资产负债表的示例。

报告式资产负债表示例

编制单位：　　　　____年____月____日　　　　单位：元

资产	年初余额	期末余额
流动资产		
货币资金		
应收票据		
……		
非流动资产		
可供出售金额资产		
长期应收款		
……		
资产总计		
负债		
流动负债		
短期借款		
交易性金融负债		
……		
非流动负债		
长期借款		
应付债券		
……		
所有者权益		
实收资本		
资本公积		
……		

（续）

讲解：报告式资产负债表和账户式资产负债表的内容是一致的，我们就不再给出一个完整的例子了。

（4）资产负债表的内容

讲解：在资产负债表中，其主要内容有三项，一是资产，二是负债，三是所有者权益。下面我们分别来看一下这三项内容具体包括哪些信息。

①资产

讲解：资产是指过去由企业拥有或控制的资源，该资源预期会给企业带来经济效益。资产按其流动性可以分为流动资产、长期投资、固定资产、无形资产和其他资产等。

A. 流动资产

讲解：流动资产是指可以在一年内或者超过一年的一个营业周期内变现或者耗用的资产。在一年内能够变现，是指一般而言，现实生活中可能会出现一些非正常情况。请看大屏幕，我列出了资产负债表中列举的流动资产项目。

资产负债表中流动资产项目

流动资产项目名称	流动资产项目说明
货币资金	反映企业库存现金、银行结算户存款、外埠存款、银行汇票存款、银行本票存款、信用卡存款、信用保证金存款等的合计数，合称货币资金
短期投资	企业在证券市场上买股票、买债券，但持有时间不准备超过一年的投资，也是流动资产
应收账款	即企业因销售商品、产品和提供劳务等应向购买单位收取的各种款项。在正常情况下，这种账款在一年内应该能够收回，所以也是流动资产
预付款	即企业预付给供应单位的款项，它也是属于流动资产
存货	存货是指企业在生产经营过程中为销售或耗用而储存的各种有形资产，包括各种原材料、包装物、低值易耗品、委托加工材料、产成品、库存商品等。一般来说，这些商品在一年内企业要么把它卖掉变成钱，要么把它消耗掉，然后再变成钱，也属于流动资产

讲解：我们学习了什么是资产负债表后，下面请大家看大屏幕上的自测题，检查一下大家的学习情况。请你在下面属于货币资金的选项后面画“√”。

（续）

流动资产自测题

名称	请在属于货币资金的选项后面画“√”
银行结算户存款	
库存现金	
商业承兑汇票	
外国存款	
银行汇票存款	
银行承兑汇票	
银行本票存款	
信用卡存款	
应收账款	
信用保证金存款	

B. 长期投资

讲解：会计上通常是以一年为单位，一年以内的就叫短期，一年以上的就叫长期，这是会计上的一个基本划分。长期投资强调的是一个对外投资的问题，如果投资出去以后，投资企业成为被投资企业的股东，这样的投资一般叫股权投资。企业买股票，如果持有股票的时间准备超过一年，或者长期持有的话，这个投资也是长期股权投资。企业购买债券以后，企业和对方仍然是一种债权债务关系，就是把钱借给对方，对方付给一定的利息。这种投资企业并不能变成主人，这叫债权投资。

C. 固定资产

讲解：在固定资产当中，资产负债表要列示这样一些项目，请看大屏幕。

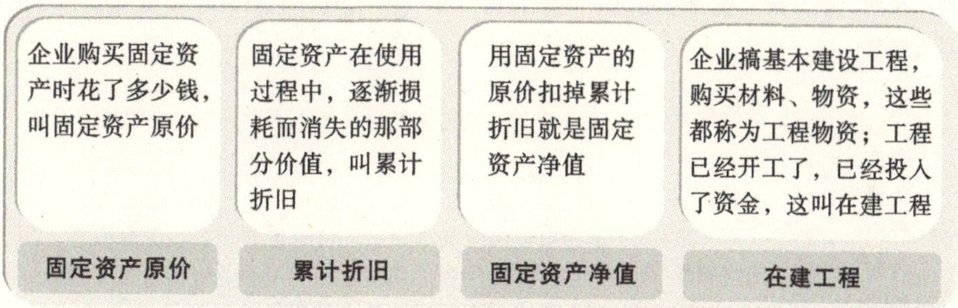

企业购买固定资产时花了多少钱，叫固定资产原价	固定资产在使用过程中，逐渐损耗而消失的那部分价值，叫累计折旧	用固定资产的原价扣掉累计折旧就是固定资产净值	企业搞基本建设工程，购买材料、物资，这些都称为工程物资；工程已经开工了，已经投入了资金，这叫在建工程
固定资产原价	累计折旧	固定资产净值	在建工程

固定资产在资产负债表中要列示的项目

D. 无形资产

讲解：没有实物形态，但是能给企业带来经济利益的资产，如专利权、商标权、土地使用权、非专利技术、商誉等。

（续）

E. 其他资产

讲解：在资产负债表中，其他资产是比较容易出问题的地方。除了前边那些资产以外，剩下的都叫其他资产。目前我国指的其他资产，一个是摊销期限超过一年的费用，叫长期待摊费用；另一个是其他长期资产，一般包括国家批准储备的特种物资、银行冻结存款以及临时设施和涉及诉讼中的财产等。

②负债

A. 流动负债

讲解：流动负债是指将在一年（含一年）或者超过一年的一个营业周期内偿还的债。在资产负债表中，资产负债表要列示这样一些流动负债项目，请看大屏幕。

资产负债表中流动负债要列示的项目

流动资产项目名称	流动资产项目说明
短期借款	短期借款指企业借入的期限在一年以下的各种借款
应付账款和应付票据	应付账款指因购买材料、商品或接受劳务供应等而发生的债务
预收账款	企业没有交付产品而预收了客户的钱，这部分预收的款项就叫预收账款
应付工资	应付工资是企业对职工个人的一种负债，是企业使用职工的知识、技能、时间和精力而给予职工的一种报酬
应付福利费	应付福利费是企业准备用于企业职工福利方面的资金
应交税金	企业在一定时期内取得的营业收入和实现的利润，要按照规定向国家交纳各种税金，这些税金叫应交税金
其他应交款	税法中没有规定，但国家强制征收（比如教育费附加）的款项

B. 长期负债

讲解：长期负债是指偿还期限超过一年的负债，在资产负债表中列示的长期负债项目主要有三项，请看大屏幕。

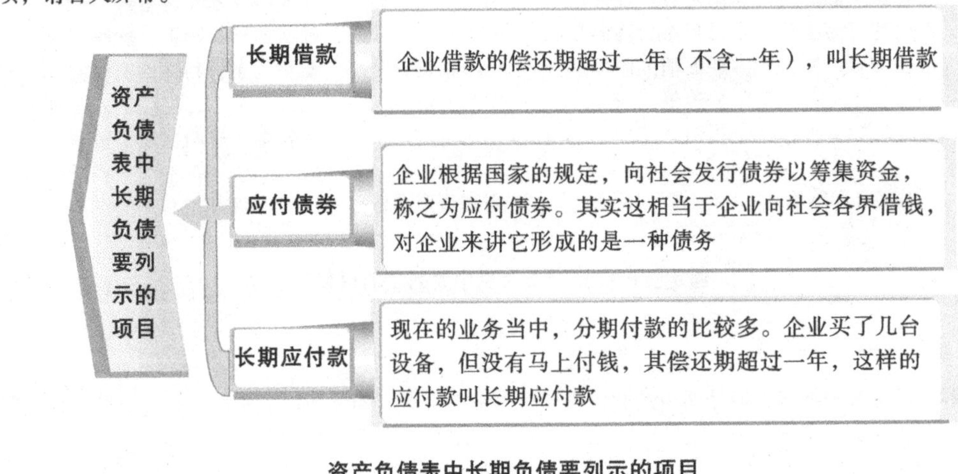
资产负债表中长期负债要列示的项目
长期借款
企业借款的偿还期超过一年（不含一年），叫长期借款
应付债券
企业根据国家的规定，向社会发行债券以筹集资金，称之为应付债券。其实这相当于企业向社会各界借钱，对企业来讲它形成的是一种债务
长期应付款
现在的业务当中，分期付款的比较多。企业买了几台设备，但没有马上付钱，其偿还期超过一年，这样的应付款叫长期应付款

资产负债表中长期负债要列示的项目

（续）

③所有者权益

A. 投资者投入

讲解：投资者投入包括两部分：第一部分叫实收资本，但如果是股份公司就叫股本；第二部分是资本公积金。如何理解这个投资者投入呢？我们来看一下大屏幕上的案例。

A、B、C三人共同投资，2011年4月20日，到工商局注册了一个科技有限公司。注册时，A入股40万元，B入股35万元，C入股35万元，共同投入到公司的资金是110万元。但他们到工商局只注册100万元，如果问这家科技有限公司此时此刻一共有多少资产，我们的回答是110万元。如果把这110万元一分为二考虑的话，在工商局注册的那笔钱，叫实收资本100万元；超过注册资本那部分，叫资本公积金10万元。其实110万元都是投资者入资注入进来的，但是把它一分为二，就和注册资本政策保持一致了。

投资者投入案例

B. 经营积累

讲解：经营中的积累，通常也称作是留存收益。如企业到年末时，净赚50万元，这50万元一概不分配，那么，这50万元就是股东的，叫所有者权益，又叫未分配利润。如果按照我国公司法的规定进行分配，10万元做法定盈余公积金，10万元做法定公益金，这个50万元就一分为二，所赚的50万元中有20万元叫盈余公积金，另外30万元不安排分配，叫未分配利润。

二、资产负债表的解读方法

1. 时间：140分钟。

2. 所需资源：电脑、投影仪、写字笔、写字板以及活页挂图。

3. 授课方法：讲授法、案例分析法。

4. 授课内容

讲解：拿到资产负债表以后，作为一个非财务专业人员感到最困惑的是什么呢？就是不知道要看什么，缺乏看表的方法和思路。那么，如何解除这种困惑呢？接下来我为大家解除这个困惑。

（1）观察总额

讲解：我们在看资产负债表时，首先需要看总额的变化。不管资产负债表的项目有多少，其大项目只有三个：资产、负债、所有者权益，这三个数字之间的数量关系就是“资产=负债+所有者权益”。资产是企业资源变化的一个结果，引起这种结果变化的根本原因主要有两方面：一是负债的变化；二是所有者权益的变化。既然“资产=负债+所有者权益”；那么，资产的增减变化量应该等于负债的增减变化量加所有者权益的增减变化量，即“资产的增减变化量=负债的增减变化量+所有者权益的增减变化量”。

（续）

①资产增加

讲解：我们在具体考察资产、负债、所有者权益之间的依存关系时发现，当企业在某一特定时点的资产总额增加，伴随的原因可能是负债在增加，或者是所有者权益在增加。请大家看一下大屏幕上的案例。

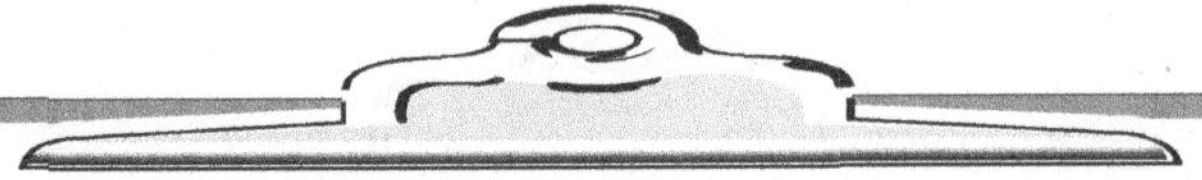

2011年5月，由于扩大经营，甲公司从银行借款50万元存入公司账户。此时甲公司的资产增加了50万元，同时甲公司的负债也增加了50万元。

2011年6月，公司的管理层认为市场形势很好，决定继续扩大投资，甲公司的投资者继续注入资金，往公司再注入50万元。此时，甲公司的资产又增加50万元，而且公司的所有者权益也增加50万元。

资产增加的案例

讲解：从案例中，我们可以看出：当资产增加时，伴随的原因可能是负债在增加，或者是所有者权益在增加。

②资产减少

讲解：当一个企业的资产减少时，伴随的原因可能是负债在减少，也可能是所有者权益在减少。请看大屏幕上的案例。

2009年4月，由于扩大经营，乙公司从银行借款80万元存入公司账户，偿还期限为两年。那么此时乙公司的资产增加了80万元，同时乙公司的负债也增加了80万元。

2011年3月，公司的管理层认为市场形势很好，决定继续扩大投资，乙公司的投资者继续注入资金，往公司再注入90万元。此时，乙公司的资产又增加了90万元，而且公司的所有者权益也增加了90万元。

2011年4月，公司的借款已到期，乙公司向银行还款80万元，那么公司的资产减少了80万元，公司的债务也就减少了80万元。2011年9月，乙公司的高层管理者认为现在的市场比较疲软，决定减少公司的投资。在工商局变更公司的注册资本，从公司的注册资本中依法撤资50万元。此时，公司的资产减少了50万元，而股东的财产权益也减少了50万元。

资产减少的案例

讲解：通过上述案例我们可以看出：当资产增加时，负债可能在增加，所有者权益也可能在增加；当资产减少时，负债可能在减少，所有者权益也可能在减少。其实，在企业的现实经营中，真实

（续）

的情况要复杂得多。当资产增加时，可能负债在增加，而所有者权益在减少。把握了资产、负债和所有者权益三者之间的关系，就可以基本上把握企业在某个经营时段中发生了哪些重大变化，也就可以摸清这个企业财务发展变化的基本方向。总额观察的目的就是要把握一个企业财务状况发展的方向是什么。既然知道资产总量减少只是个结果，而引起这种结果的原因就是负债的变化和股东所有权的变化，解读报表的人心里应该明白：负债在减少，那么负债到底为什么减少；所有者权益在增加，那么所有者权益为什么增加。

（2）浏览具体项目

讲解：要探究具体变化的原因，就要对资产负债表做具体的浏览。浏览具体项目，即拿着资产负债表从上往下看，左右对比看。从上往下是一个项目一个项目地观察，而左右对比就要看一看哪个数字发生的变化最大；哪个数字发生变化的速度最快，哪个就是主要原因。具体项目浏览的特点是有的放矢。下面我们以分析企业资产减少而所有者权益增加的原因为例来说明一下如何浏览具体项目。我们都知道在资产负债表中的所有者权益一共包括四项：实收资本（股本）、资本公积、盈余公积、未分配利润。明白了这一点后，我们看大屏幕上的案例。

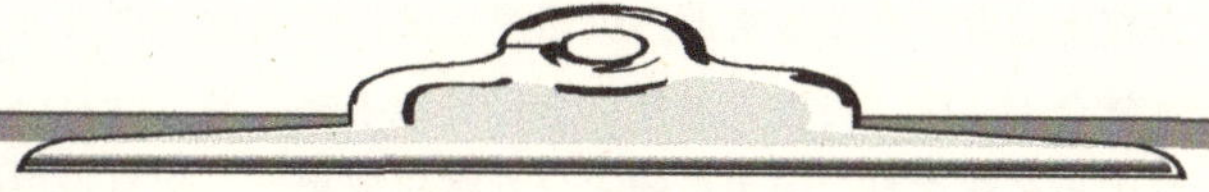

2010年年末时，丙企业的资产负债表中的实收资本（股本）、资本公积、盈余公积和未分配利润这四个项目的年末数比年初数都增加了，请问这说明了什么。

某企业资产负债表（部分表）

编制单位：丙企业　　2010年12月31日　　单位：元

所有者权益	年初余额	期末余额
实收资本	1 500 000	1 600 000
资本公积	40 000	50 000
盈余公积	110 000	120 000
未分配利润	450 000	470 000
所有者权益合计	2 100 000	2 240 000

浏览具体项目的案例

讲解：先说股本和资本公积的增加，如果一个企业实收资本（股本）、资本公积增加，那么就可以说明：企业的投资者继续把资金注入到企业，实收资本（股本）增加，说明股东不光把钱注入到企业，而且变更了注册资金，就是提高了注册资金，所以这两个项目会增加。再看盈余公积和分配利润，这两项也增加了。只有企业赚了钱，才可能有盈余公积，只有企业赚了钱，未分配利润才有可能增加。这样基本原因就清楚了，盈余公积的增加和未分配利润的增加，说明企业还是赚了钱。

（续）

（3）借助相关财务比率

讲解：我们都知道，医生给病人看病，首先要“望、闻、问、切”，了解病人的基本情况。然后借助一些科学的仪器进一步确定病人的病因。同样，我们在看财务报表时，首先要摸清企业财务状况的基本方向，然后借助一些财务指标对企业的财务“机体”进行一个比较全面的“诊断”，以确定企业财务问题存在的“病因”。下面我们来学习一下这些相关的财务比率。

①资产负债率

讲解：资产负债率是指负债总额与资产总额的比率。这个指标表明企业资产中有多少债务，同时也可以用来检查企业的财务状况是否稳定。其计算公式请看大屏幕。

$$资产负债率=\frac{企业负债总额}{企业资产总额}\times 100\%$$

讲解：从财务学的角度来说，一般认为企业理想化的资产负债率是40%左右。上市公司略微偏高些，但上市公司资产负债率一般也不超过50%。其实，不同的人应该有不同的标准。企业的经营者对资产负债率强调的是负债要适度，因为负债率太高，风险就很大；负债率低，又显得太保守。债权人强调资产负债率要低，债权人总希望把钱借给那些负债率比较低的企业，因为如果某一个企业负债率比较低，钱收回的可能性就会大一些。投资人通常不会轻易地表态，通过计算，若投资收益率大于借款利息率，那么投资人就不怕负债率高，因为负债率越高赚钱就越多；如果投资收益率比借款利息率还低，等于说投资人赚的钱还没有借款利息高，在这种情况下投资者就不应要求企业的经营者保持比较高的资产负债率，而应保持一个比较低的资产负债率。从一个企业的安全角度来讲，如果一个企业的资产负债率适度，或者资产负债率比较低，这个企业在财务上就是安全的；如果一个企业的负债率比较高，这样的企业财务结构就很不稳定，因为大量的资产是借别人的，而借别人的资产到时需要偿还，就存在偿还风险。

②流动比率

讲解：流动比率是指企业的流动资产与企业的流动负债之比，其计算公式请看大屏幕。

$$流动比率=\frac{企业的流动资产总额}{企业的流动负债总额}\times 100\%$$

讲解：从财务角度来讲，这个比值的理想值是2，即流动资产与流动负债应该保持2∶1的关系。若一个企业的流动比率大于2，通常认为这个企业的短期偿债能力是比较强的；若一个企业的流动比率小于2，通常认为这个企业的短期偿债能力是比较弱的。但有时这个指标可能会造成一种错觉。如流动资产中大量的是残损霉变、呆滞积压的商品存货，或者是无法收回的应收账款，那么在这种情况下，即使比值大于2，也不能证明企业的偿债能力强。因此，还需要一个辅助的指标，那就是速动比率。

③速动比率

讲解：为了进一步检验企业短期偿债能力，还要使用另一个财务指标，即速动比率。它是用速动资产总额除以流动负债总额。其计算公式请看大屏幕。

（续）

$$速动比率=\frac{企业速动资产总额}{企业流动负债总额}\times 100\%$$

讲解：从理论上来讲，速动资产是可以迅速转换成现金的资产的。财政部有一个硬性的规定：可以迅速转换成现金的资产就是速动资产，它等于流动资产减去存货，请看大屏幕。

$$速动资产=流动资产-存货$$

讲解：通过速动资产的计算公式我们可以看出：在流动资产中，存货不能迅速地转换成现金资产，其他的都视同可以迅速转换成现金的资产。其实剩下的资产也不一定都能够迅速转换成现金，这只是财政部规定的一个基本指标，财务专家也认可这样一种惯用的计算方法。在工商企业中，存货在整个流动资产中一般要占到50%左右。所以，如果说流动比率的理想值是2，那么速动比率的理想值就应该是1。如果一个企业的速动比率大于1，通常认为这个企业的短期偿债能力比较强；如果企业的速动比率小于1，通常认为这个企业的短期偿债能力比较弱。当一个企业资产负债率偏高时，财务结构可能不稳定，而判断企业财务结构是否稳定的最主要因素就是短期偿债能力的强弱，所以要跟进检查两项内容：流动比率和速动比率。借着这两个指标，就可以检查企业的财务状况是否稳定。

（4）2+2 法则

讲解：在讲解 2+2 法则之前我们看一个案例，请看大屏幕。

2010 年 10 月，丁公司准备招聘 1 名财务主管。经过第一次面试后剩下 3 个候选人，总经理认为这 3 个候选人的条件都不错；他们都是会计专业本科毕业，都有在大企业工作 5 年的工作经历。通过人力资源部考察，这 3 个候选人都没有违规和违纪的历史记录。但公司只能从中选择一个作为公司的财务主管，怎么办呢？此时，总经理犯难了。

最终，公司决定对这 3 个候选人做一下测试。给 3 个候选人出的题目就是使用会计上比较著名的“2+2 法则”来进行测试，总经理分别问这 3 个候选人：“2+2 等于几?”

第 1 个候选人的回答是 2+2=4。

第 2 个候选人的回答是 2+2 多数时候等于 4，有时等于 3，有时等于 5。

第 3 个候选人考虑了一下回答，贵公司需要它等于几，我就让它等于几。

结果总经理决定录用第 2 个候选人。

2+2 法则案例

讲解：我想问一下大家，为什么丁公司的经理要录用第 2 个候选人呢？下面我和大家一起分析一下。

（续）

1. 2+2=4

在资产负债表上，这是一个永恒的规则。比如说公司买了一辆奥迪轿车，价格为55万元，在账上告诉别人，购买它花了55万元，在资产负债表上也会告诉别人，购买轿车花了55万元，所以2+2=4，它能在表上真实地反映了它的价值。第1位候选人不太适合做公司的财务部经理，因为在他的眼中，对于会计数字的理解仅仅是2+2=4，他只是从记账的角度来考虑。第3个候选人也不会被选中，因为《会计法》明确规定，企业财务负责人对本企业的会计工作和会计资料的真实性、完整性负责，如果企业的领导想要什么数字，他就填上什么数字，这样的财务主管是比较可怕的。

2. 2+2>4

2+2多数时候等于4，2+2也会大于4。如某企业在账上所记载的某项专利是15万元。按照会计的规则，能够记入的账面价值，在报表上披露的数字仅仅是专利取得成功以后到专利局去申请注册所花的钱。这个企业一共在这个方面花了15万元，那么在账上、表上告诉别人也是15万元。可是评估师给企业做了一下正确的评估，专利的价值是40万元。在这种情况下，资产负债表上的15万元就是实际上的40万元。

3. 2+2<4

2+2有时会小于4。同样，某企业买了一项专利，在买这项专利时花了15万元，可是这项专利最终未能给企业带来经济利益。在资产负债表上、在账上，仍然要告诉别人，企业有无形资产——专利15万元。然而从管理者的眼光来看，这15万元应该是0。

2+2法则案例分析

讲解：在会计上“2+2法则”是一个很重要的法则，它是通过比喻的方式，告诉管理者怎样理解资产负债表中的数字。在会计的报表上，2+2是永远等于4。可是在管理者来看，2+2多数时等于4，有时等于3，有时等于5。

（5）评估资产的成本与市价

讲解：评估资产的成本与市价，就是研究如何运用“2+2法则”重新认识资产负债表。在资产负债表中披露的内容主要有三个项目，即在某一个特定时点有多少资产，有多少负债，有多少所有者权益。资产负债表中披露的资产属于实际成本。会计上有一个基本规则，就是遵循实际成本原则，或者叫历史成本原则，即资产负债表上告诉别人的资产额是历史成本，是取得这项资产时花了多少钱。所谓历史成本，就是企业取得或生产某物时实际支出的钱。如2010年12月20日企业购买一台电脑，购买日当天实际支付的价款就是该项资产的历史成本。会计遵循的是历史成本原则，而管理中更应该关注的是资产的现行市价。资产负债表披露的是资产的成本而不是市价，两者有着很大的差距，企业管理者必须注意这一点。注意到这一点，就会知道企业资产负债表中的资产，用“2+2法则”计算时，它到底是等于3，还是等于4，还是等于5。那么，我们在判断时，应该关注什么呢？下面我们一起探讨一下。

（续）

①资产的质量

讲解：用“2+2法则”来重新看待资产负债表时，要关注资产的质量，关注资产负债表中的“含水量”。其具体有以下几个方面。

A. 应收账款和其他应收款的收回比率

讲解：资产负债表中有应收账款和其他应收款，表明别人欠企业的账款，这笔钱是应该收回来的。流动资产在一年内可以收回，但现实生活中常常遭遇的就是企业的应收账款无法收回。虽然在资产负债表上照样如实反映，但是这两笔钱很有可能是收不回来的。请看大屏幕上的案例。

2008年注册的新联电子有限责任公司是新创电子通讯股份公司在深圳成立的一个子公司。2008年6月底，华强有限责任公司向新联购买400万元的彩电，由于华强公司刚成立不久，拿不出那么多钱，承诺6个月后付款。可是3年过去了，华强公司至今还未将这笔货款付给新联电子有限责任公司。

应收账款和其他应收款的收回比率案例

讲解：按照会计规则，如果这个企业的资产负债表中的应收账款和其他应收款偿还期超过三年的话，那么，收回的可能性就不会太大。新联电子有限责任公司由于种种原因，不愿意把这项资产转销掉，所以仍然反映在资产负债表中，应收账款有400万元，很可能华强有限责任公司再也无法偿还了，但是在新联电子有限责任公司的资产负债表中这个数字仍然存在，在这种情况下，这个应收账款其实就是“含水”的应收账款。

B. 存货

讲解：存货的状况如何？存货的市价是多少？其数字可靠吗？这些问题也是值得关注的。在企业的资产负债表中存货也含有大量的“水分”，或者说有些企业的存货是“注了水”的存货。为了保证资产负债表中的数字是真实准确的，按照会计规则要求，每年年末要对存货进行全面盘点，如果实际数字和账面数字不一致，那么要调账调表，直到表上数字和实际数字一致。在企业的实际经营过程中，由于多种原因，大家可能会忽视了对存货的盘点，此时存货数字的真实性就值得考虑。存货所反映的价值是历史成本，而存货的市价是会变动的。从管理者的角度来说，资产负债表上的20万元，也许真实的现在价值只有15万元，那么账上多出的5万元就是“水分”。

C. 长期投资

讲解：企业长期投资当中很有可能相当一部分无法收回，如果企业账上不转销，表上不反映，这些无法收回的部分就是资产负债表中资产存在“水分”的地方。

（续）

D. 待处理财产损失

讲解：在资产负债表中流动资产的最后一项和固定资产的最后一项都叫待处理财产损失，一项是待处理流动资产的净损失，一项是待处理固定资产的净损失。这两个项目数字在报表中是百分之百的“水分”，也就是说它只是遵守会计规则中 2 + 2 必须等于 4，但是它并不是企业的资源，并不是企业的资产。如在某一个时点，企业拥有资产总额 600 万元，而待处理损失有 450 万元，其实这个企业真正资产的含量只有 150 万元，而不是 600 万元。可在资产负债表上仍然告诉别人企业拥有资产 600 万元，其中 450 万元是百分之百的“水分”。

E. 短期投资

讲解：短期投资的成本和市价也有差距，而且这种差距也比较明显。这个比较好理解，我们在此处就不再过多地阐述这个问题。

F. 无形资产

讲解：某企业为了盖房，花了 8 000 万元买了块地皮，但是过了一段时间这块地皮从 8 000 万元降到了 5 000 万元，可是企业的会计账上记载的是 8 000 万元。在企业的账面上告诉别人这块土地的使用权是 8 000 万元，可是按照现在的价值只有 5 000 万元，该企业的无形资产实际为 5 000 万元。另外，还要关注其他一些问题，如固定资产可否收回，在建工程是否减值，其他资产有多大等。通过上面的学习，我总结了一下，资产的质量问题包括哪些方面的内容呢？请看大屏幕。

资产质量的关注内容一览表

序号	主要项目	关注内容
1	应收账款	能够收回的比率有多大
2	存货	存货状况如何？市价是多少？账面数字可靠吗
3	固定资产	可收回金额
4	长期投资	可收回金额
5	待处理财产损失	报表中有该项目吗
6	短期投资	市值是多少
7	在建工程	是否减值
8	无形资产	可收回金额
9	其他资产	有多大

②关注负债

讲解：请大家注意一点：并不是企业所有的负债都能在资产负债表上反映出来，资产负债表上所反映的负债只是现在已经存在的负债，或者叫现实的债务，而潜在的风险和债务，在资产负债表中是无法反映出来的。潜在的负债体现在资产负债表的报表附录中，编表人会对这些潜在负债进行详细的解释。

（续）

③关注所有者权益

讲解：实收资本与企业的注册资金应该是相对应的，当一个企业的注册资本全部到位时，资产负债表上的实收资本，应该和企业的注册资金一致。但如果企业的注册资本是分次到位的，在这种情况下，表上的数字多，而实际到位的相对比较少。管理者在解读资产负债表时，应关注这种情况。资产负债表中的未分配利润如果是正的，代表企业盈利以后没有安排分配，如是负的，代表累计未弥补的亏损。资产负债表是时点数，报告的只是一个结果，如果负数金额巨大，那么说明这个企业的经营风险是很高的。由于企业资产负债表中的资产是含有“水分”的，因此，新的会计制度规定，应该对八项资产进行减值准备。如短期投资要计提投资跌价准备，应收账款和其他应收款要计提坏账准备，存货、固定资产、长期投资、在建工程、无形资产、委托贷款也要计提减值准备。如何计提减值准备，会计人员需要认真研究，公司管理者也应该弄清这一常识。

4. 单元收尾设计

单元收尾设计

1. 时间：5 分钟。
2. 所需资源：电脑、投影仪。
3. 授课方法：讲授法。
4. 收尾语

收尾语：其实，并非企业所有的经济资源都能够反映在资产负债表上。资产负债表是企业在某一时点经济情况的真实“写照”，它反映企业在特定时点拥有多少资产、负债和所有者权益。从企业的经济资源角度来说，资产负债表并不能反映出企业所有的资产。如企业的品牌，也属于无形资产。但是在资产负债表中，按照会计的规则是不能反映的。国内有很多著名的企业，这些企业名称本身就很值钱，可是在企业的账上，在它的资产负债表上肯定不会存在这样的数字。

第9章

人力资源及行政类培训课程设计案例

9.1 招聘选才九部曲

9.1.1 “招聘选才九部曲”课程整体设计

1. 课程基本信息

课程基本信息			
课程代码	210101	课程名称	招聘选才九部曲
课程类别	人力资源管理类	培训对象	企业非人力资源管理者、人力资源管理者
先修课程	人力资源管理基础课程	授课时间	19小时
课程开发人	于××	课程批准人	王××

2. 课程目标

(1) 知识目标

“招聘选才九部曲”课程的知识目标主要有9个，如图9-1所示。

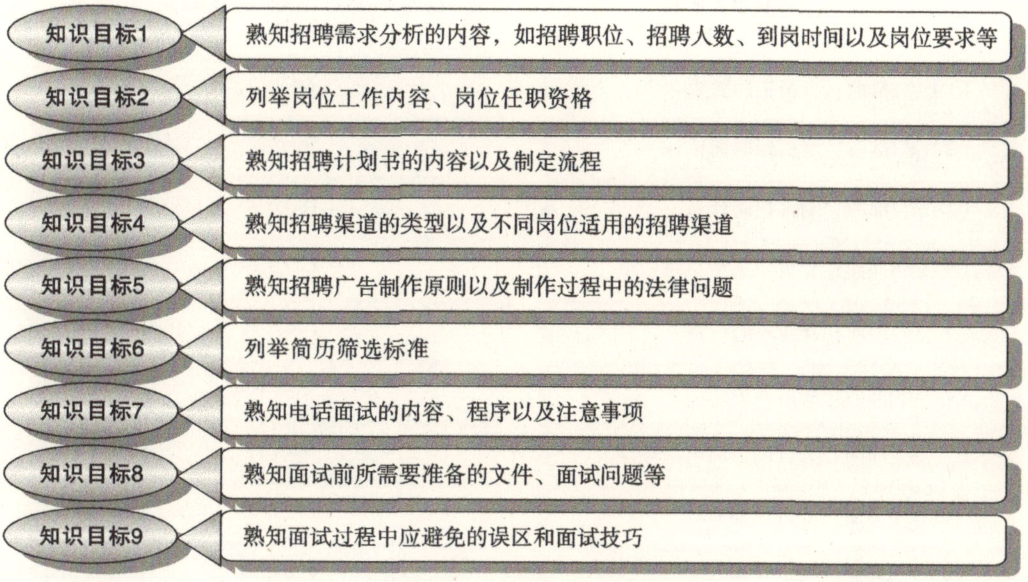

知识目标1	熟知招聘需求分析的内容，如招聘职位、招聘人数、到岗时间以及岗位要求等
知识目标2	列举岗位工作内容、岗位任职资格
知识目标3	熟知招聘计划书的内容以及制定流程
知识目标4	熟知招聘渠道的类型以及不同岗位适用的招聘渠道
知识目标5	熟知招聘广告制作原则以及制作过程中的法律问题
知识目标6	列举简历筛选标准
知识目标7	熟知电话面试的内容、程序以及注意事项
知识目标8	熟知面试前所需要准备的文件、面试问题等
知识目标9	熟知面试过程中应避免的误区和面试技巧

图9-1 “招聘选才九部曲”课程的知识目标

（2）能力目标

“招聘选才九部曲”课程的能力目标主要有8个，如图9-2所示。

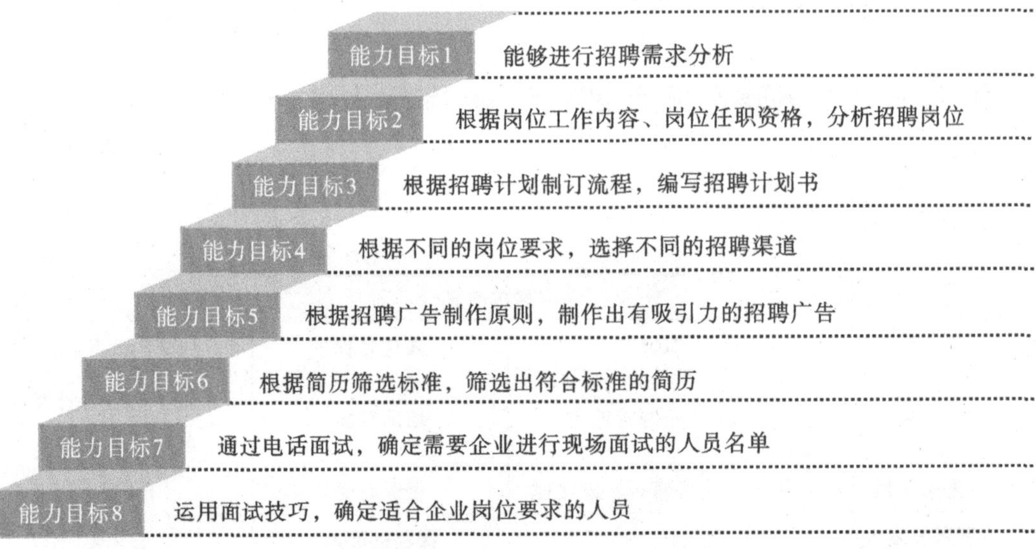
能力目标1
能够进行招聘需求分析
能力目标2
根据岗位工作内容、岗位任职资格，分析招聘岗位
能力目标3
根据招聘计划制订流程，编写招聘计划书
能力目标4
根据不同的岗位要求，选择不同的招聘渠道
能力目标5
根据招聘广告制作原则，制作出有吸引力的招聘广告
能力目标6
根据简历筛选标准，筛选出符合标准的简历
能力目标7
通过电话面试，确定需要企业进行现场面试的人员名单
能力目标8
运用面试技巧，确定适合企业岗位要求的人员

图9-2 “招聘选才九部曲”课程的能力目标

3. 课程内容单元

“招聘选才九部曲”的课程内容单元如图9-3所示。

内容单元名称	授课时间
（1）第1部曲：分析招聘需求	60分钟
（2）第2部曲：解析招聘岗位	90分钟
（3）第3部曲：制订招聘计划	180分钟
（4）第4部曲：分析与选择招聘渠道	120分钟
（5）第5部曲：发布招聘广告	180分钟
（6）第6部曲：筛选简历	60分钟
（7）第7部曲：进行电话面试与通知	90分钟
（8）第8部曲：进行现场面试	240分钟
（9）第9部曲：确定录用	120分钟

图9-3 “招聘选才九部曲”课程内容单元

4. 课程导入设计

“招聘选才九部曲”课程的导入可以按照如图 9-4 所示的 4 个步骤进行。

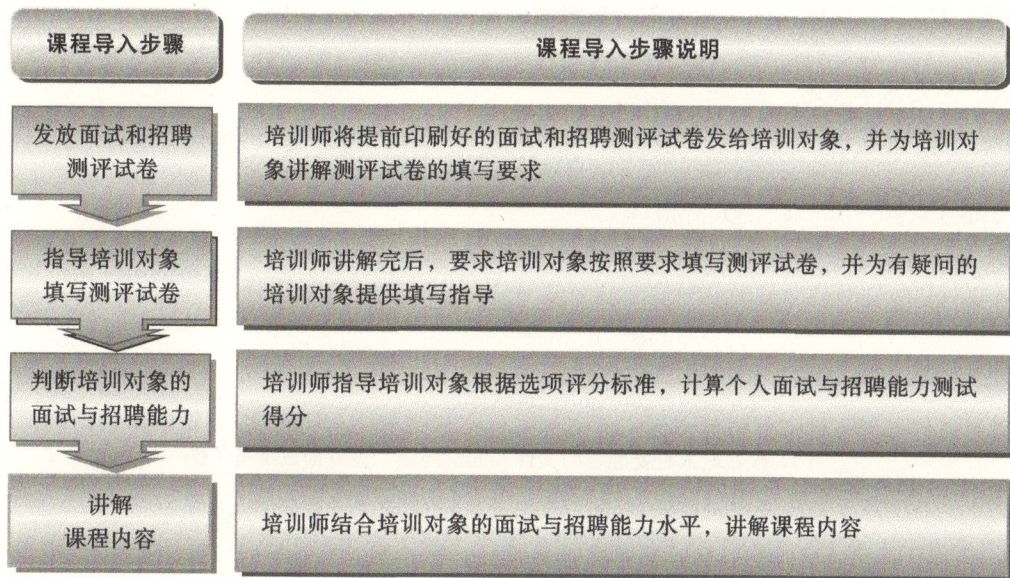

课程导入步骤	课程导入步骤说明
发放面试和招聘测评试卷	培训师将提前印刷好的面试和招聘测评试卷发给培训对象，并为培训对象讲解测评试卷的填写要求
指导培训对象填写测评试卷	培训师讲解完后，要求培训对象按照要求填写测评试卷，并为有疑问的培训对象提供填写指导
判断培训对象的面试与招聘能力	培训师指导培训对象根据选项评分标准，计算个人面试与招聘能力测试得分
讲解课程内容	培训师结合培训对象的面试与招聘能力水平，讲解课程内容

图 9-4 “招聘选才九部曲”课程导入步骤

5. 课程评价设计

对“招聘选才九部曲”课程的评价可以采用如图 9-5 所示的两种方法。

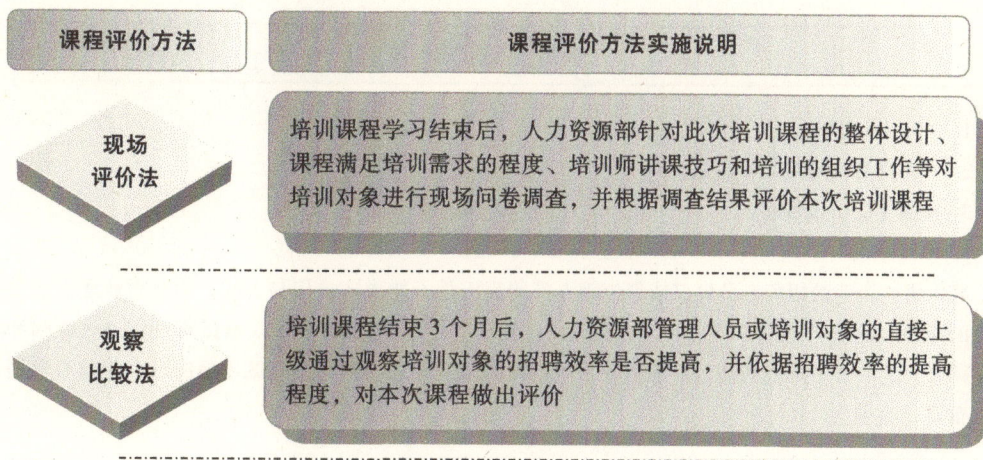

课程评价方法	课程评价方法实施说明
现场评价法	培训课程学习结束后，人力资源部针对此次培训课程的整体设计、课程满足培训需求的程度、培训师讲课技巧和培训的组织工作等对培训对象进行现场问卷调查，并根据调查结果评价本次培训课程
观察比较法	培训课程结束 3 个月后，人力资源部管理人员或培训对象的直接上级通过观察培训对象的招聘效率是否提高，并依据招聘效率的提高程度，对本次课程做出评价

图 9-5 “招聘选才九部曲”课程评价方法

9.1.2 “招聘选才九部曲”单元开发设计

“招聘选才九部曲”的主要培训对象是企业非人力资源管理者以及人力资源管理者。本节介绍“进行现场面试”单元的开发设计。

1. 单元基本信息

单元基本信息		
单元名称		进行现场面试
培训对象		企业非人力资源管理者、人力资源管理者
授课时间		240 分钟
授课目标	知识目标	1. 熟知面试需要准备的文件、面试问题等 2. 列举面试技巧，如面试提问技巧
	能力目标	1. 根据面试需要准备的文件和面试问题，做好面试准备工作 2. 运用面试技巧，招聘到适合本企业岗位要求的人员
授课方法		讲授法、角色扮演法
授课工具		电脑、投影仪、写字笔、写字板以及活页挂图
能力训练任务		在本单元学习完毕后，培训师选择几位培训对象，让他们运用面试的相关技巧，模拟一次现场面试

2. 单元导入语设计

单元导入语设计

1. 时间：5 分钟。

2. 所需资源：电脑、投影仪。

3. 授课方法：讲授法。

4. 单元导入

导入语：企业的招聘专员仅仅依靠应聘人员的简历是不能决定录用与否的，用人企业还需要挑选合适的应聘人员来“见”一“见”，也就是进行面试。在“见”的过程中，面试官可以通过提问和观察应聘者，进一步了解他们是否真正适合企业招聘岗位的要求。因此，面试才是决定企业是否录用人才的重要“关卡”。

3. 单元主体内容设计

单元主体内容设计

一、认识面试

1. 时间：60 分钟。

2. 所需资源：电脑、投影仪、写字笔、写字板和活页挂图。

3. 授课方法：讲授法。

4. 授课内容

讲解：面试是指面试官通过与应聘者面对面地沟通交流，以考察应聘者素质状况、能力特点、行为特征以及求职动机的一种人员选拔活动。面试比笔试更加直观、灵活、全面和深入。面试不仅可以测评出应聘者的学识水平，还能测评出他们的能力、才智和个性特征等，可以达到对应聘者能力、素质、工作经验、情感情绪的多层次、多角度的了解。面试按照不同的划分依据，可以分为多种类型，下面我们来看一下每种类型的面试。

（1）根据面试的结构化程度划分

讲解：根据面试的结构化程度，可以将面试划分为结构化面试、半结构化面试和非结构化面试。每种面试类型的具体说明，请看大屏幕。

按照面试的结构化程度划分的面试类型说明表

面试类型	面试类型说明
结构化面试	结构化面试是在面试前应设计好面试问话大纲、面试评价标准，且在面试过程中严格按照面试设计流程进行提问的一种面试方式
半结构化面试	半结构化面试是指只对一部分面试因素有统一要求的面试方式，如规定有统一的评分标准，但面试题目可以根据应聘者的不同而有所变化
非结构化面试	非结构化面试是指对与面试有关的因素不做任何限定的面试方式

（2）根据面试的提问方式划分

讲解：根据面试的提问方式，可以将面试划分为压力面试和非压力面试。每种面试类型的具体说明，请看大屏幕。

按照面试的提问方式划分的面试类型说明表

面试类型	面试类型说明
压力面试	压力面试是将应聘者置于一种人为的紧张气氛中，让应聘者接受诸如挑衅性的、刁难性的刺激，以考察其应变能力、压力承受能力、思考判断能力以及情绪稳定性等的面试。典型的压力面试是面试官以穷追不舍的方式，就某一事项向应聘者不断发问
非压力面试	非压力面试是相对于压力面试而言的面试方式，是在没有压力的情景下，考察应聘者有关方面的素质

（续）

（3）根据面试提问的内容划分

讲解：根据面试的提问内容，可以将面试划分为行为面试、情境式面试以及综合式面试。每种面试类型的具体说明，请看大屏幕。

按照面试的提问内容划分的面试类型说明表

面试类型	面试类型说明
行为面试	行为面试也称行为描述式面试，要求面试官的提问能引导应聘者进行行为描述式的回答。如“你能描述一下最近帮助别的同事的事例吗，具体说说你是怎样帮助你同事的”
情境性面试	情境式面试是指通过给应聘者创设一种假定的情境，考察应聘者在特定情境中是如何考虑问题，做出何种行为反应的面试，如“假如本公司有幸聘您为人力资源主管，请问您准备如何开展工作呢?”
综合式面试	综合式面试兼有行为面试和情境式面试的特点，是在面试中将行为面试和情境式面试灵活地交叉使用

（4）根据面试的功能划分

讲解：根据面试的功能，可以将面试划分为鉴别性面试、评价性面试以及预测性面试。每种面试类型的具体说明，请看大屏幕。

按照面试的功能划分的面试类型说明表

面试类型	面试类型说明
鉴别性面试	鉴别性面试是依据面试结果，以区分应聘者素质水平的面试
评价性面试	评价性面试是对应聘者的素质做出客观评价的面试
预测性面试	预测性面试是对应聘者的发展潜力和未来成就等方面进行预测的面试

（5）根据面试对象的数量划分

讲解：根据面试对象的数量，可以将面试划分为单独面试、小组面试以及集体讨论。每种面试类型的具体说明，请看大屏幕。

按照面试对象数量划分的面试类型说明表

面试类型	面试类型说明
单独面试	单独面试又可划分为一对一面试和多对一面试。一对一面试是只有一位考官负责整个面试过程；多对一面试是由 2 ~ 7 位面试官组成的面试组，面试一位应聘者的面试方式

（续）

面试类型	面试类型说明
小组面试	小组面试是同时面试多名应聘者的面试方式
集体讨论	集体讨论需要面试官将应聘者分成多组，每组5～8人，且要求每组确立一名提问者，该提问者提出能引起争议的问题，以便小组进行讨论，面试官在一旁观察应聘者在集体讨论中表现的面试方式

（6）根据面试结果的使用方式划分

讲解：根据面试结果的使用方式，可以将面试划分为目标参照性面试和常模参照性面试。每种面试类型的具体说明，请看大屏幕。

按照面试结果的使用方式划分的面试类型说明表

面试类型	面试类型说明
目标参照性面试	目标参照性面试是要求面试结果需要明确应聘者的素质水平达到某一目标水平的面试方式。目标参照性面试的结果通常分为合格与不合格两种，合格就是应聘者符合或达到了某一参照目标的水平要求；不合格就是应聘者没有达到某一参照目标的水平要求
常模参照性面试	常模参照性面试是根据面试结果，对应聘者素质水平的高低进行排序，从而进行优胜劣汰的面试方式

讲解：其实，在实际面试的过程中，任何一个面试都不是采用一个固定的模式进行的，面试官应根据具体的情景交叉运用多种面试方式。

二、准备面试

1. 时间：90分钟。

2. 所需资源：电脑、投影仪、写字笔、写字板和活页挂图。

3. 授课方法：讲授法。

4. 授课内容

讲解：面试官在开始面试前，要做好相关准备工作。面试准备工作主要包括设计面试问话大纲、培训面试官、选择和布置面试场所等方面。

（1）设计面试评价表

讲解：面试评价表是面试的必备工具，它综合了对应聘者的具体要求，主要由评价项目、评价标准、权重分配等部分组成。评价项目反映了空缺职位的用人要求；评价标准是面试官评分的依据；权重分配反映了评价项目在空缺职位用人要求中的轻重程度。从严格意义上来说，招聘不同的职位，需要设计不同的面试评价表，但在企业的实际操作过程中，很少设计专门的面试评价表，通常是设计一

（续）

个评价项目比较全面的通用面试评价表。下面我们请大家看一下大屏幕上给出的面试评价表示例。

面试评价表示例

<table>
<tr><td>应聘者姓名</td><td></td><td>应聘部门</td><td></td><td>应聘职位</td><td></td></tr>
<tr><td colspan="6">面试评价记录表</td></tr>
<tr><td>评价项目</td><td colspan="4">评价记录（请在应聘者与评价项目相符的描述方框内打“√”）</td><td>说明</td></tr>
<tr><td>教育背景</td><td>□ 佳</td><td>□ 较好</td><td>□ 一般</td><td>□ 较差</td><td></td></tr>
<tr><td>专业相关性</td><td>□ 对口</td><td>□ 较对口</td><td>□ 相关</td><td>□ 无关</td><td></td></tr>
<tr><td>业务能力</td><td>□ 很强</td><td>□较强</td><td>□ 一般</td><td>□较差</td><td></td></tr>
<tr><td>工作经验</td><td>□ 吻合</td><td>□ 较吻合</td><td>□ 相关</td><td>□ 无关</td><td></td></tr>
<tr><td>学习能力</td><td>□ 很强</td><td>□ 较强</td><td>□ 一般</td><td>□ 较差</td><td></td></tr>
<tr><td>形象谈吐</td><td>□ 佳</td><td>□ 较好</td><td>□ 一般</td><td>□ 较差</td><td></td></tr>
<tr><td>英语水平</td><td>□ 六级以上</td><td>□ 六级</td><td>□ 四级</td><td>□ 四级以下</td><td></td></tr>
<tr><td>理解能力</td><td>□ 很强</td><td>□ 较强</td><td>□ 一般</td><td>□较差</td><td></td></tr>
<tr><td>应变能力</td><td>□ 很强</td><td>□ 较强</td><td>□ 一般</td><td>□较差</td><td></td></tr>
<tr><td>承受能力</td><td>□ 很强</td><td>□ 较强</td><td>□ 一般</td><td>□ 较差</td><td></td></tr>
<tr><td>领导潜力</td><td>□ 很强</td><td>□ 较强</td><td>□ 一般</td><td>□ 较差</td><td></td></tr>
<tr><td>合作性</td><td>□ 很强</td><td>□ 较强</td><td>□ 一般</td><td>□ 较差</td><td></td></tr>
<tr><td>价值观</td><td>□ 吻合</td><td>□ 较吻合</td><td>□ 认同</td><td>□ 抵触</td><td></td></tr>
<tr><td>总体
评价</td><td colspan="5"></td></tr>
<tr><td>建议复试
考查内容</td><td colspan="5"></td></tr>
<tr><td>初试结论</td><td>□ 可以试用</td><td>□ 可以复试</td><td>□ 可以考虑</td><td>□ 不予考虑</td><td></td></tr>
<tr><td colspan="6">复试评价记录</td></tr>
<tr><td>评价意见</td><td colspan="5">面试官签名：</td></tr>
<tr><td>复试结论</td><td colspan="2">□ 建议录用，职位：</td><td colspan="2">□ 可以试用</td><td>□ 不予考虑</td></tr>
</table>

（续）

（2）设计面试问话大纲

讲解：设计完面试评价表后，我们要接着设计面试问话大纲，通常情况下，面试问话大纲由评价项目、评价要点、探测问题三部分组成。下面将分别介绍面试问话大纲的每一个组成部分，请看大屏幕。

评价项目

评价项目又称为测评项目、评价维度，它来自于职位能力素质模型，它是构成面试问话大纲的主要“线索”

评价要点

评价要点就是指在考查一个评价项目时，通常需要从哪些角度去考查。不同的评价项目有不同的评价要点。面试官始终要将评价要点牢记在心，否则面试官就不知道怎样的答案是符合要求的，这样也无法对应聘者进行评价

探测问题

探测问题就是根据评价项目，列出在面试过程中可能会需要的问题。当然，需要说明的是：面试问话大纲中的探测性问题并不是每一次面试时都要提到的问题，考试官可以根据需要进行提问

面试问话大纲组成部分

讲解：下面请大家看一下大屏幕，我给出了一个面试问话大纲示例。

面试问话大纲示例

评价项目	评价要点	探测问题
工作动机与愿望	1. 过去和现在对工作的态度 2. 更换工作与求职的原因 3. 对未来的追求与抱负 4. 本企业提供的职位能否满足应聘者的要求和期望	1. 请您谈谈您现在的工作情况，包括薪酬待遇、工作性质、工作满意度等 2. 您为何希望来我们公司工作 3. 您在工作中的追求是什么 4. 您想怎样实现您的理想和抱负

（续）

评价项目	评价要点	探测问题
工作经验	1. 从事所应聘岗位的工作经验 2. 职位的升迁状况和变化情况 3. 从应聘者的工作经历中判断其工作责任心、组织领导力、创新意识	1. 您大学毕业后从事的第一份工作是什么 2. 您在这家公司里担任什么职位 3. 您在这家公司里做出了哪些您认为值得骄傲的成就 4. 在您主管的部门中曾遇到过什么困难？您是怎样处理的
专业知识与技能	应聘者是否具有企业空缺岗位所需要的专业知识和专业技能	1. 您在大学是学什么专业的？您接受过哪些培训 2. 您在大学对哪些课程感兴趣？哪些课程学得最好 3. 向应聘者询问一些专业领域的案例，并要求其进行分析
精力、活力、兴趣、爱好	1. 应聘者是否精力充沛、充满活力 2. 应聘者的兴趣和爱好是否符合企业空缺职位的要求	1. 您喜欢什么运动 2. 您会跳舞吗 3. 您怎么打发您的闲暇时间 4. 您经常参加体育锻炼吗
思维能力、分析能力、语言表达能力	1. 对面试官提的关键问题是否能够通过分析判断抓住事物本质，并且分析全面、条理清晰 2. 应聘者是否能顺畅、清楚地将自己的思想、观点、意见等表达出来	1. 您认为成功和失败有什么区别 2. 如果让您筹建一个部门，您将如何入手
反应能力和应变能力	1. 应聘者的头脑机敏程度 2. 应聘者对突发事件的应急处理能力 3. 应聘者能否迅速、准确地理解面试官提出的问题，并尽快做出相应的回答	通过小案例或提出某些问题，让应聘者回答

（续）

评价项目	评价要点	探测问题
工作态度、诚实性、纪律性	1. 应聘者的工作态度如何 2. 应聘者谈吐是否诚实 3. 应聘者是否热爱工作、奋发向上	1. 您目前所在的公司管理严格吗 2. 在工作中，您看到别的同事违反公司制度和规定，您应该怎么办 3. 您经常向您的上级提出改进工作的意见吗 4. 除了本职工作外，您还在其他公司做兼职吗 5. 您在处理各种问题时，是否经常向上级汇报呢
自知力、自控力	1. 应聘者是否能够经常性地进行自我评价，善于发现自己的不足 2. 应聘者遇到批评、遭受挫折以及工作有压力时，能否克制、容忍、理智地对待	1. 您认为您的长处是什么 2. 您觉得您在个性上最大的优点是什么 3. 您的上级或同事批评您时，您如何对待 4. 您准备如何改正您的缺点

（3）培训面试官

讲解：面试官担负着“识人”的重要职责，“识人”在整个企业的人力资源管理工作中其实是最困难的，因此，在面试活动前，企业管理者要对面试官进行培训。具体的培训内容请看大屏幕。

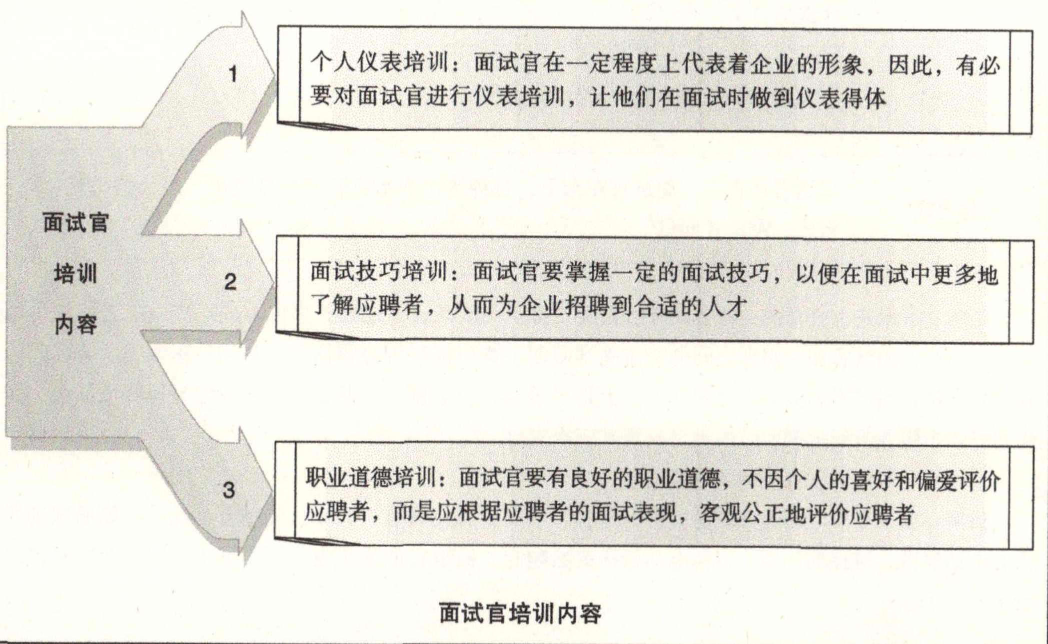
面试官
培训
内容
1
个人仪表培训：面试官在一定程度上代表着企业的形象，因此，有必要对面试官进行仪表培训，让他们在面试时做到仪表得体
2
面试技巧培训：面试官要掌握一定的面试技巧，以便在面试中更多地了解应聘者，从而为企业招聘到合适的人才
3
职业道德培训：面试官要有良好的职业道德，不因个人的喜好和偏爱评价应聘者，而是应根据应聘者的面试表现，客观公正地评价应聘者

面试官培训内容

（续）

（4）选择与布置面试场所

讲解：面试场所的选择和布置状况对面试效果会产生一定的影响，如果我们希望达到良好的面试效果，对面试场所的选择和布置就应当给予一定的关注。在选择和布置面试场所时，我们应注意五个方面的问题。

①面试室与候试室要分开

讲解：面试室是正式面试场所，候试室是应聘者进入正式面试前等候面试和休息的地方。如果应聘者较多且面试时间较长，企业面试后勤人员应组织好等待面试的应聘者，让他们有地方等待面试，即设立候试室。若面试室与候试室连接在一起时，应当注意隔音；若面试室与候试室分别在两个不同的区域，应当注意相互联系。

②座次安排应当恰当

讲解：人力资源部应根据不同的面试要求，合理地设置面试官和应聘者的座次。各种座次安排请看大屏幕。

面试座次安排一览表

座次类型	座次类型适用情景
审讯式	面试官与应聘者相对而坐，该种座次适合答辩式和问答式面试
座谈式	圆桌会议在国际上被视为平等会员之间的会谈。同样，在面试中圆桌式的座次安排也有平等的意味，该种座次适合会议讨论、案例分析、交谈问答式面试
会客式	面试官与应聘者侧面而坐，排列成半圆，像家常会客，是比较亲切的形式，该种座次适合交谈式面试
公堂式	该种座次适合辩论式、答辩式面试
舞台式	应聘者在台上，面试官在台下，这种座次表示应聘者地位突出，适合演讲式、答辩式、辩论式面试

讲解：审讯式、公堂式、舞台式座次是硬安排，一般来说是比较严肃庄重的形式，也是比较生硬的面试形式，面试官和应聘者之间的交流受到限制，难以使场面显得活泼、热烈；座谈式、会客式则是软式安排，面试官和应聘者之间在形式上是平等的，对立感小一些，容易使气氛显得轻松活泼、亲切友好。招聘专员要根据面试的类型确定其座次安排。

③面试场所应设置在安静的场所

讲解：面试场所应设置在较为安静的地方，不宜设置在具有很大干扰的地方。此外，如面试场所内有电话座机，应提前拔掉，以免电话铃声突然响起。面试官的手机也应调至静音，以免影响面试的效果。

（续）

④面试场所内空气清新

讲解：在日常生活中，人们会有这样的体验：在空气污浊、通风不良的环境里，常常会感到头昏眼花、全身无力；相反，当置身于空气清新的环境里时，常常会觉得心旷神怡、思维敏捷。这与大脑的供氧是否充足有密切关系。在面试场所，面试官往往要连续数小时对多位应聘者进行面试，常常发生因大脑疲劳而失去耐性以致应付差事的现象，这将会严重影响到面试官对应聘者的评价。因此，要保持面试场所内的空气畅通。

⑤面试场所采光要求

讲解：若面试场所采用自然光照明，那么，面试官和应聘者双方的位置均应避免背光，确保彼此能看清对方的面部表情；若面试场所需要人工光源照明，最好选择白炽灯，因为白炽灯类似于自然界太阳光光谱的光源，而日光灯则不同。在50Hz交流电路中，日光灯每分钟要闪烁6 000次，容易引起大脑疲劳，白炽灯则无此问题。

（5）面试准备检查

讲解：因为面试前的准备内容和物品较多，为了防止遗漏相关物品，面试官可以制作一张检查表，以便检查自己的面试准备情况。请看大屏幕。

面试准备检查表

检查项目	检查项目说明
对面试时所需物品的检查	□ 应聘者的简历是否带齐 □ 是否已经准备好面试评价表 □ 是否已经准备了特定岗位的面试问话大纲 □ 是否准备了签字笔、铅笔、橡皮和记录本 □ 是否准备了录音笔
对面试室的检查	□ 面试室的桌椅摆放位置是否合适 □ 面试室的桌椅是否结实 □ 应聘者坐的位置与面试官之间的距离是否合适 □ 面试室环境是否安静 □ 面试室是否通风，空气是否清新流畅 □ 面试室的灯光是否合适
对面试职位情况的检查	□ 空缺职位对任职者的个性特点要求 □ 空缺职位对任职者的工作经验要求 □ 空缺职位对任职者具备特殊的培训经历要求
备注：请在已经准备好的检查项目前面的方框中画“√”	

（续）

三、实施面试

1. 时间：60 分钟。

2. 所需资源：电脑、投影仪、写字笔、写字板和活页挂图。

3. 授课方法：讲授法、角色扮演法。

4. 授课内容

（1）面试阶段

讲解：实施面试是整个面试过程中最重要的一个环节。这个环节一般包括五个阶段：预备阶段、引入阶段、正题阶段、变换阶段和结束阶段。

①预备阶段

讲解：预备阶段的主要目的就是面试官为了消除应聘者的紧张心理，营造出面试阶段所需的和谐、宽松、友善的气氛。应聘者进入面试室后，心中难免会感到紧张，面试官首先要做的工作就是让应聘者放松下来。面试官使应聘者放松的方法就是简单地说几句关心应聘者的话，具体应该说什么，请看大屏幕上给出的话板。

面试官使应聘者心情放松的话板

1. 让您久等了吧？
2. 您是怎么来的啊，坐公交车还是坐地铁啊？
3. 今天天气挺热吧？（夏天时）
4. 今天天气挺冷吧？（冬天时）
5. 这个地方好找吗？
6. 来的路上还顺利吗？
7. 刚才谁招待您坐下的啊？

……

讲解：除此之外，面试官还可以用微笑来“解冻”或以与应聘者握手等方式消除应聘者的紧张情绪。预备阶段看起来很容易，但往往会被面试官忽视。这可能是因为参加应聘的人数比较多，面试官容易忘记帮助应聘者缓解紧张情绪。

②引入阶段

讲解：引入是正式开始面试的阶段，面试官让应聘者适当放松后，逐步引出面试正题。在这个阶段，面试官一般要核实应聘者在求职简历中填写的基本信息，如姓名、年龄、毕业学校、所学专业等，面试官在这一阶段属于“明知故问”，这一做法主要是核实应聘者的基本信息。

（续）

面试引入阶段的提问方式一览表

提问方式	提问方式说明	提问方式示例
背景式提问	背景式提问用于初步了解应聘者的志向、学习、工作的基本背景等，并为以后提问收集话题	请用两分钟时间谈谈您现在所在公司的整体情况和您近几年来的工作情况
封闭式提问	封闭式提问是要求应聘者做出简单回答的提问方式，这是一种只要求应聘者做出“是”或“否”一个词或一个简单句的回答	1. 您是什么时候参加工作的 2. 您在大学里学的是管理学专业吗

③正题阶段

讲解：正题阶段是面试中时间最长的阶段，也是面试过程中的实质阶段，这个阶段的面试官通过广泛的话题从不同侧面了解应聘者的心理特点、工作动机、能力和素质等，评价内容基本上是面试评价表中所列的各项要素。这个阶段的主要特点就是应聘者比面试官说的要多得多，面试官往往是问一个问题，让应聘者展开回答。在该阶段我们常用三种提问方式，以获得我们想要了解的应聘者信息。请看大屏幕。

面试正题阶段的提问方式一览表

提问方式	提问方式说明	提问方式示例
开放式提问	这是一种鼓励应聘者自由发挥的提问方式，在应聘者回答问题的过程中，面试官可以对应聘者的逻辑思维能力、语言表达能力等进行评价	1. 您当时为什么选择这个专业啊 2. 您对目前的市场形势有何看法
引导式提问	引导式提问就是面试官将应聘者的话题引导到自己感兴趣的方面上去。引导式提问往往与开放式提问相结合，也就是说引导性提问就是开放性提问	刚才您提到本科毕业后分配到了一个生产型公司，还当了车间主任。我们对您这段工作经历非常感兴趣，您能详细介绍一下当时所在车间的具体情况吗
背景式提问	背景式提问用于初步了解	

④变换阶段

讲解：变换阶段也称为挤压阶段，其目的就是要挤压应聘者在正题阶段的回答中可能包含的“水分”与虚假因素。挤压应聘者“水分”的最好方法就是抓住应聘者回答问题时的自相矛盾之处，用应聘者的“矛”来攻应聘者的“盾”。若面试官抓住了应聘者在正题阶段出现的自相矛盾的地方，应聘者的内心就会产生慌乱的情绪，这时面试官可以核实在前面阶段有疑问的一些基本资料，在此阶段我们通常采用三种提问方式，具体请看大屏幕。

（续）

面试变换阶段的提问方式一览表

提问方式	提问方式说明	提问方式示例
压力式提问	所谓压力式提问就是让应聘者产生一定心理压力的提问，也就是不太好的提问。我们说在整个面试过程中应当体现友好和谐的氛围，怎么在这个阶段就出现了不太友好的提问呢？这是面试过程中的一个变换，但这个变换要建立在整体和谐的氛围之中。如果面试一开始就是压力式的，应聘者就容易出现逆反心理	1. 您刚才说您是个责任心很强的人，但从您的心理测试结果来看，您关于责任心这项的得分并不太高，我该怎样理解呢 2. 您刚才说您很喜欢自己所学的专业，但您现在应聘的这个职位与您的专业好像没有太大的联系，我该怎么理解呢
连串式提问	连串式提问是指面试官向应聘者提出一连串的问题，这样会显得面试官咄咄逼人，同样会给应聘者带来一定的心理压力。它一般用于压力面试中，主要考察应聘者的反应能力、逻辑思维能力和条理性等	1. 您担任车间主任期间，车间有多少工人？主要生产什么产品？您认为您在车间工作中遇到的最大困难是什么 2. 您为什么来应聘这个职位？您觉得您适合这个职位吗？您觉得您应聘这个职位有什么优势
假设性提问	假设性提问是采用虚拟的提问方式，目的是为了考察应聘者的应变能力、思维能力和解决问题的能力	1. 如果本公司有幸聘您作为我们的营业部经理，那么您准备在前两个月如何开展工作 2. 如果您的上级当着许多人的面批评了您，并且后来也证明了您的上级当时的批评是错误的，您该怎样处理

⑤结束阶段

讲解：面试结束阶段要显得自然，不要非常唐突地结束面试。一般在结束阶段面试官会给应聘者一个提问的机会。如“您有什么问题想要了解吗”，在这个阶段是不是所有的应聘者都要给提问的机会呢？不是的，面试官一般只会给那些有希望被录用的应聘者提供提问机会。因为一个应聘者明显不符

（续）

合职位的要求，面试官就没有必要浪费时间继续和应聘者讨论其他问题了。在面试结束时还应注意，如果进行了压力式面试，面试官要对应聘者给予肯定。作为面试官，我们的职业操守要求我们不应当由于我们的面试给应聘者带来自卑的感觉。因此，无论应聘者是否被录用，我们都应该带给他们一点温暖，一点爱心。

讲解：下面我想找两位学员，采用角色扮演法，一位扮演面试官，一位扮演应聘者，来练习我们“实施面试”这一内容模块，有主动上台来表演的吗？

（略）

（2）面试技巧提升与面试“陷阱”

①非语言解读技巧

讲解：面试不单是提问，更重要的是提问后对应聘者各种反应的观察。面试中有85%的信息是非语言信息。可见对非语言信息的观察在面试过程中占据重要的地位，而非语言信息是很难用文字讲清楚的，对它的理解更多的是依靠面试官的日常生活经验，下面我们讲解一下非语言信息解读技巧。

（略）

②使应聘者消除紧张情绪的技巧

讲解：应聘者来到面试官面前时会很紧张，因此，在面试开始之时，面试官有责任引导应聘者逐渐适应自己的面试风格，消除紧张情绪。在这里我们讲述一些技巧。

（略）

③面试中的注意事项

讲解：心理学家曾经进行了数百次试验来研究招聘面试的过程。他们的研究目的是希望清楚地知道究竟是什么因素在面试过程中发挥着作用，影响着面试官的聘用决策。通过研究，心理学家发现不少面试官在不自觉的情况下都陷入了面试“陷阱”，令他们聘用了不合适的人。具体有哪些面试“陷阱”呢？请看大屏幕。

（略）

四、分析与评价面试结果

1. 时间：20分钟。
2. 所需资源：电脑、投影仪、写字笔、写字板和活页挂图。
3. 授课方法：讲授法。
4. 授课内容

讲解：面试时，面试官应当准备一支铅笔、一支签字笔、一块橡皮。面试官通常是边提问应聘者，边用铅笔在面试评价表上做出标记。面试结束后，面试官用签字笔为应聘者打分，并将自己对应聘者的主要印象写在面试评价表中。面试官的打分应是相互独立的，面试官相互讨论会影响他们对应聘者的判断。如果有数个面试官进行面试，通常要对面试官的打分进行加权处理，按照面试官的重要程度赋予不同的权重。面试官最终通过“应聘者面试综合评价表”进行打分，“应聘者面试综合评价表”示例请看大屏幕。

（续）

应聘者面试综合评价表

应聘者姓名			应聘职位			
面试官姓名	权重	评价结果				加权后分数
		60分以下	60~70分	71~80分	81~90分	91~100分	
A							
B							
C							
…							
权重合计	100%						

面试综合评价：

面试官签名：

讲解：每个应聘者的成绩都进行加权处理后，通常是将所有的应聘者的成绩进行汇总，并将分数从高到低进行排列，并择优录取。企业也应考虑应聘者与空缺职位的匹配性，可能应聘者在面试的过程中各方面表现得都很优秀，但空缺职位是一个事务性比较强的职位，就可能完全不需要这么优秀的人来担任，因此优秀的人可能被淘汰，而适合的人可能被录用。

4. 单元收尾设计

单元收尾设计

1. 时间：5分钟。
2. 所需资源：电脑、投影仪。
3. 授课方法：讲授法。
4. 单元收尾

收尾语：通过本单元的学习，我们大体了解了如何进行现场面试。面试是一种很灵活的测评方法，面试的方式和内容具有较大的变通性，希望大家在运用我们所学知识的基础上，根据自己企业招聘的实际情况进行变通，以达到招聘到合适人才的目的。

9.2 非人力资源管理者的人力资源管理

9.2.1 “非人力资源管理者的人力资源管理”课程整体设计

1. 课程基本信息

课程基本信息			
课程代码	210102	课程名称	非人力资源管理者的人力资源管理
课程类别	人力资源管理类	培训对象	企业管理者
先修课程	人力资源管理基础课程	授课时间	14 小时
课程开发人	吕××	课程批准人	张××

2. 课程目标

（1）知识目标

“非人力资源管理者的人力资源管理”课程的知识目标主要有 6 个，如图 9-6 所示。

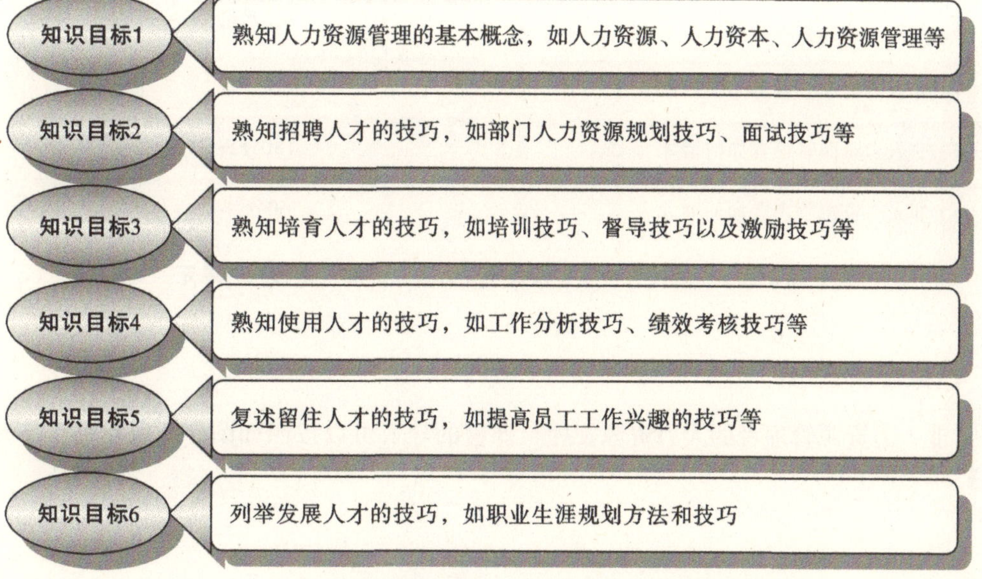
知识目标1
熟知人力资源管理的基本概念，如人力资源、人力资本、人力资源管理等
知识目标2
熟知招聘人才的技巧，如部门人力资源规划技巧、面试技巧等
知识目标3
熟知培育人才的技巧，如培训技巧、督导技巧以及激励技巧等
知识目标4
熟知使用人才的技巧，如工作分析技巧、绩效考核技巧等
知识目标5
复述留住人才的技巧，如提高员工工作兴趣的技巧等
知识目标6
列举发展人才的技巧，如职业生涯规划方法和技巧

图 9-6 “非人力资源管理者的人力资源管理”课程的知识目标

（2）能力目标

“非人力资源管理者的人力资源管理”课程的能力目标主要有5个，如图9-7所示。

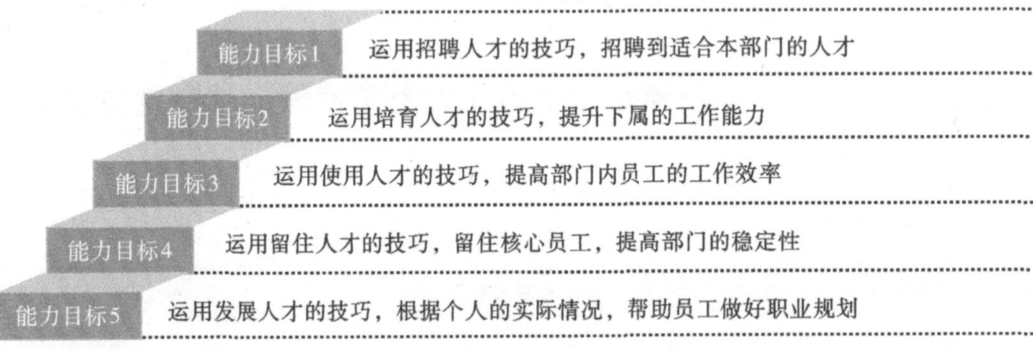
能力目标1
运用招聘人才的技巧，招聘到适合本部门的人才
能力目标2
运用培育人才的技巧，提升下属的工作能力
能力目标3
运用使用人才的技巧，提高部门内员工的工作效率
能力目标4
运用留住人才的技巧，留住核心员工，提高部门的稳定性
能力目标5
运用发展人才的技巧，根据个人的实际情况，帮助员工做好职业规划

图9-7 “非人力资源管理者的人力资源管理”课程能力目标

3. 课程内容单元

“非人力资源管理者的人力资源管理”的课程内容单元如图9-8所示。

内容单元名称	授课时间
（1）非人力资源管理者的人力资源角色定位	60分钟
（2）非人力资源管理者如何选才	90分钟
（3）非人力资源管理者如何育才	330分钟
（4）非人力资源管理者如何用才	120分钟
（5）非人力资源管理者如何留才	180分钟
（6）非人力资源管理者如何展才	60分钟

图9-8 “非人力资源管理者的人力资源管理”课程内容单元

4. 课程导入设计

“非人力资源管理者的人力资源管理”课程的导入可以按照如图9-9所示的3个步骤进行。

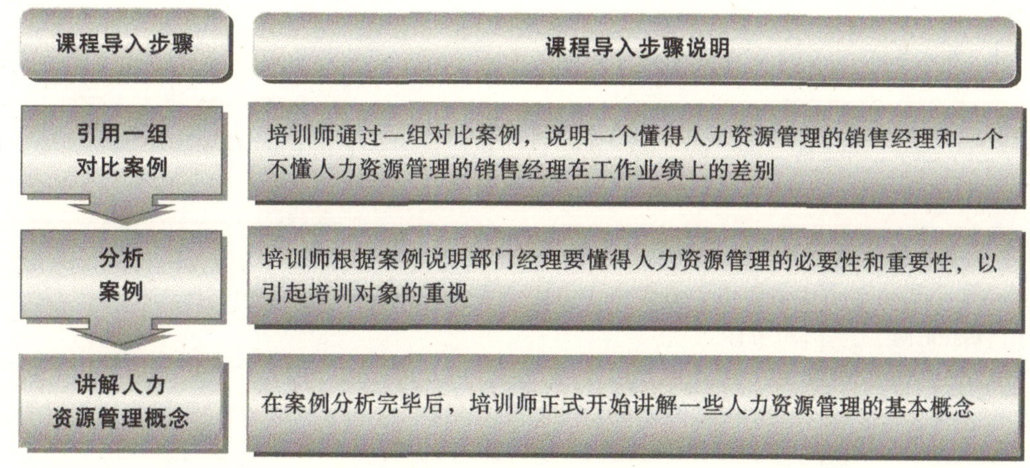
课程导入步骤
课程导入步骤说明
引用一组对比案例
培训师通过一组对比案例，说明一个懂得人力资源管理的销售经理和一个不懂人力资源管理的销售经理在工作业绩上的差别
分析案例
培训师根据案例说明部门经理要懂得人力资源管理的必要性和重要性，以引起培训对象的重视
讲解人力资源管理概念
在案例分析完毕后，培训师正式开始讲解一些人力资源管理的基本概念

图9-9 “非人力资源管理者的人力资源管理”课程导入步骤

5. 课程评价设计

对“非人力资源管理者的人力资源管理”课程的评价可以采用如图9-10所示的两种方法。

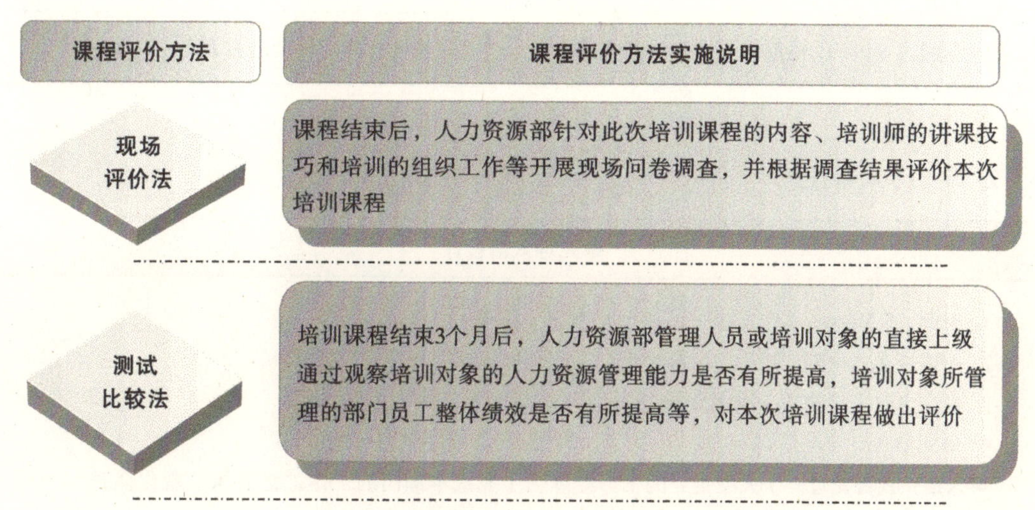
课程评价方法
课程评价方法实施说明
现场评价法
课程结束后，人力资源部针对此次培训课程的内容、培训师的讲课技巧和培训的组织工作等开展现场问卷调查，并根据调查结果评价本次培训课程
测试比较法
培训课程结束3个月后，人力资源部管理人员或培训对象的直接上级通过观察培训对象的人力资源管理能力是否有所提高，培训对象所管理的部门员工整体绩效是否有所提高等，对本次培训课程做出评价

图9-10 “非人力资源管理者的人力资源管理”课程评价方法

9.2.2 “非人力资源管理者的人力资源管理”单元开发设计

“非人力资源管理者的人力资源管理”的主要培训对象是企业管理者，如部门经理、部门主管等。本节介绍“非人力资源管理者如何育才”单元的开发设计。

1. 单元基本信息

<table>
<tr><th colspan="3">单元基本信息</th></tr>
<tr><td colspan="2">单元名称</td><td>非人力资源管理者如何育才</td></tr>
<tr><td colspan="2">培训对象</td><td>企业各个部门的管理者，如部门经理和部门主管等</td></tr>
<tr><td colspan="2">讲授时间</td><td>330 分钟</td></tr>
<tr><td rowspan="2">授课目标</td><td>知识目标</td><td>1. 熟知培育的基本概念和培育的内容
2. 熟知培育员工的方法</td></tr>
<tr><td>能力目标</td><td>运用培育员工的方法，培养部门内的员工，提高他们的工作技能</td></tr>
<tr><td colspan="2">授课方法</td><td>讲授法、案例分析法</td></tr>
<tr><td colspan="2">授课工具</td><td>电脑、投影仪、写字笔、写字板以及活页挂图</td></tr>
<tr><td colspan="2">能力训练任务</td><td>根据你所在企业的实际情况，编写一份培育部门员工的方案</td></tr>
</table>

2. 单元导入语设计

单元导入语设计
1. 时间：5 分钟。 2. 所需资源：电脑、投影仪、写字笔、写字板以及活页挂图。 3. 授课方法：讲授法、案例分析法。 4. 单元导入 **导入语**：我曾见过一个大型企业的销售经理为了完成本部门的工作，整天像“救火队长”一样，哪里出了问题，他就出现在哪里；哪里有大客户，他就出现在哪里。现实中，很多企业的部门管理者都有这样的想法：这件事交给员工去做能做好吗？他的经验这么少，怎能跟客户沟通好！这件事情这么重要，他要是搞砸了，影响了部门的绩效该怎么办？若是部门管理者有了这样的想法，那你部门的员工总也成长不起来，部门的业绩永远也上不去。总之，部门管理者应该记住一句话：培育员工就等于提升自己。

3. 单元主体内容设计

单元主体内容设计

一、部门管理者培育角色认知

1. 时间：20 分钟。
2. 所需资源：电脑、投影仪、写字笔、写字板以及活页挂图。
3. 授课方法：讲授法。
4. 授课内容

讲解：面对形形色色的部门员工，部门管理者时常会有这样那样的抱怨。请看大屏幕。

部门
管理者
的抱怨

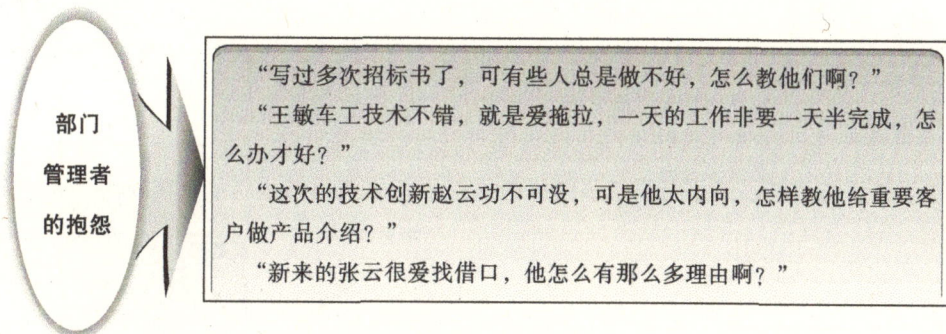

“写过多次招标书了，可有些人总是做不好，怎么教他们啊？”

“王敏车工技术不错，就是爱拖拉，一天的工作非要一天半完成，怎么办才好？”

“这次的技术创新赵云功不可没，可是他太内向，怎样教他给重要客户做产品介绍？”

“新来的张云很爱找借口，他怎么有那么多理由啊？”

部门管理者的抱怨

讲解：要做到强将手下无弱兵，部门管理者必须用心培育部门员工。那么，部门管理者在培育部门员工的过程中要扮演几种角色呢？请看大屏幕。

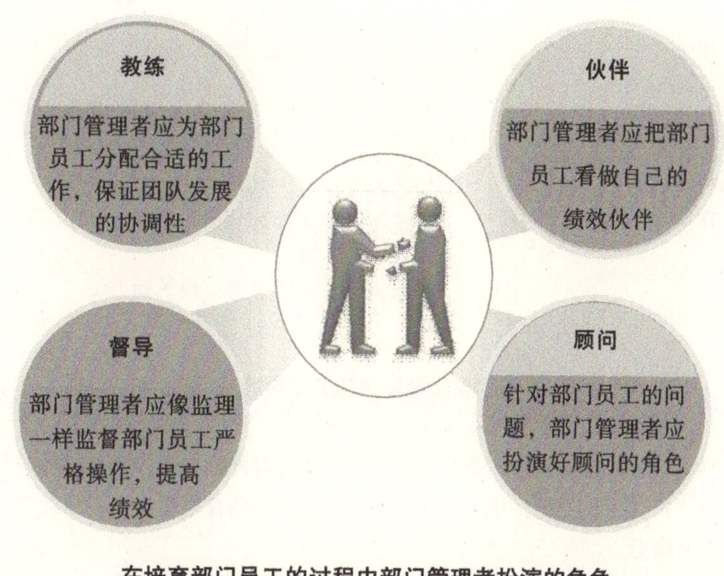
教练
部门管理者应为部门员工分配合适的工作，保证团队发展的协调性
伙伴
部门管理者应把部门员工看做自己的绩效伙伴
督导
部门管理者应像监理一样监督部门员工严格操作，提高绩效
顾问
针对部门员工的问题，部门管理者应扮演好顾问的角色

在培育部门员工的过程中部门管理者扮演的角色

（续）

二、培育内容

1. 时间：40 分钟。

2. 所需资源：电脑、投影仪、写字笔、写字板以及活页挂图。

3. 授课方法：讲授法。

4. 授课内容

（1）认识培育是基础

讲解：培育是部门管理者根据部门员工的特点，有针对性地对其进行培养的过程。培育员工主要包括培训、督导和激励三种方式，每种方式所占的比重在员工不同的发展阶段有所不同。请看大屏幕。

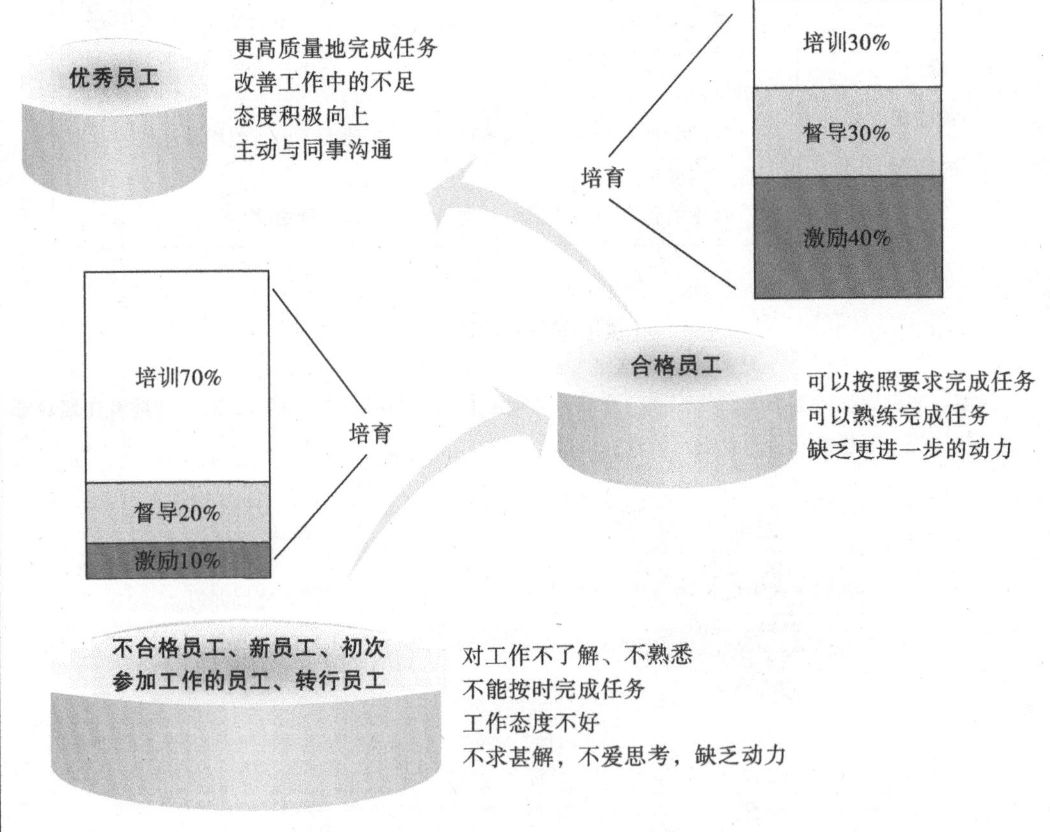
优秀员工
更高质量地完成任务
改善工作中的不足
态度积极向上
主动与同事沟通
培育
培训30%
督导30%
激励40%
培训70%
督导20%
激励10%
培育
合格员工
可以按照要求完成任务
可以熟练完成任务
缺乏更进一步的动力
不合格员工、新员工、初次参加工作的员工、转行员工
对工作不了解、不熟悉
不能按时完成任务
工作态度不好
不求甚解，不爱思考，缺乏动力

不同发展阶段员工的培育方式

讲解：“十年树木，百年树人。”培育员工是一个长期的过程，应配合员工成长的节奏进行，一味追求速度只能起到“拔苗助长”的作用。管理者应制订合理的培育进度计划，帮助员工在工作中实现个人成长，提高个人能力。

（续）

（2）培育内容需明确

讲解：管理者培育员工应像园丁一样，首先要认识他们，发现他们的特点，“修剪”“除虫”并施以“适宜的肥料和水分”，这样他们才能快速生长。新员工初来乍到，部门管理者要把他们培养成为企业需要的人才，当务之急是教他们掌握工作技能、树立正确的工作态度和增强与人相处的能力；对于工作了多年的老员工来说，了解新的专业知识和改掉不好的工作习惯更为适合；对于默默无闻、不善表达的员工，要着重培养他们的沟通、相处能力；对于个性张扬、爱出风头的员工，培养他们踏踏实实的工作态度更为重要。因此，我们可以看出，对不同的员工其培育内容是有不同的侧重点的，具体哪种员工应侧重于培育什么，请看大屏幕。

不同员工的培育侧重内容

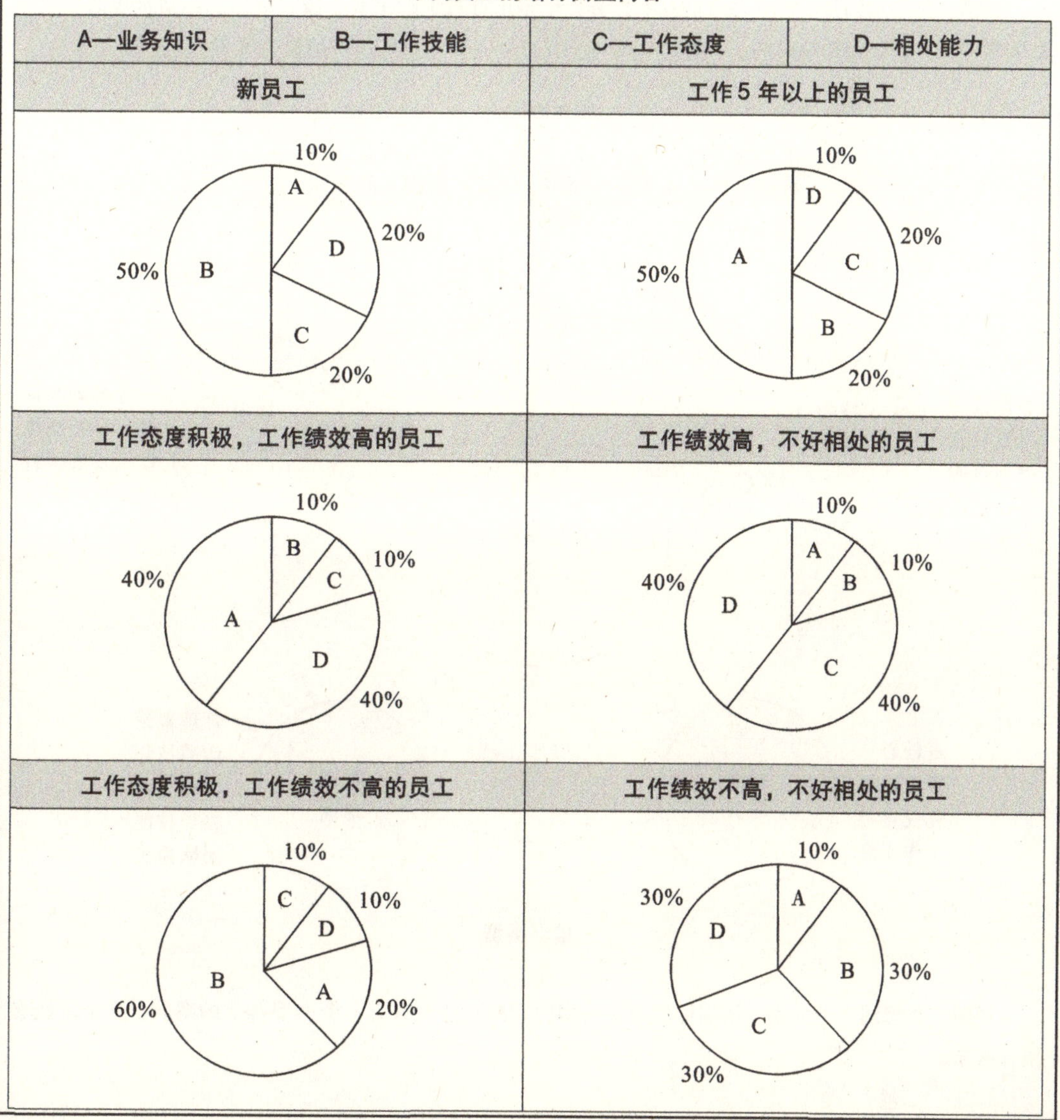

A—业务知识
B—工作技能
C—工作态度
D—相处能力
新员工
10% A
20% D
20% C
50% B
工作5年以上的员工
10% D
20% C
20% B
50% A
工作态度积极，工作绩效高的员工
10% B
10% C
40% D
40% A
工作绩效高，不好相处的员工
10% A
10% B
40% C
40% D
工作态度积极，工作绩效不高的员工
10% C
10% D
20% A
60% B
工作绩效不高，不好相处的员工
10% A
30% B
30% C
30% D

（续）

三、培育方式应掌握

1. 时间：245 分钟。

2. 所需资源：电脑、投影仪、写字笔、写字板以及活页挂图。

3. 授课方法：讲授法。

4. 授课内容

讲解：如果把培育员工比作种植树木，那么培训就像浇水，按时定量，不可或缺；督导就像剪枝，大刀阔斧、严格要求才能修出整齐的形状；而激励就像施肥，激发员工自身潜力，令其快速成长。

（1）培训员工有规矩

讲解：员工培训是部门管理者的基本任务，也是培育员工的主要手段。培训既包括常规的、阶段性的培训任务，也包括临时的、有针对性的培训任务。具体的培训类型请看大屏幕。

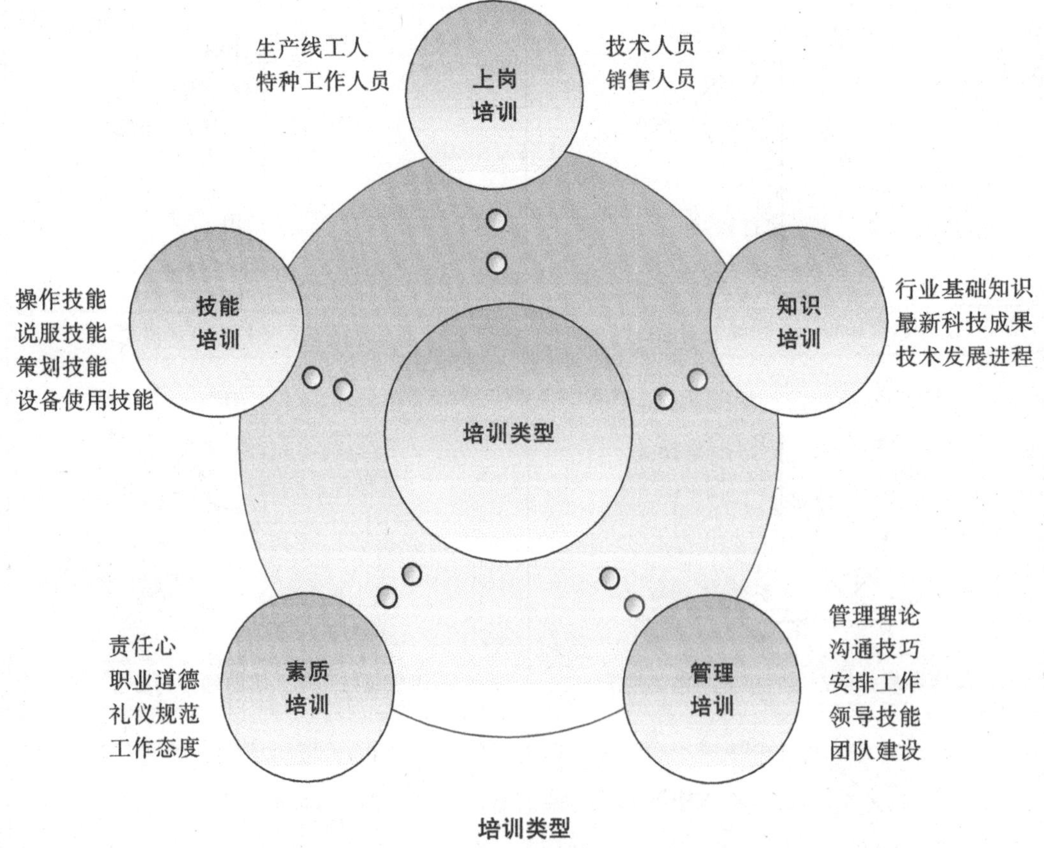
生产线工人
特种工作人员
上岗培训
技术人员
销售人员
操作技能
说服技能
策划技能
设备使用技能
技能培训
知识培训
行业基础知识
最新科技成果
技术发展进程
培训类型
责任心
职业道德
礼仪规范
工作态度
素质培训
管理培训
管理理论
沟通技巧
安排工作
领导技能
团队建设

培训类型

讲解：我想问一下大家，培训可以解决一切问题吗？请大家看一个大屏幕上的案例。这个案例会给你答案。

（续）

克诺所在的销售三部因为连续三个月业绩不佳，部门经理被降职，克诺被提拔为部门经理。上任之初，克诺决定立即展开对部门员工的培训，他认为销售三部的业绩不如一部和二部，主要原因是员工的销售技能有待提高，只要提升了销售技能，一定会做出好的业绩。

说干就干，克诺立即上报培训计划，领导同意后马上着手实施，部门人员全部参加为期一个月、每周两天（双休日）的销售技能培训。克诺信心百倍，胜券在握。

一个月以后，一天也没有休息的员工们怨声载道地结束了培训，然而接下来两个月的业绩并未像克诺预想的那样大幅提高。克诺着急了，与部门员工一一谈话，分析原因。

拥有五年销售经验的曾伟说："我的销售技能并不差，没必要参加这类培训，主要是金融危机导致了我的老客户很多转行了，而我又开发不出新客户，快没信心了。"

从别的部门转过来的李刚说："我的几个老客户都跑了，我不知道怎么留住他们。"

部门业绩最好的赵田说："我的客户对咱们的新轮胎有疑虑，不相信新的试验数据，我不知道如何说服他们。"

一直业绩不好的陈强说："我的客户说我不懂专业，看来我需要到技术部实习。"

负责销售数据统计的周斌说："下半年我们部门的销售费用预算吃紧，远途的出差去不了，业绩受影响。"

江玲说："新产品的定价策略不同以往，旧的销售策略不适合，应该有新的销售策略。"

新来的王瑞说："这个培训对我挺有用的，已经有几个潜在客户了。"

培训不能解决所有问题的案例

讲解：从案例中，我们可以看出："一刀切"式的培训只能以失败收场。只有在了解并分析员工的特点和培训需求的条件下进行有针对性的培训才能实现培训目标，甚至是事半功倍。下面我们看一下有效培训的具体程序，请看大屏幕。

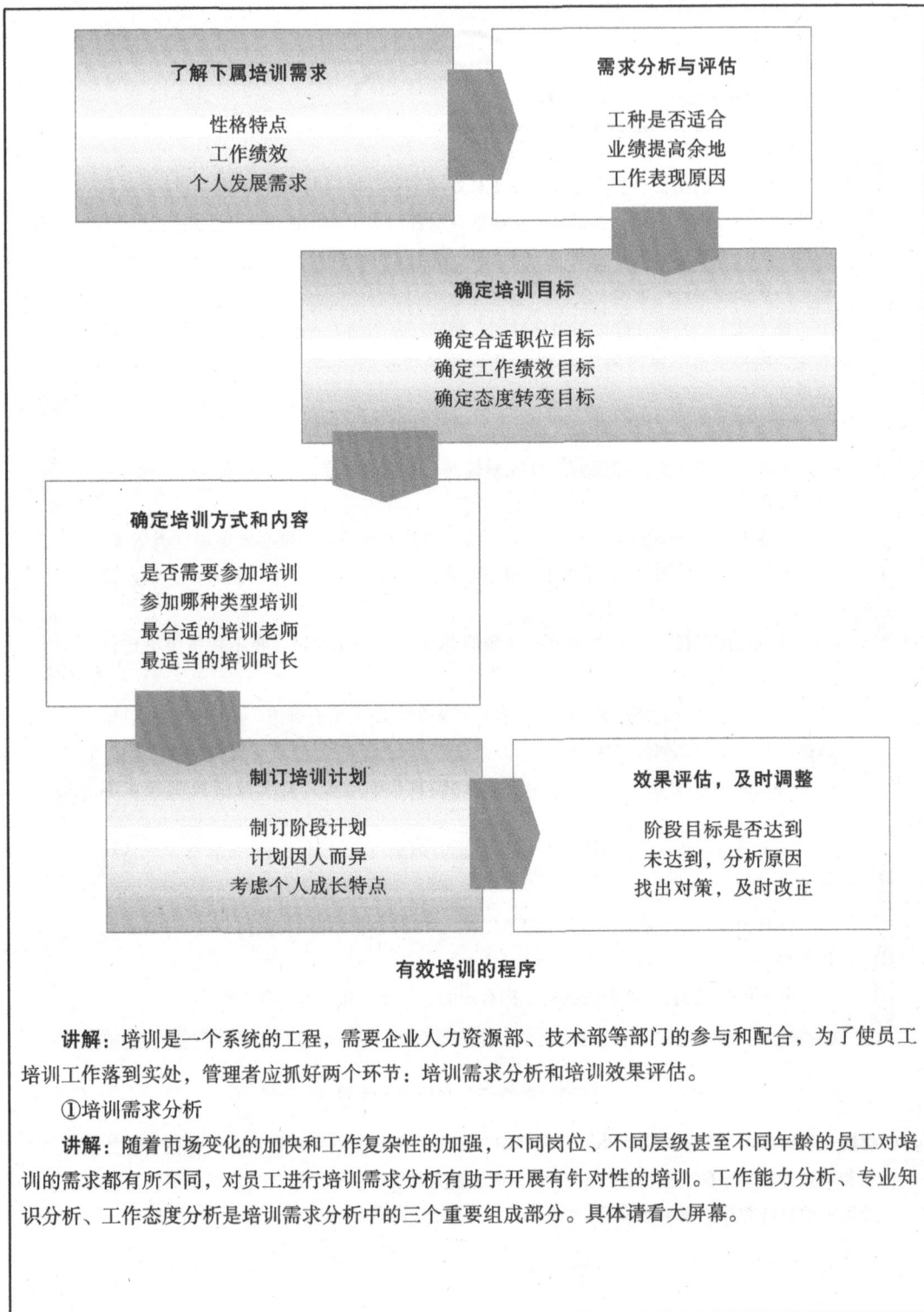

（续）

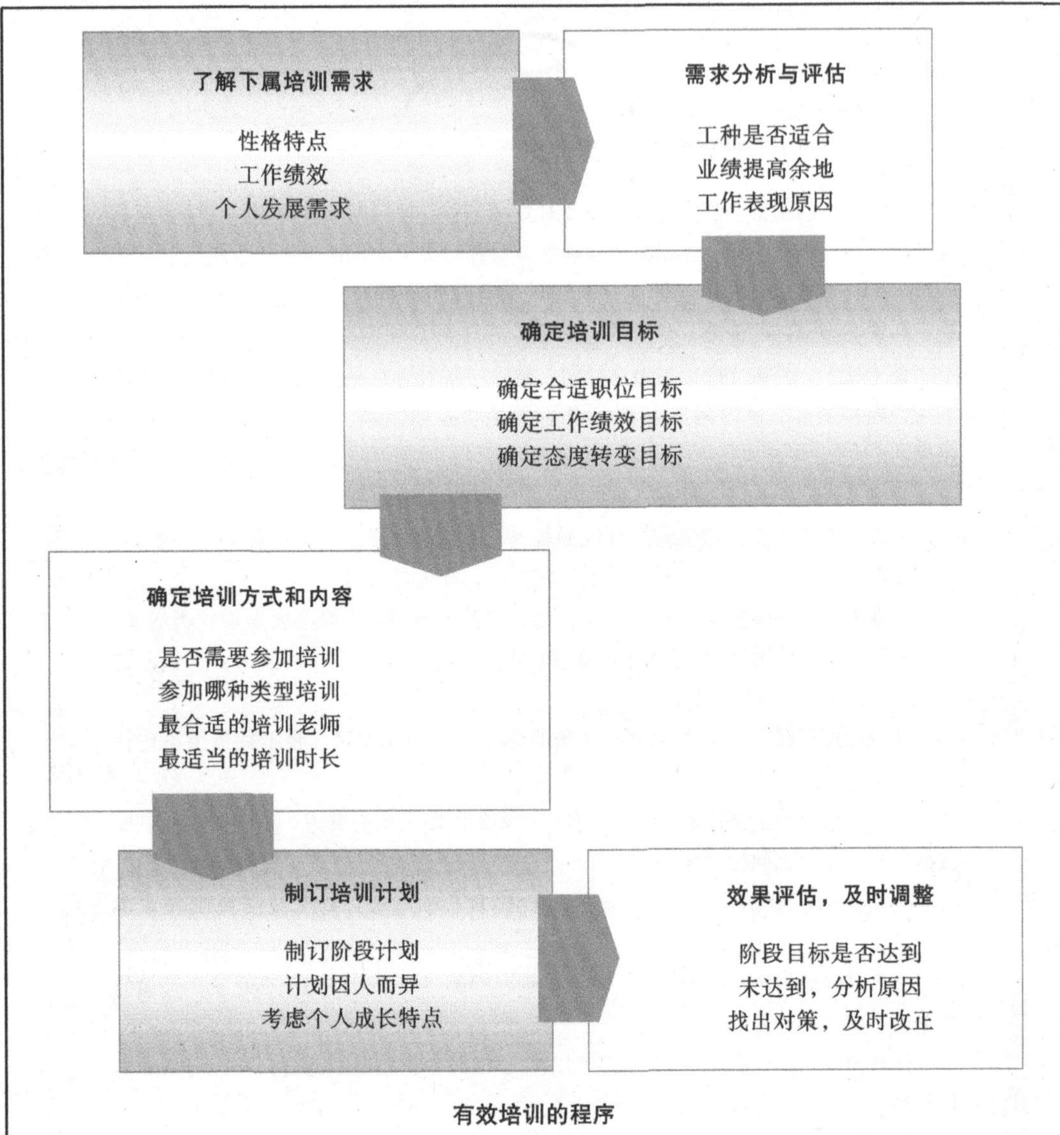
了解下属培训需求
性格特点
工作绩效
个人发展需求
需求分析与评估
工种是否适合
业绩提高余地
工作表现原因
确定培训目标
确定合适职位目标
确定工作绩效目标
确定态度转变目标
确定培训方式和内容
是否需要参加培训
参加哪种类型培训
最合适的培训老师
最适当的培训时长
制订培训计划
制订阶段计划
计划因人而异
考虑个人成长特点
效果评估，及时调整
阶段目标是否达到
未达到，分析原因
找出对策，及时改正

有效培训的程序

讲解：培训是一个系统的工程，需要企业人力资源部、技术部等部门的参与和配合，为了使员工培训工作落到实处，管理者应抓好两个环节：培训需求分析和培训效果评估。

①培训需求分析

讲解：随着市场变化的加快和工作复杂性的加强，不同岗位、不同层级甚至不同年龄的员工对培训的需求都有所不同，对员工进行培训需求分析有助于开展有针对性的培训。工作能力分析、专业知识分析、工作态度分析是培训需求分析中的三个重要组成部分。具体请看大屏幕。

（续）

工作能力
分析

工作能力分析就是为了正确了解员工当前工作能力的现状，为安排培训工作做准备，其主要分析内容包括四个方面：
分析内容1：工作能力与岗位要求有多大差距
分析内容2：员工对岗位工作要求是否充分了解
分析内容3：适合哪种类型的培训
分析内容4：达到目前的能力水平用了多长时间

专业知识
分析

相对于工作能力，专业知识更具有特殊性，它主要针对具体的岗位。专业知识分析是为了帮助员工更好地在该特定岗位上工作而制定培训内容的依据，其主要分析内容包括三个方面：
分析内容1：是否参加过专业知识培训
分析内容2：所学专业是否与所做工作有直接联系
分析内容3：从事行业是否发展迅速，需要跟踪最新信息

工作态度
分析

精神可以转化物质，相应地，工作态度可以极大地影响工作效果。端正的工作态度可以令工作事半功倍；相反，工作态度不端正，即使工作能力再高，专业知识再扎实也不一定会取得理想的工作效果，其主要分析内容包括三个方面：
分析内容1：工作态度不积极的原因
分析内容2：和同事相处不融洽的原因
分析内容3：对工作的负责程度是否符合岗位要求

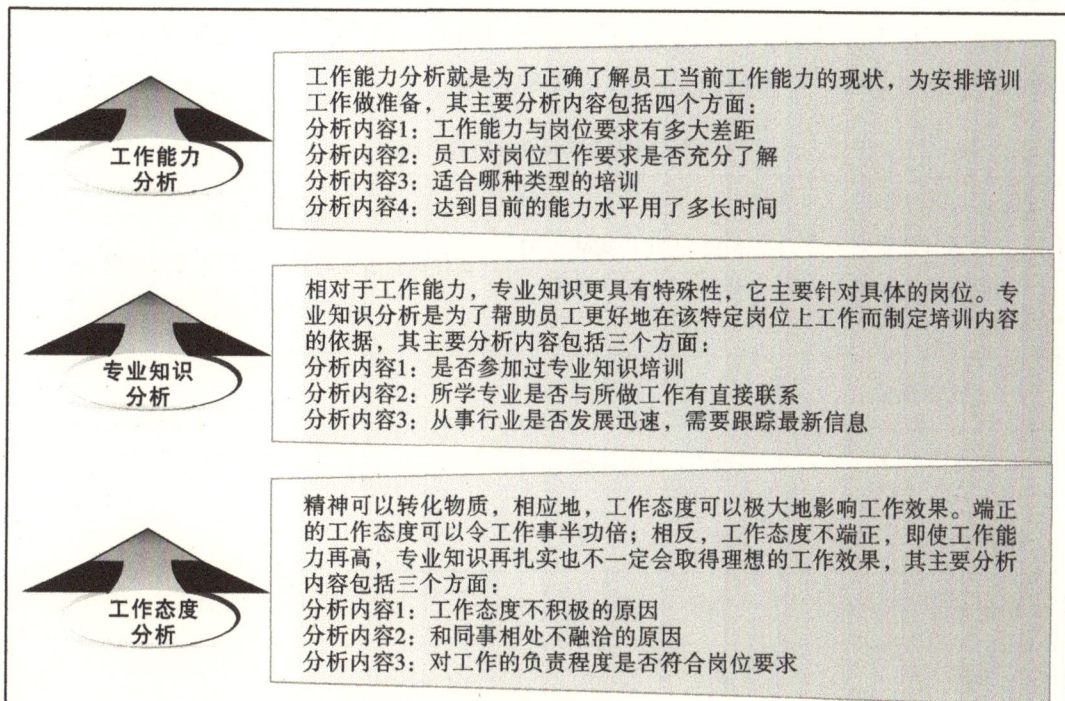

培训需求分析内容

讲解：由于培训需求的特殊性，一般而言，对员工个人的培训需求分析，需要通过问卷调查的方式进行，这样才能更准确、更真实、更有效地反映员工培训需求的现状。大屏幕上给出了某企业员工李诺的培训需求调查表示例。

李诺培训需求调查分析表示例 1

请在空白处填上相应的数字，1 表示不太需要，2 表示需要，3 表示非常需要			
能力培训需求		**知识培训需求**	
计算机操作	1	专业知识	1
设备使用	1	管理知识	2
谈判	3	计算机知识	2
文字处理	1	国家政策	3
报表编制	2	法律法规	3
分配任务	3	安全知识	1
组织会议	3	**态度培训需求**	
授权	3	责任心	3
时间管理	2	积极心态	3
矛盾解决	1	职场礼仪	1
撰写报告	1	职业道德	1
制订计划	1	为人处事	2

（续）

讲解：此外，部门管理者也可以根据员工的实际工作表现和岗位要求对员工进行培训需求分析。同样以上面的例子为背景，我给出了一个示例，请看大屏幕。

李诺培训需求调查分析表示例2

个人培训需求（选分数为3者）		岗位要求	实际工作表现	最需要的培训（请在岗位要求与实际工作表现反差最大的单元格中画"√"）
能力培训需求				
谈判	3	强	一般	√
分配任务	3	强	一般	√
组织会议	3	一般	一般	
授权	3	中	中	
知识培训需求				
国家政策	3	强	一般	√
法律法规	3	强	一般	√
态度培训需求				
责任心	3	强	一般	√
积极心态	3	强	中	

讲解：培训内容、培训方式和培训计划的确立应由部门管理者与人力资源部协调安排，一般情况下是由人力资源部来做这些事情。为了对本部门的员工负责，部门管理者应在这一过程中积极参与。

②培训效果评估

讲解：金无足赤，人无完人。培训也不可能完美，同样内容的培训，在不同的时间、不同的地点针对不同的人员展开，其效果也不同。忽视培训效果评估是导致众多培训没有达到预期效果的重要原因之一。培训效果评估不是简单地根据感觉打分数，它需要建立一套完整的分析流程，主要从反应层、学习层、行为层、结果层四个层面考虑。

（续）

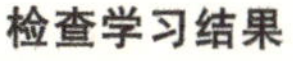

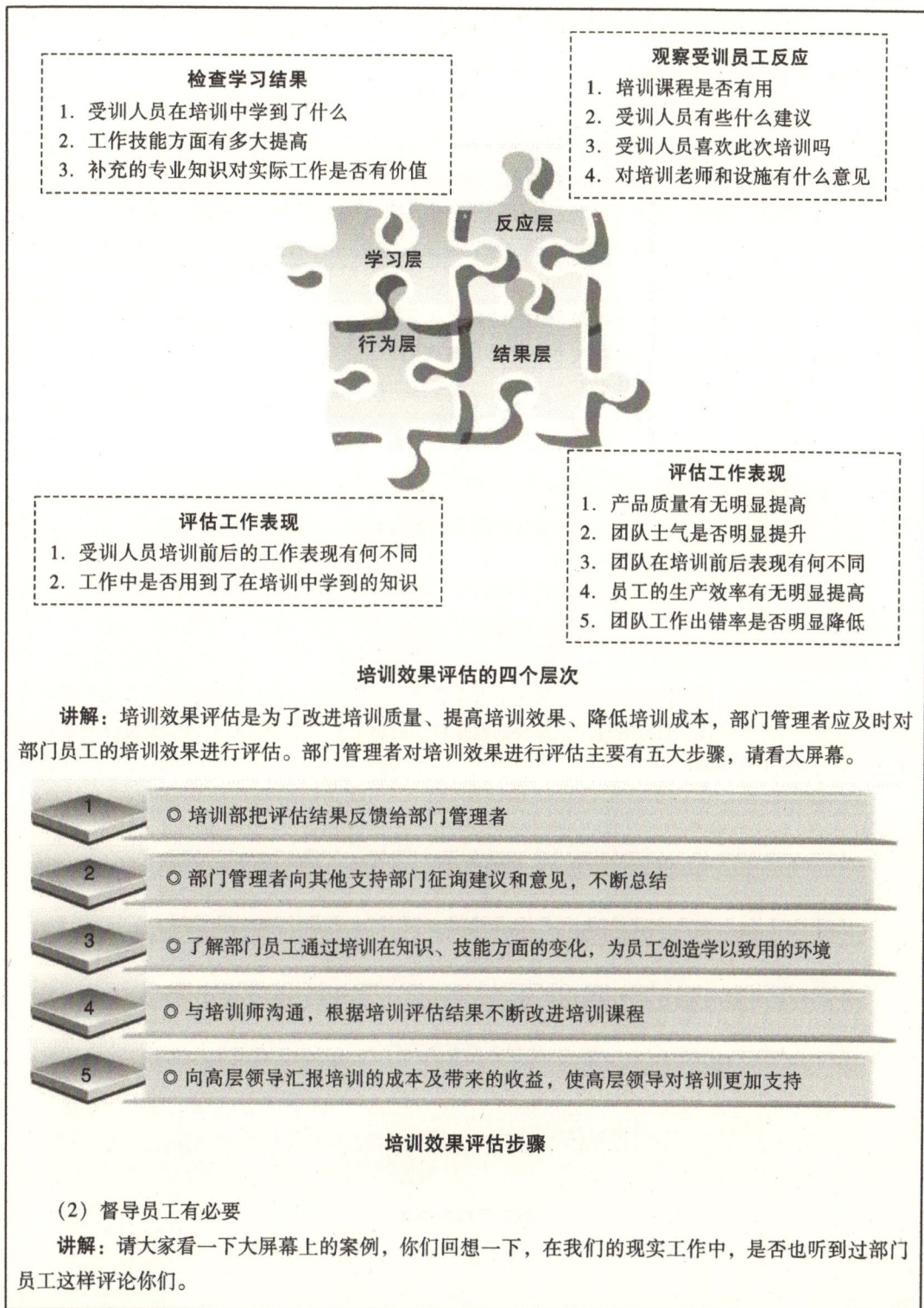

检查学习结果

1. 受训人员在培训中学到了什么
2. 工作技能方面有多大提高
3. 补充的专业知识对实际工作是否有价值

观察受训员工反应

1. 培训课程是否有用
2. 受训人员有些什么建议
3. 受训人员喜欢此次培训吗
4. 对培训老师和设施有什么意见

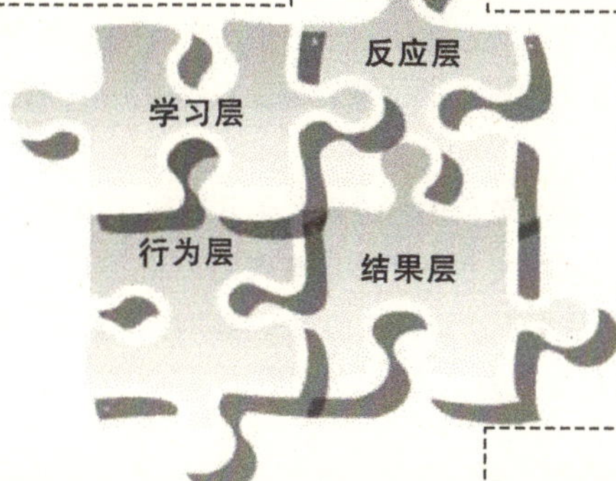
反应层
学习层
行为层
结果层

评估工作表现

1. 受训人员培训前后的工作表现有何不同
2. 工作中是否用到了在培训中学到的知识

评估工作表现

1. 产品质量有无明显提高
2. 团队士气是否明显提升
3. 团队在培训前后表现有何不同
4. 员工的生产效率有无明显提高
5. 团队工作出错率是否明显降低

培训效果评估的四个层次

讲解：培训效果评估是为了改进培训质量、提高培训效果、降低培训成本，部门管理者应及时对部门员工的培训效果进行评估。部门管理者对培训效果进行评估主要有五大步骤，请看大屏幕。

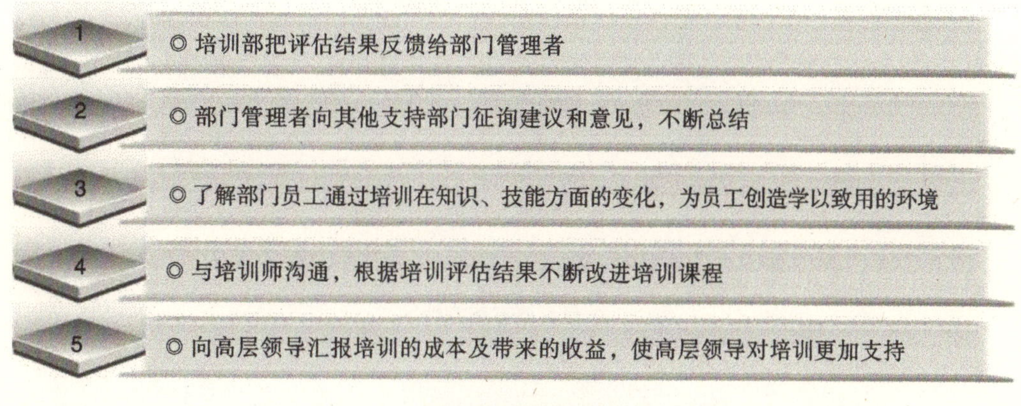
1
◎ 培训部把评估结果反馈给部门管理者
2
◎ 部门管理者向其他支持部门征询建议和意见，不断总结
3
◎ 了解部门员工通过培训在知识、技能方面的变化，为员工创造学以致用的环境
4
◎ 与培训师沟通，根据培训评估结果不断改进培训课程
5
◎ 向高层领导汇报培训的成本及带来的收益，使高层领导对培训更加支持

培训效果评估步骤

（2）督导员工有必要

讲解：请大家看一下大屏幕上的案例，你们回想一下，在我们的现实工作中，是否也听到过部门员工这样评论你们。

（续）

甲、乙、丙三个人是高中同学，且关系非常好。在毕业五周年的聚会上，他们三个人聚到一起聊天，聊着聊着就聊到工作的事情上去了。

甲说："我的主管太苛刻了，在他指导下工作我真想撞墙。每周例会上，我们坐在他对面，他都要从左往右批评一遍，然后布置好任务，再从右往左批评一遍，真是'风雨无阻，雷打不动'。"

乙说："我的班组长是个糟糕的督导者，他凡事斤斤计较，只求自保，每次有人提出新的东西他都本能地反对，绩效不好就拿我们开刀。"

丙说："我的督导者从来不会给我任何启发或引导，他只会说'你就是什么也干不了，是吗'来给我们施加压力。"

部门员工对主管评价的案例

讲解：督导不力或根本不知道怎么督导是部门管理者最常遇到的问题。因此，部门管理者有必要弄清督导的内容。督导主要包括目标管理、过程控制和启发引导三项内容。

①目标管理

讲解：目标管理强调双向沟通结果，更注重人本管理，极大地调动了员工的积极性，并日益成为现代管理的一个重要手段，目标管理中最重要的就是目标的制定和执行。目标的制定要符合一定的要求。具体要求请看大屏幕。

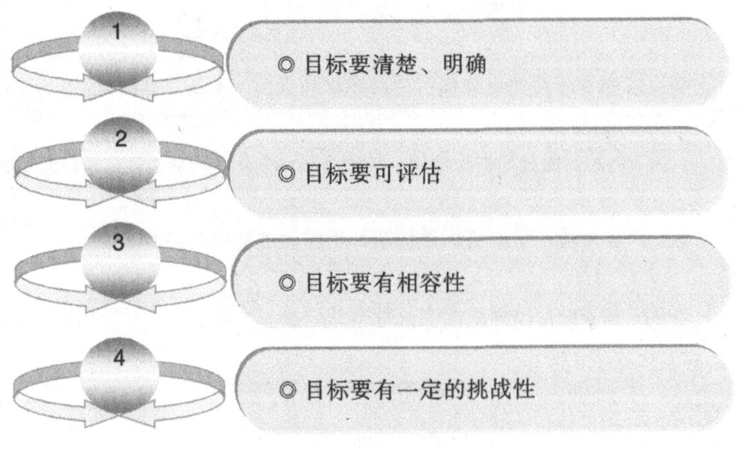
1
◎ 目标要清楚、明确
2
◎ 目标要可评估
3
◎ 目标要有相容性
4
◎ 目标要有一定的挑战性

制定目标的要求

（续）

讲解：制定目标后，要确保有效地执行目标。那么，部门管理者如何让部门员工认真执行目标呢？请看大屏幕。

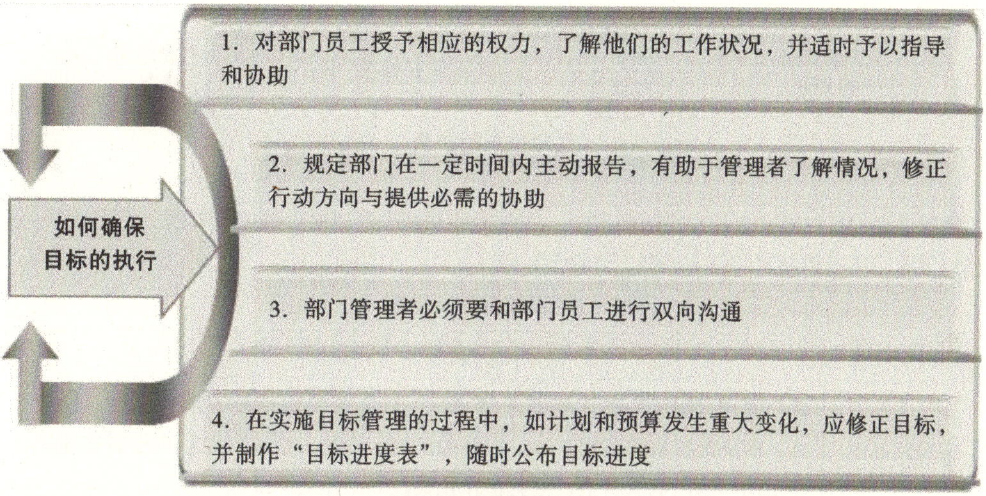

如何确保目标的执行

1. 对部门员工授予相应的权力，了解他们的工作状况，并适时予以指导和协助

2. 规定部门在一定时间内主动报告，有助于管理者了解情况，修正行动方向与提供必需的协助

3. 部门管理者必须要和部门员工进行双向沟通

4. 在实施目标管理的过程中，如计划和预算发生重大变化，应修正目标，并制作“目标进度表”，随时公布目标进度

如何确保目标的执行

②过程控制

讲解：没有一件事情在实际执行中是完全按照计划实施的，因此部门管理者需要进行过程控制。过程控制是培育部门员工的“炼金石”。任何事情事前计划得再好，在实际执行中也会有偏离，过程控制的作用就在于及时预防并根据实际情况调整策略以使事情向既定的目标前进。请大家看一下大屏幕上的小故事。

在一次隆重的丰年庆典中，部落大酋长要求每个家庭都捐出一壶自己酿的酒，并且将它们倒在一个大桶里，准备在庆典结束时让大家共享。

当几个人抬着大桶经过各家门口时，每户人家都郑重其事地倒下自家酿的酒，很快就将桶装满了。

终于到了可以共享美酒的时刻了。大酋长拔掉了木塞子，在每个人的杯中都注满了酒，当大伙一饮而尽时，却发现喝下去的都是清水。

过程控制故事

讲解：我给大家3分钟，请大家讨论一下，你们从这个小故事中得到了什么启示呢？……从故事中我们可以知道每户家庭都没有按照大酋长的要求将酒倒进大桶里，而是以水代酒，偷梁换柱。部门管理者的必要性就在于确保每个家庭倒进大桶里的都是酒，这样，大家喝到嘴里的才会是酒。部门管理者只有不断检查工作是否按既订的计划、标准和方法进行，及时发现偏差、分析原因和进行纠正，才能确保组织目标的顺利实现。现在看一下过程控制的步骤，请看大屏幕。

（续）

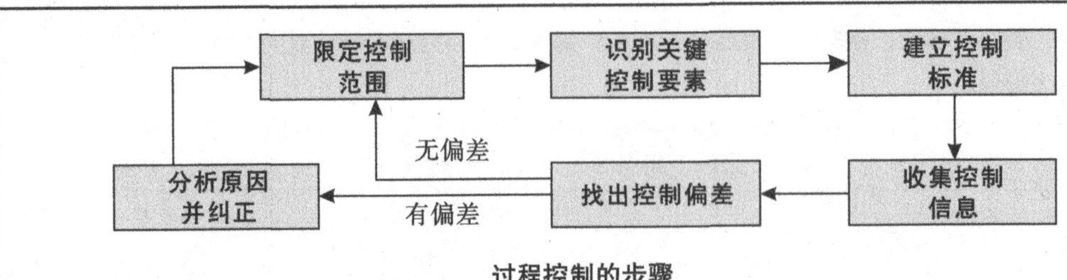
限定控制
范围
识别关键
控制要素
建立控制
标准
无偏差
分析原因
并纠正
找出控制偏差
收集控制
信息
有偏差

过程控制的步骤

讲解：我们仅仅看这个过程控制步骤图，可能还是不太清楚如何进行过程控制，下面我来为大家详细地说明一下过程控制的每个步骤。请看大屏幕。

过程控制步骤说明表

过程控制步骤	过程控制步骤说明
限定控制范围	部门管理者制定一项正规的控制措施，首先就要明确是为谁制定的，目的是什么，即确定控制的范围。如果控制的范围不清楚，则很可能是将控制措施用在了不适用的部门员工身上，使其工作积极性和工作效率降低
识别关键控制要素	限定控制对象以后，管理者还需要识别出哪些要素需要控制。任何一群被控制的要素中，总是有少量的元素能释放大量的结果。因此，管理者必须对各个要素分别进行测量，找出它们各自的特性及对目标达成的影响程度，然后重点放在少量但关键的要素上
建立控制标准	标准是衡量实际工作绩效的依据和准绳，标准来自于企业目标。在具体的业务活动中，部门管理者要根据业务的特点来设置标准。标准最好是定量的，但也有些项目不容易定量，这时需要一些定性的指标进行支持
收集控制信息	收集控制信息是为了获得控制要素的度量情况。在进行信息收集时，部门管理者应注意信息失真的情况，如果信息是用来作为奖惩依据的，则很可能被控制对象曲解或隐瞒。部门管理者可以通过建立专门的信息收集部门来提高信息收集的质量
找出控制偏差	信息收集以后，部门管理者就要找出实际工作情况与标准之间的偏差程度，根据偏差来评估控制对象实际工作的优劣。同时部门管理者要注意评估并不是目的，控制的目的不是衡量绩效，而是为了达到预定的绩效。所以，在控制的过程中要及时预测可能出现的偏差，以便控制未来的绩效
分析并纠正原因	对于出现的偏差，部门管理者应及时进行原因分析。产生偏差的原因是复杂的，部门管理者应慎重对待个人责任的追究，以免引起负面作用。同时，应尽快针对原因采取措施来更正实际结果与标准之间的差距

（续）

③启发引导

讲解：对部门员工的启发和引导是培育部门员工的一项重要任务，部门管理者可以从帮助部门员工增强工作能力和给他们提供发挥能力的机会两个方面入手。

A. 帮助部门员工增强工作能力

讲解：增强工作能力是培育部门员工的一个重要目标，也是得以完成企业目标的根本，帮助部门员工增强工作能力需要在不断的实际操作中推进，当然也要讲究方式方法。具体方法请看大屏幕。

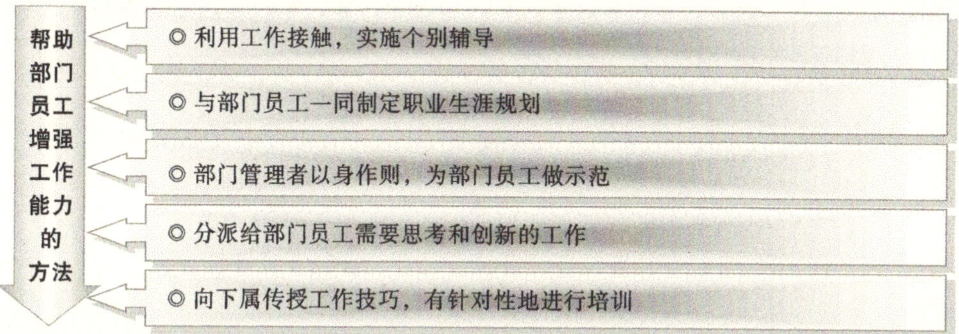
帮助部门员工增强工作能力的方法
◎ 利用工作接触，实施个别辅导
◎ 与部门员工一同制定职业生涯规划
◎ 部门管理者以身作则，为部门员工做示范
◎ 分派给部门员工需要思考和创新的工作
◎ 向下属传授工作技巧，有针对性地进行培训

帮助部门员工增强工作能力的方法

B. 给部门员工提供发挥能力的机会

讲解：实践是最好的老师，只有在实践中不断磨砺，部门员工才能真正地获得成长，因此，部门管理者要切记多给部门员工提供发挥能力的机会。那么，哪些是部门员工发挥能力的好机会呢？请看大屏幕。

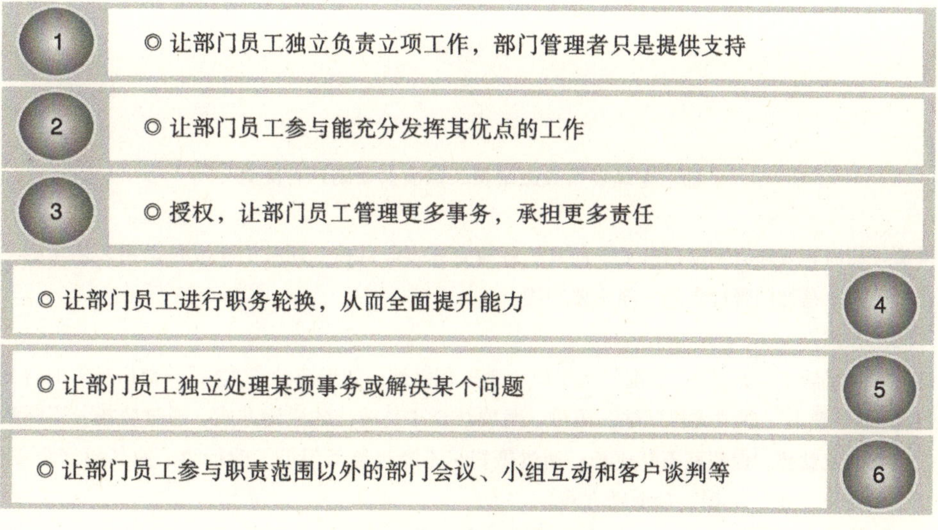
1
◎ 让部门员工独立负责立项工作，部门管理者只是提供支持
2
◎ 让部门员工参与能充分发挥其优点的工作
3
◎ 授权，让部门员工管理更多事务，承担更多责任
◎ 让部门员工进行职务轮换，从而全面提升能力
4
◎ 让部门员工独立处理某项事务或解决某个问题
5
◎ 让部门员工参与职责范围以外的部门会议、小组互动和客户谈判等
6

给部门员工发挥能力的机会

（续）

讲解：部门管理者培育部门员工，部门员工是主角，部门管理者只是配角，因此，部门管理者切忌主角与配角相互颠倒。部门管理者在启发引导的过程中，需时刻提醒自己，自己只是一个辅助角色，部门员工才是真正的主角。对于部门员工出现的问题，部门管理者应帮助他们去解决，如果部门员工一遇到问题管理者就代为解决，那么培育的只是部门管理者自己而已。

（3）激励员工有手段

讲解：需求是人的行为之源，是人的积极性的基础和原动力，也是激励的依据。对部门员工的激励能否取得预期效果，关键在于部门管理者是否真正了解部门员工的真实需求，使激励落到关键处，这要求部门管理者具备多种能力。

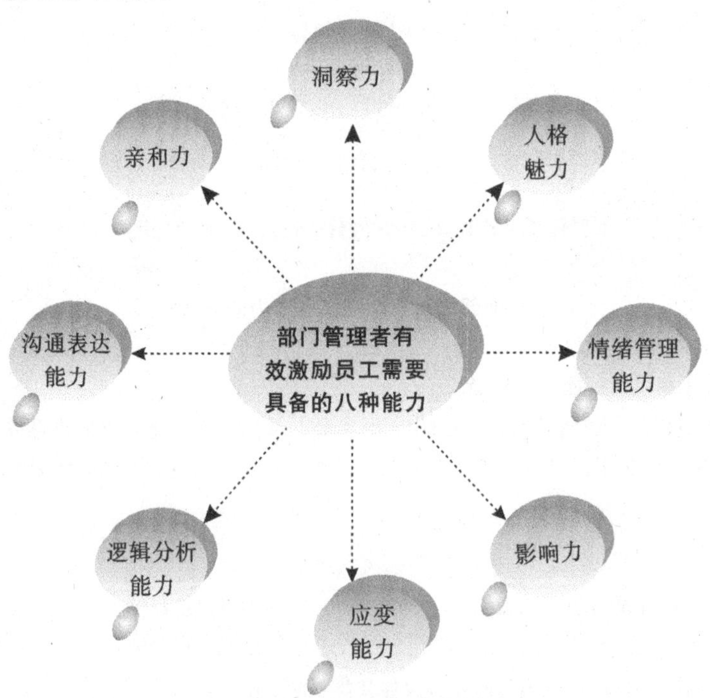
洞察力
亲和力
人格魅力
沟通表达能力
部门管理者有效激励员工需要具备的八种能力
情绪管理能力
逻辑分析能力
影响力
应变能力

部门管理者有效激励员工需要具备的八种能力

讲解：如何有效地激励部门员工，使其更好地完成企业目标，同时不断成长是用人艺术的一个重要组成部分，也是部门管理者的一项主要职能。

①激励方式

讲解：如果缺少“胡萝卜”，部门员工就会丧失积极性；如果缺少“大棒”，部门员工的行为就会失去规范。“胡萝卜”和“大棒”缺一不可，两项结合才是最佳的激励方式。通过赞扬，不断激发部门员工内心的成就感，促使其不断成长；通过惩罚，不断规范部门员工的行为，使其遵守企业要求。这就是“胡萝卜”加“大棒”的激励方式。

（续）

②激励技巧

讲解：有效的激励需要不断运用物质激励和精神激励相结合的方式，这要具体情况具体对待，但这也是有技巧可循的。

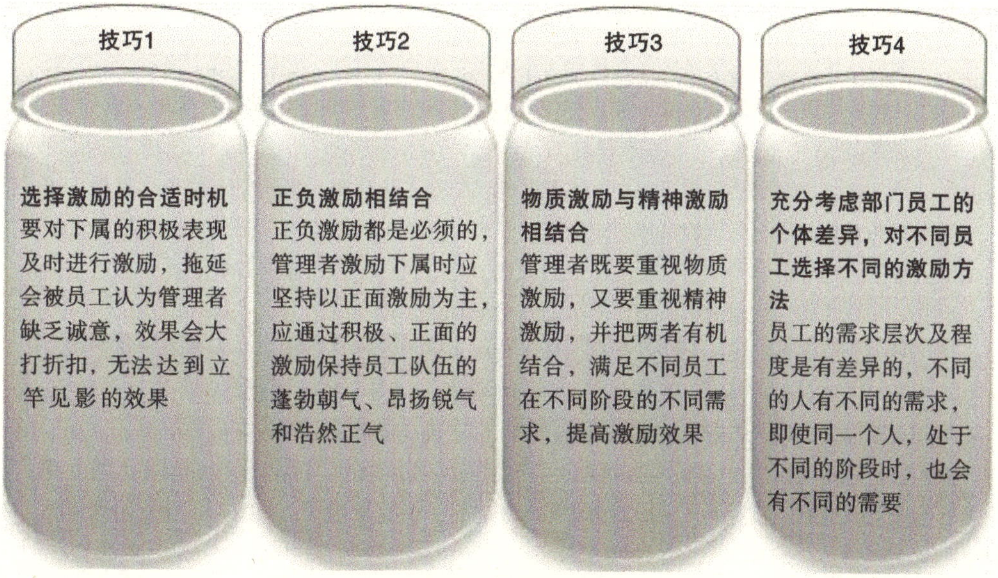

技巧1
选择激励的合适时机
要对下属的积极表现及时进行激励，拖延会被员工认为管理者缺乏诚意，效果会大打折扣，无法达到立竿见影的效果
技巧2
正负激励相结合
正负激励都是必须的，管理者激励下属时应坚持以正面激励为主，应通过积极、正面的激励保持员工队伍的蓬勃朝气、昂扬锐气和浩然正气
技巧3
物质激励与精神激励相结合
管理者既要重视物质激励，又要重视精神激励，并把两者有机结合，满足不同员工在不同阶段的不同需求，提高激励效果
技巧4
充分考虑部门员工的个体差异，对不同员工选择不同的激励方法
员工的需求层次及程度是有差异的，不同的人有不同的需求，即使同一个人，处于不同的阶段时，也会有不同的需要

激励部门员工的技巧

4. 单元收尾设计

单元收尾设计

1. 时间：20分钟。
2. 所需资源：电脑、投影仪、写字笔、写字板以及活页挂图。
3. 授课方法：讲授法、案例分析法。
4. 单元收尾

收尾语：到此为止，我们学习完成了本单元的所有内容。下面我为大家讲一个故事。

（续）

一只老狐狸和一只小狐狸生活在一个山洞里。这只老狐狸是这只小狐狸的爸爸，小狐狸的妈妈前几天不幸死在一个猎人的手里。于是，老狐狸带着小狐狸躲进这个山洞过日子。

因为小狐狸的妈妈死得早，老狐狸对小狐狸更是疼爱有加。老狐狸暗下决心，一定要让小狐狸成为天底下最幸福的狐狸，即使是自己粉身碎骨也不会让小狐狸受到一点伤害，吃一点苦。

老狐狸每天都生活在惊恐之中，害怕其他动物袭击小狐狸，害怕猎人猎杀小狐狸，害怕捕捉的食物不合小狐狸的口味……所以，每当老狐狸外出捕食时，都要把小狐狸关在洞里，且把洞口封得严严实实，看不出任何痕迹，然后拼尽全力去捕捉各种小狐狸喜欢吃的食物，小狐狸就在爸爸的呵护下，幸福而又快乐地生活着。

有一天，小狐狸实在无法忍受自己整天待在山洞中的孤独，哭着喊着要求老狐狸带它出去玩。老狐狸耐心地对小狐狸解释说外面太危险。可是小狐狸依然坚持要出去，最后，老狐狸没办法，只好带着它在洞口附近转转。父子俩正走着，迎面跑来一只小兔子，腿上有些伤，跑得很慢，小狐狸正准备跑上去把它捉住，结果老狐狸早已一个箭步冲上前去把小兔子咬死送到小狐狸面前。小狐狸心里很不高兴，但也没说话，闷闷不乐地跟着老狐狸回到洞里。

第二天，小狐狸趁着老狐狸出去捕食的时候，打算偷偷溜出山洞，自己捉一只小兔子，等爸爸回来让它看一下。没想到小狐狸刚露出头，就看到一只大灰狼守在它们的洞口，一动不动地瞪着它，小狐狸没有遇到过这种场面，吓得晕了头，没向洞里跑，反而跑出了洞口。

由于小狐狸每天待在洞里，所以跑起来实在是太慢了，不一会儿就被凶恶的大灰狼抓住了。

老狐狸和小狐狸的故事

收尾语：在这个故事中，老狐狸疼爱自己的孩子固然没有错，它的担心也并非多余，但它太过溺爱小狐狸，它的爱已经让小狐狸失去了应变和逃跑的本能，最终使小狐狸葬身狼腹。其实爱不仅仅只有这一种表达方式，让被爱的人吃些苦，为的是让他拥有一技之长，这也是一种爱。培育部门员工对部门管理者而言是一项重要而又漫长的工作，因此，在培育部门员工时，我们不应该只注重理论指导，更应该让他们参与实际的操作，这样更能锻炼他们，提升他们的能力。希望各位不要学习老狐狸，过分地“溺爱”自己的下属。